融入世界 绽放中国

中国邮轮发展的战略与路径

谢燮　方砚 ◎ 著

中国旅游出版社

前　言

著名的战略大师王志纲在《王志纲论战略：关键阶段的重大抉择》中写道："所谓战略，就是我们在面临关键阶段的重大抉择时，如何做正确的事以及正确地做事。"他曾说，历史大潮，稍纵即逝，奔流不回。当转折点来临时，机遇和挑战并存，黑夜与光明同在，是登上高峰，还是坠入深渊，都在一念之间。

清朝的陈澹然在其《寤言二·迁都建藩议》中写道："不谋万世者，不足谋一时；不谋全局者，不足谋一域。"欧洲也有类似的谚语，说的是"对于一艘没有航向的船来讲，所有的风都是逆风"。

中国邮轮业正面临关键阶段的重大抉择。"关键阶段"指的是中国邮轮经历了一段时期爆发式增长之后的调整期，又叠加百年一遇的新冠大流行，目前正处于后疫情时代"待从头，收拾旧河山"的非常时期，国际邮轮公司"大病初愈"，中资邮轮公司"进退维谷"。"重大抉择"指的是中国邮轮产业迷雾重重，巨大的人口基数似乎意味着前景广阔，但富起来的中国人真的会对邮轮"蜂拥而至""欲罢不能"吗？"向何处去"成为萦绕在众多企业家心中挥之不去的疑问。率先进入邮轮业的企业萌生退意，部分国际邮轮公司对中国市场失去了耐心，同时还有不知深浅者在没有多少准备的情况下看到较低的二手邮轮船价就勇敢地杀了进来。

这是一个值得耕耘的市场，但跟所有的人类事业一样，是一个成功率不高的市场。要做成一件事，需要万般的机缘，而失败的到来可能是"黑天鹅""灰犀牛"，或者那些看似平常却致命的缘由。认真习得邮轮业的关键密码，探索中国邮轮业的势能，并接纳世事的无常，这可能是对待邮轮业的最好办法。这本书，是在中国邮轮市场操练的"武功秘籍"，但并不意味着按图索骥就可以成功。阅读它，可以获得对未来邮轮业的一种认识、一种解释、一种判断，这就是本书的价值。然后，将身心投入邮轮业的某一个环节，做"铁杵磨成针""水滴石穿""撞了南墙也不回头"的事情。

阳明心学倡导的是"知行合一"，本书所展望的"知"需要在业界同人的"行"中去验证并完成，笔者也将在与业界同人的充分互动中完成对中国邮轮战略的持续建构。

中国邮轮产业发展战略，可以简化成八字箴言，就是"融入世界，绽放中国"。过去十多年，中国邮轮其实还处于"接纳世界"和"感知世界"的阶段，自身的力量非常薄弱，根本谈不上"融入世界"。后疫情时代，"融入世界"是中国邮轮首先需要完成的任务，核心要义就是"国际化发展"，这一时期大概要持续到 2035 年，这就是中国邮轮发展战略的第一阶段。其后，有了充分的"融入"，再叠加中国经济体量不断增长后的文化自信，"中式邮轮"得以"枝繁叶茂"，最终在中华民族伟大复兴的"中国梦"中逐步实现"绽放中国"的愿景目标，这大概能够在 2050 年得以实现。

本书是对中国邮轮未来长远发展的战略设想，具有一定的乌托邦色彩。21 世纪中叶将要实现的第二个百年奋斗目标，需要一个充满雄心的邮轮战略框架与之匹配。所有参与中国邮轮产业发展的企业，无论本土公司还是外资公司，有了这样的航标灯，就会有持续不竭的动力。即便面临像新冠疫情这样的寒冬期，也不会被轻易打倒，也会在遥远的灯光指引下前行。

《十日谈》是意大利佛罗伦萨作家薄伽丘躲避瘟疫的时候写成的，其目的是为了给困在家里的人们解闷。这本书则是中国人在与瘟疫以及瘟疫所带来的封控、谣言、隔离等的斗争中形成的。三年疫情，总应留下些心得，按照《冯唐成事心法》的说法，就是他的十字箴言：看脚下，不断行，莫存顺逆。

三年时间的蛰伏、抽离和彷徨，并未消解心中的微光。留下些文字，以作纪念。

谢燮

2023 年 2 月

目 录

1 中国邮轮发展现状分析与评价 ………………………………………… 1

    1.1 发展现状 …………………………………………………… 1

    1.2 存在问题 ………………………………………………… 16

    1.3 总体评价 ………………………………………………… 19

2 中国邮轮发展面临的环境 …………………………………………… 21

    2.1 新冠疫情是邮轮发展的分水岭 ………………………… 21

    2.2 人民美好生活向往与高质量发展 ……………………… 26

    2.3 地缘政治风险持续发酵 ………………………………… 29

    2.4 双碳目标下的邮轮产业绿色发展 ……………………… 32

    2.5 "一带一路"为邮轮产业发展创造新机遇 …………… 34

    2.6 疫情"灰犀牛"事件阴霾不散 ………………………… 36

    2.7 高水平对外开放的大环境没有改变 …………………… 38

3 邮轮发展模式分析 …………………………………………………… 41

    3.1 传统邮轮的发展模式 …………………………………… 41

    3.2 现代邮轮的发展模式 …………………………………… 59

    3.3 邮轮港口的发展模式 …………………………………… 76

    3.4 中国邮轮发展探索 ……………………………………… 87

    3.5 中国邮轮港口发展探索 ………………………………… 93

4 世界邮轮发展的基本态势及属性 ………………………………… 102

    4.1 世界邮轮产业发展态势 ……………………………… 102

4.2　邮轮产业的基本属性 ……………………………… 106

4.3　邮轮业没有周期律 ………………………………… 113

4.4　邮轮公司的商业模式 ……………………………… 117

4.5　邮轮业的地域空间属性 …………………………… 126

4.6　邮轮需要"名正言顺" …………………………… 130

5　中国邮轮市场的需求规模及特征 …………………… 135

5.1　中国邮轮的人口基数及消费能力 ………………… 135

5.2　中国旅游消费新趋势 ……………………………… 138

5.3　中国消费新动向 …………………………………… 139

5.4　日本邮轮市场解析 ………………………………… 144

5.5　邮轮产品的"供给派"观点 ……………………… 149

5.6　负面营销的价值 …………………………………… 151

5.7　中国"新老人"与邮轮需求 ……………………… 153

5.8　对未来需求的预测 ………………………………… 155

6　中国邮轮战略使命及目标 …………………………… 160

6.1　战略分析 …………………………………………… 160

6.2　战略使命 …………………………………………… 171

6.3　战略目标 …………………………………………… 183

7　中国邮轮战略路径 …………………………………… 188

7.1　邮轮产业的核心价值 ……………………………… 188

7.2　邮轮公司的战略路径 ……………………………… 194

7.3　中国邮轮的发展模式 ……………………………… 216

7.4　沿海内河游轮的战略路径 ………………………… 227

7.5　邮轮港口：从经营本土到拓展海外 ……………… 236

7.6　邮轮政策：更高水平开放及与国际接轨 ………… 245

后　记 …………………………………………………… 280

1 中国邮轮发展现状分析与评价

1.1 发展现状

1.1.1 中国邮轮市场规模及经济贡献

1.1.1.1 中国邮轮市场规模的形成历程

从 2006 年以来的游客量数据来看，中国邮轮市场的发展历程大致可以分成三个时期：

2006—2011 年，初始的平台期，游客量大致在 17 万~24 万人次徘徊；

2011—2016 年，指数级爆发增长阶段，游客量从 24 万人次飙升到 226 万人次，5 年时间增长了 8.4 倍；

2016—2019 年，第二次平台期，游客量在 207~244 万人次徘徊。2018 年是市场的一个拐点。其中，母港接待艘次与游客量的数据首次出现"双降"，即相较于 2017 年，2018 年母港艘次减少 200 艘次，母港游客量减少 6.58 万人次。同时，邮轮入境旅游市场承压下行趋势未变，2019 年累计接待访问港邮轮 76 艘次，接待访问港游客量 18 万人次（见图 1-1、图 1-2）。

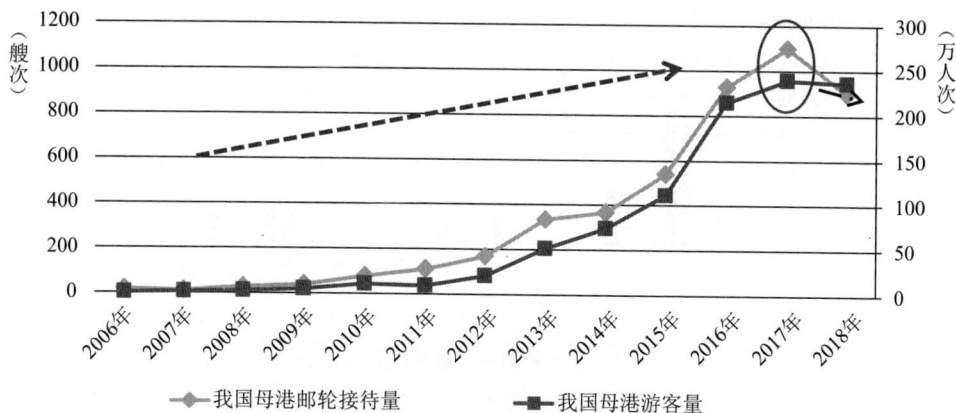

图 1-1　母港邮轮接待艘次及游客接待量的变化情况

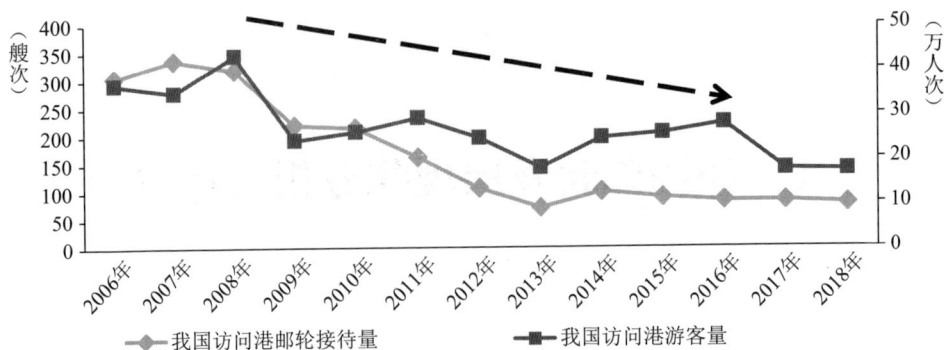

图 1-2 访问港邮轮接待艘次及游客接待量的变化情况

2016—2019 年的四年间中国邮轮市场处于一种"揠苗助长"的状态，即市场供给能力大于市场需求，此时产业链的相应环节都还没有做好准备，进而产生了诸多不适应，总结起来就是：产业链生态失衡。

2019 年，我国 12 个邮轮港（包括天津、大连、青岛、上海吴淞口、上海国客中心、舟山、厦门、广州、深圳、海口、三亚和烟台）共接待邮轮 804 艘次（同比下降 11%），邮轮旅客出入境人数 414 万人次（同比下降 14%）；共接待母港邮轮 728 艘次（同比下降 12%），访问港邮轮 76 艘次（同比下降 3%）；以中国游客为主的母港艘次出入境游客量 396 万人次（同比下降 15%），以境外为主的访问港艘次出入境游客量 18 万人次（同比下降 4%）。访问港出入境人数仅仅下降 4%，相比于 2018 年下降 1% 的数据，显现出中国对外国人的吸引力微弱下降。2009 年中国市场曾经经历过一个 29.2% 的负增长，因此 2019 年 14.1% 的负增长并不是中国邮轮发展史上最坏的情况（见图 1-3、图 1-4）。

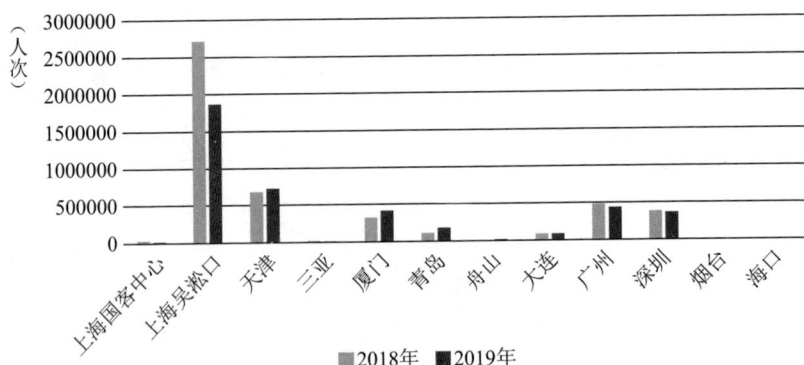

图 1-3 各邮轮港出入境游客量

数据来源：根据《邮轮志》2020 年第 1 期数据整理。

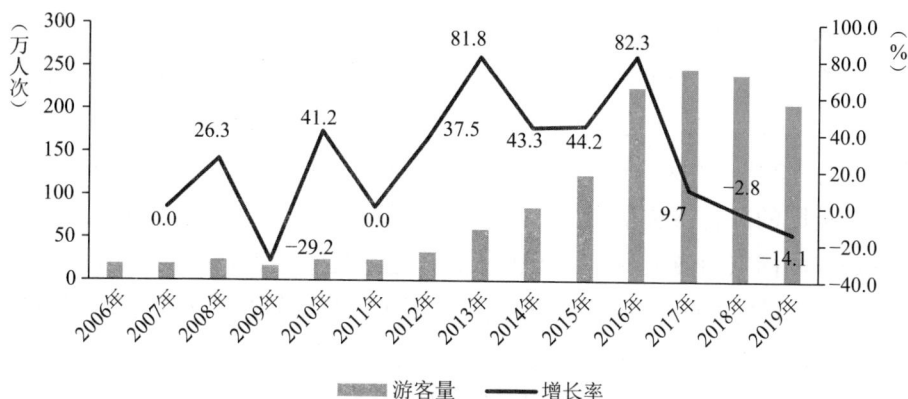

图 1-4　中国邮轮出入境游客量及增长率

1.1.1.2　中国邮轮市场规模占全球的比重

中国邮轮市场占全球邮轮市场的比重，经历了 6 年的徘徊期，从 2012 年开始快速增长，到 2017 年达到了 9.6% 的最高占比。2018 年和 2019 年中国邮轮市场连续两年出现负增长，而全球邮轮市场的发展势头较好，使得这一比重降到了 6.9%（见图 1-5）。

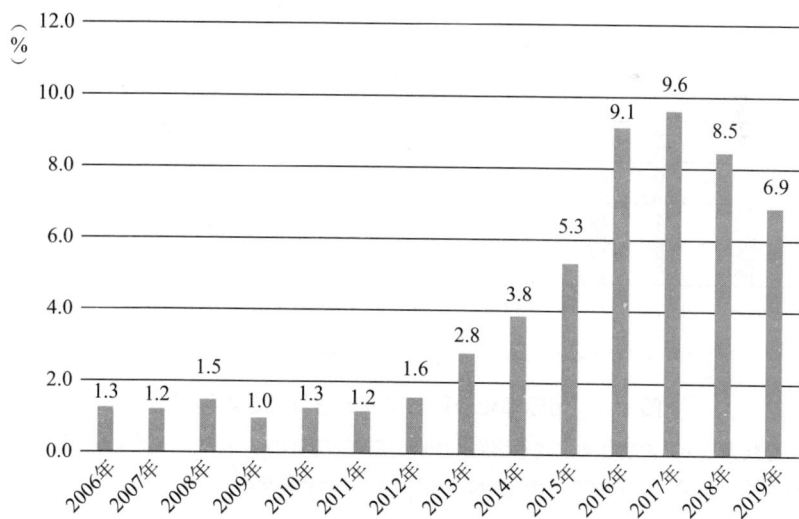

图 1-5　中国邮轮市场占全球的比重

2019 年，美国人口 3.7 亿人，邮轮游客量为 1541 万人，其邮轮市场的渗透率为 4.17%。与美国相比，中国人口 13.95 亿人，对应的中国邮轮市场渗透率仅为 0.18%，相比美国还差得很远。当然，用游客量直接除以人口总数来计算渗透率并不十分科学，中国那些没有邮轮消费能力的人群应该排除在外。如果将人均可支配收入达到 8000 美元作为邮轮消费的门槛，则中国的邮轮渗透率约为 0.88%，相对于美国超过 4% 的渗透率，中国未来仍然有很大的提升空间。英国的邮轮渗透率为 3%，德国的邮轮渗透率为 2.8%。世界上邮轮渗透率最高的国家为澳大利亚，2019 年其渗透率达到了 5.8%。通过国际对比，中国邮轮市场的发展空间实际还很大，未来中国邮轮的首要任务是做大规模。

1.1.1.3　旗舰邮轮持续投入助推市场规模不断扩大

2006—2019 年，国际邮轮公司竞相在中国部署旗舰邮轮，吨位越来越大，创新的娱乐设施越来越丰富。2012 年以前，中国邮轮市场以 2.9 万 ~7.5 万总吨之间的中小型邮轮为主体，其载客量一般在 1000~1500 人。从 2012 年起，国际邮轮公司开始部署超过 10 万总吨的超大邮轮。从 2015 年起，国际邮轮公司开始针对中国消费者的需求特点，融入中国文化元素，专为中国市场定做新船，"盛世公主"号和"海洋光谱"号就是典型案例（见图 1-6）。

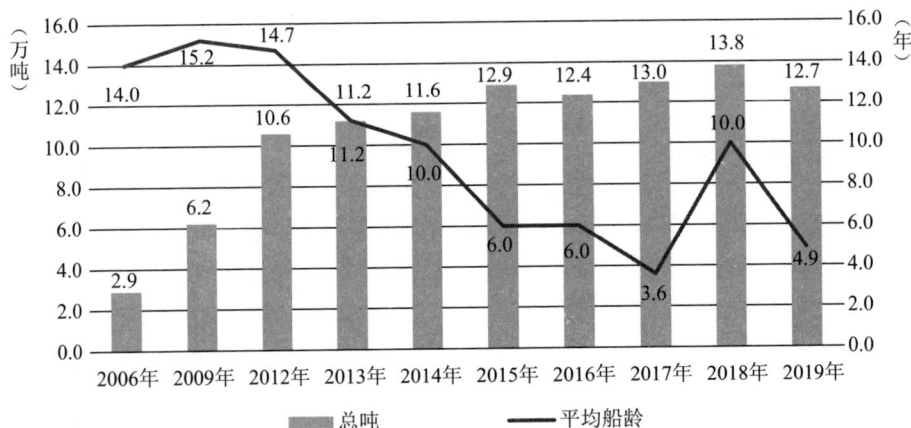

图 1-6　国际邮轮公司在华新部署船舶总吨和船龄

注：总吨为每年新部署船舶总吨平均值；船龄为新部署船舶加权平均值，权重为总吨。
资料来源：《邮轮对中国的经济贡献》研究报告，上海社会科学院。

1.1.1.4　中国邮轮产业链初步形成

邮轮产业链长、带动作用大，对提升现代服务业水平、促进经济发展具有重要意义。邮轮产业链的上游由邮轮制造商、供应商和服务商组成，主要包括船舶的制造和维修、港口服务、船舶供应、金融保险、广告营销、信息应用及各类商业服务。邮轮产业链的下游是为游客提供面对面服务的分销商和服务商，主要包括旅行社、在线销售平台、交通、酒店、餐饮、零售、岸上观光、地面接送服务等。2018 年 8 月 28 日，中国船舶工业集团有限公司与意大利芬坎蒂尼集团在京签署全面战略合作备忘录，标志着我国邮轮产业由产业链下游为主，逐步拓展到产业链上游，并基本实现邮轮产业链的全覆盖。

1.1.1.5 邮轮对中国的经济贡献

邮轮经济贡献包括直接、间接和衍生经济贡献，涉及农业、能源、制造、建筑、服务业、交通运输、批发零售、商务服务及政府服务等国民经济各部门，其中旅游消费只占经济贡献中的一小部分。根据上海社会科学院研究成果，2019 年国际邮轮公司对中国的直接经济贡献为 140 亿元，其中 27.1% 来自船供和港务税费，39.8% 来自总部经济，33.1% 来自游客和船员消费，带动总体经济贡献 358 亿元，就业薪酬 116 亿元，就业 6.7 万人。定量研究表明，邮轮在中国不是人们所说的"过路经济"，其对地方经济的作用体现在产业链经济上，因而对地方经济发展往往是隐性的（见表 1–1）。

表 1–1　2019 年国际邮轮的直接经济贡献（按项目划分）

项目	直接产出（亿元）	份额（%）
船舶维修、船供、港务税费	37.94	27.1
总部经济	55.72	39.8
游客和船员消费	46.34	33.1
总计	140	100.0

数据来源：《邮轮对中国的经济贡献》研究报告，上海社会科学院。

在探究邮轮的经济贡献时，需要澄清一个事实，那就是要改变中国邮轮是"过路经济"的错误认识。之所以产生这一错误的认知，是因为看到中国母港出发的国际邮轮将中国客人带到船上和国外去消费，因而得出中国邮轮对中国经济的贡献非常弱的结论。

在邮轮领域，该如何对待不同资本来源的市场主体一直有争议或者摇摆。产业政策是否应该对中资邮轮企业更加优待？中国邮轮市场实际是由外资邮轮公司打开的，它们是市场开拓、产品创新和人才培养的主体。中资邮轮公司有在邮轮领域后来居上的雄心，但这样的雄心不应通过打压外资邮轮公司来实现。具有竞争力的外资邮轮公司才是这个市场良性运转的基础，因为好的对手才是自身持续精进的动力之源。公平的市场环境才能让中资邮轮公司脱颖而出，因为只有在中国市场能够立足的中资邮轮公司才有能力拓展海外，才有可能真正成为邮轮市场的赢家。即便是在过去中国邮轮发展的十多年时间里，尽管我们眼中看到的是一家家外资邮轮公司，但是中国企业已经通过邮轮产业链深度参与了邮轮业发展。中国旅行社已经通过国际邮轮公司的分销渠道参与其中，各地建设的邮轮港通过港口收费（码头服务费、码头的政府性规费、引航费）参与到了邮轮业中，各地的船舶供应公司通过给国际邮轮公司提供服务参与到了邮轮业中，地方政府向邮轮公司的船务公司征税，并提供良好的营商环境，国际邮轮公司的入驻也让邮轮成为地方政府营销的亮丽名片；邮轮在中国运营，培养了无数专业技术人员和销售人员，也支撑了广告业的发展。由此可见，邮轮公司如果在中国市场的营收是100%，其中的绝大部分费用支付给了旅行社、港口、地方政府、地区总部等。如果邮轮公司运营良好，剩下来的才是邮轮公司的盈利。我们第一眼看到的邮轮情景，是国际邮轮公司把中国游客带到日本去消费，造成了中国消费者的消费溢出。但是如果将邮轮公司的支出进行分解，就可以发现国际邮轮在中国运营的真相。

邮轮公司的盈利仅仅是露在水面上的"冰山"，而藏在水面下的部分才是冰山的绝大部分，这绝大部分的份额支付给了邮轮生态链的其他环节（见图1-7）。而因为邮轮在中国母港运营，其中的绝大部分有中国人的深度参与。以典型邮轮公司的数据为参照，在其成本构成中，燃油费占比15%，支付给了燃油供应商；食品支出占比7%，支付给了食品供应商，这其中有中国供应商的贡献；折旧占比11%，这在未来中国具备邮轮建造能力后有机会争取过来；工资占比13%，支付给了包括中国船员在内的所有船员；市场营销占比14%，邮轮公司在中国所做的广告费由此支付；佣金和交通支付给了旅行社等机构；还有其他项目，一定会有中国人的身影。因此，中国人已经在跟外资邮轮公司的合作中获得了发展机会及收益。从这个意义上来说，对外资邮轮开放，对中资外资邮轮一视同仁，才是让中国邮轮高质量发展的外部环境。

图 1-7 对邮轮公司支出的解析

1.1.2 中国邮轮港口发展

1.1.2.1 中国邮轮港口建设

根据 2015 年《全国沿海邮轮港口布局规划方案》要求，我国将于 2030 年前，在全国沿海范围内形成以 2~3 个邮轮母港为引领，始发港为主体、访问港为补充的邮轮港口布局。2018 年 9 月 28 日，交通运输部、国家发展和改革委员会、工信部等十个中央部门又联合发布《关于促进我国邮轮经济发展的若干意见》，该政策性文件具有跨部门、内涵广、可操作性强、创新空间大等显著特点，目标聚焦建设国际一流邮轮港口，推动我国邮轮产业系统性创新发展，对标全球一流标准。截至 2019 年年底，我国共投入使用的邮轮港口有 12 家，其中拥有邮轮专用码头的港口有 10 家（见表 1-2）。

表 1-2　中国拥有邮轮专用码头的港口基本情况

上海吴淞口国际邮轮港	拥有 1600 米岸线，3 座客运大楼，总建筑面积 8 万平方米。有 4 个泊位，分别为 2 个 15 万吨级泊位和 2 个 22 万吨级泊位
上海港国际客运中心	拥有近 1200 米岸线，其中码头岸线 882 米，现有 3 个邮轮泊位和 15 个游艇泊位，可同时停泊 3 艘 7 万吨级的豪华邮轮，水深 9~13 米。年靠泊船舶 500 艘次，年客运通过能力 100 万人次

续表

天津国际邮轮母港	拥有岸线长度1600米，拥有6个邮轮和相关功能泊位，水深-11.5米，客运大厦面积5.9万平方米，可同时为4000人提供出入境通关服务，年设计旅客通过能力达50万人次
青岛国际邮轮母港	拥有3个邮轮泊位，岸线总长度1000多米。1个超大型邮轮泊位长490米，纵深95米，吃水-13.5米，可全天候停靠目前世界最大的22.7万吨级的邮轮。2个原有泊位长度约476米，吃水-8.0米，可同时停靠2艘中小型邮轮，邮轮母港客运中心总建筑面积6万平方米，最高通关能力可达每小时3000~4000人次，年客运通过能力达150万人次
深圳招商蛇口国际邮轮母港	拥有22万总吨邮轮泊位1个，12万总吨邮轮泊位1个，2万总吨客货滚装泊位1个。另有800总吨高速客轮泊位10个（包括6个港澳线泊位，4个国内线泊位），以及2个待泊泊位，另设125米长的突堤3座
三亚凤凰岛国际邮轮港	目前只有1个8万吨级邮轮泊位，凤凰岛二期码头已经拆除
舟山群岛国际邮轮港	已建成的10万吨级（兼靠15万吨级）码头一座，全长356米，宽32米，平均高程3.85米，前沿水深-12米，航道最窄处为500米，航道最浅处为-18米，可满足15万吨级国际邮轮全潮通航。引桥长188米，设计年客运量46万人次（2015年），年客运通过能力57万人次
广州南沙国际邮轮母港	规划岸线1600米，规划建设10万总吨与22.5万总吨邮轮泊位4个。其中一期工程岸线总长770米，建设规模为1个10万总吨邮轮泊位、1个22.5万总吨邮轮泊位和建筑面积约6万平方米的航站楼，年设计通过能力75万人次
厦门国际邮轮母港	规划整个项目改建岸线总长1418米，从目前已有的邮轮中心泊位一直延伸到海沧大桥下，共建设4个泊位，分别为1个15万吨级、2个8万吨级邮轮泊位和1个滚装泊位，年客运通过能力80万人次
大连国际邮轮母港	拥有2个15万吨级邮轮泊位，还将完成3.8万平方米的国际邮轮中心建设，总设计年通过能力80万人次，可满足3000名游客通关、办票、行李托运及候船需要

1.1.2.2 中国邮轮港出入境游客量规模

2019年，12个邮轮港口中，排名前5位的市场份额为：上海吴淞口240艘次，约占全国的30%，中外旅客187万人次，约占全国的45%；天津121艘次，约占全国的15%，中外旅客73万人次，约占全国的18%；广州89艘次，约占全国的11%，中外旅客43万人次，约占全国的10%；厦门136艘次，约占全国的17%，中外游客41万人次，约占全国的10%；深圳97艘次，约占全国的12%，中外旅客37万人次，约占全国的9%。排名前五的港口约占全国市场的92%，比2018年下降了2个百分点，表明中国邮轮市场的集中度在下降。邮轮市场的表现与其背后所承载的客源市场密切相关，中国三大城市群是中国邮轮市场的主体，进而反映到了相应的邮轮港的客流量上。以排名前四港口的市场份额来计算市场集中度，可以看到，自2018年以来市场集中度持续下降，这源于厦门港的崛起，并在2019年晋升为第四大港口。

上海2016年占据中国邮轮市场2/3的份额，而2017年略有下降，此数据变为了3/5，2018年稍微走弱，而2019年则为45%。上海市场的艘次量尽管只占全国的30%，游客量却占全国的45%，这表明上海的邮轮客源市场足够大，也更能够吸引到国际邮轮公司的大船。

需要关注的是，2019年除了上海吴淞口国际邮轮港的排名持续高居榜首以外，其他各港的位次发生了很多次戏剧性的变化。在低迷的市场环境下，仍然有五个港口获得了不同程度的增长。青岛国际邮轮母港博得60%的增长率，这源于地方政府的大力支持。厦门国际邮轮母港获得了27%的增长，一跃成为中国第四大邮轮港。天津、大连和深圳则获得了微弱的增长（见图1-8）。

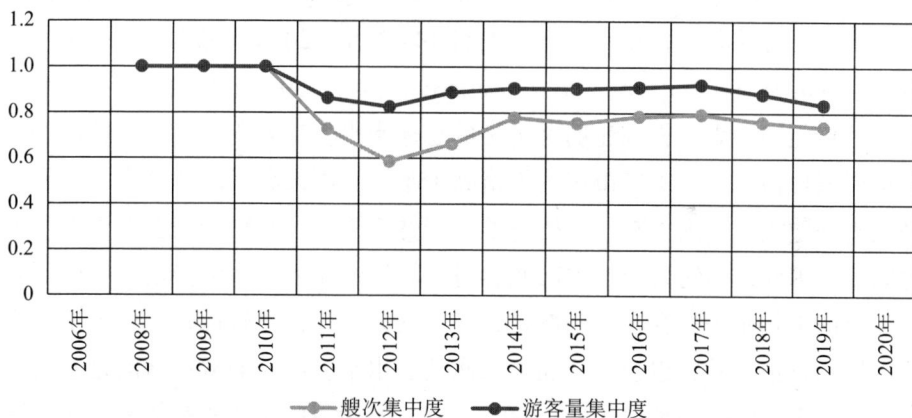

图1-8 中国邮轮市场的集中度（排名前四位的港口占比）

1.1.3 中国邮轮市场的价格

除了少数月份以外，中国邮轮市场2019年的价格普遍高于2018年，全年平均价格为1011元，比2018年增长8.4%。结合比达咨询前几年所跟踪的数据，可以得出这些年中国邮轮市场的平均价格走势。可以看到，中国邮轮市场的平均价格自2016年达到最低点之后正在逐年回归，这表明2019年部分邮轮撤离中国市场使得市场供需情况有所改善，产业链相关主体应对市场低迷所采取的举措一定程度上使得市场发展向好（见图1-9）。

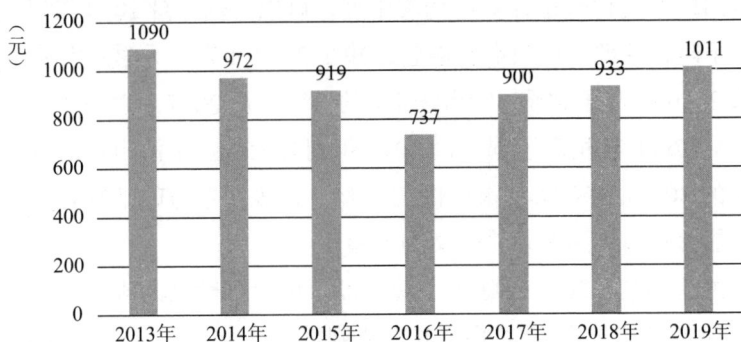

图1-9　中国邮轮市场平均船票价格

注：2017年以前的数据来自比达咨询。

　　从月度数据来看，在邮轮传统的旺季7月和8月，相应的价格达到了1200元/晚，约合171美元/晚（汇率按照7元兑换1美元计算），如图1-10所示。全年的平均水平为1011元，约合144美元。2018年嘉年华集团平均单客船票价格为166美元/晚。嘉年华集团作为世界上最大的邮轮集团，其平均船票价格能够代表世界邮轮船票价格的总体水平。这表明，世界邮轮市场的平均船票价格大约比中国市场的价格高15%，中国市场在旺季基本与世界的平均水平相当。中国人在船上的餐饮消费并不强，但是购物消费能力却是世界第一。因此，邮轮公司从中国游客身上获得的船上二次消费量应当能达到全世界的平均水平。存在的问题是，淡季的票价往往比较低，拉低了中国市场的平均价格，并且也会拉低船上二次消费水平。以上的数据指的是平均水平，头部企业的平均数据接近1300元/晚，与世界的平均水平持平，表明这些公司在中国能够盈利。这样的盈利情况也为一些公司持续将新邮轮布局到中国提供了信心。2020年本应是一个较好的年份，只不过突如其来的新冠疫情让所有的希望落空。

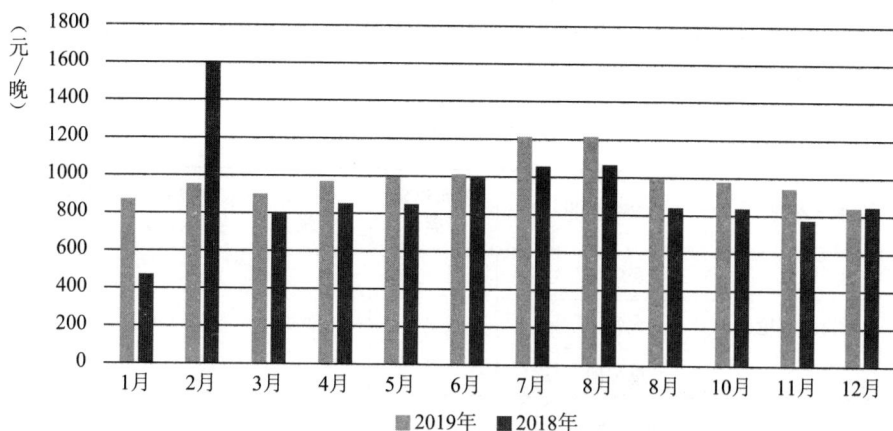

图 1-10   中国邮轮市场每月的价格

价格计算说明：上述计算采用处于中等价位的双人阳台房作为价格采集的基准。根据中国邮轮市场的特征，选取淡季提前 1 个月左右的双人阳台房价格作为采集价格，旺季提前 2 个月左右的双人阳台房价格作为采集价格。每月中旬抓取相应数据，并将邮轮载客量作为权重计算综合价格。由于不同船舶、不同航次的航程长短不一，将所有价格都平均到每晚这一基准上。

1.1.4   中国邮轮市场的经营主体

1.1.4.1   国外经营主体为主

目前中国邮轮市场运力以国际邮轮公司为主，本土邮轮船队雏形显现。根据市场船舶运力投放计划，2019 年我国运营母港邮轮运力超过 190 万人次，床位超过 4 万张，同比减少 7% 左右，我国邮轮市场格局进一步调整。运力以境外邮轮公司为主，母港邮轮有 14 艘，分属 9 个邮轮公司，其中 12 艘由 7 家国际邮轮公司运营管理。国际邮轮公司为进一步运营好中国邮轮市场，积极应对中国本土邮轮的快速崛起带来的直接竞争，将进一步调整战略布局，推动更新更好的邮轮进入中国市场。2 艘由我国本土邮轮公司运营管理，分别是"中华泰山"号和"鼓浪屿"号，均以近洋航线为基础。

同时，20 万总吨及以上的大船邮轮时代已经开启，如皇家加勒比游轮的"海洋奇迹"号。疫情前的两年，国际邮轮虽然缩减中国市场运力，但在产品质量、特色服务、科技感、中国化等方面却在不断开拓创新，目的是更好地感知并满足中国消费者的需求偏好，巩固与提升在中国邮轮市场的市场份额与消费吸引力。未来，随着我国合资邮轮公司的邮轮投入运营以及自主建造邮轮的逐步交付，本土邮轮投放市场的运力规模比例将显著提升，有助于进一步平衡我国邮轮市场上境内外邮轮运营船队运力。2019 年，中国邮轮市场的邮轮参数如表 1-3 所示。

表 1-3　2019 年中国邮轮市场的邮轮

邮轮公司	邮轮船队	邮轮数量（艘）	床位（张）	市场运力（人次）	市场份额（%）
歌诗达邮轮	"赛琳娜"号	3	9300	623100	31.31
	"大西洋"号				
	"威尼斯"号				
皇家加勒比游轮	"海洋量子"号	3	11400	530300	26.65
	"海洋光谱"号				
	"海洋航行者"号				
星梦邮轮	"世界梦"号	1	3400	238000	11.96
地中海邮轮	"辉煌"号	1	3300	184800	9.29
丽星邮轮	"宝瓶星"号	2	3472	121520	6.11
	"探索星"号				
公主邮轮	"盛世公主"号	1	3600	79200	3.98
渤海邮轮	"中华泰山"号	1	832	60736	3.05
诺唯真邮轮	"喜悦"号	1	4200	42000	2.11
星旅远洋邮轮	"鼓浪屿"号	1	1870	110300	5.54
合计	14		41374	1989956	100

资料来源：根据《中国邮轮经济运行研究报告（2018—2019）》数据整理。

可以看到，2019 年中国本土品牌邮轮仅有渤海邮轮的"中华泰山"号和星旅远洋邮轮的"鼓浪屿"号，二者运力合计占中国市场总运力的 8.6%。而且，这两艘邮轮船龄较大，中国本土品牌的邮轮尚处于绝对弱势的地位，培育中国本土邮轮品牌任重道远。

1.1.4.2　中国本土参与者

中资国际邮轮船队已经具备了基础性的发展条件，中国船舶集团、中远海运集团、招商局集团、中旅集团、中国交通建设集团等大型央企已经在邮轮运营领域进行了布局。

中船嘉年华邮轮有限公司成立于 2018 年 3 月，是中国船舶集团与嘉年华集团共同建立的，中船集团持有 60% 的股份，嘉年华集团占 40% 的股份。中船嘉年华邮轮以打造中国邮轮的旗舰企业为使命，未来 10 年将拥有一支颇具规模的邮轮船队，包括已从歌诗达集团购置的 2 艘邮轮、在中国建造的 2 艘大型邮轮和 4 艘大型邮轮的优先订购权。2020 年 1 月 13 日，85861 总吨、载客 2210 人的歌诗达"大西洋"号正式交付，意味着中国船舶与嘉年华集团的合作实际落地，这也是中船嘉年华邮轮旗下第一艘邮轮。2021 年 4 月 30 日，载客 2114 人的歌诗达"地中海"号正式加入中船嘉年华船队。2 艘在建的 VISTA 级 13.5 万吨邮轮和 4 艘优先订造 VISTA 级邮轮将从 2023 年起逐年加入，于 2028 年形成 8 艘邮轮船队，成为中国最大的邮轮公司。目前，中船嘉年华邮轮已经确定其旗下的邮轮品牌为爱达邮轮（Adora Cruises）。

星旅远洋国际邮轮有限公司，由中国远洋海运集团和中国旅游集团共同出资设立，运营总部设在厦门。星旅远洋邮轮将依托中远海运集团和中国旅游集团两大股东的雄厚实力和行业优势，立足中国特色，打造民族邮轮品牌，旨在成为中国邮轮行业的领军者。星旅远洋国际邮轮将坚持"服务大众，创造快乐"的宗旨，通过贴心、舒适的服务，特色鲜明的差异化产品，为游客提供中西方文化完美融合的优质海上度假体验，打造国人喜爱的本土邮轮品牌。2019 年 8 月 12 日，星旅远洋国际邮轮有限公司正式签署"鼓浪屿"号交接船法律文件，船名变更为"鼓浪屿"号（Piano Land）。该船的前身是嘉年华邮轮集团旗下的 P&O 邮轮公司（英国）的"奥利安娜"号（P&O Oriana），1995 年由德国 Meyer Werft 建造，69153 总吨，长度 260 米，宽度 32.2 米，载客人数 1870 人，船员人数 760 人。

渤海邮轮有限公司成立于 2014 年 2 月，是渤海轮渡股份有限公司全资子公司，总部设在香港。旗下的"中华泰山"号邮轮，船长 180.5 米，船宽 25.5 米，2.45 万总吨，拥有 927 个客位。

另外，"憧憬"号邮轮是中交建集团旗下三亚国际邮轮发展有限公司，携手战略投资者——海南瑞泽、佳龙集团、中金鹰投资，创建"福熙永乐"邮轮品牌，以引入 7.7 万吨的国际邮轮"憧憬"号为契机，以三亚为母港，为中国宾客提供更加符合中国度假习惯的海上旅行服务。据悉，目前该邮轮已经易主。

蓝梦国际邮轮股份有限公司，现股东为福建中运投资集团有限公司、舟山普陀交通投资集团、青岛市北建设投资集团，是一家年轻有活力的混合所有制公司。蓝梦邮轮是依托中国文化、体现民族特色与精神的国民邮轮品牌。"蓝梦之星"号是蓝梦邮轮旗下的第一艘轻体量邮轮，总吨位 2.5 万吨，最大载客量 1275 人。

1.1.5 中国邮轮的治理体系

1.1.5.1 邮轮政策

中国邮轮的制度与政策，是以《中华人民共和国国际海运条例》《中华人民共和国海商法》《中华人民共和国国内水路运输管理条例》等行业法律法规为基本框架而展开的。邮轮作为水上运输的一个门类，特别是作为具有娱乐休闲特征的水上客运，行业主管部门并没有建立专门的制度和政策体系，也没有必要建立专门的一套体系。在水路运输的制度与政策框架下，对具有邮轮专属性的环节进行补充说明和安排，对只有邮轮才有的特殊政策和临时性政策用规范性文件加以规范，是更为合理的制度安排。近年来，中央和地方政府逐步建立起较为完善的政策体系，对推动中国邮轮发展起到了至关重要的作用。

从顶层设计来看，相关管理部门这些年陆续出台了与邮轮相关的四个政策性文件。2008 年，国家发改委为了引导和促进我国邮轮业健康发展，出台《国家发展改革委关于促进我国邮轮业发展的指导意见》（发改交运〔2008〕1675号），给出了中国邮轮发展的指导思想、基本原则、总体目标和主要任务，给出了中国邮轮分为近期远期的"两步走"战略，并提出"利用和创造条件，完善相关法律法规，逐步构建管理规范、市场开放、系统配套、健康有序的邮轮运输发展市场体系"。2014 年，交通运输部发布《交通运输部促进我国邮轮运输业持续健康发展的指导意见》（交水发〔2014〕68号），给出了 2020 年中国邮轮发展的目标及主要任务，主要任务包括积极培育邮轮市场、完善邮轮港口功能、加强邮轮运输行业监管、提升邮轮运输服务水平、促进邮轮经济发展、推动平安绿色发展、加快邮轮人才培养等方面。2018 年，交通运输部、发展改革委、工业和信息化部、公安部、财政部、商务部、文化和旅游部、海关总署、税务总局、移民局等十部委联合发布《关于促进我国邮轮经济发展的若干意见》，提出重点发展邮轮旅游市场、丰富邮轮旅游产品、完善港口综合服务功能，到 2035 年，基本形成体系完善、效率显著的邮轮产业链，邮轮旅客年运输量将达到 1400 万人次，明确了 9 方面的主要任务，首次从国家层面明确了邮轮经济发展方向和工作要求，确定了推进路径和任务分工，重点围绕推进完善邮轮港口布局、推进邮轮港口建设、拓展邮轮港口服务功能、优化集疏运系统、提高邮轮旅客通关效率等内容提出了工作任务和政策措施。2022 年 8 月 18 日，工业和信息化部、发展改革委、财政部、交通运输部、文化和旅游部联合发布《关于加快邮轮游艇装备及产业发展的实施意见》，在提升设计建造能力、完善装备产业基础、扩大消费市场需求、加强合作和人才培养等方面给出了具体要求。这些文件，是中国邮轮产业发展的指导性文件，对邮轮产业把握发展方向提出了阶段性的要求，是邮轮产业制度和政策的基础。

国务院、交通运输部、文化和旅游部等中央部门持续关注中国邮轮市场，针对市场运营过程中存在的重点、难点出台相关文件以指导发展，如《关于大力推进海运业高质量发展的指导意见》《粤港澳大湾区发展规划纲要》《国务院关于印发中国（海南）自由贸易试验区总体方案的通知》《关于促进消费扩容提质加快形成强大国内市场的实施意见》等，都明确提出推进文旅休闲消费提质升级、鼓励各地区因地制宜地发展入境海岛游和近海旅游等特色旅游，加快中国邮轮旅游发展示范区和实验区建设，加快国际邮轮发展模式与经验在国内的创新试点示范工程建设，优化邮轮口岸环境和功能，提升邮轮运输旅游服务水平，保障邮轮运输各方合法权益，维护邮轮运输市场秩序，增加国际班轮航线，探索研究简化邮轮、游艇及旅客出入境手续等举措，这些都是从产业、监管、市场等方面提出加快推动邮轮经济高质量发展的重大扶持政策。2019 年，率先在海南三亚、海口邮轮港开展中资方便旗邮轮海上游航线试点，实施外国旅游团乘坐邮轮 15 天入境免签政策，2019 年 8 月，开展国际邮轮船票管理制度上海试点工作和内地游客赴香港过境邮轮旅游，这些都将进一步激发邮轮市场活力与动力。

在地方层面，最早出台与邮轮相关政策文件的是舟山，时间可以追溯到 2004 年，在《中共舟山市委、舟山市人民政府关于加快发展海洋旅游产业的若干意见》中提出，建设与运营高质量、高水平的邮轮码头，进入国际邮轮产业的网络，吸引国际邮轮抵达，并进一步简化乘客入关手续；鼓励资金雄厚、管理经验丰富的邮轮公司或国际邮轮管理企业参与项目的规划建设与管理。2013 年 3 月，三亚市财政划拨 1300 万元，实施对邮轮母港的航次补贴。2017 年 9 月，《三亚市鼓励邮轮旅游产业发展财政奖励实施办法》获得通过，对邮轮港经营企业奖励 400 万元（游客超过 25 万人次），每航次奖励 10 万元。

其后，上海、广州、厦门、青岛、大连、天津等地都出台了邮轮政策。

可以看到，几乎所有的邮轮港口城市都出台了强度不一的邮轮发展规划以及相应的补贴政策。大多数的补贴政策，平均到每个游客身上，大约为150~200元。当然，还有些更为激进的补贴政策，比如对外地游客的交通费补贴、邮轮港开发公司对船公司和旅行社的补贴等。

1.1.5.2　邮轮的市场规制

从目前监管现状来看，主要参照货船管理，进行事前审批。

一是市场准入审批。严格按照《中华人民共和国国际海运条例》有关规定，对从事国际海上客运的经营者资质、船舶安全技术标准（包括船龄限制）、船员配置以及外国籍船舶在华开展多点挂靠业务的特别审批。对于国际邮轮的市场准入，按照国际惯例，由相关的邮轮公司向交通运输部提出航线申请，即可以开展运营。

二是航线审批。主要是加强对新增航线的审批。该审批事项已实现了全流程网上"无纸化"办理，并公开承诺将审批办理时限由法定20个工作日压缩至10个工作日。2009年，交通运输部发布《关于外国籍邮轮在华特许开展多点挂靠业务的公告》，外国籍邮轮在华开展多点挂靠业务应由相关经营人向交通运输部提出申请，并提交8项材料。交通运输部在收到申请材料后，在申请材料完整齐备之日起30个工作日内审核完毕。决定予以核准的，核发批准文件；决定不予核准的，书面通知申请人并告知理由。2019年4月8日，交通运输部发布《交通运输部关于推进海南三亚等邮轮港口海上游航线试点的意见》，在五星红旗游轮投入运营前，先期在海南三亚、海口邮轮港开展中资方便旗邮轮海上游试点。

三是试点船票制度。2017年11月起，上海正式启动邮轮船票试点工作，经过近两年的前期摸索，交通运输部等五部门于2019年8月印发通知，要求在全国推广实施邮轮船票管理制度。实行游客凭票进港、凭票登船新模式，不仅有利于提升消费者出游体验，而且有利于提升港口安全保障能力，更有利于界定各方权利义务及责任边界，维护各方合法权益。

1.2　存在问题

1.2.1　邮轮市场发展不均衡

第一，市场主体不均衡。全球前三大邮轮公司在我国邮轮市场占据90%

以上市场份额。中国本土邮轮公司往往以单船运营，难以取得规模效益，市场话语权较弱。

第二，入境游和出境游发展不均衡。国内出境游客占我国邮轮市场总量的 90% 以上，其中，出境游游客以国人为主，国际游客比例过低。同时，邮轮入境旅游吸引力不强，旅游资源整合能力不足。

第三，邮轮产品和服务发展不均衡。邮轮航线单一，邮轮产品的差异化不明显，与多元化市场需求不符。

第四，国际邮轮与沿海和内河游轮发展不平衡。内河游轮市场虽然历经多年发展，但仍需提档升级；同时，沿海游轮仍处于起步阶段。

第五，产品供给档次不均衡。沿海港口出发的国际邮轮以面向大众的大型邮轮为主，还缺乏面向高端客户的奢华型产品。长江内河游轮低水平竞争较为突出，类似莱茵河和多瑙河一价全包的高端产品还比较欠缺。

1.2.2　邮轮市场尚不成熟

首先，中国邮轮市场的航线目的地十分有限，主要以日本的十多个港口为主。中国至韩国的航线因为 2017 年中韩地缘政治因素影响而中断，中国到东南亚的航线因为航线难以组织以及目的地吸引力不足而并没有充分发展。因为目的地的限制，邮轮公司通过航线多元化来升级邮轮产品的途径被压缩。

其次，中国邮轮游客的消费能力有限。对于收入相对较高的群体，"有钱无闲"是这群人难以形成邮轮消费主体的核心原因。对于价格敏感的消费群体，延长航线意味着船票单价的上升，这给旅行社的市场营销带来了压力。因此，中国邮轮市场多以 4~5 天的短航线为主，这进一步增加了航线多元化的难度。

最后，邮轮消费者尚处于"尝鲜"的阶段。皇家加勒比游轮亚洲区主席刘淄楠将过去这些年中国邮轮的快速增长及发展归因于"尝鲜式"消费。中国游客对邮轮本身应该是什么样子并没有概念，对不同邮轮公司的产品和服务特色并没有深入了解，各个邮轮公司短期内很难在消费者的心中建立起游客对其品牌的深刻认知。未来，随着中国消费者对邮轮产品的认识不断深入，邮轮产品的多样化发展需要提升。

1.2.3　邮轮本土化发展存在诸多问题

1.2.3.1　中资方便旗邮轮发展存在的问题

第一，本土邮轮大都以单船运营，难以与国际大邮轮公司抗衡。除中船嘉年华的合资合作模式外，其他邮轮公司都以单船投入本土市场。自2006年中国邮轮产业发展以来，主动权始终被外籍邮轮公司所掌控，外籍邮轮在我国市场处于绝对领先地位，全球前三大邮轮公司在中国的船队占据我国邮轮市场的绝大部分份额。国际邮轮多年运营产生了极高的行业壁垒，本土邮轮公司作为新进入者缺乏规模效益，运力扩张速度缓慢致使本土邮轮的市场话语权难以提升。本土邮轮公司的船舶大多属于已经退出欧美主流邮轮市场的二手船舶，不仅硬件无法与国际邮轮公司相竞争，软件服务也仍处于摸索阶段，在市场竞争中处于劣势地位。

第二，邮轮消费文化尚未形成。从邮轮公司的航线布局上来讲，更倾向于安排4~6天的邮轮航线，从中国港口始发能够到达的最近港口就是日韩，游客也希望在同等的价位下游览更多的地方。但随着游客对目的地多样化要求的不断提升，邮轮航线单一使我国邮轮旅游的吸引力有所降低，游客的重游率较低。邮轮旅游起源于欧美地区，在我国属于新兴的旅游方式，人们对有关邮轮的文化认知不足，大多数人认为邮轮只是一种较为奢侈的"交通工具"，只需体验一次即可，并未视其为一种可以重复消费的休闲度假方式，因此复购率较低。

第三，国际化能力欠缺。邮轮是国际化属性非常强的旅游产品，游客来自世界各地，运营的邮轮母港遍布全球，物资采购来自全世界，开放的市场才有可能获得较好的盈利能力。本土邮轮公司将发展重点放在中国沿海出发的国际邮轮市场上，这就难以规避地缘政治、季节等带来的经营风险。

第四，很难出台针对性政策。高水平对外开放仍然是中国的国策，竞争中性原则将会在中国各个领域普遍实施，中资非五星红旗邮轮很难获得专属性的优惠政策。

1.2.3.2　五星红旗游轮发展存在的问题

第一，市场尚待开发。五星红旗游轮经营沿海航线尚属新生事物，在市场开发的过程中，航线创新、通航论证、市场营销都需要从零起步，相关的基础设施配备及应急管理体系都需要建立，这是一个循序渐进的过程，需要时间，也需要耐力。

第二，世界上没有成功的经验可借鉴。在世界范围内，沿海游航线并不流行。美国有巨大的市场空间以及足够的消费人群，其沿海航线也并没有发展起来，其东北部的沿海航线以小船及特色化的线路为卖点，并未形成市场的消费热潮。欧洲的国家较小，国家之间的航线繁密而方便，挂本国国旗运营沿海航线很难获得市场认可。中国的国情具有特殊性，巨大的人口基数以及未来人们消费水平的提高，有可能支撑起沿海游轮市场的繁荣，不过需要供给侧的提质增效。

第三，运营成本较高。由于挂五星红旗，需要缴纳船舶进口关税和增值税，还不能加注免税燃油，船上的物资及食品也无法免税，更不能经营博彩。相对来讲，挂五星红旗的游轮的经营更为困难，需要恰当的市场定位，找到具有消费黏性的客户，才能实现可持续发展。

1.2.4　市场监管及公共服务尚待升级

国际邮轮的市场准入较为宽松，对供过于求的市场没有有效的市场准入调控手段，在制度建设上还未将过往的经营违规与安全绿色绩效引入市场准入的条款中。

在事中事后监管领域，对市场中出现的不正当竞争没有监管惩治措施，在利用新技术、新方法实现运行监测、信用评级、行政执法和市场监管等方面还需建立相应的制度和模式，第三方机构在治理体系和治理能力现代化中的作用尚不明显，相应的服务标准规范还比较欠缺。

海事在安全监管方面尽力尽责，但常常按照监管货船的方式监管邮轮，对邮轮的技术条件较好、自主操控性较强的特点认识不足，在拖轮使用、大风、雾航、客货船交会等领域的海事监管规则还难以适应邮轮进出港对时效性的要求。

1.3　总体评价

总体来看，我国邮轮产业已进入深度调整期，国内外邮轮公司及相关利益方对中国未来市场仍然持积极乐观的态度。

从邮轮制造来看，我国目前在邮轮建造与设计方面已经起步，中外合资企业正成为驱动中国邮轮建造的强劲动力。但仍需认识到，中国在邮轮制造配套产业方面还有明显短板，急需相关企业加快步伐，构建邮轮制造的本土供应链。

从市场运营来看，国际邮轮公司仍然是我国邮轮市场的主力军，邮轮旅游产品相对单一，与乘客多元化需求不匹配。随着未来自主建造邮轮逐步投入运营，中国邮轮市场的国内外份额将逐步趋于平衡，有利于我国邮轮市场的健康有序发展。

从港口码头建设来看，邮轮港口布局比较完善，区域分化形势比较明显，需要站在全国统一谋划、分类分级管理的视角加强港口规划、优化港口布局、升级港口服务能力。

从邮轮的安全绿色发展来看，已经建立起来了安全绿色发展的基本框架，未来需要结合国家在安全绿色发展方面的新趋势不断强化相关要求，做好国内与国际、中央与地方的协同。

从法规政策方面来看，中央与地方已逐步建立起一套完整的支持政策体系，但在政策与国际接轨以及专项标准规范等领域有待突破优化。

从市场监管方面来看，还需适应邮轮特殊性、个性化管理需求，优化市场准入门槛，强化反不正当竞争，培育统一开放、竞争有序的市场环境。

2 中国邮轮发展面临的环境

2.1 新冠疫情是邮轮发展的分水岭

近年来，全球邮轮市场规模稳步增长，2019 年全球邮轮游客数量达到 2967 万人次。根据 CLIA 的预测，如果没有疫情的影响，2025 年全球邮轮游客将达到 3760 万人次（预测 2020 年达到 3200 万人次），具有很好的发展前景和市场潜力。邮轮企业的盈利能力在市场的快速发展下持续增强，2019 年嘉年华集团营业收入达 208.25 亿美元，同比上涨 10.3%，净利润 29.9 亿美元，净利润率 14.4%；皇家加勒比游轮集团营业收入 105.9 亿美元，同比增长 15.4%，净利润 19.1 亿美元，净利润率 17.4%；诺唯真邮轮集团营业收入达 64.6 亿美元，同比增长 6.6%，净利润 9.3 亿美元，净利润率 14.4%。基于对市场前景的看好，邮轮企业造船积极性较高，新船也不断交付。2019 年全球新增邮轮 24 艘、总价值 96 亿美元，成为邮轮史上新船交付量最多的一年，全球邮轮运营船队规模持续扩大。邮轮企业的大量造船也带动了全球邮轮建造市场需求的旺盛，同时市场的发展也让邮轮翻修市场的发展潜力巨大。过去几年全球邮轮建造市场保持供不应求的局面，并且这种局面在未来仍将持续。截至 2019 年年底，全球最大的邮轮建造公司意大利芬坎蒂尼船厂待交付的订单总金额约为 327 亿欧元，到 2027 年共有 98 艘新船需要交付。此外，市场的不断向好，也让邮轮公司纷纷推出创新性产品，为游客提供更加多样化的服务。全球邮轮港口的建设也不断增加，服务能级进一步增强。

2020 年年初的新冠疫情，让中国邮轮产业一夜间进入全面停航的状态。虽然内河游轮在疫情得到控制后实现了部分复航，但此起彼伏的变异毒株让内河游轮始终处于起起伏伏的状态。新冠疫情成为中国邮轮市场的"灰犀牛"事件，对邮轮产业将产生深远影响。后续，新的变异毒株的传染率和致死率都存在不确定性，而且也可能出现其他的流行性疾病，让邮轮产业的市场需求和运营模式发生重大变化。如果新冠疫情长期与人类共存，那么邮轮的大型化趋势会不会因此受到遏制？在邮轮上聚集狂欢的场景会不会再也不会出现？资本进入邮轮产业的势头会不会受到遏制进而使得邮轮产业曾经的创新活力难以延续？即便未来某一天新冠疫情可能会神奇地消失，但潜在的疫情风险就像一把德谟克利特斯之剑，总是悬在邮轮产业的上空，不时给邮轮产业带来致命一击。鉴于未来的巨大不确定性，行业曾经丰厚的盈利能力可能难以延续。

新冠疫情肆虐的这三年，国际邮轮遭受了巨大的打击。而今，虽然各大公司已经陆续复航，但整体上呈现出"大病初愈"的景象。与此同时，美元加息和全球通胀会让邮轮业的复苏更为艰难。美国作为邮轮市场第一大引擎会不会熄火？美国是世界第一大邮轮市场，美国经济低迷也必将映射到加勒比海邮轮市场。最近很多消息都在讨论美国经济 2023 年会不会负增长。高盛预计，2023 年核心通胀率将放缓至 3%，失业率将上升 0.5 个百分点，美国经济将增长 1%，美国经济衰退的可能性为 35%。瑞士信贷集团（Credit Suisse）认为，随着通胀放缓和美联储暂停加息，美国可以避免经济下滑，2023 年预计美国经济将增长 0.8%。美国银行给出更悲观的预测，预计 2023 年第一季度美国将出现衰退，GDP 将下跌 0.4%。瑞银集团也预计 2023 年世界经济将出现衰退，理由是高利率，并预计美国 2023 年和 2024 年的经济增长将接近于零。

邮轮旅游在众多的旅游产品中处于相对较高端的位置，经济低迷并不意味着邮轮消费群体的收入下降。过去三年疫情对各国的经济都产生了影响，但是富豪群体的总量及财富却不降反升。瑞士信贷集团 2022 年 9 月 20 日发布了《2022 全球财富报告》。报告指出，2021 年受新冠疫情下宏观经济复苏影响，全球顶级富豪们的财富迅速累积，并且呈现出近乎"财富爆炸"的现象。报告显示，2021 年全球超高净值人士数量创新高，达到 21.8 万人。与此同时，全球财富总额较 2020 年增长 9.8%，百万富翁（以美元计）人数急剧上升。这一信息预示着，探险邮轮和奢华型邮轮市场应该会呈现出较好的增长态势。但是，近些年国际大型邮轮公司的发展策略是通过各方面的努力让船票的价格下降，继而让更大比例的普罗大众有机会搭乘邮轮。现代大众型邮轮的快速增长是邮轮业近十年的主要特征。经济低迷必将打击邮轮市场的基本盘，美国经济低迷很难不影响到夏季加勒比海邮轮市场。

邮轮公司放缓新造船步伐。嘉年华集团总裁兼首席执行官 Josh Weinstein 在公司 2022 年终及第四季度财报会议上表示，嘉年华集团将放缓新造船步伐，以期不仅减缓供应增长，而且保持支出下降。嘉年华集团在 2025 年之前将仅有五艘邮轮手持订单。嘉年华集团目前的重要工作之一就是致力于修复资产负债表，嘉年华集团预计其九个邮轮品牌在 2023 年第一季度的平均入住率达到 90%。可以看到，2020—2022 年，全球邮轮订单总共仅有 18 艘，而 2019 年就有 48 艘。疫情对邮轮建造市场的打击可见一斑（见图 2-1）。

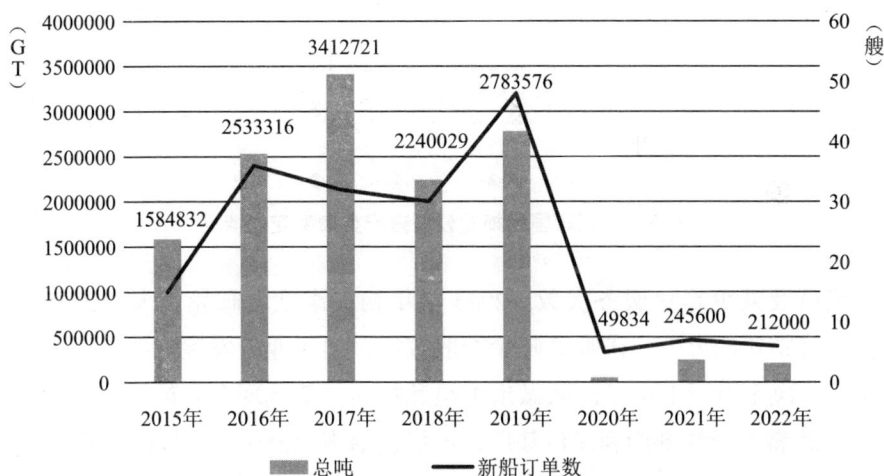

图 2-1 2015—2022 年邮轮新船订单情况

数据来源：中国船舶经济研究中心，海事早知道，2022 年 12 月 2 日。

邮轮公司最先感受到了市场需求不足，继而对新造船计划进行了调整，这会改善邮轮市场的供需关系，也会修复邮轮公司的资产负债表。因多轮新冠疫情，国际上主要的几家邮轮公司的资产负载率已经大幅攀升。在疫情之前，嘉年华集团的资产负债率基本维持在 40% 左右，而今已经飙升至 86.3%。皇家加勒比集团的资产负债率在疫情前基本维持在 60% 左右，而今也升至 90.4%。诺唯真邮轮的资产负载率相对较高，疫情前接近 70%，而今已升至 97.9% 的历史最高点。尤其需要注意的是，美元加息周期尚未停止，高额的利息将会吞噬邮轮公司的盈利空间，这跟疫情前完全不同（见图 2-2）。

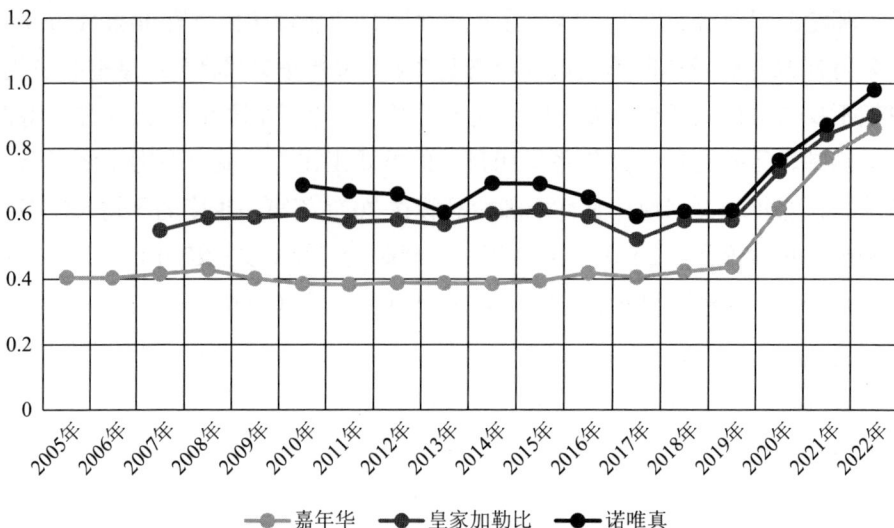

图 2-2　三家国际邮轮公司资产负债率变化情况

裁员及减少客房服务次数。2023 年年初，诺唯真邮轮、大洋洲邮轮和丽晶七海邮轮的母公司诺唯真邮轮控股宣布，出于业务发展需要，公司经慎重考虑，决定对岸上员工团队做出重组和精简，裁减现有人员及岗位规模约 9%。此次裁员所涉部门和岗位甚广，不仅包括集团公司，也包括了品牌公司；不仅有新进员工，也有主管、副总、高级副总、执行副总等。与此同时，诺维真邮轮将减少客房服务次数。诺唯真邮轮宣布将在 2023 年减少其船队的客房清洁服务次数，公司将调整目前提供给套房以下所有类别客人的每日客房（夜床）服务。住在单人间、内舱、海景、阳台和俱乐部阳台套房的客人每日只能获得一次客房清洁服务，而其他套房和 Haven 类别将继续接受每日两次的特等舱服务。执行新政策的第一艘邮轮是 2023 年 1 月 8 日出发的诺唯真"爱彼"号（Norwegian Epic）。新政策将在接下来的 3 个月内向诺唯真邮轮的整个船队推广。减少日常客房服务将对该公司的"环境可持续发展承诺"产生积极影响，并符合当前"通过节约用水、能源和减少化学品使用的邮轮和酒店行业的标准做法"。对此新政策的另外一种解释，可能是为了节省船员工作量而做出的安排。减少邮轮客房的服务，这是邮轮公司在船员工资高涨和市场预期不佳的背景下所做出的应对措施，但是否会对后续的游客满意度产生影响，进而影响下一步的市场需求尚不可知。

邮轮公司股票价格处于低位。2022 年 12 月 31 日，几大邮轮公司的股价公布。其中，嘉年华公司（Carnival Corporation）收于 8.06 美元，同比下降 149.63%（2021 年 12 月 31 日收于 20.12 美元），52 周的交易区间在 6.11 美元至 23.86 美元之间（见图 2-3）。皇家加勒比集团（Royal Caribbean Group）收盘价为 49.43 美元，较 2021 年 12 月 31 日 76.90 美元的收盘价下降 55.57%，52 周的收盘价区间为 31.09 美元至 90.55 美元。挪威邮轮控股公司（Norwegian Cruise Line Holdings）收于 12.24 美元，同比下跌 40.98%，52 周的收盘价中包括 23.90 美元的高点和 10.31 美元的低点。琳达布莱德探险邮轮的股价收于 7.70 美元，与一年前相比下跌了 50.64%，52 周的价格区间为 5.91 美元至 19.13 美元。邮轮公司的股价处于低位，这既是邮轮业市场状况的反映，也是美国经济硬着陆风险在股市上的反映（见图 2-3）。

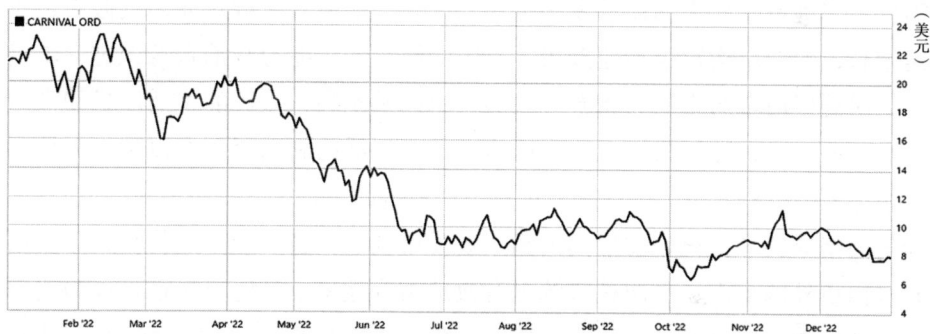

图 2-3　2022 年嘉年华公司股价情况

邮轮公司提升游客小费。疫情前，邮轮上的小费一般是 14.5 美元/（人·晚），如今不少邮轮公司增加了小费的额度。公主邮轮为 16 美元/（人·晚），皇家加勒比游轮为 16 美元/（人·晚），诺唯真邮轮则一举增加到了 20 美元/（人·晚），而且其套房及以上舱位的小费为 35 美元/（人·晚）。精致邮轮的小费为 16.5 美元/（人·晚），大洋邮轮的小费为 16 美元/（人·晚）。当然，那些高档的一价全包型奢华邮轮，不少都不收取小费，比如精钻邮轮、庞洛邮轮、丽晶七海邮轮、世鹏邮轮、银海邮轮等品牌。游客小费支出的增加，势必也会影响到市场需求。

以上信息，都反映出邮轮市场在后疫情时代要想修复新冠疫情造成的影响，还有很长的一段路要走。新冠病毒虽然已逐渐成为与人类共存的病毒，这让人们的跨区域流动得以恢复，但是新冠疫情以及地缘政治造成的通货膨胀及经济低迷还将继续影响邮轮业。中国邮轮市场 2023 年中能够迎来试点邮轮的复航，届时中国邮轮市场的表现如何还有待观察。由于邮轮在中国的渗透率非常低，因此可以暂不考虑后疫情时代人们消费能力减弱这一因素对市场的影响。只要能够契合消费者的需求，有限的舱位一定能够被填满。

2.2　人民美好生活向往与高质量发展

我国正逐步形成以国内大循环为主体、国内国际双循环相互促进的新发展格局，双循环新发展格局是党中央充分结合当前国内国际形势发展的新变化、新趋势和新挑战做出的重大战略部署。我国有超大规模的市场和完整的产业链体系，当前的发展阶段性特征、空间布局特点，决定了在后疫情时代需要更多地依靠扩大内需的发展格局与模式。随着人民群众休闲度假需求快速增长，消费结构持续加速升级，人民的消费购买能力和消费意识进一步提升，对更好质量的生活和旅游方式的要求越来越高，人民的生活质量和生活水平不断提升，邮轮旅游成为人民追求美好生活的新选择。在以国内大循环为主体的消费格局下，国内邮轮市场全产业链的消费需求都将迎来新的发展。新发展格局要求把充分发挥国内超大规模市场和完备产业体系优势，与利用好境内境外两个市场、两种资源更有效地结合起来，邮轮市场也将成为我国扩大开放、深化国际合作的前沿窗口，助力海洋强国、"一带一路"，深化改革开放和旅游外交等战略的推进。

邮轮产业具有产业链、供应链、价值链、创新链高度融合的明显特征，可在支撑国内外贸易、服务国家经济社会发展等方面发挥重要作用。面对百年未有之大变局带来的挑战，邮轮产业要充分发挥经济带动能力强的特点，服务内外经济循环和交通强国战略，助力实现 21 世纪中叶全面建成交通强国的目标；贯彻落实习近平总书记"经济强国必定是海洋强国、航运强国""经济要发展，国家要强大，交通特别是海运首先要强起来"的重要指示精神，落实《交通强国建设纲要》，促进海运业的高质量发展，不断提升服务水平和有竞争力的邮轮产品。要积极服务国家"一带一路"建设，通过邮轮向沿线国家展现中国形象、讲好中国故事、宣传中国文化并增进中外交流，更好地凝聚起"一带一路"沿线国家对人类命运共同体和海洋命运共同体的认同。

党的十八大提出，在中华人民共和国成立以来特别是改革开放以来我国发展取得的重大成就基础上，我国站在新的历史起点上，中国特色社会主义进入新的发展阶段，社会的主要矛盾转化为人民日益增长的美好生活需要和不平衡不充分的发展之间的矛盾。面对全球复杂的政治经济形势以及新冠疫情的暴发，我国成为全球唯一实现经济正增长的主要经济体。居民消费能力的持续增强，是追求美好生活需求的前提，也是追求美好生活的动力。随着国民收入增长，各类消费支出在消费总支出中的结构升级和层次逐步提高，消费升级正成为中国经济平稳运行的"顶梁柱"、高质量发展的"助推器"。国内居民的消费升级将加速邮轮经济新业态与新动力产生，邮轮所倡导并坚持的市场主导、崇尚绿色环保、讲究质量品质、注重多元发展等新型消费模式也将迎合我国消费者期待，带给消费者从满足基本需求转向更高层次的精神需求，从温饱型消费转向享受型乃至自我发展型消费的跨越，满足我国消费者对美好生活的需要。

党的十九大报告中指出我国经济已由高速增长阶段转向高质量发展阶段，与高质量发展相对应的则是质量变革、效率变革和动力变革。中国邮轮产业在疫情前经历了连续两年的负增长，高速增长阶段已经难以再现。十多年的发展过程中，积累了经验，也暴露出了诸多问题，探讨高质量发展正当其时。

党的二十大报告中指出必须坚持在发展中保障和改善民生，鼓励共同奋斗创造美好生活，不断实现人民对美好生活的向往。创新医防协同、医防融合机制，健全公共卫生体系，提高重大疫情早发现能力，加强重大疫情防控救治体系和应急能力建设，有效遏制重大传染性疾病传播。新冠疫情的突如其来，让中国邮轮业在沉寂的这段时光中，更有机会探讨和探索未来的高质量发展之路。这里不从理论的角度对中国邮轮的高质量发展进行全面的体系化解析，而是从一些侧面来分析高质量的内涵以及路径。

高质量发展应该是邮轮产业的基本特征，而不是在市场形势不好或者突发性事件下的无奈之举。2021—2022年，国际集装箱市场火爆至极，颠覆了很多人的想象。中国至美国和欧洲的集装箱运价都曾飙升到疫情前的10倍，表明这真是一个疯狂的市场。邮轮市场会不会也会因为一些偶发的事件而飙升？明确地说，绝对不会。疫情前，国际邮轮市场总体上是一个供不应求的市场。比如，2008年供需基本相等，而最好的2011年需求高于供给13%，2016年以来需求高于供给6%~7%。各邮轮公司通过旗下的差异化产品在市场中找到各自的目标客户，并用其具有一定黏性的服务让其中的部分游客多次上船，从而形成了需求增长与供给增长恰好匹配的关系，需求总是略微比供给高一点。这样微妙的平衡极为难得，使国际邮轮公司既能够有非常好的收益率，还能够保持规模的持续扩张。"量价齐升"是疫情后的市场从业者对那时市场的美好印象。在这样的市场供需关系下，中国邮轮市场既有经营良好的邮轮公司，也有在盈亏边缘徘徊的公司。疫情之后，市场需求需要一段时间的预热，而供给端则仍然像"饺子下水"一般在不断增长，如果叠加上未来中国造船产能的逐步释放，使过去十来年国际邮轮市场供需之间微妙的平衡关系可能被打破。过去十年，全球邮轮市场每年新增 2.3 万张床位，2019年新增 3.9 万张床位。从一定程度上说，欧洲造船能力有限让市场的供需关系未出现失衡。然而，中国邮轮造船能力将在未来几年释放，届时每年可能增加 7000 张床位，这时供给侧将有约 20% 的额外能力提升。如此分析，即便中国邮轮市场能够快速复航，供需失衡的市场也将长期存在，让所有的市场参与者的经营更为困难，而本土邮轮公司会更难。与货运不同，相对来讲，服务好消费者并不容易，各式各样的诉求需要有充分的诚意和耐心去满足，稍有不如意就会转投其他品牌。而对于集装箱运输来讲，不会说话、没有悲欢的无差别货物，只要按时运送到目的地就万事大吉。在市场最为疯狂的时候，集装箱运输公司的准班率仅有 20%，但依然保持着极高的价格。集装箱运输在供需关系失衡的时候能够获得高运价，首先，源于集装箱本身的运费相对于货物价格来讲比较低。其次，需求具有一定的刚性，因为没有其他运输方式能够对海运集装箱形成足够的替代。最后，人们的恐慌心理也会加剧供需的失衡，让运价进一步高涨。但是，对于邮轮来讲，船上的旅游需求是基本生活满足之后的额外消费，不存在非去不可的目的地，而且还有无数可替代的产品，这决定了邮轮市场不会"一价冲天"。邮轮公司创造出来的产品要有市场，一定是满足了一部分消费者内心的需求。这种需求也并非难以割舍，价格上升以及存在安全风险都会让消费者打消出行的念头。

邮轮市场的需求，是好（对）的产品创造出来的，也是邮轮公司和旅行社通过市场营销出来的，而供给则是国际邮轮公司全球权衡的结果。因此，从总量上探讨中国邮轮市场的供需关系其实意义不大。对于国际邮轮公司，尝鲜式消费逐步走到尽头的情况下，需要不断推陈出新，创造出好（对、新）的产品让更多的中国游客上船，并让他们认可将邮轮作为自己的一种生活方式而多次上船。

2.3 地缘政治风险持续发酵

在《中国地缘政治论》①中，对东北亚、南海、东南亚的地缘政治历史及格局进行了全面的梳理。据此，可以判断中国当下以及未来中国周边地缘政治格局的走向，进而对中国邮轮产业未来发展的风险因素有所预判。

从中国邮轮过往的发展历程来看，地缘政治一直是个无法回避的问题。2012年的钓鱼岛事件和2017年的韩国萨德事件都对邮轮业产生了较大影响。

2012年1月3日，日本第十一管区海上保安总部（那霸）的巡逻船发现冲绳县石垣市议员仲间均等3人登上了钓鱼岛。约20分钟后，石垣市议员仲岭忠师也登陆了该岛。自此，中日之间的钓鱼岛之争开始发酵。从2012年10月开始，一直到2013年8月，中国母港出发的国际邮轮大幅减少停靠日本港口的航线。2013年8月6日，日本博多市博多港迎来由中国始发的邮轮"歌诗达大西洋"号，标志着中日邮轮航线的恢复。

另外一件事情，是美国在韩国部署萨德导弹防御系统，进而引发中韩之间外交关系的急速骤降。国家旅游局在2017年3月3日在其官网提醒称，"最近一个时期，中国公民入境韩国济州岛受阻事件急剧增多，部分被拒入境者在当地机场等候遣返时间较长"，引起舆论和社会各界广泛关注。2017年3月11日，歌诗达邮轮"赛琳娜"号抵达济州外港。但该邮轮通报说，船上3400余名中国团体游客拒绝下船。自此之后，中韩之间的邮轮航线一直停航至今。

在《中国地缘政治论》中，作者张文木做了如下阐述：目前东北亚的格局更多来源于20世纪50年代美苏冷战。朝鲜是中国东北安全的门户，此门洞开，不仅可能造成中国东北动乱，还会直接威胁中国京畿重地，并将对中国的整体稳定造成重大冲击。东亚地区力量均势的天平正在向有利于大陆国家而不利于日本的方向倾斜。台湾是中国在西北太平洋制海权有效发挥的关键环节。不管是对日本还是对中国而言，控制了钓鱼列岛就接近控制了台湾，而控制了台湾，也就控制了沿中国海岸的西北太平洋的制海权。台湾问题是中国海洋安全战略中的"瓶颈"因素，是中国打开北太平洋海权困局的破局地带。在东南亚，亚洲地缘政治的"不对称"特性，也即"一大众小"的格局，有利于西方诸大国的操纵，但由于地理空间距离遥远和中国主体板块的

---

① 张文木.地缘政治论［M］.北京：海洋出版社，2017：115-140.

就近存在，西方操纵这些国家的深度非常有限。

从全球地缘政治格局的局势来看，加勒比海区域并不在世界大国战略利益线上，因此，基本没有邮轮发展的地缘政治风险。再加之距离美国非常近，拥有北美超过3.7亿高消费能力的人群，且岛屿众多，风景优美，因而成为世界上最大的邮轮目的地。

1956年10月29日，英法为夺取苏伊士运河的控制权，与以色列联合对埃及发动军事行动。11月6日，在强大的国际压力下英法两国被迫接受停火协议，以色列也在11月8日同意撤出西奈半岛。这场战争标志着美国和苏联两个超级大国成为真正主宰中东乃至全世界的力量。自此之后，这条战略利益线相对稳固，因而也就没有产生重大的地缘政治风险。地中海气候宜人，众多欧洲国家海岸线毗邻，还有诸多具有人文特色的岛屿，距离邮轮第二大客源市场（欧洲）非常近，因而能够成为世界邮轮的第二大目的地。

可以看到，波罗的海区域、阿拉斯加区域、大洋洲等这些邮轮相对活跃的地区，均未处于世界大国的战略利益线上，因此，一般不会出现地缘政治风险。目前正在进行的俄乌冲突基本上未对上述这些地区造成直接的冲击，甚至有邮轮还因此成为接待乌克兰难民的船舶，如荷美邮轮的"瓦伦丹"号邮轮就在阿姆斯特丹承担了6个月难民运输任务。

东北亚和南海处于日本的战略利益线和海陆大国战略博弈力所不及的极限地带。在20世纪80—90年代，中国的国力不能危及日本的战略利益线，日本在美国的支持下大力发展半导体产业，并希望通过其所设计的"雁行模式"向中国和东亚输出产能。在那样的发展阶段，"中日友好"成为两国交往的主旋律，大量日本客人来中国各地旅游，大量日本企业来中国投资。2001年中国加入WTO之后，中国经济开始腾飞，日本倡导的亚洲区域的"雁行模式"并未成功。2010年中国GDP超过日本，而今中国GDP已经是日本的3.8倍。

2012年，中日之间的钓鱼岛事件发酵，让邮轮公司纷纷取消原本停靠日本港口的航线，转战韩国的釜山、济州岛航线，严重打击了中国邮轮市场。2017年，美国在韩国部署萨德导弹，中韩之间的邮轮旅游因"旅游禁韩令"而中断，使中国邮轮市场的目的地更加收窄，让中国邮轮市场的增长势头遭到打击。未来中国邮轮市场的发展方向在东亚、南海和东南亚国家，并还有机会拓展到"海上丝绸之路"沿线。不过，近些年中国与美国在南海区域的博弈从未停止过，美国军舰、航空母舰惯常的"无害通过"让南海成为一片并不平静的海洋，进而给南海区域的邮轮基础设施建设带来了不确定性。另外，美国还动辄利用中国台湾来实现其战略意图和国家利益，这也给周边区域的邮轮发展带来了负面的影响。中国周边地缘政治的复杂形势，让中国邮轮产业的发展面临不确定的"黑天鹅"事件，这是影响中国邮轮市场做大的重要因素。

2019年中国沿海出发的国际邮轮，有超过90%的航线的目的地是日本。目前，日本所开发的邮轮挂靠港有14个，包括福冈、长崎、大阪、那霸、冲绳、博多、鹿儿岛等。

瑞·达里欧所著《原则：应对变化中的世界秩序》[①]中有这样一段话："我认为随着中国在这些领域变得更具竞争力，并日益走向全球，中美贸易/经济战、技术战、资本战和地缘政治战的风险将加大……总体上，我的结论是未来10年里爆发大规模战争的概率是35%左右，这基本上是一个大略猜测。无论如何，这都是非常危险的。"

如果台湾海峡局势趋紧，中日关系必将急速降温，中日邮轮航线暂停的可能性非常大，而且将会持续一个较为长期的时间，中国邮轮市场有可能在新冠疫情之后，再次封闭上好多年。届时，除了东北亚区域以外，中国邮轮是否可能在符拉迪沃斯托克（海参崴）、南海、东南亚乃至海上丝绸之路上寻求突破口？这似乎也不是一件容易的事情。去往符拉迪沃斯托克（海参崴）的航线途经日韩之间的对马海峡，届时邮轮航行的条件并不完备。而且，符拉迪沃斯托克（海参崴）人口63万人，虽然有一定的观光价值，但根本不可能替代日本。南海局势虽然不会像台海统一那样会对地缘政治格局波及较长时间，但在南海区域的目的地开发、航线组织和消费群体培育都比东亚区域更为困难。另外，在台海区域有事情的时候，也是"海上丝绸之路"上海权国家战略利益线对中国不友好的时候。相关邮轮公司拓展"海上丝绸之路"航线也将遭遇市场以外的额外考验。

因此，如果充分考虑未来中国周边地缘政治格局变动，将邮轮的过多资源配置和布局在中国市场似乎并非明智之举。对于国际邮轮公司，全球布局本来就是其商业模式的一部分，在中国周边发生重大的地缘政治事件时，辗

---

①　瑞·达里欧.原则：应对变化中的世界秩序［M］.北京：中信出版社，2022：424.

转到别的地方依然可以继续挣钱。对于中资邮轮来讲，是否有解决途径？目前能够找到的唯一解决途径，就是国际化发展。融入全球，服务全球，不分内外，无分彼此，你中有我，我中有你，才是邮轮公司规避地缘政治风险的唯一路径。况且，国际化发展和国际化布局本来就是有远大目标的邮轮公司的不二选择。因此，未来能够看到的邮轮公司形态，并不应当有"中资邮轮公司"这一类别。相关的政策导向中，也不应对这样的公司有特别的安排。因为，假如对这类公司出台了特别的优惠政策，这种优惠政策非但不能帮助其成长，却可能将邮轮公司引向歧途，让其去做"捡了芝麻丢了西瓜"的事情。

回顾现代邮轮发展的 50 年，从布雷顿森林体系建立乃至苏联解体，是世界逐步走向"单极化"的过程，也是西方权力得以强化并惠及西方民众的过程，这触发了以美国为首的邮轮消费市场的逐步扩张。美国能够成为邮轮市场的"一枝独大"，跟其所建立起来的国际规则体系以及金融霸权密切相关。但是，这样的世界格局并不具有可持续性。

世界百年未有之大变局，是中国对世界发展大势做出的重大战略判断，在当前复杂变化的时代具有举旗定向的重要意义。世界历史演进趋向包括 5 个"百年之变"：一是全球化进程百年之变；二是世界经济格局百年之变；三是国际权力格局百年之变；四是全球治理体系及治理规则百年之变；五是人类文明及交往模式百年之变。对于邮轮业界来讲，世界百年未有之大变局必然会让邮轮业赖以发展的稳定环境和市场需求发生重大变化。业界还没有真正思考过"世界百年未有之大变局"对邮轮业的深层次影响。大家都不愿相信需求端会出问题，大家只愿意看那些能够给我们带来乐观情绪的信息，而主动屏蔽那些消解我们信心的信息。

理性的人应该查看来自各方的好消息和坏消息，并综合这些信息来做出自己的判断。乐观的情绪具有"自证预言"的神奇力量，但这一力量的出现也是有条件和基础的。总要有好的市场基本面，再加上自身的努力，才能让潜在的市场可能变成现实。

2.4　双碳目标下的邮轮产业绿色发展

当今全球经济快速发展，工业化社会对能源的需求在不断增长，经济拉动能源需求的背后，全球碳排放量不断增高，气候开始变暖，世界各国也越来越关注碳排放的问题。2020年，我国提出2030年实现碳达峰、2060年实现碳中和，并在2021年将碳达峰、碳中和写入两会报告；随后党中央和国务院下发了《关于完整准确全面贯彻新发展理念做好碳达峰碳中和工作的意见》，提出要加快推进低碳交通运输体系建设，优化客运组织，引导客运企业规模化、集约化经营，加快发展绿色物流，整合运输资源，提高利用效率，持续降低运输能耗和二氧化碳排放强度。麦肯锡等国际机构预测，全球化石能源消费将在2035年达到峰值，天然气需求在2035年进入平台期，可再生能源利用占比提升。邮轮产业作为一个高碳排放行业，需要在未来优化运输组织，提升清洁能源在动力燃料中的比重，不断推进行业的绿色发展。

LNG动力邮轮成为邮轮制造新生代。近年来，航运界围绕低碳、零碳燃料开展了不同程度的研究及实践，包括LNG、甲醇、生物柴油、氢、氨等都是重要的清洁燃料。但是，燃料的更替是个漫长且复杂的系统工程，清洁燃料的易得性、经济性、技术成熟性等因素都决定了清洁燃料的发展。近年来，LNG燃料因技术成熟度高、能量密度高等优势，正迅速用于船用燃料，2023年将有多艘新LNG动力邮轮相继下水，这包括皇家加勒比游轮全新"标志系列"中的首艘邮轮"海洋标志"号（Icon of the Seas）、银海邮轮首艘LNG动力邮轮Sliver Nova、地中海邮轮的"地中海神女"号（MSC Euribia）以及嘉年华邮轮的Carnival Jubilee等。

我国积极推进邮轮港口岸电设施建设。交通运输部办公厅于2017年7月印发《港口岸电布局方案》，提出推进邮轮等五类专业化泊位的岸电设施改造，力争于2020年年底实现沿海主要港口中9个邮轮专业化泊位具备向邮轮供应岸电的能力。根据相关机构的调查显示，截至2019年年底，全国已建成港口岸电设施5400多套，覆盖泊位7000多个（含水上服务区）。其中，邮轮专业化泊位岸电设施建设完成5个，目标完成率为55.6%，岸电建设进度相对滞后。随着我国对船舶岸电设施建设的不断推广，邮轮专业化泊位岸电设施建设也在不断推进。2021年，天津港国际邮轮母港启用总容量达到40兆伏安的船舶岸基供电系统，由一座35千伏变电站、两套岸电变频设备、四套码头前沿插座箱和两台电缆小车组成，为大型邮轮在停靠期间提供充电服务。邮轮港口岸电设施建设的同时，邮轮岸电使用率仍待时间检验。

2.5 "一带一路"为邮轮产业发展创造新机遇

古代"海上丝绸之路"从中国东南沿海，经过中南半岛和南海诸国，穿过印度洋，进入红海，抵达东非和欧洲，成为中国与外国贸易往来和文化交流的海上大通道，并推动了沿线各国的共同发展。中国输往世界各地的货物，从丝绸、瓷器到茶叶，形成一股持续吹向全球的东方文明之风。尤其是在宋元时期，中国造船技术和航海技术的大幅提升以及指南针的航海运用，全面提升了商船远航能力，私人海上贸易得到发展。这一时期，中国同世界60多个国家有着直接的"海上丝绸之路"商贸往来。明代郑和远航的成功，标志着"海上丝绸之路"发展到了极盛时期。2013年，国家主席习近平在出访中亚和东南亚国家时，先后提出共建"丝绸之路经济带"和"21世纪海上丝绸之路"的重大倡议，得到了国际社会的高度关注。"一带一路"贯穿亚欧非大陆，连接60多个国家和地区，对顺应世界多极化、经济全球化、文化多样化、社会信息化的潮流，维护全球自由贸易体系和开放型世界经济具有重要作用。其中，"21世纪海上丝绸之路"以重点港口为节点，旨在共同建设通畅安全高效的运输大通道。当前，我国进入中国特色社会主义新时代，中国"一带一路"倡议将持续推进，给中国邮轮产业的空间拓展创造了前所未有的机遇。积极拓展"一带一路"邮轮航线，通过邮轮将中国人与"一带一路"沿线的民众连接在一起，让邮轮成为中国经略周边的载体，让邮轮成为"一带一路"民心相通的载体。这样的航线，可以首先从东南亚拓展。

推动我国邮轮产业发展理念转变。邮轮旅游兼具交通运输和旅游属性，作为旅游业的组成部分，邮轮旅游具备旅游业经济性、服务性、依赖性、带动性以及外向型等特征。2015年10月，习近平总书记在党的十八届五中全会上提出的"创新、协调、绿色、开放、共享"新发展理念，为邮轮旅游基于旅游业特征基础上的创新发展提出了更高的要求。邮轮产业的发展应力求从依靠资本、硬件设施等要素驱动向管理创新、制度创新、技术创新、服务创新等创新驱动转变。我国邮轮产业应该秉持以"和平合作、开放包容、互学互鉴、互利共赢"为核心的丝路精神，积极推动国内邮轮企业与国际邮轮企业间的交流、国内邮轮港与国外邮轮港的合作，构建邮轮产业发展共同体。

推动我国邮轮产业发展模式转变。2019年10月，我国首制大型邮轮在外高桥造船正式开工点火进行钢板切割，全面进入实质性建造阶段，标志着我国邮轮产业发展进入新阶段、产业发展模式不断得到创新。"一带一路"倡议指导我国邮轮发展从"邮轮旅游"向"邮轮产业"转变，从"产业链低端"向"产业链高端"转变，从注重产业链向注重创新链转变。2018 年全球最大的造船集团（中国船舶集团）与全球最大的邮轮集团（嘉年华集团）合资组建中船嘉年华邮轮，标志着我国企业发展模式也从"单兵作战"向"协同发展"转变。未来，随着"一带一路"倡议的逐步落实，各国交流合作也将更加频繁，将继续促使我国邮轮产业发展开辟新模式、新业态。

推动沿线城市邮轮港口加强合作。"一带一路"连接 60 多个国家和地区，其中"21 世纪海上丝绸之路"从中国经东南亚延伸至印度洋、阿拉伯海和海湾地区，是合作共赢、互惠互利的普惠经济带，包含缅甸、塞舌尔、越南、泰国、马来西亚、印度尼西亚、菲律宾、文莱、新加坡、柬埔寨、印度、孟加拉国、巴基斯坦、斯里兰卡、也门、沙特、阿曼、索马里、肯尼亚、马尔代夫以及马达加斯加等国家。结合"一带一路"倡议，围绕邮轮目的地开发，实现与沿线国家邮轮港的合作，可为我国邮轮乘客提供更加多元的旅游目的地。数据显示，我国赴"一带一路"沿线国家旅游的人数逐年增长，目的地主要集中在东南亚地区，该地区旅游资源丰富，又与我国相邻。因此，可以推进邮轮公司加强对东南亚邮轮旅游航线的开辟，改变我国邮轮旅游航线以日韩为主的状况，带给邮轮乘客更加多样的选择。

推动我国邮轮市场发展活力提升。"一带一路"倡议的提出进一步提升了我国与沿线国家的交流，人员往来也更加频繁。新冠疫情前，全球邮轮旅游持续高涨，高于世界经济增速和传统旅游业增速。2016 年起，我国邮轮母港客运量跃居亚洲第一，邮轮旅游的国际地位日益提升。随着新冠病毒感染实施"乙类乙管"，以及我国出入境管理的逐步放开，在"一带一路"倡议的影响下沿线各国旅游业已经实现蓬勃发展，相信未来将有更多沿线国家人员来访我国，我国母港邮轮有望继续引领亚洲，同时我国访问港邮轮也将发展。

推动邮轮专业人才交流与培养。邮轮产业链长、中间环节多，需要多种类型的专业型人才，包括运营管理人员、市场营销人员、酒店管理人员、船舶修造人员等，单纯依靠我国高等院校单一的专业人才培养模式很难满足邮轮产业的发展需要。同时，邮轮产业具有高复合性、国际性等特征，邮轮人才的选拔及培养需要有国际化的环境。"一带一路"倡议为我国吸引国际化人才提供了良好基础，可通过大力吸引"一带一路"沿线国家人员来华弥补相关专业人员短缺问题，同时降低本土邮轮公司的船上用人成本，也为了解各国风土人情开辟相关航线做好文化准备。

2.6 疫情"灰犀牛"事件阴霾不散

在新冠疫情刚开始暴发的时候，人们将其定义为"黑天鹅"事件。黑天鹅事件（black swan event）指非常难以预测，且不寻常的事件，通常会引起市场连锁负面反应甚至颠覆。米歇尔·渥克所著《灰犀牛：如何应对大概率危机》讲述的是另一类事件：大概率发生的重大事件。灰犀牛事件是我们本来应该看到但却没看到的危险，又或者是我们有意忽视的危险。其发出的信号不是太模糊，而是其接收者有意无意忽略这些信号，而且当作一种正常现象来认可和接受。

新冠疫情不是黑天鹅事件，而是灰犀牛事件。21世纪以来的这二十多年，已经发生了多起病毒疫情。SARS对中国的冲击最大，而禽流感、猪流感和埃博拉病毒都未能对中国产生全面的影响，因此未能引起全社会的重视。神经学家塔里·夏洛特（Tali Sharot）认为人类的大脑结构让我们总是用乐观的眼光看待问题。我们总是高估积极事件的可能性，而低估无视消极事件的可能性。换句话说，我们不断地展示出"乐观的偏见"。在《灰犀牛：如何应对大概率危机》这本书中，解释了作为吹哨人的困境，也即那些能够唤醒人们的危机意识、阻止危机发生的人的最终结果往往是引火烧身。如果有足够多的人得到了吹哨者发出的信息，听从了劝告，改变了自己的行为，那么吹哨者所预言的事情就不会真的发生，随之其将会"被戴上枷锁，游街示众"。这就是历史总会重演、人类总也不会从教训中习得经验的原因。

在《灰犀牛：如何应对大概率危机》中，作者给出了每类风险的解决办法，其中对反复出现的危机（包括金融危机、流行病、地震、网络威胁等），给出了几点解决办法：运用核查表和演练模式；形成习惯性的行为模式；建立自动报警系统；建立弹性机制以及避免自负情绪的产生。这里，从邮轮防疫的视角对以上几条进行扩展。

形成习惯性的行为模式：应急预案及演练。邮轮的防疫，不仅仅是邮轮上应具有完备的应急预案，还应该与挂靠港口城市的应急防疫体系以及挂靠港的应急预案相对接，才能有效应对。港口国所处疫情发生阶段以及防控等级是一个重要参数，挂靠港城市的医疗资源和能力是否能够接纳一整船人的隔离也是一个重要的参数。没有完备合规的隔离空间，当地政府是否有资源和组织能力建设临时性的隔离和救治空间也是一个重要的参数。邮轮港是否能够配备一定数量可拆卸的隔离装置？游客候船厅的部分空间是否在建设的时候就能够考虑到作为临时性的游客隔离救治空间？同时，还需要邮轮公司、邮轮港以及母港城市定期进行防控疫情的演练，从而让相关工作人员对防疫了然于胸，形成惯性的行为模式。地方政府对邮轮的支持，不应仅仅体现在航次及给旅行社的补贴上，而是应该把补贴花在刀刃上，其中，提升邮轮港对疫情的防控能力就需要地方政府的大力支持。对疫情的有效防控，也是邮轮港竞争力的一部分。防疫能力就是营商环境，在此领域的非凡作为一定会给全世界游客留下很好的印象，进而为未来本地母港邮轮发展和访问港游客数量提升提供持久动力。

建立自动报警系统。曾经有消息称，谷歌公司通过人们在网上的搜索词条，可以准确预警流感暴发。不过，后来陆续发生的流感并未预测准确，如2009 年的 H1N1 猪流感。一份科学研究认为，谷歌在 108 周的流感预测中，有 100 次是错误的。在 2011 年至 2013 年期间，一直高估流感疫情。然而，当我们对大数据有了更多了解的时候，就能做出更好的预测。尽管谷歌流感趋势在预测流感暴发方面表现得不尽如人意，但是它的数据仍然能给我们提供关于感冒和流感的一些综合指标，或者是目前尚且未能解读的信息。未来，大数据支持的病毒预警机制应该作为相关决策机构决策的首要考虑参数，而不仅仅听凭国家层面的专家以及当地医生的判断。局部的、片面的信息难以形成对疫情性质的准确把握，需要用大数据技术来辅助决策。这次新冠的发现及定性过程中，就是少了现代的大数据技术手段，还依赖中央派出的专家组通过不全面完备的调研来获得疫情的信息。这些信息的获得有可能在地方的刻意隐瞒下而不全面，也可能专家为了自己的免责而选择从众。疫情定性的过程中，因为太多的主观因素干扰，让疫情的真相难以显现，"人传人"的普遍共识形成得太晚，延迟了对疫情的尽早响应。邮轮产业能否建立符合行业特色的自动预警机制，这需要相关的大数据公司去探索。在查出发热病例后，对其活动过的区域和密切接触的人群能不能通过大数据的方式得以显现，从而为邮轮上的隔离创造更为有针对性的指导？邮轮上是否能够通过大数据建立如浙江那样的"红黄绿"身份标识，对各类人群分别对待、差别化隔离，从而真正实现不得已情形下的有效隔离？

建立弹性机制。弹性机制就是要依据病毒的传播学特征而弹性应对。病毒的传染率、致死率、潜伏期等作为基本的考虑参数，设置不一样的应对机制。既然是弹性，就需要实事求是和因地制宜，因此需要设置相应的原则。这些原则可能包括：第一，以人为本。邮轮的服务对象是游客，同时还需要大量的海乘人员为游客服务。邮轮上动辄四五千人，发生传染性疫情的后果不堪设想，后续产生的遗留问题会给公司运营产生巨大的影响。以人为本，就是把人的生命安全作为首要考量因素，用更多的资源来防止人们的相互传染。在疫情暴发的时候，减少对成本和支出的考量，而将人的生命安全放在第一位，这既是游客的要求，也是邮轮公司可持续发展的要求。第二，防患未然。为疫情设置更为优先的级别，将疫情在早期控制住，就是邮轮公司的最大利益。这样的利益不可评估，因为早期施策使疫情尽早控制，疫情所带来的损失没有发生，很多时候会让人认为防御过度。疫情就是这样的特征，一旦由于疏忽而大面积传染，产生的影响将会以指数级增长。第三，与时间赛跑。在新冠疫情发生发展的过程中，不同的邮轮有不同的境遇，"钻石公主"号与"歌诗达赛琳娜"号在应对疫情上的差别主要体现在时效性上。"歌诗达赛琳娜"号 2020 年 2 月 25 日凌晨返回天津东疆国际邮轮港，通过直升机从邮轮上获取发热病人标本并送检天津市疾控中心，下午 3 点就获得所有送检样本阴性的结果。而日本对"钻石公主"号上游客的检测，用了一周时间才检测了不到 500 人，这就是面对十分紧急疫情下日本的应对效率。与时间赛跑，需要整个城市防疫体系的应对，需要把更具时效性的资源配备到防疫中，需要相关人员有不怕困难、分秒必争的决心。

2.7　高水平对外开放的大环境没有改变

国家发展改革委、商务部于 2022 年 10 月 28 日公开发布第 52 号令，全文发布《鼓励外商投资产业目录（2022 年版）》（以下简称《鼓励目录》），自 2023 年 1 月 1 日起施行。本次修订在保持已有鼓励政策基本稳定的基础上，按照"总量增加、结构优化"原则进一步扩大鼓励外商投资范围。

查看其中的具体条目，与水运业相关的内容包括：

170. 船舶污染物港口接收处置设施建设及设备制造，港口危险化学品、油品应急设施建设及设备制造；

260. 海上溢油回收装置制造；

295. 大中型邮轮、小型邮轮的设计、研发，邮轮内部装饰、数字影音、信息化系统等专业配套研发、制造；

297. 船用 LNG 双燃料动力、纯电池动力、氢燃料电池动力、甲醇燃料动力、氨燃料动力、生物质燃料动力等清洁能源和新能源动力的设计、研发；

298. 船用甲板机械、舱室设备的设计、研发；

299. 船舶通讯导航系统设备的设计、研发；

300. 游艇及专业配套设备的设计、研发；

301. 智能船舶的智能系统总体设计以及智能感知系统、智能航行系统、智能能效管理系统等设计、研发；

302. 深远海油气钻井平台（船）、浮式液化天然气装置（FLNG）、浮式储存及再气化装置（FSRU）等海洋油气装备的设计、研发；

305. 船舶总装建造精度管理控制、数字化造船、预舾装和模块化、高效焊接、绿色涂装、超高压水除锈、智能焊接生产线、智能化分段流水线、智能管子加工生产线等绿色智能装备的设计、研发；

423. 港口公用码头设施的建设、经营；

427. 国际海上运输公司；

428. 邮轮旅客国际海上运输业务；

429. 国际集装箱多式联运转运设施建设及快速转运换装设备、标准化运载单元的研发、推广、应用；

430. 国际船舶管理机构、船员外派机构。

上述这些条目中，与邮轮相关的条目包括邮轮制造、邮轮运营、邮轮码头建设与运营等。

在邮轮制造领域，中国正在抓紧追赶的步伐。中船邮轮和招商邮轮制造是此领域的代表。通过在此领域设立鼓励外商投资产业目录，能够尽快利用国外先进的技术和能力，推动中国邮轮制造配套产业的发展。未来，中国邮轮市场可能成长为世界邮轮的一个中心，中国邮轮制造可借此契机快速发展。目前，欧洲邮轮制造虽然具有深厚的历史积淀及产业配套能力，但俄乌冲突和美元加息让欧洲制造业的能源成本大幅上涨，供应链的健康可持续发展面临挑战，这正是中国邮轮配套产业加速发展的机遇期。中国应以更为开放的姿态迎接国际邮轮配套产业的转移，《鼓励外商投资产业目录（2022 年版）》释放了积极的信号。

在邮轮运营领域，鼓励"邮轮旅客国际海上运输业务"给国际邮轮公司吃了一颗定心丸。邮轮产业的基本属性是国际化，国际邮轮公司通过船员配置国际化、挂方便旗、融资全球化、航线和市场全球化、船舶供应全球化等方式，获得了持续不断的竞争优势。邮轮产业国际化的特征要求各个邮轮港口国家提供开放性的营商环境。各个国家彼此开放市场，共享邮轮自由航行的利好，才能促进邮轮业总体健康发展。国际邮轮业多年探索的结果表明，封闭的邮轮市场没有出路，差别化的邮轮政策没有出路。

在邮轮码头建设与运营领域，"港口公用码头设施的建设、经营"以及海南的"国际水上客货运输及辅助业务"，都显现出国家对港口领域的开放姿态，其中也涵盖邮轮港口建设和运营。在集装箱港口领域，1986 年国务院颁布了《关于中外合资建设港口码头优惠待遇的暂行规定》，标志着国内港口业向国际资本开启了大门。在国际邮轮领域，国际邮轮公司投资建设邮轮码头非常普遍，迈阿密港和巴塞罗那港是邮轮公司投资建设邮轮码头的典范。还有专业的邮轮码头运营商全球港口控股集团（Global Ports Holding）在全球各地布局的港口。国际邮轮公司尚未在中国投资建设邮轮码头。国际邮轮公司投资建设邮轮码头的初衷，是为游客提供更为周到的一体化服务。在加勒比海地区，邮轮公司既对邮轮母港投资，还对邮轮目的地港投资。投资中国邮轮母港以及邮轮目的地港关键在于国际邮轮公司是否能够找到合适的投资标的。

在邮轮旅游领域，调整《旅行社条例》在部分城市的实施，为外商投资旅行社开展出境游业务提供更加开放的市场环境。2022 年 10 月，国务院发布《关于同意在天津、上海、海南、重庆暂时调整实施有关行政法规规定的批复》，同意自发布之日起至 2024 年 4 月 8 日，暂时调整实施《旅行社条例》等的有关规定，允许在上海、重庆设立并符合条件的外商投资旅行社从事除台湾地区以外的出境旅游业务。相关政策的出台，打破了此前外商投资旅行社不得经营中国内地居民出国旅游业务以及赴港澳台三地旅游业务的限制，进一步提升了国际邮轮公司的营商环境，为国际邮轮公司销售境外目的地岸上游提供了可能。

3   邮轮发展模式分析

3.1   传统邮轮的发展模式

3.1.1   历史脉络

跨大西洋货运出现的时间很早，可以追溯到 17 世纪。而跨大西洋运输的定期航线，也就是所谓的班轮运输（不过，当时航行在海上的船、帆船抑或是蒸汽机推动的明轮船都尚未发明，所以用"班轮"一词并不恰当，应该称为"班船"），是从 1660 年查尔斯二世首次建立邮政服务开始的。邮政服务源于跨洋的重要外交信件的运输需求，包括给海外大使馆和殖民地总督的公函、给远方的重要人物的信件。这即是邮轮的"邮"之缘起。

17 世纪 80 年代初，英国设立了一些邮政班轮港口。其中，哈里奇（Harwich）和多佛尔（Dover）主要用于运送邮件到欧洲北部；位于安格尔西岛（Isle of Anglesey）的霍利黑德（Holyhead）则运送到爱尔兰的邮件。1688年，经过正式挑选后，又在遥远的海滨小镇——康沃尔郡南部的法尔茅斯（Falmouth）新设一个港口。

又快又守时的帆船从法尔茅斯源源不断地被派往西方世界的各个角落，先是每两周一次发往西班牙的科伦纳（Corunna）（使用被称为"通信船"的小型船只，最早的一批被称为"邮差"和"信使"），后来又通过直布罗陀海峡，转运到欧洲南部、中部以及亚洲。

到 1702 年，跨大西洋的航运服务作为一种早期的特许经营，共有 4 艘远洋单桅帆船和双桅横帆船在法尔茅斯和巴巴多斯、安提瓜、蒙特塞拉特（Montserrat）、尼维斯（Nevis）、牙买加等英国经营的产糖岛屿之间往返。

从 1754 年开始，已经有不定时的邮政服务往来于法尔茅斯和哈利法克斯之间，主要用于军事邮件的运送。

美国独立以后，正式定期的邮政服务便开展了起来。1788 年，哈利法克斯和纽约都能接收到来自法尔茅斯的邮件。在每月的第一个星期三，邮件会在伦敦市中心的邮政局安排就绪，等待发往纽约、哈利法克斯和魁北克市。一封去曼哈顿的信要花 4 本尼威特银。装着大堆信件的皮质邮包（packet）被装上邮车，沿驿道送到法尔茅斯，然后在周六晚上准时到达，接着转移到等待的邮船（packet boat）上，立刻离开法尔茅斯，进入大西洋的波涛之中。"上坡"时，平均要花 50 天才能到达大洋彼岸，如果邮船中途要在百慕大和新斯科舍停留就要更久。伦敦人于 1 月 1 日寄一封信，估计要到 2 月的第三个星期才能送到纽约。

从 1688 年直至 1818 年，花了长达 130 年，用于运送邮件的定期班轮这个运输形式才被推广到普通货物运输。

随着 1812 年美英战争结束，英国皇家海军对美国港口断断续续解除了封锁，贸易骤然升温。1818 年 1 月 5 日清晨，有史以来的第一艘利物浦邮轮，从纽约下城的 23 号码头出发。此后，每月 5 日的上午 10 点，都有一艘船离开纽约，沿着所谓的"黑球渡轮线"开往利物浦。而在每月 1 日，也有一艘西行的船离开利物浦前往纽约。航行于此航线的船为 424 吨的三桅帆船"詹姆斯·门罗"号。该船还设有可供 28 名乘客居住的房间，船票价格是单程 200 美元。从载货单上看，货物主要有弗吉尼亚的一点苹果、中西部的几桶面粉、佛蒙特州的 14 包羊毛、缅因州的一点蔓越莓以及在佛罗里达州的奴隶种植园生产的几罐松脂。另外，船上还有鸭、母鸡和一头奶牛，用于给那群乘客供应肉、新鲜的鸡蛋和牛奶。

到 1820 年，载重达 500 吨的 4 艘船"阿尔比恩"号、"大不列颠"号、"加拿大"号和"哥伦比亚"号定期往来于大洋两岸，而且货物不断增加，收费也稳步上涨。两年后，他们得以打造出更大的船只，顶着黑球旗航行。

很快，英国邮政局放弃了自己的邮轮服务，由美国人主导的跨大西洋贸易拉开序幕，快速和可靠的"班轮"几乎每天出发。"班轮"一个新词很快就进入了词库：由于所有的船都属于一家公司，这些船一艘接一艘地排成一条"线"（line）在海上航行，于是这些新式定期轮船就被称为"liner"（班轮）。班轮业务到今天已经非常稀少，但还有不少邮轮公司以"line"命名，比如 Carnival Cruise Line、Norwegian Cruise Line、Disney Cruise Line、Fred Olsen Cruise Lines、American Cruise Lines 等。

1819 年 5 月 22 日，搭载 72 马力蒸汽机的"萨凡纳"号从佐治亚州的港口出发，和当时大多数东行的跨洋船一样，开往利物浦。它是第一艘由蒸汽驱动的横渡大西洋的船只，其蒸汽机只有大多数现代汽车发动机功率的四分之一，被设计来驱动一个由桨轮组成的巧妙系统，明轮架在一个轴的两端，轴横放，但也可以取下折叠起来吊置于甲板上。虽然在第一次航行中，其蒸汽机只用了80个小时，其余时间依靠风力航行，但它从萨凡纳河横跨大洋到爱尔兰海岸也只花了23天。此后的20年，船用蒸汽机的效率不断提升，才使完全放弃风力变为可能。

根据上述文字，要追溯邮轮的"邮"字，应该是从1660年查尔斯二世首次建立邮政服务开始的。并且要理解，"邮"既有"post"的含义，也有"pocket"的含义。如果说跨大西洋邮政服务才是邮轮的开端，那就时间应该是1702年。要追溯邮轮的"轮"字，应该是蒸汽机首次在邮轮上使用，那么时间应该就是1819年。如果要追溯定期班轮的历史，那时间应该是1688年[①]。

《世界超级邮轮大百科》[②]中提到，1830年，长49米、宽13米、1370注册吨的"威廉王"号实现几乎完全依靠蒸汽动力完成横渡大西洋的壮举，这意味着邮轮的发端。

1840年，加拿大人塞缪尔·库纳德（Samuel Cunard）创立了冠达邮轮。同年7月4日，冠达邮轮的"不列颠"号蒸汽船首次开启了横跨大西洋的航线。"不列颠"号永远地改变了海洋旅行的方式。在1840年和1841年，库纳德订造了四艘小型轮船。所有这些轮船都是为了运输皇家邮政，当然还有115名乘客，以赚取额外收入。在此后的三十多年里，该公司以四艘蒸汽船营运利物浦至休士顿的航线，完成跨大西洋的邮件运输业务，并多次获得最快速度跨大西洋的蓝丝带奖（blue riband）。半岛东方汽船公司据说是首次执行"海上巡航"（cruising）任务的公司，其航线是在19世纪早期从英国到伊比利亚半岛的西班牙和葡萄牙，再到马来西亚和中国[③]。

当时，大多数轮船公司都专注于竞争激烈的北大西洋航线，但一些公司将不再适合这项服务的旧船翻新，并将其用于海上旅游。19世纪末，北德意志劳埃德、汉堡—美洲公司和英国皇家邮政公司是第一批尝鲜者。这些短途旅行是现代邮轮的先驱。虽然与传统邮轮一样都是从A点到B点，但客户

① 西蒙·温彻斯特.大西洋的故事［M］.北京：化学工业出版社，2019：242-249.

② 杨冯生.世界超级邮轮大百科［M］.北京：机械工业出版社，2019：5.

③ Bob Dickinson，Andy Vladimir. Selling the sea：an inside look at the cruise industry（second edition）［M］. John Wiley & Sons. Inc.，1996：2.

的吸引点并非提供往返旅行的便利，而是旅游度假体验。汉堡—美洲公司的"克利夫兰"号和"辛辛那提"号这两艘通过改装，每年冬天都会执行长时间的巡航，包括每年一次的 125 天世界航行。

19 世纪末 20 世纪初，轮船技术已经达到了一个新的高峰。人们开始热衷于建造巨型轮船，旅行者乘坐这些邮轮进行跨洋旅行也成了一种潮流。在英国，几家航运公司正在争相制造巨型邮轮以吸引旅客。英国冠达航运公司在英国政府的资助下，建造了两艘当时速度最快的超级邮轮——首次使用大型蒸汽轮机的"卢西塔尼亚"号和"毛里塔尼亚"号，还陆续开启了数条新航线。这让英国白星航运公司（White Star Line）感到了压力，进而决定制造三艘空前巨大的邮轮，每艘船上要有四座烟囱，吨位要超出冠达航运公司的两艘新船，在速度和豪华程度上也要远超竞争对手。新船航速高达 27 节，还有高度跨三层甲板的头等餐厅，就连三等舱的装潢也要比其他的邮船舒适高级。这三艘邮轮依次命名为是"奥林匹克"号（RMS Olympic）、"泰坦尼克"号（RMS Titanic）和"不列颠尼克"号（RMS Britannic）。

这里，RMS 是英文 Royal Mail Steamer 的缩写，即皇家邮轮。在轮船的名字前加上 RMS 的意思是这几艘船除了运送旅客，还要运送邮件。这里我们可以看到，"邮轮"这一叫法的来源就是因为这些船最早的功能主要是运送邮件和货物，后来才开始逐步偏重于运送旅客。一直到现在，在形容跨境旅游船舶时我们仍然更多使用"邮轮"这个词，而很少用"游轮"。当然，由于"游轮"的"游"更贴近于旅游、游玩等含义，对于不了解相关历史的人来说更易使用"游轮"一词①。

1912 年，"德国"号更名为"维多利亚路易丝"号，并开展全年的旅游巡航业务。汉堡—美洲航线公司投入巨资拆除了一半的发动机，安装了更宽敞的公共空间，并将船体漆成白色——这在当时还是第一次。因为其主要在阳光明媚的加勒比海航行，而不是在北大西洋寒冷的气候中航行，所以将船漆成白色是为了能更好地反射热量，使船保持凉爽，而且更加令人赏心悦目。1914 年，该公司开始为两艘同时从纽约出发的世界邮轮做广告，一艘于 1915 年 1 月 16 日出发，另一艘于 1915 年 1 月 31 日出发。然而，由于随后暴发的第一次世界大战，德国客轮被禁止出海，因此这两个航次并未成行。

---

① 李志军. 旅行简史：科技改变旅行［M］. 北京：清华大学出版社，2020：107.

在世界的另一端，太平洋的邮轮班轮航线也出现了短途旅行 / 早期巡航现象。加拿大太平洋公司有三艘快船，分别是"日本皇后"号、"中国皇后"号和"印度皇后"号，在英国建造，在温哥华和中国之间航行。由于需要把船转移到太平洋市场，所以该航线设计了与每艘船交付相对应的环球旅行。航行从英国出发，通过苏伊士运河到达印度和中国，然后前往最后一站温哥华。在那里，乘客们下船，登上一列加拿大太平洋列车，穿过加拿大到达蒙特利尔，在那里乘客登上另一艘加拿大太平洋公司的轮船返回家乡。这样的航次是为了获得额外的收入以抵消邮轮转场的成本。如今，邮轮从一个市场到另一个市场的转场航线也是如此①。

1922 年，冠达推出了世界上第一艘环球邮轮"拉克尼亚"号（RMS Laconia）。2000 多名乘客搭乘"拉克尼亚"号从南安普顿出发，停靠包括香港、纽约、新加坡、卡波圣卢卡斯、科伦坡、旧金山、希洛、火奴鲁鲁、马尼拉和那不勒斯等城市港口，完成了首次环球航行②。

1934 年，冠达邮轮与当时最大的竞争对手白星航运（White Star Line）合并，并更名为冠达—白星航运。

白星航运同样运营横跨大西洋的豪华邮轮，以其吨位、速度、内部宫殿般的华丽装饰及极致优雅的服务闻名于世。白星旗下最著名的船就是 1912 年沉没的"泰坦尼克"号。"泰坦尼克"号的沉没给白星航运造成了难以弥补的损失，同时美国股市的崩盘也使冠达邮轮遭受重创。在这样的形势下，两家公司合并运营，共同完成横越大西洋的邮轮使命。20 世纪初的冠达—白星邮轮拥有世界上最繁忙的远洋航线，旗下的"伊丽莎白女王"号及"玛丽皇后"号都是备受皇室名流青睐的超级客轮。

1947 年，冠达邮轮买下了白星航运的所有股权后，才将白星航运从公司的名字中拿掉，并于 1950 年重新更名为"冠达邮轮"。尽管拿掉了白星的名字，但此后的冠达邮轮中依然融合了白星航运的风格，其中最为著名的便是优雅的白星服务。白星航运经典的白手套服务礼仪一直在冠达邮轮上沿袭至今。第二次世界大战后的二十年里，冠达一度成为世界上最大的大西洋客运公司，拥有

①　Bob Dickinson, Andy Vladimir. Selling the sea：an inside look at the cruise industry（second edition）[M]. John Wiley &Sons，Inc.，1996：9.

②　Bob Dickinson, Andy Vladimir. Selling the sea：an inside look at the cruise Industry（second edition）[M]. John Wiley & Sons. Inc.，1996：15.

12 艘穿梭欧洲和北美的豪华客轮。直到跨大西洋客机的出现，让大多数传统大西洋定期客轮逐渐消失，冠达旗下的邮轮也相继退役。1968 年开始，冠达停止全年经营的定期航线，开始兼营游轮航线及夏季穿梭大西洋的度假航行。1998 年，美国嘉年华邮轮公司以 4.25 亿美元收购了冠达 68% 的股权。次年，嘉年华以 2.05 亿美元收购了冠达的其余股权，将冠达邮轮完全纳入麾下。

第二次世界大战后，大西洋两岸的客运量稳步增加，1957 年达到顶峰。然而，在 1958 年，泛美航空公司第一架波音 707 喷气式飞机横空出世。这架飞机于傍晚离开纽约伊德维尔德机场，第二天一早降落。这一开创性事件实际上敲响了跨大西洋邮轮的丧钟。仍然专注于大西洋班轮市场且没有转型的邮轮举步维艰。20 世纪 60 年代，随着跨大西洋邮政运输业务的减少，一个个邮轮公司倒闭，包括加拿大太平洋邮轮、百慕大怒火邮轮、美国邮轮、汉堡—美洲邮轮和瑞典—美洲邮轮等公司[①]。

3.1.2　传统邮轮的市场需求

3.1.2.1　三角贸易

16 世纪开始的"黑三角贸易"即奴隶贸易，欧洲奴隶贩子从本国出发装载盐、布匹、朗姆酒等，在非洲换成奴隶沿着所谓的"中央航路"通过大西洋，在美洲换成糖、烟草和稻米等种植园产品以及金银和工业原料返航。航线位于欧洲西部、非洲的几内亚湾附近、美洲西印度群岛之间，大致构成三角形状，由于被贩运的是黑色人种，故又称"黑三角贸易"。最先开始经营"黑三角贸易"的国家是葡萄牙和西班牙，接着是英国和法国。这一特殊历史时期的贸易历时 300 年之久。

1562 年，英国的约翰·霍金斯爵士从塞拉利昂装运奴隶，在海地换取兽皮和糖，在返航之后成为朴次茅斯最富裕的人。伊丽莎白女王和枢密院官员对其惊人的利润垂涎三尺，因此对其第二次航行进行了投资。他按照前次的操作满载一船白银而回，随之成为英国最富裕的人。

资本主义的发展以及政府的默认，欧洲殖民者对利润的疯狂追逐，加上非洲人因原始的社会结构造成的愚昧，是"黑三角贸易"顺利进行的主要历史原因。由加那利寒流、几内亚暖流、北赤道暖流、墨西哥暖流、北大西洋暖流所

---

①　Bob Dickinson，Andy Vladimir. Selling the sea：an inside look at the cruise industry（second edition）[M]．John Wiley& Sons. Inc.，1996：20.

组成的三角形形状的环流，为"黑三角贸易"提供了极为有利的航行条件，使奴隶贩子在出程、中程、归程中一直顺风顺水。美洲合适的气候条件以及较为丰富的金银矿产资源，使种植园和采矿业发展很快，产生了巨额利润，是整个"黑三角贸易"得以进行的主要动力，也在客观上为"黑三角贸易"提供了有利的地理条件。市场的需求促使船舶技术和航行技术不断进步，跨大西洋运输也就由最初的帆船变为蒸汽机轮船进而变为蒸汽机螺旋桨船。为了提升服务的时效性，运输业逐渐从初期的非定期航线变为定期班轮航线。

3.1.2.2　移民

18世纪50年代，英国发生了工业革命。到19世纪中叶，英国完成了工业革命，成为世界第一流的经济大国和"世界工厂"，当时没有任何一国能与之匹敌，其间英国逐步由一个重商主义帝国转变为一个倡导自由贸易的工业帝国。工业帝国需要更多的原料和粮食，需要能够销售更多工业品的广大市场和容纳更多投资的投资场所，大规模海外移民应运而生。英国向美、澳移民，广占殖民地就是在这种历史背景下发生的。英帝国到20世纪初拥有的殖民地达3300万平方公里，比它本国大130多倍，其中主要靠移民建立的殖民地至少有2000万平方公里，占其殖民地总面积的70%以上。移民殖民地主要有加拿大、澳大利亚、新西兰和南非。从地理分布看，英国移民殖民地主要在北美和澳洲。

18世纪，英国人（主要是英格兰人）大量出国定居，总数高达约100万，约占同期国内总人口的十分之一左右。移民中既有穷人也有富翁，初期他们乘船出海主要是去寻找美洲和加勒比地区的乐土。移民选择在哪儿定居取决于当地经济状况或对机遇的不同理解，移民的去向是加利福尼亚、宾夕法尼亚或是俄亥俄等地，也有成千上万的移民从中部殖民地和新英格兰地区迁到加拿大、新斯科舍省、新布伦斯威克以及圣约翰群岛，还有不计其数的佐治亚的移民去了东佛罗里达和西佛罗里达。随着18世纪全球经济复杂化的进程，为了寻求新的原料产地和商品倾销地，也就必须有能高度移动的人口，因而大量的城市居民和大贸易公司随着环境的改变而四处迁移。这样，在东方和西方，大英帝国的雏形在迁移中形成[①]。

美国历史上曾经经历过三次移民高峰，其中有两次适逢美国的工业化和

---

① 刘伟，张辉. 全球治理：国际竞争与合作［M］. 北京：北京大学出版社，2017：361.

城市化启动和完成的时期，满足了工业化和城市化对劳动力的巨大需求。

第一次移民高潮（1820—1860 年）恰逢美国早期现代化的启动时期。在这个时期美国的公路、运河和铁路建设以及西部开发吸引了大批欧洲移民进入美国。这个时期的移民群体除了英国人之外，主要是爱尔兰人和德国人。1820—1830 年，来美国的爱尔兰移民只有 5.4 万人；1831—1840 年，爱尔兰移民人数为 20.7 万人；1841—1850 年，爱尔兰移民人数为 78 万人；1851—1860 年，爱尔兰移民达到了 91.4 万人。1830—1850 年，50 万德国人来到美国；1850—1860 年，近 100 万德国人来到美国；1815—1860 年，来到美国的外来移民达到了 500 万人。内战前夕，外来移民达到了美国人口的 13%。

1880—1920 年，美国迎来了第二次移民高潮。这期间的移民构成与之前的移民构成有很大的不同。此前的移民主要来自西欧和北欧国家，而第二次移民高潮期间的移民主要来自东欧、中欧以及南欧的国家。19 世纪 80 年代之前，前来美国的欧洲移民中 95% 来自北欧和西欧，到 1910 年，来自北欧和西欧的移民占所有移民的比例下降至 20%。1881—1890 年，有 524.6 万移民来到美国；1891—1900 年，来美移民为 368.7 万人；1901—1910 年，来美移民为 879.5 万人；1911—1920 年，来美移民为 573.5 万人。

对于加拿大这样一个地广人稀的国家来说，移民对于其现代化绝对是必不可少的。1763 年，英国夺取加拿大时，这里的人口只有 10 万人。到 1851 年，加拿大的人口增至近 250 万人。加拿大人口的迅猛增长除自然增长的因素之外，主要依靠外来移民。美国革命时期，来自美国的"效忠派"达到了 5 万人，主要集中在新斯科舍和魁北克。1780 年，苏格兰高地人开始大批移民加拿大。1812—1815 年第二次英美战争之后，加拿大移民则主要是来自英国本土的英国移民。另外，爱尔兰人、德国人、来自美国的黑人和华人在 19 世纪上半叶大批迁移加拿大。1815—1850 年，到达加拿大的移民总数达到了 80 万人。从 19 世纪至 20 世纪初，加拿大政府一直通过赠地等政策鼓励外国的农场主、农场劳力以及家庭佣人迁移加拿大。1871 年，加拿大总人口为 348.5 万，其中有 58.5 万移民。1881—1891 年，加拿大移民总数为 88.6 万人；1891—1901 年，移民总数为 34 万人。而从 1901 年至第一次世界大战爆发之前，约有 290.6 万移民迁移至加拿大[①]。

①　钱乘旦，李剑鸣.世界现代化历程（北美卷）[M].南京：江苏人民出版社，2015：307-312.

　　战后，那些为战争而改装的邮轮经过翻新又重新投入了跨大西洋运输。跨大西洋班轮原本的主要客户是奔赴美洲的移民。20世纪20年代，美国缩减了开放式移民政策。穷人不再受欢迎，因此不能成为轮船公司的客户。当这一需求减少的同时，另一需求异军突起，即大战激发了人们对访问欧洲的浓厚兴趣。在强大的市场推动下，移民主体被教师、学生和游客等群体所取代，他们想参观著名的战争遗址，或观看其第一次在战争新闻片中看到的巴黎、柏林和伦敦。跨大西洋旅行还有另一个吸引人的地方：1919年，美国的禁酒令开始实施，对于那些渴望喝一杯的"瘾君子"来讲，跨大西洋航行是一次美妙的旅行。为了适应这样的趋势，邮轮在设计上有所改变。以前的移民船舱变成了三等舱或旅游舱，船上还增加了酒吧和鸡尾酒厅。虽然船上没有赌场，但遍及各处的下注已经成为普遍的消遣，并给一些职业赌徒创造了从有钱人那里谋生的机会①。

　　随着第二次世界大战的暴发，除瑞典班轮公司（Swedish Line）（瑞典当时是中立国）外，所有主要的轮船公司都将其船舶改为运兵船或留在港口，跨洋航行和巡航都被暂停。

　　"二战"之后，邮轮业重归繁荣。欧洲的重建刺激了游客和商务旅行者前往欧洲旅行，还有许多难民要在美国和加拿大重新安置，轮船生意变得非常有利可图。但是，所有利润都流向了冠达邮轮、法国邮轮等欧洲的邮轮公司。美国公司并未参与，其背后的原因是欧洲邮轮公司运营的船舶在建造时得到了政府的大量补贴，而美国的政府造船补贴只用于军舰。

　　考虑到战时政府对运兵船的需求，美国政府开始资助建造邮轮。1951年，美国出口公司在马萨诸塞州昆西的伯利恒钢铁公司福特河造船厂建造了两艘3万吨、设计航速25节的邮轮"独立"号和"宪法"号。美国出口公司很快成为美国的豪华轮船公司，"独立"号横渡北大西洋环游世界，而"宪法"号从纽约到意大利，途中参观直布罗陀和戛纳港口。1956年，当女演员格蕾丝·凯利成为摩纳哥王妃时，在"宪法"号上举办婚礼。这两艘邮轮在1967年退役，美国出口公司停止了客运服务。

---

　　① Bob Dickinson, Andy Vladimir. Selling the sea：an inside look at the cruise industry（second edition）[M]. John Wilev&Sons. Inc.，1996：15.

3.1.2.3　航空对邮轮的冲击

第二次世界大战之后，商业航空得到了飞速发展。商业航空公司利用战时军方遗留的飞机来运送旅客和货物。同时，一些重型飞机（比如波音B-29、道格拉斯 DC-3 等）的生产以及航空发动机技术的进步，也加速了商业航空的发展。英国飞机制造公司德·哈维兰公司（De Havilland Aircraft Company Limited）制造的哈维兰彗星型客机（De Havilland Comet）被认为是世界上第一架商用喷气式民航客机，并于 1952 年 5 月 2 日首次投入从伦敦到约翰内斯堡的定期航班服务[①]。

第二次世界大战后，大西洋两岸的客运量稳步增加，1957 年达到顶峰。然而，在 1958 年，泛美航空公司提供了第一架直接跨越大西洋的波音 707 喷气式飞机，成为跨大西洋班轮衰败的开始。当时，有几艘 1958 年后建造的船舶都是针对跨大西洋市场的，包括 1960 年建造的"加拿大皇后"号、1962 年建造的"法国"号、1967 年建造的"伊丽莎白女王"号和 1973 年建造的"米哈伊尔·勒门托夫"号。同时，大多数新造邮轮考虑到了海上巡航。例如，荷美邮轮的"鹿特丹"号（1959 年，38645 吨）、挪威美洲邮轮（Norwegian American）的"萨加菲尔德"号（1965 年，25147 吨）和"维斯塔峡湾"号（1973 年，24492 吨）。20 世纪 60 年代，随着跨大西洋航线的减少，没有重新部署船队的公司面临困境。这一时期倒闭的邮轮公司包括加拿大太平洋邮轮（Canadian Pacific）、百慕大邮轮（Furness Bermuda）、美国邮轮（United States Lines）、汉堡—美洲邮轮（Hamburg American Line）和瑞典—美洲邮轮（Swedish American Line）[②]。

3.1.3　政府治理

3.1.3.1　方便旗

船舶登记及其向别国转移船舶国籍最早可追溯到 18 世纪。18 世纪的东地中海地区，意大利的热那亚为了与希腊的伯罗奔尼撒地区进行贸易活动，将其船舶悬挂法国国旗。

美国 1923 年的冠达公司诉梅隆案（Cunard S.S. Co. v. Mellon）通常被视为方便旗的来源，美国的客轮经营者为了在美国"禁酒令"（约 1920 年

---

① 李志军.旅行简史：科技改变旅行［M］.北京：清华大学出版社，2020：121.

② Bob Dickinson, Andy Vladimir. Selling the sea: an inside look at the cruise industry（second edition）［M］. John Wiley & Sons. Inc.，1996：19.

至 1933 年）下继续售酒营利，将"信心"号（Reliance）与"坚毅"号（Resolute）两艘船改挂巴拿马国旗，以便在船上合法售酒。

"二战"后世界海运业出现了激烈的竞争，这使方便旗船队得到迅速发展，更多的国家开放了船舶登记。1949 年，方便旗船队在世界船舶总量中仅占 4.2%，到了 1990 年，开放登记的船舶占全球总吨位的比例已经超过了50%。方便旗制度迅速发展的原因包括：首先是方便旗国的利益需要，对海岛型小国具有很大的吸引力；其次是船舶经营人的需要，方便旗国入籍条件宽松、税负较轻、融资环境宽松，对船员配备要求不高以及相对宽松的管制，都降低了船舶运营成本；最后是规避政治上限制的需要 [①]。

在方便旗的冲击下，非方便旗国的本国商船队发生了大量移籍的现象，各国纷纷在国家政策上对此做出了回应。20 世纪 80 年代，一些海运强国在本国原有的登记制度中做出了妥协，产生了国际船舶登记和本国离岸登记两种新的船舶登记制度。

第二船籍登记制度既可以化解方便旗制度对本国航运业的冲击，可以吸引登记在外的本国船的回归以及吸引外国船舶来本国登记，壮大本国的航运事业，又可以避免方便旗制度带来的弊端，选择第二船籍登记的船舶也不必承担选择方便旗情况下可能遇到的风险。

第二船籍登记制度最初成效显著。以挪威为例，1987 年开始采用这种制度，不到 4 年，挪威籍船舶由 890 万载重吨升到 4000 万载重吨，成为世界历史上增长最快的登记国。随后，该制度又被丹麦、德国、卢森堡、瑞典、巴西等海运国家采纳。除上述国家外，意大利、日本、韩国、俄罗斯等国也纷纷研究这种制度。

各国的第二船籍登记制度各有差异，这种差异的形成是因为各国国情的差异，比如欧日发达国家是以雇用外籍船员，减免登记税、固定资产税和个人所得税为主；韩国以减少对国际船舶的外汇汇率控制为主；俄罗斯打算把新登记制度下的税种统一为吨位税；巴西则对使用巴西籍船舶运输的外贸货物削减关税等。通过对实施第二船籍登记制度国家相关政策的梳理，各国主要从降低船舶的运营成本角度出发，将优惠政策集中在税收和船员配备要求

---

① https://www.cruisemapper.com/wiki/758-cruise-ship-registry-flags-of-convenience-flag-state-control.

上，从而招揽更多船舶来本国进行第二船籍登记。同时，也避免了方便旗船制度潜在的一些弊端①。

第二船籍制度虽然可以使船舶公司降低成本，但肯定不会超过方便旗国的水平。船公司选择传统海运国家的第二船籍，主要是基于以下考虑：

第一，开放登记国的政治环境相对不太稳定，船舶公司在成本差异不大的情况下更倾向于在本国登记；

第二，悬挂传统海运国家的国旗往往能使船舶更容易揽取货载和得到更优惠的融资条件，在出售时也往往估价较高；

第三，相对来讲，不易引起国际运输工人联合会（ITF）的关注，可减少一些不必要的麻烦；

第四，战时可寻求本国海军保护，如两伊战争期间，很多船舶移籍到英美国家以保证在海湾地区营运的安全②。

3.1.3.2 避税

避税天堂遍布世界各地，是小国在大国夹缝中的生存策略。在维护国际秩序方面，大国有着先天的优势，小国望尘莫及。然而，国家再小，也有自己的主权，有着政策成本低、更加灵活便利的优势。小国可以根据自身需要制定法律，出租自己的主权，不需要像大国一样考虑过多的责任和义务，只需关注如何更多地为国家带来实惠即可。

近代出现的第一个避税地在美洲，一些历史学家认为大批受迫害的欧洲人离开故土奔赴美洲不仅是为了寻求宗教和政治自由，更多的还是为了逃避欧洲的重税。

自从英国于16世纪、17世纪在北美洲大西洋沿岸设立一批殖民地后，为了逃避英国殖民者的重税，拉美国家成为逃税人的选择。英国借助本国的法律框架在拉美的一些皇家属地起草一批有利于本国或本地区的税收优惠法规，吸引着全球的财富。

大批商船选择在巴拿马登记有其历史背景。在"一战"之前，就有大批船东为其拥有的船舶在巴拿马登记，一来是为逃避本国政府的重税，二来也

---

① 徐晶.第二船籍登记制度研究以及我国建立该制度的相关法律问题探讨［D］.华东政法大学，2010：4.

② 许源，李南.制度变迁与西欧国家船籍制度演进——中外船籍制度问题研究之二［J］.生产力研究，2004（1）：116.

是为了逃避本国政府的严密监管，如对运价和船员待遇等方面的详细规定。因此，在巴拿马登记可以大大降低船舶的营运成本。还有些船舶出于安全方面考虑。在战争期间，悬挂巴拿马国旗还可以避免与敌对国家的冲突。

"二战"结束后，作为最早一批开放船舶登记的国家之一，巴拿马政府以通过为船舶提供优惠政策从而打造避税天堂为主要特色，以发展经济为重点，在航运、金融和税收方面继续推出了一系列特殊政策，进而树立起了巴拿马为主要方便旗国的国际地位[①]。

3.1.3.3　邮轮船旗

当载有国际船员的船舶在利比里亚或巴拿马注册时，不受工会和其他限制船员政策的约束。这意味着在全球自由市场环境下，船东能够更好地谈判并获得公平的补偿方案。在这些方便旗国家注册的船舶支付的工资和税收总额确实低于在美国（或挪威或意大利）注册的船舶，这使得船东能够以比在非方便旗国家注册的船舶低得多的成本提供邮轮服务。这就是总部设在美国的皇家加勒比游轮和嘉年华邮轮选择不在美国国旗下运营的重要原因之一。另一个原因是，要找到有服务热情的美国人相当困难。此外，像美国这样的高度发达国家，船上收入与岸上工作的收入差异不大，这让船上工作失去了吸引力。对于如哥斯达黎加、克罗地亚和菲律宾等欠发达国家的公民，船上工作不但受人尊重，而且还可能致富，因而具有十足的吸引力。从全球经济的角度来看，在自由市场中运营的方便旗邮轮为全球劳动力资源提供了更多价值，而运营商的成本大大降低，从而降低了消费者的价格[②]。

基于以上原因，大多数邮轮挂方便旗。世界上邮轮所挂的方便旗包括：

● 皇家加勒比游轮、诺唯真邮轮和嘉年华邮轮挂巴哈马旗。

● 嘉年华邮轮和地中海邮轮挂巴拿马船旗。

● 百慕大方便旗。自 1974 年以来，百慕大为英国拥有的船舶提供离岸注册服务。首先，半岛东方邮轮公司将其邮轮的旗帜从伦敦改为百慕大的汉密尔顿。大多数悬挂百慕大国旗的邮轮（均在汉密尔顿注册）来自公主邮轮、半岛东方邮轮和冠达邮轮，主要原因是百慕大方便旗允许船长在船上举行婚礼（当然，百慕大国旗也是英国国旗，但百慕大的登记处有不同的立法）。

---

①　辛乔利，张潇匀.避税天堂［M］.北京：社会科学文献出版社，2012：141.

②　Bob Dickinson, Andy Vladimir. Selling the sea: an inside look at the cruise industry(second edition)［M］. John Wiley & Sons. Inc., 1996：264.

● 悬挂意大利国旗的是歌诗达邮轮和阿依达邮轮，这些船舶都在意大利的热那亚注册。

● 马耳他旗下是精致邮轮和途易邮轮。在马耳他（Valletta），还有从昂贵的希腊旗转移过来的星瀚邮轮（Celestyal Cruises）。

● 悬挂荷兰国旗的是荷美邮轮。

● 丰查尔（Funchal，Madeira Island，Portugal）是葡萄牙的离岸注册地，在葡萄牙注册的船舶来自经典邮轮（Classic International）和伊比罗邮轮（Ibero cruceros）。

● 利比里亚没有注册邮轮。多年来，嘉年华、皇家加勒比和精致邮轮在利比里亚国旗下运作，但独裁者查尔斯·泰勒改变了这一切。如今，在利比里亚方便旗下还有许多货船。

● 嘉年华邮轮集团现在是唯一将其邮轮分为两个方便旗（巴拿马和巴哈马）的主要品牌，而其他公司通常只使用一种。

● 所有设在加拉帕戈斯的船只都悬挂厄瓜多尔国旗。

除了以上挂方便旗的邮轮，还有一些邮轮挂非方便旗。挂美国国旗的大型邮轮"美国之傲"号（Pride of America）80439 总吨，载客量 2192~2630人，船员 927 人，属诺唯真邮轮旗下的邮轮。根据《琼斯法案》的要求，挂美国国旗的船舶需要在美国建造，船员至少有 75% 是美国人。其运行的母港是夏威夷的檀香山（夏威夷瓦胡岛），2023 年 3 月 4 日的航次，7 晚的价格为1999 美元。根据这艘邮轮的乘客船员比来看，并非是奢华邮轮。但是，其价格高达 286 美元 / 晚，大致相当于同类挂方便旗邮轮的两倍。这背后的原因可能是：在美国建造的船舶比较昂贵，而且船员的 75% 是美国人，这造成了较高的运营成本。这条航线只有这一艘船运营，因此能够获得较高的票价。

另外，林德布莱德探险邮轮旗下有四艘国家地理标志的邮轮挂美国旗，这四艘船是为了运营美国的阿拉斯加航线而做出的特别选择。由于美国的西雅图、加拿大的温哥华相距很近，在航线组织上非常容易形成跨国航线，因此还是挂方便旗运营比较方便。

挂英国旗。百慕大群岛位于北大西洋，是自治的英国海外领地。自 1974年以来，百慕大为英国拥有的船舶提供离岸注册服务。半岛东方邮轮公司将其邮轮的旗帜从伦敦改为百慕大的汉密尔顿。还有公主邮轮和冠达邮轮的部分邮轮也悬挂百慕大国旗（均在汉密尔顿注册）。虽然有百慕大为英国的邮轮提供注册服务，但仍然有邮轮挂英国旗。例如，P&O 旗下的"不列颠尼亚"号等 5 艘邮轮，公主邮轮旗下的"钻石公主"号、"盛世公主"号和"蓝宝石公主"号，冠达邮轮旗下的"玛丽女王 2"号，传奇邮轮旗下也有 2 艘邮轮挂英国国旗，这些挂英国国旗的邮轮应该遵循的是英国的第二船籍制度。

挂意大利旗。歌诗达邮轮旗下 13 艘，都挂意大利旗；阿依达邮轮旗下 14 艘，都挂意大利旗；地中海邮轮旗下 19 艘，1 艘挂意大利旗；银海邮轮旗下有 1 艘邮轮挂意大利旗，这艘邮轮是银海的新船"银海晨曦"号（Silver Dawn）。挂意大利旗的邮轮数量比较多，这源于意大利政府对邮轮造船及挂旗的相关补贴政策。地中海邮轮和银海邮轮都只有 1 艘邮轮挂意大利旗，这跟中国航运公司必须有一艘船挂中国国旗的政策相类似。

挂荷兰旗。挂荷兰国旗的邮轮荷美邮轮共 11 艘邮轮，都挂荷兰国旗，还有一些河轮挂荷兰旗。

挂挪威旗。挂挪威国旗的邮轮海达路德邮轮旗下共 20 艘邮轮，除 1 艘挂智利旗外，其余 19 艘邮轮都挂挪威旗。不过，海达路德邮轮有不少运行于挪威沿岸的航线，全程可以停靠 34 个港口，非常有特色。维京邮轮的所有 7 艘海轮都挂挪威国旗。

挂法国旗。挂法国国旗的邮轮庞洛邮轮共 13 艘邮轮，12 艘邮轮挂瓦利斯和富图纳群岛旗（法语：Wallis et Futuna），1 艘邮轮挂法国国旗。瓦利斯和富图纳群岛，位于太平洋西南国际日期变更线西侧、斐济和萨摩亚群岛之间。由瓦利斯群岛的主岛乌维阿、富图纳群岛的富图纳和阿洛菲岛以及周围小岛组成，面积 274 平方公里。属热带海洋性气候，人口 1.8 万，官方语言为法语，货币为太平洋法郎，宗主国为法国。1961 年成为海外属地。2003 年宪法修正后成为"海外地区"。由于法国具有一定的控制权，可以说，该地是法国的船舶专属注册地。

挂德国旗。挂德国国旗的传奇邮轮有 1 艘河轮挂德国旗；途易邮轮有 1 艘河轮挂德国旗；福瑞德·奥尔森邮轮公司（Fred Olsen Cruise Lines）旗下有 11 艘河轮挂德国旗。可以看到，德国并未获得大型邮轮的青睐。

挂瑞士旗。福瑞德·奥尔森邮轮公司旗下 1 艘邮轮挂瑞士国旗；维京河轮全部挂瑞士国旗；凤凰冷泉邮轮（Phoenix Reisen）有 4 艘河轮挂瑞士旗。

邮轮公司选择挂哪国的国旗，是在各国航运政策约束下而采取的运营成本最小化的决策。从运营成本来看，挂方便旗可以规避自己国家的法律和政策，在船员成本、燃油成本、所得税等方面具有明显优势。然而，如果挂方便旗，就不能运行自己国家的沿海航线和国内航线，这是具有较大沿海市场和内河市场国家做出的政策安排，为了保证沿海运输和内河运输免于受到方便旗船舶的低价冲击。

3.1.3.4　沿海运输权

具有较长海岸线的国家一般都有沿海运输权的限制，也即对挂有本国国旗的船队享有其沿海各港之间的运输权，并限制挂外国旗的船队经营沿海各港的运输服务。翻看《中国水运史（近代）》，其中的不少文字都可以看到曾经中国丧失沿海运输权乃至内河运输权的屈辱历史。因此，一提到沿海运输权，按照历史积累下的思维惯性，对沿海运输权的保护就似乎具有天然的政治正确。不过，沿海运输权其实是一项不容易分辨利弊的复杂政策，与背后的市场环境、国家政治乃至发展阶段密切相关。开放沿海运输权和保护沿海运输权难以分辨孰是孰非，主要还是基于政策制定的出发点以及期望达到的目的。

2021年5月24日，美国总统拜登签署了《阿拉斯加旅游业复苏法案》，允许悬挂外国国旗的邮轮在阿拉斯加运营，这是美国在新冠疫情的特殊情形下针对其沿海运输权的开放。传统上，为了满足《琼斯法案》的要求，悬挂外国国旗的邮轮不能运营美国港口与阿拉斯加之间的航线。北美是世界第一大邮轮市场，2018年邮轮游客量占全球邮轮游客量的46.3%，美国人从西北海岸的西雅图出发乘船前往阿拉斯加旅行本应是最为经济方便的航线。但是，因为《琼斯法案》的要求，从西雅图出发的邮轮在到访阿拉斯加的港口之后，返回的途中或者终点必须挂靠加拿大的港口，一般是温哥华或者维多利亚港（加拿大不列颠哥伦比亚省）。维多利亚港距离西雅图港的海上距离大概128公里。邮轮从阿拉斯加的凯奇坎归来的途中挂靠维多利亚港从游客的视角来看纯属多此一举。因为《琼斯法案》的规定，凭空给加拿大的港口创造出了港口停靠的机会，并给加拿大的相关产业带来每年超过10亿美元的收入。《琼斯法案》的本意是为了保护美国公民，给更多的美国人创造就业的机会，却不曾想事与愿违，反倒给加拿大人创造了不少就业机会。

而今，在新冠疫情的特殊时期，为了规避加拿大有关新冠防疫的要求，也为了减少疫情扩散的风险，并支持阿拉斯加邮轮市场的复苏，这样的规定暂时取消了。

再看看美国邮轮市场的另一个例子。美国本土与夏威夷之间的邮轮航线也属于沿海运输权管辖的范畴，因此也出现了与沿海运输权相关的特别安排。该航线有一艘挂美国旗的邮轮"美国之傲"号（Pride of America）。看看后面的故事，相信大家一定会对"美国之傲"号有不一样的认识。"美国之傲"号是诺唯真邮轮旗下的一艘船。如果要经营美国本土与夏威夷的航线，必须满足《琼斯法案》对船舶建造及船员配备的要求，于是诺唯真邮轮在欧洲的劳埃德韦芙特船厂（Lioyd Werft）建造了一艘半成品船（多年来，美国造船业一直专注于利润丰厚的美国海军合同，对于邮轮制造这样的竞争性市场，是不屑一顾的），并在美国的造船厂 Litton-Ingalls 最后完工，以满足美国制造的要求。接着，诺唯真邮轮成立了一家挂着美国国旗的子公司——诺唯真美国邮轮（NCL America），雇用一名美国董事长和一名美国高管，并配备足够多的美国船员，总部设在美国。至此，"美国之傲"号终于满足了《琼斯法案》的所有要求。那这样一艘船是否具有盈利能力呢？虽然看不到诺唯真邮轮针对这艘船的盈利能力数据。但可以想象到，如果这个市场具有盈利能力，那么诺唯真邮轮一定会扩展运力。但是，现实是自 2005 年"美国之傲"号运营至今，仍然只有这一艘邮轮在运营该航线。当然，这一航线也有一些先天的缺陷。首先，是挂美国旗的成本较高，核心是要雇用更多的美国船员，工资高不说，还很难提供高品质的服务；其次，有替代航线，挂方便旗的邮轮可以从长滩出发，经夏威夷的诸多小岛游览后，挂靠附近的法属波利尼西亚并返回到长滩，这样即可规避沿海运输权的限制。由此可以看到，从保护本国市场的角度出发，在一个不大可能做大的市场中，强行实施沿海运输权，似乎意义不大。

当然，对于一项政策，需要具有一定的严肃性，用"一刀切"的方式恰恰就是政策严肃性的表现。否则，对所有的特殊情况搞一些因地制宜的"例外"，那么每个利益相关者都能找到针对自身的"例外"理由，这一政策执行的根基就可能变得不稳固，也将给政策的落实埋下隐患。一项政策在特定领域可能并不恰当，却也不一定会改变。可能是修改政策的成本太高或者收益太低，可能是利益相关者的利益不足以让其发出足够大的声音，形成一股足够大的博弈力量。

在美国，长期以来并未形成大规模的沿海游轮市场，在美国的东北沿海和西北沿海都有些小型游轮，在季节合适的时候运营相应的岛屿航线。这背后可能有几个原因。首先，沿海运输权导致了沿海游轮的高成本，看看美国内河游轮的价格，大致在 600 美元 / 天，这背后很可能意味着雇用美国人的美国旗游轮的极高成本。其次，来自国际航线的竞争。既然从迈阿密出发的国际航线纷繁多样，挂靠加勒比海的诸多外国港口，还价格便宜，何必要搭乘沿海游轮。由于这两个原因，美国的沿海游轮成为一个非常小众的市场。在考察了美国沿海运输权的政策实施效果之后，回过头来看看中国的情况。中国也有沿海运输权，通过《中华人民共和国海商法》《中华人民共和国国际海运条例》和《国内水路运输管理条例》来规定。跟美国不同的是，在劳动力成本上，配备中国船员并不会出现成本劣势的情况。可能存在的问题是，具备一定邮轮服务技能的中国船员太少，而且在服务意识上也有待提升。相对于印度、菲律宾、克罗地亚的船员，中国船员的获得感不强，这主要源于中国船员的工资水平相对于陆上工作的工资，已经没有什么明显的优势。这是一个大问题。在航线吸引力上，在国际航线尚未开放的情况下，对海上巡游具有偏好但又难以实现国际巡游的人士，可能选择中国的沿海航线。中日航线的诉求很清晰，出国的机会和日本购物都具有强烈的吸引力。运营沿海航线的成本更高，需要较大的船舶来获得规模经济，但大船又意味着在市场营销方面需要花更大的力气。在市场规模尚未形成时，相关企业的探索之路可能比较漫长。

3.1.3.5 国家战略属性

如果把眼光放回到 19 世纪以及 20 世纪上半叶，就会对邮轮曾经在经济社会扮演的角色有新的认识。19 世纪，各大邮轮公司争相竞逐的一个奖项是蓝丝带奖，这是颁发给横渡大西洋速度最快邮轮的一项荣誉称号。为什么大家都在争这一奖项？这首先代表着国家的造船能力，其次代表着所服务的邮件运输有更好的时效性。到了 20 世纪，这些跨大西洋班轮在"一战"和"二战"中都发挥了巨大的作用。冠达轮船公司的主席因弗克莱德爵士为了避免公司被财大气粗的美国大亨摩根收购，说服英国贝尔福政府，要求贷款建设有史以来最大、速度最快的班轮"卢西塔尼亚"号和"毛里塔尼亚"号。这两艘船在发生战争的时候，可以为英国海军提供支持。贷款协定于 1903 年签署，共 260 万英镑，再加上额外 20 年每年 15 万英镑的补贴，以确保两艘班轮在战争的时候能够被武装，能够承载 12 门 6 英尺的大炮。冠达邮轮的"玛丽皇后"号和"伊丽莎白女王"号在"二战"期间，由于速度远远超过德国潜艇，甚至还超过大部分海军舰船的速度，被征用为运兵船。"二战"期间，"玛丽皇后"号总共航行 100 万公里，运输大约 80 万官兵。其中，最多一次运送过 15740 名士兵和 943 名船员。更有甚者，日本在"二战"期间还将邮轮改装成航空母舰参与到战争当中。虽然从总体上来讲，日本用邮轮所改造的航母在"二战"期间并没有发挥多大作用，但这体现了其对国家的战略性价值。可以看出，邮轮最初以运送"邮件"为主，后来成为跨大西洋以及其他航线运送旅客的主力，这体现了其对国家的基础性作用。在发生战争的时候又可以作为运兵船、医疗船乃至武装军舰，因此具有战略性价值。

时代的变迁，让邮轮曾经的基础性作用和战略性价值逐步褪色。自从20世纪50年代跨洋喷气式飞机兴起之后，邮轮的跨洋运输功能大大减弱，邮轮逐步向休闲度假类产品转移，曾经的运输和军事作用越来越弱，也再难以获得国家的支持。有些时候，人们会沿用"二战"期间邮轮曾经发挥的作用来游说政府对邮轮的支持。但是，沿海的客滚船在建造的时候已经考虑了其在非常时期的战略价值，运兵、运车、运坦克、运医疗物资等功能都能实现，邮轮在非常时期的作用无法与客滚船媲美。

3.2 现代邮轮的发展模式

3.2.1 现代邮轮的市场需求

3.2.1.1 酒吧文化及酒消费

欧美人热衷泡酒吧，这样的喜好也延伸到了邮轮上。而邮轮到了中国，船上的酒吧却门可罗雀。中国的酒文化十分深厚，但在船上要让中国人像欧美人那样开怀畅饮，却并不是一件容易的事情。笔者心里一直有个疑问，欧美人在船上为何那么热衷于酒吧？这里，试图从欧美的醉酒历史中的一些片段来分析邮轮酒吧兴盛的原因。

在《醉酒简史》这本书中，有很多有关欧洲饮酒的逸闻趣事。比如在英国，人们喝酒是因为完成了一天的工作，而苏里人喝酒则是因为他们要开始一天的工作。人类开始农耕不是因为人们需要粮食——因为当时的食物已经很多，人们开始耕作是因为他们需要酿酒。《人类简史》这本书中提到，农耕让人类比之前的采摘狩猎更为辛劳，这里提出人类辛劳的目的是获得更多的心灵麻醉。或者说，人们用辛劳获得的酒来消解因辛劳而致的疲惫。

古代波斯人在做重大政治决策时，会就需要决策的事情展开两次辩论，一次是醉酒时进行，一次是清醒时进行。如果两次得出的结论相同，那他们就会照此执行。看来饮酒是当时社会的测谎机制。

欧洲中世纪的僧侣们需要饮酒，因为当时除了水就是酒。饮水需要有维护良好的水井以及导水管，这需要有效的组织、政府以及其他一些设施，而在当时的社会条件下并不具备。由于缺乏这些设施，当时最好的水源只能是最近的小溪了。盎格鲁—撒克逊时期人们对待这一问题的传统态度可以用修道院院长埃尔弗里克的名言加以总结："有啤酒就喝啤酒，没有啤酒才喝水。"葡萄酒对普通英国修道士来说太昂贵，取而代之，当时的标准配给是一天只有 1 加仑的啤酒。

北欧神话中的奥丁除了葡萄酒之外什么也不喝。事实上，他除了葡萄酒之外什么也不吃。在莱茵河畔的海德堡，也曾听说过类似的故事，是一位从不喝水只喝酒的古人。人们劝他喝口水，结果喝完之后就死掉了。这个故事背后其实隐含着一个事实：中世纪的欧洲，人们日常的饮水条件很差。

1259 年，当时巴黎地区的人口大约为 20 万，而葡萄酒的消费量则在 14.5 万~20 万升，换言之，理论上平均每人每天要喝掉 1/3 升的葡萄酒。1830—1860 年，每一位法国人的年均葡萄酒饮用量达到了 81 升（差不多每天 1/4 升）。60 年之后，每人的年均饮用量飙升至 168 升：这是历史性的纪录，也是世界性的饮酒纪录。法国的情况并非独一无二，地中海沿岸的弧形区域都被葡萄酒的酒色染红。法国在 20 世纪初宣称人均年饮酒量达到 144 升时，意大利达到了 129 升，希腊也上升到 100 升，葡萄牙达到 93 升，西班牙也有 69 升。50 年后，法国的人均年消费量上升至 200 升，而意大利的消费量却最多只有 130 升。1860 年法国工人的酒的支出为食品消费的 5%~8%，20 世纪伊始这一比例已经达到了 18%~20%。

1906 年，工人们只要工作 1 小时就可以购买两瓶 10 度的葡萄酒。社会学家霍布瓦克的研究团队于 1907 年完善了研究数据，得出了工人们购买葡萄酒的费用支出占比已达 11.4%，1913—1914 年劳动部的调研数据中，这一数字达到了 12.4%。酒精饮品已经成为工人阶级第三大食物费用支出。位于法国东南部的城市圣艾蒂安在 19 世纪 60 年代，每 123 位居民才拥有一家售货店，到 19 世纪 90 年代，售货店的数量才达到每 74 位居民拥有一家。到 20 世纪初期，每 62 位居民就有了一家小酒馆。在某些街道上，甚至每 3 户就有一家喝酒的地方[①]。

看这些与饮酒相关的历史，就可以理解欧美人为什么那么喜欢喝酒，也

---

① 迪迪埃·努里松 . 杯酒人生：葡萄酒的历史［M］. 北京：中信出版社，2020：127.

可以理解邮轮在地中海或者加勒比海航行时超高的酒饮收益。在这样全民以酒为乐的传统下，社会难免会出现酗酒而致的家庭不和、道德败坏等问题，因此就有了各种各样的禁酒令。不过，禁酒令并没有让人们远离酒精，而是出现了种种规避禁酒令的办法。杜松子酒在 17 世纪 90 年代来到英格兰。等到了 18 世纪 20 年代，人们开始注意到伦敦的大街小巷到处都是意识不清的醉鬼。1729 年，第一部杜松子酒法案通过，对杜松子酒加以管制和征税，并将其界定为添加了杜松的烈性白酒。蒸馏酒厂非常聪明，不再向自己的白酒中添加杜松，只销售纯烈酒。与此同时，政府开始向那些告发杜松子酒非法销售商的人提供悬赏。

在历史上，俄罗斯的伏特加消费量和死亡率一直紧密相关。20 世纪初的俄罗斯禁酒运动，代表着布尔什维克革命初期抑制烈酒消费的首次尝试。对压迫民众的沙皇政府来说，伏特加是主要税源，于是社会主义者与禁酒主义者联合起来，呼吁限制烈酒消费。布尔什维克夺取胜利后，原本承诺的禁酒措施不久就被废除。官方给出的理由是，酗酒源于资本主义剥削，而一个公正的社会能够自行走向节制。在戈尔巴乔夫执政期间，苏联政府采取措施对抗醉酒和酗酒，颁布了一系列法令，最简单的就是禁止工作餐厅销售伏特加[1]。

美国宪法第十八修正案获批于 1919 年 1 月 16 日，主要内容是禁止致醉酒类的酿造和销售。不过，禁酒令引发的问题却非常多。首先，禁酒令推出后，全国谋杀率上升了近 1/3。担任禁酒特工十分危险——光是最初的两年半时间就有 30 名特工因公被害，可靠近特工也往往十分危险，因为这些人喜欢随心所欲地扣动扳机。光是在芝加哥，10 年里禁酒特工就枪杀了 23 名无辜市民。禁酒特工的薪水比垃圾工还低，这必然带来腐败，比如特工没收了酒之后又把它卖给原主。其次，禁酒令的法律条文千疮百孔，因而诞生了很多打"擦边球"的事件。医生可以合法地为自己的病人开出威士忌处方，美国禁酒专员詹姆斯·多伦（James Doran）曾批准医用威士忌可额外生产 1140 万升。可见，只要有禁令，而这个禁令又是与人们日常需求息息相关的禁令，人们就会千方百计来"解决"这个禁令[2]。

禁酒令恐怕是将欧美人的饮酒推向高潮的政策因素。毕竟，当饮酒作乐

---

① 约翰·思文，德文·布里斯基.啤酒经济学［M］.北京：中信出版社，2018：115.
② 比尔·布莱森.大萧条前夜的繁荣与疯狂［M］.闫佳，译.南京：江苏凤凰文艺出版社，2021：137.

已经深入人们的骨髓时，禁令甚至会让人们对饮酒更加渴望。如今，世界上的禁酒令基本消失，不过还有与此相关的政策，比如对酒征高额的税，从而让邮轮这一免税的天堂兼具饮酒狂欢天堂的属性，比如芬兰对酒精饮料征收高额的税收，让芬兰成为"酒坛子里浸泡的国"，也让航行在那片海上的邮轮成为"浸泡在酒坛里的轮船"。

还有一个欧美人饮酒的由头，那就是葡萄酒传说中具有很多的药用价值。在科学不甚发达的时代，让酒承载治病的功能，给人们喝酒赋予了正当性。古代的药剂师会把葡萄酒作为药物销售，他们认为葡萄酒能够让人恢复健康。在 1482 张古代药方中，葡萄酒为主或为辅地被用在 35%~40% 的药方中。在 14 世纪著名药理学文献《尼古拉斯药典》的 85 个药方中，葡萄酒就出现了 31 次[①]。在中国，白酒一直以来被赋予"舒筋活血"的功效，黄酒也常常作为重要的药引子。

而今，酒在西方人的日常中随处可见，不仅仅业余的放松时刻，工作场合也充满了酒精，比如 007 系列电影中常常可以看到邦德喝威士忌的场景。西方人崇尚个体价值，而个体的人需要一个与社会沟通交流的平台，这就是西方社会无处不在的酒吧的兴盛根源。酒吧不仅是熟人和朋友交流沟通的渠道，而且是建立新的人际关系的需要，这似乎跟四川的茶馆具有类似的功能。酒吧是西方人扩展人脉圈的开放平台，而中国人则往往是在已有的家庭、朋友及工作关系中饮酒，目的是强化现有的关系网络。西方人通过酒吧扩展其商业人脉，中国人则通过家庭、朋友之间的酒宴强化传统的儒家文化关系。中国人的饮酒是为了佐餐和助兴，而西方人在酒吧饮酒就比较单纯，只有少量的配餐和开胃菜。由于是相对开放的饮酒场景，因此也就不大会出现劝酒和豪饮的情况，毕竟大家很可能还不太熟，除非是球迷酒吧。

中国是酒的故乡，也是酒文化的发源地，是世界上酿酒较早的国家之一。中国的制酒历史源远流长，品种繁多。在夏代，酒文化就十分盛行且人们善饮酒，当时已实现人工造酒。在商代，甲骨文中出现了"酒、醴、尊、酉"等字，这也是记载酒的最早文字[②]。历史的原因，中国并没有大范围酿造低度酒的传统（毕竟高度酒更容易运输和储存），这也让酒无法像欧美那样渗透到

---

① 迪迪埃·努里松.杯酒人生：葡萄酒的历史［M］.北京：中信出版社，2020：58.
② 邓玉梅.千年酒文化［M］.北京：清华大学出版社，2013：7.

人们的生活日常中。

回过头来，酒吧作为邮轮上比较大的一块收入来源，在中国沿海港口出发的国际邮轮上通过恰当的方式推动中国人的酒吧消费还是一个待解的难题。对于中国人，暑期的家庭出游和淡季的老年人出游，这两个场景都不大适合饮酒。对于团体游客，会有一些喝酒的诉求，但中国人的喝酒习惯是有酒有菜，这也不是现在的邮轮酒吧能够轻易满足的。而且，中国各地餐厅慢慢形成了允许客人自带酒水的社会共识，所谓的开瓶费也因为餐馆的激烈竞争而渐渐取消。喝惯了平价酒的中国人对邮轮上的酒价及服务费不可能不在意。在邮轮上创造怎样的场景让中国人喝起来还待探索。

3.2.1.2 奢侈品消费

奢侈品行业价值 1570 亿美元，不仅包括服装、皮具、鞋履、丝巾领带、手表、珠宝、香水、化妆品的生产和销售，还传达了社会地位和养尊处优的生活，那是一种尽享奢华的生活。60% 的奢侈品行业被 35 个主要品牌所掌控，其余的被数个规模较小的公司瓜分。几家大公司，包括路易威登（LV）、古驰（Gucci）、普拉达（Prada）、乔治·阿玛尼（Giorgio Armani）、爱马仕（Hermès）以及香奈儿（Chanel），年营业额都在 10 亿美元以上。如今众所周知的奢侈品公司，多数都源自一个多世纪甚至更远以前的某个家庭小店铺，这些小店由某个男人或女人创立，卖些精美细巧的手工产品。如今，这些公司仍然冠以创始人的名号，但实际上绝大多数已被商界大亨收购、经营。近20 年来，他们将单个品牌变成了价值数十亿美元的大公司和具有全球知名度的超级品牌，在全球主要城市的商业街、机场、奥特莱斯（Outlet）都能找到其专卖店，在五花八门的杂志和广告牌上都能看到其广告。其主要客户群是30~50 岁的高收入女性，在亚洲的客户群则更年轻，年轻到 25 岁。

今天大家津津乐道的许多奢侈品牌，如路易威登、爱马仕、卡地亚，都是 18—19 世纪身份卑微的匠人们为王室制造精美手工制品而创立的。奢侈品曾经是富贵名流阶级的特权。不过，企业界大亨和金融家们从大众消费的趋势中嗅到了商机，他们从年老的品牌创始人和能力欠缺的继承人那里巧取豪夺，将家族化的事业转化为品牌化的企业，将所有元素比如店面、店员制服、产品等全部统一化，并瞄准新的目标客户群：中间市场。中间市场有着广泛的社会人口，具有炫耀自身的天生动机以及消费能力。大亨们让产品在价格和流通渠道上更加亲民，开折扣店用便宜的价格出售过剩的产品，在网上开展电子零售业务，从免税店里牟取暴利[①]。

　　邮轮是奢侈品非常好的销售平台。邮轮有大量时间在海上航行，销售免税品顺理成章。跨大西洋班轮留下来的奢华气质也让邮轮成为天然的奢侈品展示和销售平台。历史上，邮轮刚开始的主要用途是运输跨洋邮件，并顺便搭载旅客。旅客以怀揣梦想的平民居多，当然也不乏达官贵族。由此，曾经的跨洋班轮上，既有满足一般平民的简陋客舱，也有满足上流社会的高等级客舱。比如，"泰坦尼克"号上，头等舱所有公共休息室由精细的木质镶板装饰，配有高级家具。阳光充裕的巴黎咖啡馆为头等舱乘客提供各种高级点心。即使是二等舱甚至是三等舱的居住环境也非常舒适。除了头等舱乘客，一等舱甚至是二等舱乘客也有一部电梯供使用，三等舱也有大理石的洗漱池和床头取暖设备。当时的《造船专家》杂志这样形容"泰坦尼克"号："在许多细节方面模仿了凡尔赛宫……摆满路易十五风格家具的休息室，类似法国的小特里亚农宫沙龙，壁炉上是描绘凡尔赛宫的狩猎女神的雕刻作品。还有其他精美的浮雕和艺术作品，上等的柚木和黄铜装饰，吊灯和壁画，印度和波斯的地毯。"著名的头等舱社交大厅位于中部最上一层，头等舱吸烟室位于四号烟囱下方的 A 甲板[②]。

　　19 世纪末和 20 世纪初，欧洲和美国以及英国、澳大利亚和新西兰之间的海上交通主要由移民交通所控制，但这个移民时代对海洋的浪漫没有任何贡献。移民不是游客，船上的条件对他们来说很糟糕，没有中间停靠港的远洋航行根本谈不上享受，而是对忍耐力的考验。人们把轮船纯粹看作一种交通工具，将他们带向充满希望的机会之地。

　　随着欧洲和北美之间的商业在 20 世纪的发展，越来越多的人进行跨大西洋航行。虽然精英们乘坐豪华远洋客轮，在一流的住宿条件下以豪华的风格旅行，但其他人却没有这样的好条件。他们的二等舱和三等舱一般是这样的：四个铺位、六个铺位，以及带有拥挤的公共厕所和浴室设施的宿舍式船舱。北大西洋波涛汹涌的大海再加上船只的颠簸和翻滚，使许多人感到恐惧或严重晕船。对于旅行者来说，航行的全过程可能充满了痛恨和恐惧。与旧时代的邮轮不同，一方面，现代邮轮不仅具有运输功能，还配备丰富的食物、周到的服务以及多样的娱乐活动；另一方面，现代邮轮也改变了人们对海上旅

---

① 戴娜·托马斯.奢侈的［M］.李孟苏，译.重庆：重庆大学出版社，2017：1-8.
② 杨冯生.世界超级邮轮大百科［M］.北京：机械工业出版社，2019：64.

行舒适度欠佳的刻板印象^①。

3.2.2　大型邮轮集团的并购之路

20 世纪 60 年代到 70 年代，一系列以度假为产业的邮轮公司应运而生。实力最强并继续保持其强势地位到今天的公司包括：1965 年的公主邮轮公司、1966 年的诺唯真邮轮公司、1968 年成立的皇家加勒比游轮公司和 1972 年的嘉年华邮轮公司。

皇家加勒比游轮在 1968 年成立后，订造了三艘当时最大的邮轮，分别是"挪威之歌"号，源自描写著名挪威作曲家格里格的电影；"北欧王子"号象征皇家传统，"太阳维京"号则是加勒比和挪威风格的融合。这三艘船均为 18461 总吨，标准载客量 1200 人。皇家加勒比游轮公司往往以"世界最大"博得市场的眼球。其后的"美国之歌"号比"挪威之歌"号大一倍，而"海洋君主"号则达到了 73529 总吨，造价 1.9 亿美元，开启了一个"超级大船"的时代。与皇家加勒比游轮公司不同的是，嘉年华邮轮公司一开始就使用旧船改装邮轮或者控制新船的硬件配置来降低造价，并通过严苛的运营成本控制来维持较低的定价。

20 世纪 70 年代，大批新船和旧船进入邮轮业，运力年增长 20%，需求年增长率 10%，市场进入调整期，市场兼并开始出现。嘉年华邮轮公司虽然晚于皇家加勒比游轮公司和诺唯真邮轮公司进入市场，但却凭借其出色的成本控制和抓住市场机遇成长为第一大邮轮集团，并在股灾前完成了第一次公开募资，资金充裕。在这样的背景下，嘉年华邮轮公司启动了对皇家加勒比游轮公司的收购计划。1988 年，嘉年华邮轮公司宣布以 2.16 亿美元收购皇家加勒比游轮公司 36% 的股权。在极为惊心动魄的收购与反收购较量中，嘉年华邮轮公司并未实现对皇家加勒比游轮公司的收购，使得世界邮轮市场始终保持在这二者竞争为主的总体格局下。

2001 年，"9·11"事件对旅游业带来不小的打击，邮轮业经营惨淡，谋求生存的邮轮公司开始了新一轮并购计划。皇家加勒比游轮公司瞄准了 P&O 公主邮轮公司。2001 年 11 月，皇家加勒比游轮公司报价 29 亿美元收购与之差不多大小的公主邮轮公司。12 月，嘉年华邮轮公司报价 46.1 亿美元并承担公主邮轮公司 14 亿美元的债务。后续经过复杂的运作，2002 年公主邮轮公

---

① 　Bob Dickinson, Andy Vladimir. Selling the sea：an inside look at the cruise industry（second edition）[M]. John Wiley & Sons. Inc., 1996：7.

司纳入嘉年华邮轮公司旗下。其后，皇家加勒比游轮公司先后并购途易邮轮、普尔曼邮轮、精致邮轮等，保持了与嘉年华邮轮公司双龙争霸的竞争局面。

这两家邮轮巨头的发展策略截然不同，嘉年华集团是豪买鲸吞，四处并购，主要通过无机增长，构建邮轮帝国（见图3-1）。因为嘉年华集团的英文 Carnival 与英文单词中的 Carnivore 一词发音相似，所以有批评者戏称其为"Carnivore"，翻译成中文的意思是"肉食动物"[①]。皇家加勒比集团则主要通过有机增长，不停地推出革命性大船，凭借邮轮的硬件实力和创新体验，来推动品牌在全世界的扩张。

图 3-1　嘉年华集团的邮轮品牌

资料来源：https://www.cruisemapper.com/wiki/2872-carnival-corporation.

在对内管理上，嘉年华集团对旗下的几大品牌采取了分权式的区域性管理策略，由位于各区域市场的品牌自主经营和管理。与此相反，皇家加勒比集团则主要在迈阿密总部对各大品牌实行中央集权式管理。

在市场定位上，两家公司的风格也截然不同。皇家加勒比游轮公司从创业初始的第一艘船"挪威之歌"号开始，就坚持造大船，不仅是尺寸和总吨越来越庞大，而且每艘船在设计上都有颠覆性的革新。嘉年华邮轮公司则注重造船及运营方面的成本控制，在消费者面前主打性价比。在大众邮轮产品的市场竞争中，嘉年华邮轮公司目标客户主要集中在基数庞大的中下层市场，而皇家加勒比游轮公司目标客户则主要集中在体量较小的高端市场[②]。

[①]　汉斯—尤根·雅各布斯.谁拥有世界：全球新资本主义的权力结构［M］.北京：中信出版社，2020：322.

[②]　刘淄楠.大洋上的绿洲［M］.北京：作家出版社，2019：18-39.

自 20 世纪 80 年代末，随着嘉年华等公司相继上市以及阿波罗管理公司等外部资本的强势进入，邮轮业的整合力度加强。嘉年华邮轮公司自 1987 年上市以来，陆续完成对荷美邮轮（Holland America Cruises）、世鹏邮轮（Seabourn Cruises）、歌诗达邮轮（Costa Cruises）、冠达邮轮（Cunard Cruises）、半岛东方公主邮轮（P&O Princess Cruises）的并购，从一家单品牌运营公司扩张成为全球最大邮轮运营商；皇家加勒游轮公司比自 1993 年上市后，先后收购精致邮轮（Celebrity Cruises）、普尔曼邮轮（Pullmantur Cruises）与银海邮轮（Silversea Cruises），并打造了精钻邮轮（Azamara Cruises）品牌，规模仅次于嘉年华邮轮；诺唯真邮轮公司则几经转手，最终在阿波罗管理公司的运作下，在 2013 年实现上市，并于次年收购威望邮轮（Prestige Cruises），将大洋邮轮（Oceania Cruises）与丽晶七海邮轮（Regent Seven Seas Cruises）两大邮轮品牌收于麾下，成为行业新巨头 [①]（见图 3-2、图 3-3）。

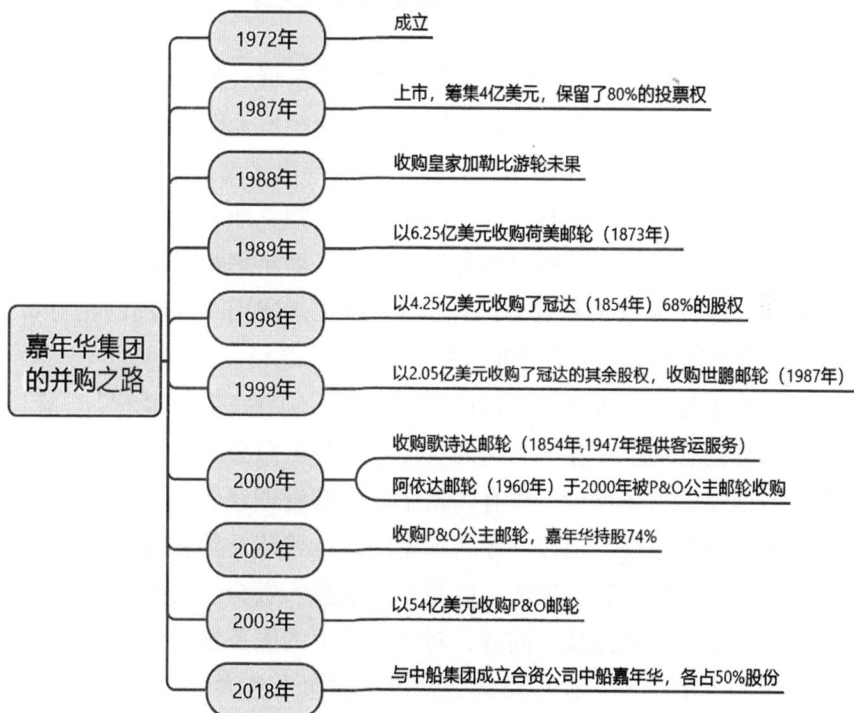

图 3-2　嘉年华集团的并购之路

---

① 孙超，黄雪忠. 资本的游戏，2019-09-29.

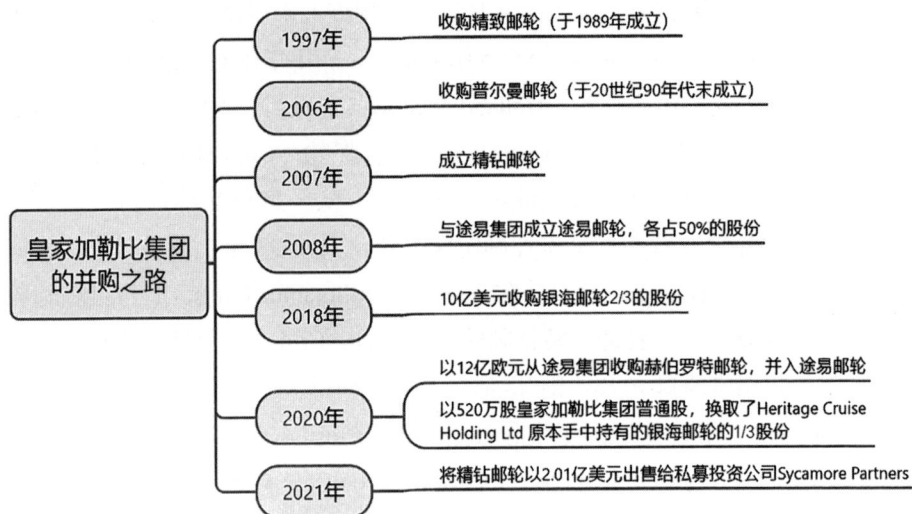

图 3-3　皇家加勒比集团的并购之路

在完成了对竞争对手的并购后，嘉年华集团又进一步对产业链进行垂直整合，与旅游经营者、娱乐经营者、餐饮供应商结成战略同盟，如与《纽约时报》合作创建荷美探索咖啡馆、与探索频道推出了"海上探索频道"等。此外还参与了邮轮码头和旅游目的地的建设，如特克斯和凯科斯群岛的大特克邮轮中心、墨西哥的普尔塔玛雅岛等。至此，嘉年华集团横向通过积极开拓邮轮品牌、纵向通过不断延伸产业链上下游，实现了对市场的相对掌控，发展成为占据市场半壁江山的行业巨头[①]。

嘉年华集团的运营模式，可以简称为"统一领导 + 独立经营"。统一领导表现在标准化管理上。各子公司的管理层人员由总公司统一选派，选择标准为熟悉当地邮轮市场环境、具有邮轮企业运营管理经验的人。各子公司在成本控制上由总公司统一把控，像新邮轮的设计建造及翻新装修等需要巨额成本投入的，由总公司联合采购，以减少前期投入资金。此外，嘉年华集团还采用统一的船票预订系统。同样，对于邮轮上的服务细节，如床罩、餐饮等都有一个基本的标准。独立经营主要体现在旗下各大邮轮品牌的经营上。嘉年华邮轮以欢乐为主题，子品牌则保留各自经营特色和经营风格，提高顾客忠诚度，防止原有客源的流失。例如，歌诗达邮轮主攻意大利大众化市场，

① 黄雪忠，顾鹏程. 从邮轮公司的破产重组探寻本土企业的发展之路，2020-09-30.

船体设计体现浓郁的意大利风情；冠达邮轮主攻英国的尊贵市场，定位高端，船体设计具有明显的英伦风格；阿依达邮轮主攻德国的年轻化市场，具有轻松随意的特色。嘉年华邮轮集团抓住游客的多样化偏好，通过开辟众多品牌，对应满足不同阶层的消费需求，以开拓潜在的新客户。同时，嘉年华集团也通过不断提升服务质量和水平，以留住老客户[①]。

对比嘉年华集团与皇家加勒比集团的两种发展模式，二者孰优孰劣，需要结合外部环境综合考量。在因为地缘政治、石油危机、经济危机的市场背景下，嘉年华的经营模式具有竞争力。也即在供大于求的市场环境下，以较低成本运营的嘉年华集团获得了扩张的机会。但是，在市场环境平稳、需求不断增长的市场背景下，皇家加勒比集团获得了更好的盈利。2008年以来的财务报表清晰地显示皇家加勒比集团的经营业绩更好。未来，邮轮业需要更加面向消费者才能够博得好的收益。因此，正如刘淄楠在《大洋上的绿洲》中写道，行业的未来不是在有限的市场中打价格战、搞成本控制，而是用超乎想象的新船设计创造新的需求，吸引从未坐过邮轮的消费者、对邮轮抱有误解和成见的人坐邮轮。正所谓得人心者得天下[②]。

3.2.3 主业延伸

除了头部企业之外，邮轮市场上还活跃着数十家中小规模的公司，这些公司具有鲜明的特征。

首先是母公司业务版图的延伸。中小邮轮公司大多隶属于其他公司，邮轮运营业务则是对母公司业务的一个补充，也就是通常所说的相关多元化。例如，地中海公司是世界第一大集装箱航运公司，地中海邮轮是母公司货运业务的补充；迪士尼公司是全球最大的多元化娱乐公司，业务涵盖主题乐园及度假区、媒体网络、影视娱乐、消费品和互动媒体，迪士尼邮轮是母公司休闲娱乐板块的扩张；法国亿万富豪弗朗索瓦·皮诺（Francois Pinault）的家族控股公司 Groupe Artemis 是知名奢侈品牌所有者，旗下拥有佳士得拍卖行、拉图尔酒庄和全球第三大奢侈品集团——开云（Kering）集团，庞洛邮轮是母公司在豪华旅游市场的拓展。

其次是服务于利基市场和特定人群。全球热门邮轮旅游目的地集中在加

---

① 谭晓楠.基于产业演进视角的国际邮轮公司成长模式探究［D］.青岛大学，2016：44.
② 刘淄楠.大洋上的绿洲［M］.北京：作家出版社，2019：40.

勒比海和地中海地区，三大邮轮公司利用自身的规模优势、航线目的地优势和成本优势，占据了绝大多数的市场份额。中小邮轮公司难以在热门市场中与之抗衡，因此大多选择利基市场或者所在国区域市场，如庞洛邮轮针对极地探险市场，迪士尼邮轮则主要部署在美国及加勒比地区，瑞典比尔卡邮轮则部署在北欧执行芬兰阿兰群岛的短途航线。这里以途易邮轮为例对主业延伸式发展模式给予更详细的解析。

德国途易集团，作为世界领先的大型旅游集团，业务范围覆盖全球 180 多个国家，每年为来自超过 27 个客源市场、近 2700 万的游客提供专业且优质的全方位旅游服务。截至 2018 年，途易在全球拥有约 70000 名雇员，1600 家旅游门市，380 间酒店，150 架客机以及 16 艘豪华远洋邮轮。

途易邮轮是途易集团（英国—德国旅游公司）和皇家加勒比游轮有限公司在德国的合资邮轮公司，于 2009 年开始运营，德语是船上的主要语言，推出优质旅游度假产品。

途易邮轮目前有 6 艘海轮和 3 艘河轮，其船队的邮轮包括 Mein Schiff 1 直至 Mein Schiff 8，其中 Mein Schiff 7（2024）和 Mein Schiff 8（2024）尚未建成。这些邮轮的载客量为 2534 人，船员 1000 人，航速 21 节，11.2 万总吨，建造费用为 6.25 亿美元。

途易邮轮的姊妹品牌是马雷拉邮轮（Marella Cruises），主打英国客源市场，目前有 4 艘船在运营中。船舶相对老化，两艘建于 1995 年，另两艘建于 1996 年。旗下 "Marella Explorer" 号标准载客量 1924 人，船员 900 人，航速 22 节，7.7 万总吨，造价 3.2 亿美元。

途易集团下的奢华品牌赫伯罗特邮轮目前有 5 艘船，分别是 Hanseatic Spirit、Hanseatic Inspiration、Hanseatic Nature、Ms Europa2 和 Ms Europa。其中最新的邮轮是 2021 年建成的 Hanseatic Spirit。该船的载客量 199~230 人，船员 170 人，航速 21 节，1.6 万总吨，造价 1.55 亿美元。

由此，途易邮轮形成了现代大众、精品和奢华三个层次的产品阶梯，可以为其客户提供全方位的邮轮体验。

2003 年，途易与中旅集团合资在北京成立了国内首家中外合资，外方控股的旅行社——途易旅游（中旅途易旅游有限公司）。2011 年，经由中国国家旅游局和中国商务部的批准，途易旅游荣幸地成为首批获准经营中国公民出境旅游业务的三家中外合资旅行社之一（见图 3-4）[①]。

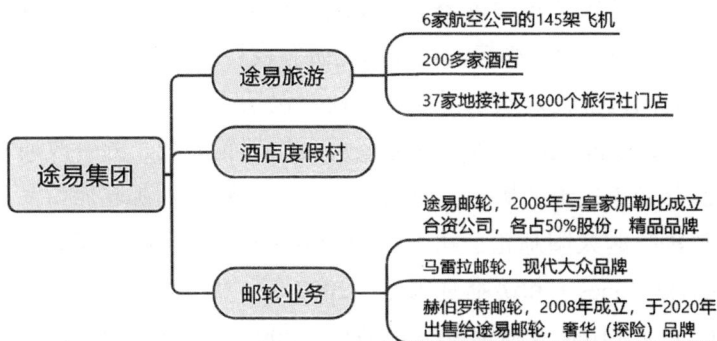

图 3-4　途易集团的主业延伸（相关多元化）

对于中国邮轮公司的发展，可以针对某一细分市场站稳脚跟，然后逐步通过自身积累和资本并购向其他细分市场进军。大众邮轮市场的船舶资产大，游客单价低，但规模效应显著。高端邮轮市场的船舶资产小，游客单价高，拼的主要是客源和服务，这可能是较容易介入的领域。

高端市场的体量不容易做大，最后可能就成为被并购的对象。并购并不可怕，保持品牌的独立性，同时通过集团管理还能分摊一些成本，应该是一个发展路径。现代大众品牌虽然有规模经济的优势，但是也面临大型国际邮轮公司的集团式冲击，要闯出具有特色的品牌之路并不容易。

在中国邮轮公司发展的初期，应该是各细分市场不同品牌的分别发力，构建自身发展的基本逻辑。等到发展 10 年到 20 年之后，具有一定实力的某些品牌就有了并购的想法。会不会形成类似于途易集团和云顶集团这样的发展模式，我们拭目以待。不管怎样，找到自己的市场定位和特色最为重要。

相关多元化是多元化形式和战略之一。企业经营的多种业务存在某些明显的实质相似性，即强调多种业务可在很大程度上共享企业的技术、价值链和资源，目的是使企业经营的业务组合产生协同效应。应注意的是，相关性只是产生协同效应的必要条件，不是充分条件。

3.2.4　纵向一体化

丽星邮轮成立于 1993 年，以 1.625 亿美元的价格从一家瑞典业者手里买

---

① 资料来源：http://www.tui.cn/mice/about.

下两艘刚建好的邮轮，成立丽星邮轮公司，总部位于中国香港，是亚洲邮轮业的先驱。丽星邮轮公司隶属于全球休闲、娱乐、旅游及酒店服务业的龙头企业——云顶集团。丽星邮轮为亚洲邮轮游客设计了一整套崭新的旅游产品，不仅有适合亚洲人饮食及娱乐习惯的活动，包括充裕的观光、购物时间及品尝地方美食等，还配上国际级的服务及短程的邮轮航线，并一改通常认为邮轮旅游只适合老年人士的概念，成功建立了老少皆宜的邮轮旅游品牌。1999年，丽星邮轮收购太阳邮轮公司（Sun Cruises）。2000年，丽星邮轮收购东方邮轮（Orient Lines）和诺唯真邮轮。2007年，丽星邮轮公司以10亿美元的价格卖掉了其在诺唯真邮轮50%的股份。2008年，诺唯真美国邮轮和东方邮轮两大邮轮品牌停止运营，东方邮轮的唯一一艘邮轮"马可波罗"号（MS Marco Polo）被卖给希腊投资公司。同年，来自诺唯真邮轮的邮轮转入丽星旗下命名为"天秤座"号（Libra）。2013年10月，丽星邮轮公司宣布公司将与云顶香港合作，与德国的迈尔造船厂达成共识，为丽星邮轮公司打造一艘全新的、载客量3364人的邮轮，于2016年秋季投入运营。2014年2月，第二艘新的邮轮开始建造并于2017年投入使用，新建的两艘邮轮总吨位均为15万吨。2015年，云顶香港斥资5.5亿美元收购水晶邮轮（Crystal Cruises）[①]。云顶香港集团为了配合旗下水晶邮轮品牌的打造，还购买了飞机，完成其高端品牌的服务闭环。2017年，云顶香港有限公司推出的水晶豪华航空最新成员"水晶天际1"号，于9月30日首航，开启9天8晚的奢游黄金周私人飞机定制之旅，带领86位高端游客探索"生命的起源地"肯尼亚和"人间最后的伊甸园"大溪地。"水晶"品牌针对的客户群是每晚每人要付500~1000美元的客户。其奢华体现在：海陆空的一体化服务，空中航程，乘坐的是波音777-200LR客机全新改装而成的"水晶天际1"号，其本可搭载380位乘客，但为了提升服务水准，改装成86个客位，是全球首款唯一私人旅用豪华喷气式飞机。机组人员包括两位机长、10位管家、一位调酒师和一位厨师。至此，星梦邮轮的品牌布局已囊括海洋邮轮、内河游轮、游艇、探险邮轮及水晶航空。

与此相对照，嘉年华集团也曾经涉足航空业，收购了太平洋洲际航空公司，并将这家公司改名为嘉年华航空公司，这家公司的飞机在圣胡安、迈阿

---

① 谭晓楠.基于产业演进视角的国际邮轮公司成长模式探究［D］.青岛大学，2016：47-48.

密、纽约和奥兰多之间飞行，但后来该公司账目出现了赤字，被出售给了泛美之旅公司。1998 年年初，两家公司双双破产[①]。水晶邮轮的纵向一体化战略具有一定的合理性。从历史上来看，航空业是美股历史上表现最差的板块。1980 年至今的 40 多年中，标普 500 涨了 33 倍，计算机行业涨了 142 倍，饮料行业涨了 220 倍，航空业只涨了 9 倍。而且同一时期，从整体上看，航空公司的股东净收益都是负数，能叫上名字的航空公司都申请过破产保护。从航空业的属性来看，要实现差异化非常难，长期博弈的结果使航空公司只能打激烈的价格战，直到机票的价格无限接近成本。而水晶邮轮主打高端服务，市场中竞争白热化的航空服务难以满足高端游客的需求，将航空业务纳入自身发展的范畴具有合理性[②]。

丽星邮轮的发展证明了其差异化的市场定位（主要针对亚洲市场游客）的正确性，其优质的服务赢得了亚太地区服务业最高标准的荣誉，同时丽星邮轮业务也逐渐发展壮大。对于不成熟的亚洲市场而言，这种差异化的市场定位具有一定的经营风险，随着国际邮轮旅游中心逐渐向亚太地区转移，丽星邮轮也面临着嘉年华集团与皇家加勒比集团对亚洲市场的关注和投入给丽星邮轮带来的竞争压力。

丽星邮轮在成立不到 20 年的时间里就能跃居全球排名靠前的邮轮公司，应归功于其崭新的经营理念以及避免与嘉年华集团和皇家加勒比游轮公司之间正面竞争的策略。丽星邮轮特别为亚洲游客创立了"自选海上假期"概念，设计并提供多元化的邮轮假期旅游产品。另外，在业务网络构建方面，丽星邮轮实施中长线市场发展战略，在新加坡、马来西亚巴生、中国香港和泰国曼谷等地建立自己的邮轮中心，并将新加坡和香港发展成为海陆空立体辐射的旅客集疏枢纽，以期在亚洲市场上保持领导者的地位（见图 3-5）。

---

① 汉斯—尤根·雅各布斯.谁拥有世界：全球新资本主义的权力结构［M］.北京：中信出版社，2020：323.

② 汽车、新能源和芯片，还值得投资吗？香帅中国财富报告.

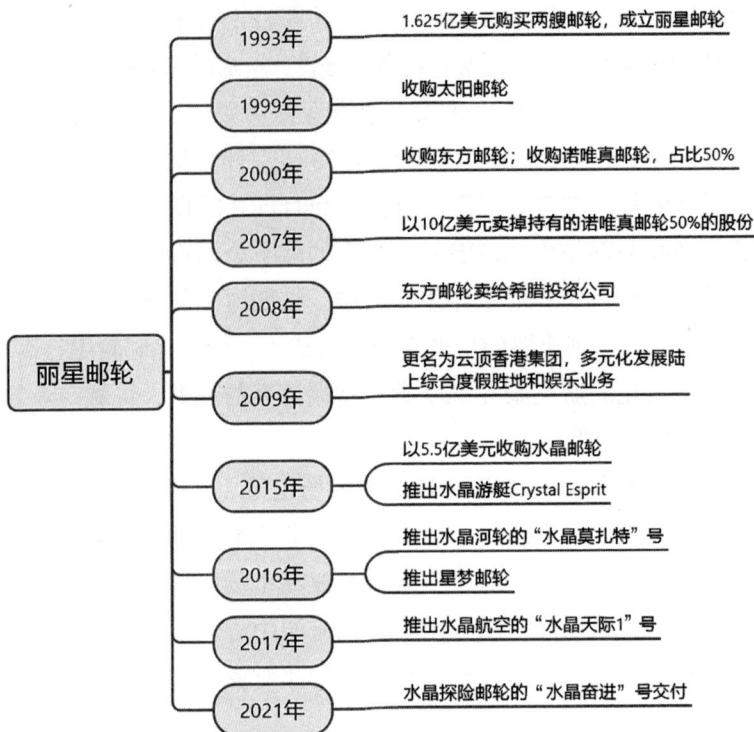

图 3-5　丽星邮轮的发展历程

2015 年 9 月，云顶集团达成协议，耗资 1750 万欧元收购德国 Lloyd Werft 船厂 70% 的股份和该船厂在不莱梅 50% 的土地权属。在 2016 年年初，又收购了 Lloyd Werft 船厂剩余的 30% 股份。此外，云顶还出资 2.30 亿欧元收购了 Nordic Yards 的 3 家船厂，成立 MV Werften 造船集团。MV Werften 造船集团为云顶香港旗下邮轮品牌打造全新邮轮及游艇：为水晶邮轮建造共四艘水晶内河游轮、第一艘极地航行级水晶邮轮和星梦邮轮首艘 20.1 万总吨的"寰宇级"邮轮。同时，MV Werften 正计划增加其产量至每年一艘巴拿马极限级邮轮（Panamax）及两艘排水量超过 20 万吨的新型超越巴拿马极限级邮轮（Neo-Panamax）。

然而，2020 年 MV Werften 业绩严重恶化，经营亏损从 2019 年的 2330 万美元增至 1.90 亿美元。这主要是由于德国在疫情期间关闭边境，非德国分包商必须将工人遣返回家，导致 3 家船厂 2020 年 3 月至 10 月暂停运营。2021 年 3 月底，由于疫情在德国暴发，MV Werften 旗下三家船厂被迫停产。受此影响，MV Werften 面临财务困境。2021 年 6 月，MV Werften 已经获得了 17 家银行发放的 1.75 亿欧元紧急财政援助，旨在为 MV Werften 提供短期援助，以在未来三个月内确保船厂流动性，并向供应商付款。2021 年，陷入困境的云顶香港获得德国政府提供的 1.93 亿欧元融资，得以让其在德国的造船集团 MV Werften 维持运营。

云顶香港是全球唯一布局邮轮产业链上游造船业的公司。由于邮轮需求快速提升，国际邮轮业界的新船订单已累积排至 2027 年。云顶香港收购德国船厂，成立造船集团，可以全面掌控新邮轮的建造和交付速度，更有效地配合集团的船队发展计划。云顶香港希望能打破邮轮运营环节的垄断，快速提升市场份额，这是它介入上游造船业的动力。如果没有突如其来的新冠疫情，则不会有 MV Werften 船厂的难以为继，也就不会有云顶香港的破产。

总结以上的发展模式，给出如下的总结性框架，如图 3-6 所示：

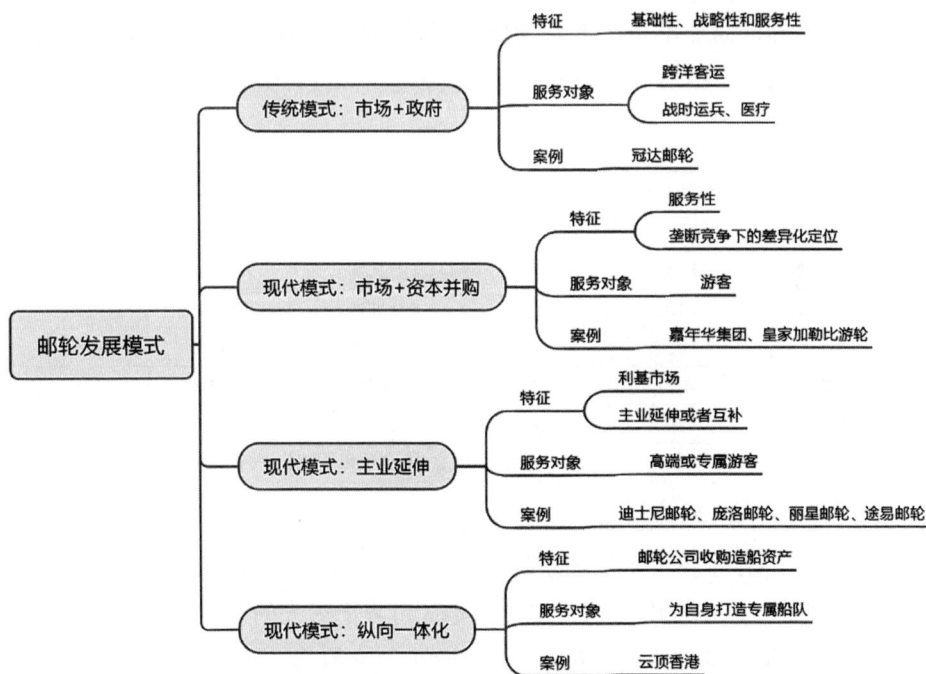

图 3-6 国外邮轮的发展模式

3.3　邮轮港口的发展模式

3.3.1　全球化运营模式

在大家的眼中，经常看到的是超级邮轮集团公司，却很少关注邮轮港口背后的运营商。在邮轮港口领域，也有这样的超级运营商，那就是全球港口控股有限公司（Global Port Holding）。

全球港口控股有限公司是世界上最大的邮轮港口运营商，在加勒比海、地中海、亚太地区等地建立了业务。全球港口控股公司（GPH）成立于 2004 年，是一家拥有多元化邮轮和商业港口组合的国际港口运营商。作为一家独立的邮轮港口运营商，集团在邮轮港口中占有独特的地位，将自己定位为世界领先的邮轮港口品牌，拥有邮轮港口的综合平台，为邮轮、渡轮、游艇和大型游艇服务。GPH 在 13 个国家 / 地区运营着多个港口，并且持续稳步增长。每年在地中海市场占 24% 的市场份额。集团还提供专门从事集装箱、散装和一般货物装卸的商业港口业务。2019 年其全球码头所接待的游客量达到创纪录的 930 万人次（包括权益码头），占全球邮轮游客量的 31%（见表 3-1）。

表 3-1　GPH 所运营的主要港口

港口	岸线（米）	泊位（个）	港口	岸线（米）	泊位（个）
巴塞罗那邮轮港	2350	6	安塔利亚	510	3
马拉加邮轮港	1350	5	哈瓦那	275	200
里斯本	1425	5	新加坡	695	2
瓦莱塔	1325	6	威尼斯	3450	6
Bar 邮轮港	490	2	拿骚	2230	6
Ege 邮轮港	1297	8	拉文纳	600	2
B 奥德鲁姆	680	4	卡利亚里	1250	2
扎达尔	375	5	卡塔尼亚	1600	3

2019 年，GPH 获得了三项新的邮轮港口特许权和一项新的管理协议。在加勒比海地区，GPH 为巴哈马拿骚邮轮港（世界上最大的访问港之一）签署了一项为期 25 年的特许协议，每年接待约 370 万名乘客。未来几年，GPH 将与其合资伙伴一起投资 2.5 亿美元，不仅改造邮轮港本身，还改造周边地区。通过签署安提瓜邮轮港、安提瓜和巴布达 30 年特许权，GPH 进一步扩大了在加勒比地区的业务。2018 年，该港口接待了约 80 万名乘客。作为协议的一部分，GPH 将投资 4500 万 ~5000 万美元用于零售设施及新码头的建设，这将使这个

港口能够迎接世界上最大的邮轮，并将在中期内使客运量超过 100 万。在地中海，GPH 与地中海邮轮公司成立 50∶50 的合资企业，以 1240 万美元收购了古莱特邮轮公司（Goulette Shipping Cruise），该公司在突尼斯拉古莱特港经营邮轮码头。古莱特邮轮公司于 2006 年获得特许经营权，经营邮轮港口 30 年，并有权将期限再延长 20 年。尽管目前乘客量非常低，但拉古莱特港此前每年接待约 90 万名乘客。在亚太地区，GPH 与越南下龙湾邮轮港签署了一份为期 15 年的管理协议，这是其在该地区的第二个港口。2019 年该港口接待了 75000 多名乘客。未来具有很好的发展前景，为此 GPH 投资 4400 万美元（见图 3-7）[1]。

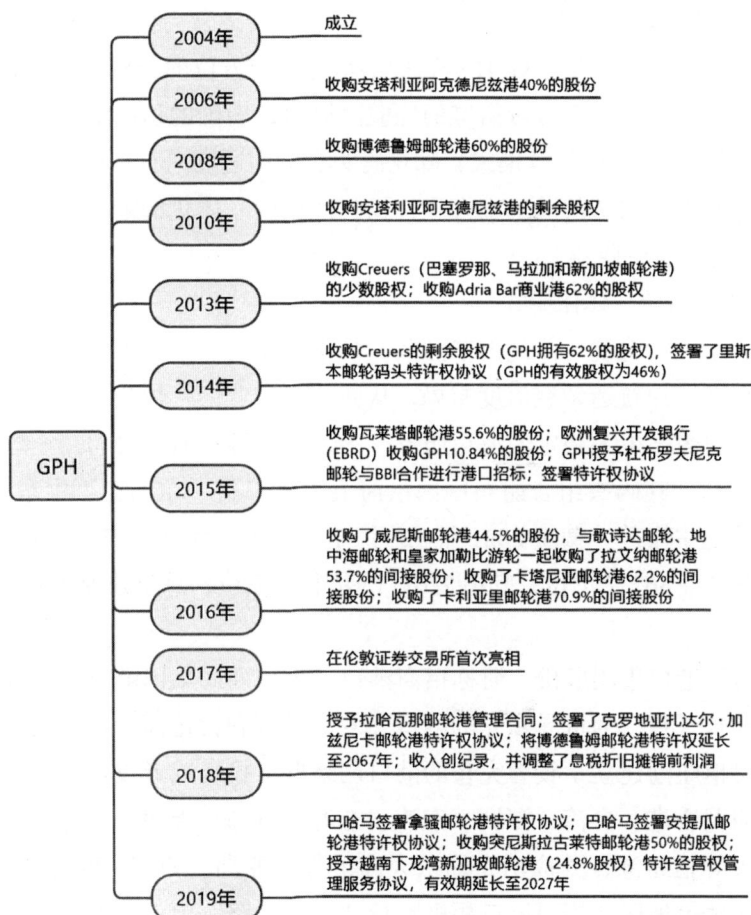

图 3-7 GPH 的收购历史

资料来源：GPH2019 年年报。

---

① Annual Report 2019.Global ports Holding PLC.

从股市的表现来看，2017 年其股票价格超过 700 美元，其后总体的态势是向下，在 2019 年中有半年的反弹时间，其后就一路向下。新冠疫情对邮轮港口的打击巨大，GPH 也不例外。2020 年 2 月，其股价在 232 美元的高点，到了 4 月，则降到了 61 美元的最低点，降幅达到 73.7%，跟邮轮公司有着几乎一样的降幅。其后微弱上升，在冬季到来之前又进入了最低点。好在 12 月以来有了一定的回升，这背后可能来源于新冠疫苗的逐步投入市场带来的利好。

可以看到，GPH 经营的港口，既有大型的邮轮母港（巴塞罗那），也有大型的邮轮访问港（拿骚），二者在码头的建设与运营会存在着差异，也会形成一定的互补。有必要对 GPH 经营的港口进行全方位的分析，找到其发展的内在逻辑，并看看是否有可借鉴的经验。同时，中国的访问港还没有真正发育，可以借鉴 GPH 的经营模式，邮轮码头运营商适度向有特色的旅游目的地拓展，开发相应的访问港基础设施，找到区域内一体化的港口运作方式，从而获得更好的投资收益。

3.3.2　港航一体化模式

海运领域的港航一体化由来已久，马士基航运、中远海运集团、招商局集团都在港口和航运领域深度布局，从而获得产业链一体化的正面效应，为自己的客户带来更为稳定的海运服务。中远海运港口有限公司是全球领先的港口运营商，其码头组合遍布中国沿海五大港口群、东南亚、中东、欧洲、南美洲及地中海等。截至 2021 年 12 月 31 日，中远海运港口在全球 37 个港口运营及管理 367 个泊位，其中 220 个为集装箱泊位，总年处理能力达约 1.22 亿标准箱。

招商局港口集团股份（简称招商港口）为招商局集团港口业务板块管理及资本运营平台，为世界领先的港口开发、投资和营运商。招商港口于中国沿海主要枢纽港建立了较为完善的港口网络群，投资或者投资并拥有管理权的码头遍及香港、台湾、深圳、宁波、上海、青岛、天津、大连、漳州、湛江、汕头等枢纽港，并成功布局六大洲，包括亚洲、非洲、欧洲、大洋洲、南美和北美等地区。招商港口积极践行"一带一路"倡议，近年来进一步巩固国际市场地位。截至 2021 年 12 月 31 日，业务分布 25 个国家和地区的 50 个港口。2021 年集装箱码头吞吐量达 13639.4 万标准箱，散杂货吞吐量 6.13 亿吨，货物总吞吐量位列世界第一。2021 年，招商局港口集团股份有限公司集装箱吞吐量同比增长 12.0%，表现优于全球港口整体水平（根据全球航运咨询机构德鲁里最新报告，2021 年全球集装箱港口吞吐量同比增长 6.5%）。其中公司内地完成集装箱吞吐量 9513.8 万标准箱，同比增长 10.9%，高于国内整体增速（交通运输部公布的全国沿海港口 2021 年全年累计集装箱吞吐量同比增长 7.0%）。公司海外地区共完成集装箱吞吐量 3357.2 万标准箱，同比增长 16.3%，继续保持快速增长。散杂货方面，公司共完成散杂货吞吐量 6.13 亿吨，同比增长 35.0%，创历史新高。其中，公司内地共完成散杂货吞吐量 6.07 亿吨，同比增长 35.3%；海外港口完成散杂货吞吐量 621.0 万吨，同比增长 6.5%[①]。

在世界范围内，邮轮公司也在港口领域拓展自己的领地，这既包括一些具有重要市场价值的港口（迈阿密邮轮港和巴塞罗那邮轮港），也包括一些具有重要旅游特色的小岛。为了提升对游客的服务，形成游客出行的体验闭环，在游客上下船的关键环节具有把控力，邮轮公司纷纷在重要的邮轮母港自建和合资兴建邮轮码头。美国的迈阿密港和西班牙的巴塞罗那港都有这样的案例。

2018 年 7 月，迈阿密—达德县与地中海邮轮签署了一项延长优先泊位停泊权的协议，在迈阿密港（该公司在美国的独家港口）新建"AAA 邮轮码头"。新协议将原星期六的优惠停泊权延长到星期天。此外，在新的邮轮码头（预计在 2022 年 10 月完成）将有能力处理地中海邮轮的世界级邮轮（公司有史以来最大的邮轮，载客量为 7000 人）。

2015 年 9 月，皇家加勒比游轮有限公司（RCCL）宣布计划在迈阿密港建造一个邮轮码头。2016 年 6 月，迈阿密港租用 10 英亩（0.04 平方公里）土地给 RCCL，用于建造并独家经营一个专用码头。新的"A 航站楼"设施面积为 15800 平方米，能够处理世界上最大的绿洲级邮轮。根据 RCCL 和迈阿密—达德县之间的谅解备忘录，航站楼竣工日期是 2018 年 7 月 31 日。根据谅解备忘录，RCCL 租赁了土地，并为整个项目提供资金。RCCL 负责码头的设计和设施建设（包括 1000 辆汽车容量的停车场）。2016 年 7 月 7 日，迈阿密郡委员会批准了 RCCL 新航站楼的计划。根据协议，除了迈阿密港为道路工程支付的 1500 万美元，RCCL 完全投资码头的建设。RCCL 租用土地的最

---

① 招商港口 2021 年业绩再创新高，大步迈向世界一流，2022-03-31.

初年限为 20 年（到 2048 年），基本租金为每年 950 万美元（年增长 1.5%）。除了基本租金外，当游客量超过 155 万人次时，还额外按照每位邮轮乘客 5.5 美元征收租金。建筑工程于 2017 年 3 月 8 日开工。RCCL 后来在项目中增加了另一座大楼，名为"创新实验室"，作为公司的总部。创新实验室面积为 1860 平方米，还设有公司的船舶设计工作室。

2017 年 5 月 2 日，迈阿密—达德县专员批准了与挪威邮轮航线控股公司关于在迈阿密港建造新的邮轮航站楼的协议。该设施为大型船舶（每艘多达 5000 名乘客）提供 2 个泊位。该设施将随着挪威 Encore（2019—2020 年冬季在此地季节性自运）的到来而落成。NCL 航站楼的建设正式开始于 2018 年 4 月 26 日（开工典礼）。该项目于 4 月 10 日正式批准，5 月 1 日开始施工，计划于 2019 年秋季竣工。据估计，航站楼的造价约为 1 亿美元。该设施将迈阿密港现有的航站楼 B 和 C 合并成一个单一的 / 新的"航站楼 B"。新 NCL 邮轮码头预计将产生约 2400 万美元的总收入（从 2018 财年开始），预计每年增长 3%。

2018 年 11 月 28 日，维珍集团创始人理查德·布兰森（Richard Branson）和汤姆·麦克阿尔平（Virgin Voyages 的总裁兼首席执行官）在迈阿密正式宣布计划在迈阿密港建造一个新的（独家）邮轮码头。新设施建筑面积为 9300 平方米，将被命名为"维珍航海航站楼"，位于海港的西北侧。该项目的泊位协议尚待批准，建筑工程于 2019 年开工，到 2021 年 11 月竣工。

2017 年 4 月底，嘉年华集团公布了其在巴塞罗那阿多萨特的新邮轮码头的渲染图。该设施被命名为"螺旋巡航中心"，并于 2018 年 5 月 5 日落成，作为欧洲最新的客运码头。新码头（成本为 5500 万美元）设计用于接待嘉年华集团最大的邮轮，其中包括新型 LNG 动力邮轮。建筑工程正式开始于 2016 年 7 月，并于 2018 年 5 月完成。目前，嘉年华集团所有 10 家品牌公司中有 8 家使用该港。新航站楼有自己的巡航码头泊车设施（最大容量 300 辆车），专门供乘客登船。新码头仅供嘉年华集团的邮轮使用，嘉年华集团被授予经营新设施的特许权。除了在巴塞罗那新建的邮轮码头外，嘉年华集团还在玛雅港（墨西哥科苏梅尔）、大特克岛、桃花心湾（罗坦岛、洪都拉斯）、琥珀湾（普拉塔、多米尼加共和国）、长滩（美国加利福尼亚州）以及两个加勒比海私有岛屿半月礁和公主礁（巴哈马）经营专属码头。

3.3.3 邮轮公司自建访问港模式

在加勒比海有无数的岛屿，因为热带风光而深受人们喜爱。由于毗邻世界最大的邮轮市场，距离世界最大的邮轮港迈阿密港非常近，便于航线组织，因而形成了十多个邮轮公司的专属岛屿。从20世纪80年代开始，这一风潮不断推进，既给邮轮公司产品创新提供了平台，也为当地经济和就业产生了积极效应。诺唯真邮轮开了先河，其在1977年购买了前军队的哨站，花了2200万美元升级其设施，并规划了沿着两个Belize岛的约120公里的项目，被称为丰收礁（Harvest Caye），投资5000万美元，还包括能够让船停靠的码头。迪士尼邮轮投资1300万美元建设迪士尼漂流岛（Disney's Castaway Cay），为成年人和带孩子的家庭开辟了独立的区域，该岛由于只是私人小岛，所以乘客不允许上岸。

这些小岛的开放获得了当地政府的允许，可以开展一整天的活动，水晶一般的海水、温暖的沙滩、私人的海滩以及水上运动是吸引游客的卖点，但这些小岛往往需要另付费（见表3-2）。

表3-2　邮轮公司的专属岛屿

邮轮公司	岛屿	位置	年份
嘉年华	Amber Cove	多米尼加共和国	2015
精致	Catalina Island	多米尼加共和国	1995
歌诗达	Serena Cay	多米尼加共和国	1996
迪士尼	Castaway Cay	巴哈马	1998
荷美	Half Moon Cay	巴哈马	1997
地中海	Cayo Lecantado	多米尼加共和国	2005
地中海	Ocean Cay	巴哈马	2015
诺唯真	Great Stirrup Cay	巴哈马	1997
诺唯真	Harvest Caye	Belize	2015
公主	Princess Cays	巴哈马	1992
皇家加勒比	Coco Cay	巴哈马	1990
皇家加勒比	Labadee	Haiti	1986

资料来源：Douglas Ward. 伯利兹邮轮旅游与邮轮船，2016：44.

　　这里介绍几个国际邮轮公司旗下的专属岛屿。

　　公主邮轮的公主礁（Princess Cays）。公主礁地处巴哈马群岛，位于伊柳塞拉岛南部。伊柳塞拉岛于 1492 年由哥伦布发现，被称为巴哈马群岛最美的岛屿，于 1992 年作为私人海滨度假胜地落成。海滩占地约 40 英亩（162000平方米），拥有 2.5 公里长的白沙海岸线。作为停靠港，公主礁被列入东加勒比海和西加勒比海的邮轮行程。该岛拥有平坦宽阔的海滩、柔软如绵的细沙以及环绕岛屿的蓝绿色海水，得天独厚的自然环境构成一幅美不胜收天堂般的图画。该岛的设施包括 0.16 平方公里的旅游综合体，其中有一个观景塔（可俯瞰全岛）、酒吧、餐厅、零售店（售卖巴哈马手工工艺品、纪念品、艺术品）、免费烧烤午餐服务。公主礁的游客可以预订各种海滨游览，包括皮划艇、香蕉划船、游泳、划船、浮潜、滑雪、滑伞、冲浪、风帆冲浪、帆船、沙滩车、玻璃底船游览，还有篮球场和排球场。2018 年 2 月 16 日，公主邮轮完成了岛上的翻修和项目改进，该项目包括所有公共区域（零售店、酒吧区）的翻修，对景观和基础设施进行了更新。码头升级后可以停靠更大的接驳船，种植了新的棕榈树，所有的海滩平房都重新装修过。还增加了新的海滨游览选择，包括在环礁湖划船、岛上自行车探险和水上运动等。

　　荷美邮轮的半月礁（Half Moon Cay）。半月礁（正式名称为小圣萨尔瓦多岛，面积 9.7 平方公里）位于拿骚东南约 16 公里处，位于巴哈马群岛卡特岛和埃卢塞拉岛中间位置。这是一个私人岛屿，荷美邮轮在 1996 年 12 月以 600 万美元的价格买下了这个岛。在荷美邮轮之前，该岛归诺唯真邮轮公司（NCL）所有。在 9.7 平方公里的岛屿上开发了 20 万平方米，投资 1500 万美元。日常操作由大约 100 名员工（附近岛屿的居民）负责。这座私人岛屿没有深水码头，因此船只需要抛锚在锚地，并通过接驳船将乘客运送到岸边。2016 年夏天，该岛进行了翻修，升级项目包括新帆船、双体船、水上突击、喷气式滑雪板（船艇）。所有海滩边的小屋和别墅都进行了翻新，增加了 3 个海滩饮料店，替换了"摩根船长在岩石上"酒吧的家具。在岛上进行的骑马旅行增加了 14 匹马和 2 个牧场。2019 年 8 月初，荷美邮轮地产有限公司（嘉年华邮轮公司的子公司）宣布计划在半月礁增设一个停靠码头，让乘客直接上岸。随着新的码头项目（预算约 8000 万美元），邮轮将更容易和更快地进入该岛（更多的岸上活动时间），而且暴风雨天气将不再是一个问题。

　　大特克岛（Grand Turk Island）。大特克岛位于 30 多个特克斯和凯科斯群岛和开曼群岛的最东端。该岛是英国海外领土（英国的一部分），总面积 18 平方公里，人口约 4000 人。这些岛屿位于巴哈马东南部 48 公里，岛上几乎所有的居民都在海滨城市科伯恩镇。这个小聚落的特色是传统的印度木百叶窗和灰泥风格的建筑，还有绵延的海滩。大部分岛屿是沙质边缘和平坦的，有沙漠般的地形（灌木生长）。一些岛屿上有盐池，而另一些则有石灰岩峭壁。邮轮停靠于科伯恩镇南部码头的大特克岛码头，岛上的游轮码头被命名为"大特克游轮中心"。有面积约 75850 平方米的景观，这中间有 120 米的连接通道。邮轮码头综合体提供游泳（在海水中或其大型游泳池中）、海滩漫步、躺椅（在海滩上和游泳池周围）、私人小屋（游泳池旁）、蛤壳遮阳帘等。最好的浮潜地点是在海滩出租小屋前，那里有几门大炮和锚。游泳池毗邻玛格丽特维尔酒吧，这里还有冲浪模拟器"大特克飞人"。搭乘飞机的人可以（通过邮轮公司）预订到岸上游览。在更安静的南部海滩，坐落着"海滩鲸酒吧和烧烤"——一个标志性的大特克岛餐厅。菜单上的特色菜有椰子虾、炸海螺、海螺煎饼、海鲜杂烩，还有每日特色鱼[1]。

皇家加勒比游轮公司的可可礁（Coco Cay）。可可礁岛（官方称为小马镫礁）是巴哈马的贝里群岛之一，是一个由小岛和珊瑚礁组成的群岛。它位于拿骚以北约 90 公里处。该岛是私人租赁的，仅供皇家加勒比游轮公司旅游使用。可可礁岛毗邻诺唯真邮轮公司的私人岛屿大马镫礁。可可礁岛东西长约 1.5 公里，大部分旅游活动在东部，那里还有海滩。在岛的北侧有小型码头，船上的小船停靠在那里上下乘客。2018 年 3 月中旬，皇家加勒比游轮公司宣布了公司的私人岛屿改造项目。"Coco Cay 完美一天"项目分阶段完成（从 2018 年 9 月开始）。正式开业时间为 2019 年 5 月 4 日（大部分新景点），于 2019 年 12 月全面完工（届时，南滩和可可海滩俱乐部将落成）。皇家加勒比游轮公司还考虑了每天 3 艘船停靠的计划，从而将改造后的岛上最大日客运量从 6000 人增加到 10000 人，甚至 12000 人。可可礁岛拥有加勒比海最大的波浪池和北美最高的滑水道。在岛上停留期间，乘客将有机会乘坐氢气球飞上 137 米高空，俯瞰巴哈马群岛；或乘坐高空缆车穿越港口[2]。

皇家加勒比游轮公司的拉巴迪岛（Labadee）。拉巴迪是一个独家（私有）

---

[1] https://www.cruisemapper.com/ports/grand-turk-island-port-395.

[2] https://www.cruisemapper.com/ports/coco-cay-port-392.

加勒比海岛屿港口和度假胜地，位于海地北部海岸。皇家加勒比游轮公司对此岛的租约一直到 2050 年。自 1986 年以来，公司为海地贡献了最大比例的旅游收入，雇用了 300 名当地人，允许另外 200 名游客在这里出售商品，并向海地政府支付游客每人 12 美元的费用。拉巴迪岛上共有 4000 多名居民，主要靠捕鱼和兜售旅游纪念品为生。拉巴迪岛在 2009 年年底完成邮轮码头扩建工程，现在世界最大的绿洲级邮轮（22.5 万吨级）也可以在这里停靠。该度假村完全以游客为导向，由私人保安力量守卫。游客不允许带东西下船，食物也是船上提供的。受控制的海地商人被赋予在度假村销售商品和建立企业的唯一权利。虽然在广告中有时被描述为一个岛屿，但拉巴迪到实际上是一个与伊斯帕尼奥拉岛相连的半岛。拉巴迪岛的景点包括海滩、水上运动场、高山过山车和海地跳蚤市场等。其最受欢迎的景点是 Z 字形飞行道，从山顶出发平台开始，最高时速可以达到 80 公里。还有滑伞、喷气滑雪、深海钓鱼、高山过山车骑行、梦工厂旅行，所有这些海滨旅行都可以在航行前预订[①]。

诺唯真邮轮的大马镫礁（Great Stirrup Cay）。大马镫礁是一个占地约 1 平方公里的小岛，和邻近的几个岛屿连成一个群岛，有些岛上有居民，有些岛则没有，距离迈阿密很近。20 世纪 70 年代，诺唯真邮轮从贝尔彻石油公司购买了大马镫礁，成为第一个允许游客访问的私人岛屿。后来，该地产被开发成一个私人岛屿，专门用作诺唯真邮轮的停靠港。2016 年 6 月，诺唯真邮轮宣布公司计划对巴哈马私人岛屿进行大规模改造。该项目是"挪威边缘"（价值 4 亿美元的船队改造计划）的一部分，包括增加新的景点、餐厅、私人别墅、水下雕塑花园、新潟湖（套房专用区）、木板路（连接海滩和新的娱乐综合体）等。大马镫礁上建有一个可供数千人用餐的自助餐厅和一些娱乐设施，邮轮公司也会在沙滩上安排娱乐活动，一天可安排两艘邮轮的客人到此游玩。清早，邮轮上部分服务人员先乘接驳船上岛打前站，然后由两艘接驳船分批将游客送上岛。整个白天，游客们在大马镫礁美丽的沙滩上享用美味的食物，在清澈见底的海水中畅游，直到尽兴才乘接驳船返回邮轮[②]。

诺唯真邮轮的丰收礁（Harvest Caye）。丰收礁是约 0.3 平方公里的私人岛屿，位于伯利兹南部。该地于 2013 年 8 月以 5000 万美元被诺唯真邮轮控

---

① https://www.cruisemapper.com/ports/labadee-port-824.

② https://www.cruisemapper.com/ports/great-stirrup-cay-port-1023.

股公司收购。项目于 2016 年 11 月对外开放。诺唯真邮轮在伯利兹的丰收礁开发了一个高级加勒比游轮岛旅游体验。诺唯真邮轮的专属邮轮停靠港设有一个海滩、一个带有私人小屋的宽敞游泳池区域、一个咸水潟湖（用于水上运动）、四个按需收费的饮料和餐厅、码头、灯塔等。在加勒比海最丰富的生态系统中，向客人提供最优质的设施和服务。诺唯真邮轮在岛上雇用了 400 多名伯利兹人。该公司还在当地为伯利兹岛采购材料和用品，为伯利兹的经济做出贡献。丰收礁上的空中索道长度超过 920 米，可以让客人在岛上"飞行"，在 3 个不同的平台停留。咸水潟湖通过设备租赁（皮划艇、桨板、独木舟、摩托艇）为岛上的水上运动提供服务。帆船码头 / 码头是各种海滨游览（玛雅遗址、自然徒步旅行、河流漂流等）的起点，并由海牛码头酒吧和烧烤店（按菜单定价）提供服务。小购物村有名牌零售店、本地小贩，还提供休闲餐饮。大型游泳池综合体（面积 1400 平方米）有 15 个泳池边小屋（出租），由马眼杰克酒吧和烧烤店提供服务（点菜式定价）。游泳池区域设有一个小酒吧（凳子和休息桌在水里），周围有躺椅和雨伞的日光浴区①。

地中海邮轮的海洋礁岛（Ocean Cay）。海洋礁岛是地中海邮轮公司拥有的一个私人岛屿。2015 年年底，地中海邮轮公司与巴哈马政府谈判，在加勒比海建立一个专属邮轮港，这个 2 亿美元的项目在拿骚启动，该国总理和海安会执行主席签署了一份 100 年租赁协议。该岛位于比米尼群岛（巴哈马最西区）附近，距离迈阿密佛罗里达州很近（约 105 公里）。2017 年 1 月，地中海邮轮公司在"海洋礁地中海保护区"开工建设。该项目的完工时间首先安排在 2018 年 11 月和 2019 年 11 月。海洋礁岛的基础设施包括一个专用码头和一个泊位。地中海邮轮的船舶可以直接停靠在岛上，而不是通过接驳船将乘客从邮轮上运送到岸边②。

迪士尼邮轮的漂流岛（Castaway Cay）。漂流岛原名戈尔达岛，是一座位于巴哈马北部阿巴科群岛的私人岛屿。目前，漂流岛为迪士尼公司完全拥有，为其旗下迪士尼邮轮的"魔法"号、"奇妙"号、"梦想"号、"幻想"号邮轮使用。邮轮可以直接靠岸，乘客无须搭乘接驳船，大约有 60 名迪士尼邮轮工作人员长期居住在漂流岛，并在此全时工作。1997 年，迪士尼公司从巴哈马

---

① https://www.cruisemapper.com/ports/harvest-caye-port-1471.

② https://www.cruisemapper.com/ports/ocean-cay-port-5231.

政府购买了一份为期 99 年的开曼群岛土地租约，租约将于 2096 年到期，这使邮轮公司对岛上的乘客体验有了实质性的控制权。漂流岛上有充满迪士尼元素的海滩活动，如潜水、划船和游泳，孩子们还可以在一个被称为"鹈鹕跳水"的平台上进行水上活动。漂流岛上建有"飞翔的荷兰人"，是一艘取材自迪士尼影片《加勒比海盗》的电影道具船。漂流岛上还有一个"漂流岛邮局"方便登岛游客从漂流岛上寄出信函、明信片，甚至包裹，而且这些物件上都会盖有漂流岛的专用邮戳[①]。

加勒比海的这些邮轮公司专属岛屿，构成了加勒比海区域绝无仅有的邮轮旅游目的地，也创造了加勒比海世界第一的邮轮市场规模。

3.3.4　地主港模式

以美国为例，美国邮轮港口主要实行地主港模式，港务局拥有港区及后方一定范围土地、岸线的产权，并进行码头基础设施、游客大厅、场站、装卸设备等建设，然后将其出租给邮轮公司（为主）或第三方港口运营商，实行产权和经营权的分离。少数邮轮码头则由当地政府直接特许给邮轮公司建造并经营，邮轮公司承担港务局职能，如长滩嘉年华码头，此类码头的设计建造可最大限度地满足该邮轮公司的需求。这种模式，有利于提升邮轮公司开辟航线的积极性，提高码头利用率，同时也有利于实现政府与企业合作，降低投资成本。

香港启德邮轮码头由香港政府投资兴建，码头硬件出租给码头营运商并收取租金，政府则保留土地及码头的物业权。2012 年 3 月启德邮轮码头的营运和管理由环美航务、皇家加勒比游轮公司及信德集团辖下的冠新公司 3 家公司组建的新公司：全球邮轮码头财团（Worldwide Cruise Terminals Consortium，WCT）承租。

政府根据 WCT 的营运表现收取营运商的浮动租金，WCT 可根据市场情况制定邮轮停泊的收费标准，并做出适当调整。政府将会通过管理委员会及营运商家所提交的服务承诺及考核指标，监察码头的营运情况。

香港启德邮轮码头的管理模式是典型的"地主型"邮轮港运营开发模式，其中政府负责投资建设，企业负责建成后的运营管理。在这种模式下，不仅有利于减轻政府的管理负担，提升管理效能，还能最大限度地满足邮轮公司

---

① https://www.cruisemapper.com/ports/disney-castaway-cay-port-811.

的运营管理需求，提升码头的利用效率。

当前，国际各大邮轮港口对其管理模式的选择不尽相同：西班牙巴塞罗那 D 号邮轮港选择了"私人服务型"的管理模式；香港启德邮轮码头则采取了"地主型"的邮轮港管理模式[①]。

欧洲邮轮码头早期都是由当地港务局投资建设的，属于市政设施，出于资金来源的考虑，政府通常不会高强度投资于邮轮码头建设，若引入邮轮公司参与邮轮码头建设，又将受制于劳工、土地和环保等多方面因素的制约，因此政府和企业在邮轮码头建设上很难达成一致意见。因此，在实际操作中，港务局一般会采取租赁方式与邮轮公司进行合作，其中，港务局拥有土地所有权，邮轮公司负责码头设施建设，建设完成后由邮轮公司进行租赁，租期一般在 25 年左右。例如，歌诗达邮轮公司在巴塞罗那的邮轮码头由歌诗达邮轮公司投资建设，建成后由港务局将其租赁给歌诗达邮轮公司，租期为25年，到期后所有设施归港务局所有，并由港务局决定是否将码头续租给歌诗达公司或者其他公司[②]。

3.4　中国邮轮发展探索

2006 年，歌诗达公司"爱兰歌娜"号邮轮开辟了首个中国母港航次，由此掀开了中国邮轮产业发展的新篇章。经过十多年的发展，中国邮轮市场从小到大、从无到有，发生了翻天覆地的变化。在这十多年里，我国邮轮产业从粗放式的快速发展逐步向高质量、高品位发展，邮轮政策体系和邮轮港口基础设施建设不断完善，在新冠疫情之前，国际邮轮巨头也相继准备在中国邮轮市场布局最新、最好的邮轮。由此，我国邮轮市场的竞争也更加激烈，本土邮轮的发展前景也将面临更大的挑战。回顾过去十多年的中国邮轮市场，本土邮轮公司基本都在激烈的竞争夹缝中生存，中国企业在不断的尝试中发掘邮轮发展路径，从海航集团的"海娜"号、天海邮轮的"新世纪"号、渤海邮轮的"中华泰山"号，到如今星旅远洋国际邮轮的"鼓浪屿"号，中国企业和资本在不断的试错中开发出了多种中国邮轮产业的发展模式。虽然有些发展模式已然"夭折"，但对这些发展模式进行总结和梳理，对于中国现今

---

① 蔡二兵.我国邮轮港口经营模式研究［D］.上海工程技术大学，2015：83-84.

② 赵金涛.欧洲邮轮码头的运营特点及启示［J］.中国港口，2009（8）：55.

及未来的邮轮产业发展具有非常重要的经验借鉴。

3.4.1　航空＋邮轮

2012 年 11 月，海航旅业成立了中国第一家本土邮轮公司——海航旅业邮轮游艇管理有限公司（以下称为"海航邮轮"），从嘉年华集团购入一艘二手邮轮，经过重新装修后命名为"海娜"号，并在 2013 年 1 月正式投入中国市场。这艘邮轮于 1986 年建成，到 2012 年已经是一艘 26 年船龄的"老船"。因为在中国本土运营的船舶的最大船龄不允许超过 30 年，"海娜"号进入中国内地市场后，最大服务期限也仅为 3 年。海航购买一艘"老船"是想通过"海娜"号试水本土邮轮在中国内地的发展潜力，待效果理想再大范围投入更多的邮轮，走的是一种由小至大的逐步扩展模式。"海娜"号作为我国本土企业全资运营的本土邮轮，仅仅经营了两年就退出了市场，其背后的原因是亏损。分析"海娜"号失败的原因，包括：一是邮轮在中国还属于新兴事物，中国尚未形成自己的邮轮文化，相关扶持政策也基本是真空状态；二是"海娜"号的船舶基础设施与国际豪华邮轮相比处于极大的劣势，且航线也相对单一，无法吸引足够的客源；三是邮轮是一个资金密集程度很高的行业，海航单船运营很难形成规模经济，运营成本过高。

3.4.2　旅行社＋邮轮

2013 年 12 月，在海航邮轮成立一年后，携程旅行与皇家加勒比游轮公司合资组建了上海天海邮轮旅游有限公司（以下称为"天海邮轮"），携程和皇家加勒比游轮公司分别持有 35% 的股权，其余股权由天海邮轮管理层和磐石基金持有。天海邮轮购买了皇家加勒比游轮公司旗下精致邮轮的"精致世纪"号并改名为"新世纪"号，重新装修后投入到中国内地市场。值得一提的是，精致邮轮的品牌定位和公主邮轮基本一致，属高级型邮轮，一度受到中国游客的追捧，曾经获得"最受欢迎的邮轮"和"中国性价比之王"等称号。与海航邮轮的低起点不同，天海邮轮以高起点进入中国内地市场，采取与国际邮轮公司合资合作的共同管理发展模式，以精致的服务为旅客提供高端服务体验。但是"新世纪"号也仅仅在中国内地市场服务了 3 年时间就宣告结束了。纵观其在中国的 3 年，也曾有过亮眼的表现，让人们一度以为这是中国本土豪华邮轮蓬勃发展的美好开端。"新世纪"号的终止营业完全体现了中国邮轮市场不断洗牌的结果，单一船舶难以与国际大公司相抗衡。邮轮是个重资产、高壁垒的残酷行业，市场资本化的特点被体现得淋漓尽致。没有资本的支持，难以招架层出不穷的竞争对手，只能通过抛弃品质来进行低价竞争。"新世纪"号模式的失败并不能说明合资企业在中国邮轮产业行不通，中外混合经营的管理模式还是值得肯定。

在理论上，旅行社有广大的客源基础，在市场需求端可以解决大部分问题。而实际上，旅行社并没有邮轮的专属渠道，因而在营销上助力不大。而在供给端，皇家加勒比游轮公司可以提供很好的运营管理，这本应是一个非常好的合作，但因为存在单船而致的运营成本较高的问题，以及中国资本的定力和耐力不够（彼时中国的高回报产品还比较多），使得二者在合作4年后就宣告合作结束（运营时间为3年）。

3.4.3 造船 + 邮轮

中船集团与嘉年华集团合资成立中船嘉年华，中船集团股份占比为60%，形成具有中资背景的邮轮公司。另外，中船集团还与芬坎蒂尼公司合资合作，在上海外高桥造船厂承担新造邮轮的重任，中船旗下所有与邮轮相关的板块纳入中船邮轮科技这一品牌下，这是未来中资邮轮建造和运营的主体。目前中船邮轮承担的五大任务目标是：大型邮轮技术的"引进消化吸收再创新"；联合外高桥造船承担首批国产大型邮轮造船项目；投资运营中资控股本土邮轮船队；培育发展本土邮轮配套产业链；邮轮产业上市及资本运作。

招商邮轮制造公司在探险邮轮领域已经为美国船东太阳石（Sunstone）建造了几艘探险邮轮，后续的订单还在陆续建造中。招商邮轮制造正在谋划中小型邮轮建造的总体建造能力。同时，招商蛇口已经开行了"招商伊敦"号的沿海航线。这可以归类为造船 + 邮轮模式。

航运业常常有个谈资，就是"造船的变成了船东"。通常的逻辑，专业的机构做专业的事，产业链的纵向一体化并不是一件容易的事情。不过，在特殊的市场条件下，产业链的纵向一体化成为可能。比如在市场的高涨期，新进入市场的邮轮公司想增加运力，但是欧洲的船台已经被占满，所以通过纵向一体化的方式来解决供给端的邮轮建造问题。

3.4.4 航运 + 邮轮

星旅远洋邮轮和渤海邮轮是航运企业进军邮轮业的代表。2019年5月，由中远海运集团和中国旅游集团共同出资设立的"星旅远洋邮轮"在厦门举行品牌发布会，并随后成立星旅远洋国际邮轮（厦门）有限公司（以下称为"星旅远洋邮轮"），内地运营总部设在厦门。星旅远洋邮轮旗下首艘豪华邮轮是购买的冠达邮轮旗下的"奥瑞亚娜"号，经过重新装修后投入国内市场运营。中国旅游集团以旅游文化为主业，是中国最大的旅游央企，而中远海运集团则是航运界的龙头老大，拥有完善的全球化服务网络，并在上下游产业链中形成了较为完整的产业结构体系，两大央企借助彼此的优势资源，打造的星旅远洋国际邮轮，堪称中国邮轮的"国家队"。但是，"鼓浪屿"号在刚刚投入市场不久就遭遇了新冠疫情，在本土邮轮市场能获得怎样的成绩还未可知，需要时间的检验。

2014 年 2 月，渤海轮渡股份有限公司全资成立了渤海邮轮公司，总部设在香港，注册地在香港，购买了意大利歌诗达邮轮公司的"旅行者"号邮轮，并改名为"中华泰山"号后在中国内地市场投入运营，"中华泰山"号也成为中国第一艘全资、自主经营、自主管理的豪华邮轮。相比于前面的"海娜"号和"新世纪"号，"中华泰山"号船体较小，仅有 400 个左右的房间。渤海邮轮是我国航运企业向邮轮产业进军的尝试，走的是一种由小至大的自我积累发展模式。与"海娜"号邮轮经营理念不同的是，"中华泰山"号全部由渤海邮轮经营和管理。在航线选择上，"中华泰山"号选择的都是较为冷门的航线，避开与国际邮轮公司的直面竞争，不论是经营上的挑战还是需要克服的风险都相对较小。从营业收入来看，"中华泰山"号 2014—2017 年的营业收入分别为 0.38 亿元、1.31 亿元、1.24 亿元、1.13 亿元（2014 年 8 月开始投入运营，实际营业 4 个月），毛利率分别为 −52.05%、−11.45%、−19.4%、−26.29%，除了 2015 年营收出现爆发式增长外，营业收入持续下滑，始终处于亏损状态。"中华泰山"号在有了一个良好的开局后，持续走下坡路，这与当时国内邮轮市场的白热化竞争分不开，采取"冷门航线"的运营策略既是优势又是劣势。当竞争对手足够强大时，便成了劣势，"冷门航线"的新奇度不足以将游客从舒适度体验和娱乐设备全面的国际大邮轮上吸引过来。此外，渤海邮轮作为一个完全本土邮轮团队经营的公司，在国际化运营方面差距明显。

3.4.5　港口建设 + 邮轮

中交集团在邮轮港口运营和邮轮运营领域已经布局。近三年来，中交集团在海南累计建设投资项目上百个，合同额超千亿元，海文大桥、环岛旅游公路等一批重点项目，更是创造了多项省内甚至国内领先。同时在更大范围、更多领域、更高层次参与海南自贸港交通体系规划建设、传统交通基础设施数字化升级，建设智慧公路、现代化养护、智能化码头、数字航道、智慧机场，打造智慧引领、低碳畅行、连通陆岛、海陆空一体、通达全球的现代综合交通运输体系。

广州南沙邮轮母港由中交集团投资建设，总规划岸线 1600 米，可建 2 个 10 万总吨和 2 个 22.5 万总吨的邮轮泊位。目前，一期工程历时 2 年零 3 个月已经结束，岸线总长 770 米，设计年通过能力 75 万人次。将由中交城投与广州港集团共同成立的运营公司负责邮轮港口未来 30 年的运营工作，其中包括前期提供规划设计、邮轮码头建设及运营、国际航线开通、国际邮轮产业公司合作等"一揽子"解决方案。中交集团还在 2014 年参股三亚凤凰岛邮轮港，并于 2020 年由旗下的三亚国际邮轮发展有限公司购买二手邮轮并更名为"憧憬"号（见图 3-8）。

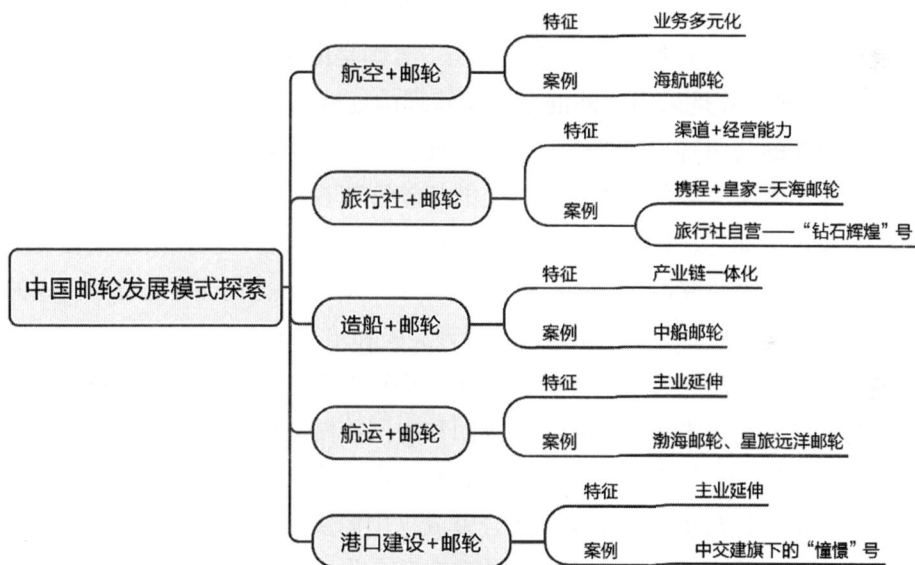

图 3-8　中国邮轮发展模式探索

3.4.6　经验总结

2012 年是中国资本探索邮轮的元年，海航旗下的"海娜"号购买二手邮轮开始了中资邮轮的新征程。在十年的发展过程中，既积累了经验，同时也有深刻的教训。总体来看，投资邮轮的中国资本都没有获得良好的收益，经营普遍处于亏损状态。这背后的原因，包括管理的欠缺、单船运营的成本高、老旧船舶的吸引力有限、产品定位不清晰、产品创新不足等问题。

分析过去十年几个中国邮轮的发展探索案例，可以总结出一些经验和教训。"海娜"号作为我国第一艘本土邮轮公司运营的邮轮，在我国的邮轮发展中具有重要的意义，海航旅业成为国内"第一个吃螃蟹"的企业，以购买国外二手船的方式经营国内邮轮市场，也为后来的天海邮轮、渤海轮渡等企业购买二手船经营提供了经验。"海娜"号、"新世纪"号和"中华泰山"号这三艘邮轮都采用单船运营，在规模效益上难以与国际邮轮公司相提并论，运营状况就较为困难。

"海娜"号和"中华泰山"号在船舶的基础设施上较为老旧，在吸引力上已经远远落后于国外邮轮公司。而"新世纪"号则凭借走偏高端的路线，一度被国内游客所推崇，并曾获得"最受欢迎的邮轮"称号。

在邮轮管理上，三家邮轮公司也是采用了不同的方式。"海娜"号全权委托国外邮轮管理公司来打理，"中华泰山"号则是由完全的本土邮轮团队来运营，"新世纪"号是采用中外混合经营管理的模式。综合分析这三种管理模式，纯国外的公司管理虽然能够在管理理念上与国外邮轮公司并驾齐驱，但是却不利于本土人才的培养；纯本土的邮轮管理在理念上还有所欠缺，并且国有企业还可能存在体制机制上的掣肘；中外混合的管理模式则很大程度上避免了以上的两种弊端，"新世纪"号一度的"辉煌"也佐证了此管理模式的优势，在一定程度上为我国积累邮轮管理经验和培养了相关人才。

除以上三个邮轮公司以外，我国在近几年也成立了几家邮轮公司，并各自具有不同的运作方式。中远海运集团和中国旅游集团共同出资设立的"星旅远洋邮轮"，这是两大央企为打造本土邮轮品牌的强强联手；中船集团以60%的股份占比与美国嘉年华集团合资成立中船嘉年华，形成具有中资背景的邮轮公司，并与意大利芬坎蒂尼公司合资合作，在上海外高桥造船厂承担新造邮轮的重任；招商局集团也与维京邮轮合资成立了招商局维京游轮有限公司。与以往不同的是，近两年成立的邮轮公司都有央企背景，从以前民营主导转变为现在的国资主导，并开始在产业链上下游布局。但受新冠疫情的影响，这些新成立的邮轮公司的邮轮还无法真正投入运营，这些发展模式孰好孰坏还需时间的检验。

海航邮轮很快退出邮轮业务，具有迅速止损的决策力。短暂的试水让决策者明白了运营邮轮的本质，"高大上"的邮轮产业不是谁都能玩的。

渤海邮轮以客滚业务向邮轮业务延伸，具有一定的同业属性。北欧波罗的海、地中海大量邮轮型客滚船兼具旅游和运输的双重属性，但并未出现客滚船东运营邮轮的案例。渤海轮渡在渤海湾的客滚业务领域是龙头企业，长期以来企业的盈利能力非常强，多年来邮轮业务成了公司运营的一个亏空，因而难以获得董事会对邮轮业务的进一步支持，曾经谋划的邮轮蓝图也没有进一步的动作。

"天海新世纪"号是携程与皇家加勒比游轮合资合作的成果，不过原本希望借助携程的渠道为该船找到客户，但这一渠道并非邮轮的专属渠道，携程旅行并未有效找到客户。同时，在房地产领域的资本回报相对较高的背景下，中国资本方定力不够，这也是"天海新世纪"号很快撤出市场的原因之一。

星旅远洋国际邮轮刚刚运营了四个月，新冠疫情暴发，其产品尚未得到市场的充分检验，产品也未在市场中充分磨合迭代，3 年的封航让企业运营举步维艰。

其他几个模式则是在新冠疫情下刚刚进入市场的新手，尚未得到市场的检验，未来的走向并不确定。原本购买的廉价二手邮轮的低价优势也会因为长期的停航而消失。

总体来看，经过近十年的探索，中国本土邮轮大致走出了一条由"民资主导"向"国资主导"的转变之路。首先，由海航邮轮、携程、太湖国旅等民营企业投资邮轮，但都以失败告终，仅剩福建国航远洋投资的蓝梦邮轮，以及地方国企渤海邮轮；而今则是中船集团、招商局集团、中国旅游集团、中远海运集团、中交建集团等大型央企参与邮轮产业布局，纷纷组建本土邮轮公司，实现了从"小打小闹"到"高举高打"的转变。邮轮业是资本密集型产业，大型央企资金雄厚，兼具国家的政策优势，有条件承担起中国邮轮高质量发展的重任。目前来看，造船＋邮轮这一模式虽然还未完成市场检验，但却是走得最为坚定的一支力量。在中国邮轮市场受新冠疫情难以复航的背景下，仍然在坚持造船，并有新订单。这一模式具有很好的国际化资源，并有中方的自主权，还有一支坚守阵地、持续创新的团队，很有希望探索出一条中国邮轮发展的新路径。

3.5 中国邮轮港口发展探索

3.5.1 传统邮轮港口

自邮轮产业在我国兴起以来，形成多个单纯以邮轮接待为主的邮轮港口，如上海吴淞口、青岛、大连、舟山、温州等。

上海吴淞口国际邮轮港于中国上海市宝山区炮台湾水域，是我国的国门级邮轮母港，也是上海建设国际航运中心的重要组成部分。2008年12月，上海吴淞口国际邮轮港开工建设并举行开工典礼；2010年4月，上海吴淞口国际邮轮港完成了11.6万吨邮轮试靠；2011年9月，上海吴淞口国际邮轮港主体结构完工，并在10月开港，当年共完成了9艘次邮轮和2.3万人次的接待；2013年12月，上海吴淞口国际邮轮港正式竣工验收，并在后来进行扩容工程。上海吴淞口国际邮轮港目前共设有3座客运楼，总建筑面积达8万平方米，可满足四船3.8万人次/日旅客的出入境需求。

上海吴淞口国际邮轮港由上海吴淞口国际邮轮港发展有限公司进行相关建设和经营管理，该公司是由上海市宝山区政府与上海长江轮船公司共同出资的国有企业，两家各占50%的股份。吴淞口国际邮轮港地处我国长江三角洲经济带的核心地区，腹地经济发达，具有良好的客源基础，是巨大的潜在邮轮客源地。此外，其距离韩国、日本及我国台湾地区的旅游目的地较近，为邮轮旅游业的发展提供了良好的岸上目的地旅游观光资源。上海吴淞口国际邮轮港主要是以邮轮接待服务为核心，在船供业务、商务会展及广告业务、票务代理、人才培训等其他邮轮相关产业方面涉及较少，对于邮轮经济的产业链参与较少，这也是传统邮轮港口的不足。

上海吴淞口国际邮轮港的优势在于，其所处的地理位置绝佳，是中国游客前往日韩目的地最为便捷的区位，并且身居中国最大的客源市场——长三角区域，并且具有全国最为发达的铁路和航空网络，能够便于将游客带到邮轮港。基于这样的优势，上海吴淞口国际邮轮港出入境游客量一度达到全国的60%，2019年降到了约40%的比重，但仍然是中国首屈一指、遥遥领先的邮轮港，这使其港口的盈利能力较好。其他邮轮港口没有上海吴淞口国际邮轮港这样的优势条件，单纯依靠出入境游客量所带来的"人头费"很难维持企业发展，需要搭载更多的相关业务来增加收入，或者通过提供经济适用的出入境通道服务来减少成本支出，才能够维持邮轮港口的长久运营。

3.5.2 "港产城"融合

在中国的沿海港口，招商蛇口作为超大型邮轮码头运营商，占据中国邮轮市场出入境游客量约85%的市场份额，是无可争议的行业老大。招商蛇口以蛇口太子湾邮轮母港为样板，在全国邮轮港口进行网络化布局及商业模式复制，实现"船、港、城、游、购、娱"一体化联动运营，构建集旅游地产、母港经济、邮轮产业于一体的旅游服务生态圈。截至目前，公司已初步完成在天津、上海、厦门、深圳、湛江等沿海城市的邮轮港口布局，力争创建国内本土邮轮品牌，建设具有全球影响力的邮轮产业标杆。邮轮业务方面，蛇口邮轮母港为华南地区邮轮消费客群带来不同品质、不同层次邮轮旅游产品；港口免税业务稳步推进，客船免税店投入运营，实现了当年立项、报批、开业并盈利；投资建造高端湾区休闲观光船，拓展"海上看湾区"业务，打造邮轮海上休闲旅游目的地。在经营业绩上，2019 年招商蛇口邮轮产业建设与运营额营业收入为 6.4 亿元，占公司营业总收入的 0.66%。这里所计入的收入，为深圳蛇口邮轮母港、厦门邮轮母港的邮轮运营、客运及港口出租等业务。报告期内，母港靠泊航次增加，邮轮业务收入同比增幅较大。营业成本为 4.3 亿元，比上年增长 17.1%。营业利润为 1.68 亿元，资产总额为 74.5 亿元。从年报中可以看到，招商蛇口获得邮轮业务补贴款总共 1737 万元，邮轮经济发展财政扶持补助 281 万元（见表 3-3）。

表 3-3　招商蛇口 2019 年邮轮产业建设与运营的财务数据

主要财务指标	数据
营业收入	64185 万元
营业费用	49985 万元
营业利润	16786 万元
利润总额	16773 万元
净利润	12531 万元
资产总额	744640 万元
负债总额	486785 万元
净资产收益率	4.86%

资料来源：招商局蛇口工业区控股股份有限公司 2019 年年度报告。

　　招商蛇口的前港、中区、后城模式改革开放以来得到了历史的检验，也正在邮轮港口这一新领域不断得到复制。港口本身可能难以获得足够的收益，却可以给其背后的中区、后城带来其他货运港口难以带来的效益。城市不断将货运港向城市的外部转移，而原本在城市核心区的老港却可能借着邮轮港的转型而获得新生。

2022 年 11 月 29 日，《劳氏日报》发布 2022 年全球十大集装箱码头运营商。该榜单结合集装箱吞吐量、成长性、新项目的开放等考量因素。在 2022 年的榜单中，新加坡国际港务集团（PSA）荣登首位，马士基码头、中远海运港口、中国招商港口分列第二、第三、第四位。在集装箱码头运营领域，中国企业已经有一席之地。未来，中国邮轮港口经营者，不但要投资沿海的访问港，还要有战略投送能力，在"海上丝绸之路"沿线投资邮轮母港，进而形成具有国际化能力的邮轮码头运营商。

招商蛇口是招商局集团旗下邮轮产业建设与运营平台，2016 年 11 月，蛇口邮轮母港开港，是招商局全产业链发展邮轮产业的重要里程碑，也是招商局集团落实国家"一带一路"倡议和促进粤港澳大湾区发展的重要举措。

在邮轮母港方面，目前，招商局集团以独资、参股或联合开发的形式，已完成在深圳、厦门、上海、天津、湛江等沿海城市的布局，是国内最大的邮轮港口运营商。在多年的港口运营实践中，招商蛇口通过"船、港、城、游、购、娱"一体化推进邮轮母港建设，取得了一定的成效。其港口的出入境游客量占全国的比重为 84%，权益占比 43%。

在邮轮物供方面，成立并运营深圳招商邮轮服务有限公司，打造"保税＋邮轮物料供应"业务，实现国内采购物资邮轮供应与国际食品中转供应。

在旅游配套方面，2017 年 9 月开通"海上看深圳"观光游船，为 2 万多名旅客带来了独特的海上观景体验。

在海工修造方面，招商工业旗下孖洲岛修造船基地已承接多次大型邮轮维修，完善了母港配套并提升了母港的竞争力。

经过不断的探索、实践和思考，结合中国邮轮产业的实际情况，招商蛇口提出了中国邮轮母港发展思路，即以深圳蛇口邮轮母港为样板，积极探索以国际自由港为终极发展目标的创新政策先行先试，全方位建设集航运、口岸、商业地产、周边配套、国际物流中转、海工修造配套、旅游配套、特色免税、金融服务等于一体，可复制的绿色、智慧、创新型邮轮母港，"船、港、城、游、购、娱"联动发展，构建集旅游地产、母港经济、邮轮产业于一体的高端旅游服务生态圈，实现以港口先行、产业或消费园区跟进、配套城市新区开发的"前港、中区、后城"联动发展模式，以邮轮产业发展带动区域与城市升级，积极推动港口所在城市邮轮经济的发展。

同时，招商蛇口长期保持对二、三线城市及长江沿线（如湛江、烟台、重庆等）具有邮（游）轮港建设优势的城市予以关注，并适时推动邮（游）轮港建设[①]。

2015 年，招商蛇口地产开发收入占到了招商蛇口总收入的 85.18%，园区运营收入占 14.15%，邮轮产业占比 0.67%。2019 年，来自地产的收入贡献依然高达 86.57%，园区运营占 12.77%，邮轮产业保持在 0.66%。后续，在中国房地产逐步退潮之后，房地产的收益难以反哺邮轮业，邮轮港口运营还需回归到本身所能带来的现金流和盈利能力，这会考验招商蛇口的运营能力。

3.5.3 以货补客

天津国际邮轮母港现已发展成为亚洲地区核心邮轮码头，是中国北方最大的邮轮母港，是天津的城市名片，是天津港集团航运客运功能的重要补充。天津邮轮母港采用"自建自营"的独有运营模式，经过 7 年努力实现了扭亏为盈并持续到疫情暴发前。

天津国际邮轮母港自 2010 年 6 月开港运营以来，截至 2020 年年末，累计投资额达 18.4 亿元，累计实现营业收入 9.4 亿元，累计接待邮轮 872 航次、426.26 万人次，历史贡献率接近全国邮轮旅客接待量的 20%，公司自 2017 年以来实现扭亏并保持盈利状态至疫情暴发前，整体经营状况值持续向好。

天津邮轮母港在天津港集团的支持下走出了自己特色的运营道路，也给业内提供了"货类补充、以货补客"的天津样本。天津邮轮母港初始计划采取区域开发平衡母港投资的方式，但由于种种原因未能实现。基于此，天津邮轮母港在设计之初就保留了货运功能，码头前沿 66 米纵深、堆场 11.7 万平方米，通过货运解决邮轮业务不饱和的问题，形成了独特的"以货补客"模式，滚装汽车不需要岸机作业、码头承重要求低，是支持邮轮港口发展的首选货类。

自 2010 年天津国际邮轮母港一期工程竣工投产后，天津国际邮轮母港业务发展一直保持良好态势，与我国邮轮市场自 2010 年以来所经历的指数级爆发增长阶段一致，其中 2017 年共接待国际邮轮 175 艘次，出入境邮轮旅客 94.2 万人次，两项指标均创下历史最高水平。2020 年年初因新冠疫情影响停航[②]。

---

① 郭晓语. 创新求变：探索中国邮轮的未来发展方向［J］. 中国港口，2019（1）：28-30.
② 戴明. 疫情下天津国际邮轮母港经营发展的思考［J］. 中国港口，2021（6）：18-19.

3.5.4　业务多元化

上海虹口区北外滩被业界誉为"中国大陆地区现代邮轮产业的发源地"，也是首批获批"国家邮轮旅游发展实验区"的区域之一。坐落于此的国客中心邮轮码头，作为上海港最早接待邮轮靠泊的码头，拥有 1197 米黄金浦江岸线，港口设施一流，与外滩、浦东陆家嘴金融贸易区交相辉映，地理位置绝佳，已成为北外滩的新地标。码头沿江有 3 个大型邮轮泊位和 15 个沿江景观游艇泊位，是世界首个获得英国劳氏船级社质量体系认证的国际邮轮码头。

多年来，上海港国际客运中心开发有限公司依托丰富的码头资源，先行先试，不断夯实邮轮产业的基础，大力发展邮轮经济，通过拓展多元化业务来实现邮轮港的提质增效。

2006—2010 年，公司以"卓越的邮轮码头运营商"为愿景，以母港邮轮靠泊为主要业务。随着上海吴淞口港的投入使用以及近年来母港邮轮大型化趋势日益明显，以致码头能够停靠的邮轮越来越少。上海港国际客运中心开发有限公司及时调整战略，很快走上了转型发展的道路。

在"十二五"期间，完成了由"单一邮轮码头运营商"向"邮轮产业综合服务商"的转变，实现了邮轮码头、邮轮票务代理（成立地中海邮轮旅行社及上海港国际邮轮旅行社）、免税品销售（吴淞邮轮港、国客码头、铁路上海站 3 家口岸免税店及供船免税店）、邮轮船舶供应、邮轮船舶代理等产业链布局。目前，公司拥有下属投资企业 8 家，托管企业 1 家，业务涉及免税商品销售、邮轮旅游、餐饮、进口商品超市、跨境电商、码头场地租赁、保税仓储、供船等多种业态。

"十三五"规划目标明确提出两大战略愿景：打造"水上旅游产业综合运营商"和"上海城市滨水时尚新地标"，全面布局"食、住、行、游、购、娱"全产业链服务。

通过建设和开发"上港邮轮城"，将水上旅游与商旅、文化、体育等产业相结合，把港口打造成为集客运中心、商业、休闲娱乐和旅游休闲于一体的母港综合体。

2018 年 6 月，"上港邮轮城"被评为上海市十大"全球新品首发地平台"之一。因为码头的地理环境得天独厚，海港国际客运中心开发有限公司的场地受到世界各大知名品牌的青睐。从 2008 年开始，十多年来共举办了路易威登秋冬新品发布、Valentino 上海秀、Omega 新表发布、Tommy Hilfiger 亚洲首秀等奢侈品发布与走秀活动。同时，由于长条形的码头岸线，非常适合作为汽车赛道，国客中心邮轮码头场地堪称是新车发布的"圣地"，几乎所有的汽车品牌都曾在这里做过发布会或试乘试驾。

成功打造邮轮实验区与 4A 级旅游景区结合的特色旅游景区上港邮轮城。通过招商方式引进了解决商务白领就餐的美食广场上港·邮食荟，满足白领健康需求的私教健身工作室人马线，突出上港足球队主题文化的品牌周边店，体现文艺小清新的网红主题咖啡馆等商户，上港邮轮城业态在这一阶段逐渐丰富，并完全贴合周边消费人群的基本需求。

2017 年，在上海市实现黄浦江 45 公里滨江贯通、打造亲水文化的时代背景下，上港邮轮城作为重点沿江项目，进一步在商业上提升品质，成为市民和游客新的游玩选择。在这一阶段，上港邮轮城引进了绿地房车商业体"车立方"、德国进口户外运动拓展设备"魔都矩阵"、高端德国啤酒餐厅和日本料理等业态，每一个项目在市场上都有较强的吸引力，能带来强大的人流集聚效应，邮轮城品质在这一阶段有了很大程度的提升[①]。

2021 年 2 月 27 日，北外滩国客中心 800 米滨江岸线贯通工程将全面启动，年内即可对市民完全开放。北外滩滨江国客段对外完全开放后，将能满足市民和游客亲近滨江、游览通行的需求，同时还将通过功能提升，使这一地区成为世界级滨江岸线。国客中心也将对码头功能及空间布局全面改造，使其具有航运文化内涵的活力水岸，推进贯通提升，进一步还江于民。上海市的这一举措，使得国客中心的业务模式从曾经的"to B"向"to C"转型。

3.5.5 类地主港

广州南沙国际邮轮母港于 2019 年 9 月 17 日正式开港。总建筑面积约 76 万平方米、可供 22.5 万总吨的超级邮轮停泊，宏大的设计预示未来邮轮母港将成为广州通连港澳、走向世界的"海上门户"。未来，粤港澳大湾区将形成广州有南沙国际邮轮母港，深圳和香港分别有太子湾邮轮母港和启德邮轮码头的邮轮母港群格局。

南沙国际邮轮母港位于广东自贸试验区的南沙新区片区，粤港澳大湾区的地理几何中心，规划使用岸线 1600 米，建设 4 个 10 万 ~22.5 万总吨邮轮泊

---

① 童洁.上海港国客中心总经理徐珏慧谈邮轮港口企业转型之路［J］.中国港口，2018（10）：30-32.

位。项目一期工程于 2017 年 7 月正式开工，岸线总长 770 米，拟建设 1 个 10 万总吨邮轮泊位、1 个 22.5 万总吨邮轮泊位和建筑面积约 6 万平方米的航站楼，年通过能力 75 万人次。南沙新邮轮母港一期、二期工程全部建成后，将成为拥有 4 个邮轮泊位、2 座航站楼、年通过能力不低于 150 万人次的国内规模最大的邮轮母港，同时也是集邮轮旅游、港澳客运、珠江内河观光客运等多种业务于一体的广州水上旅游客运枢纽。

南沙国际邮轮母港是国内首家与地铁无缝接驳的邮轮母港，其航站楼与地铁四号线南沙客运港站将通过约 500 米的地下通道无缝对接。周边汇集广深港高铁、京港澳高速、珠三角南环高速、佛莞高速等多条高速公路，一小时车程可达广州市区及珠三角其他主要城市，半个多小时可达广州南站。

广州南沙国际邮轮母港的开发模式具有鲜明特色，中交集团在竣工后将资产移交区政府，成立运营公司，由广州海港商旅有限公司（广州港集团全资子公司，下称"海港商旅"）与中交城市投资控股有限公司（下称"中交城投"）合资组建，将负责南沙国际邮轮母港建成后的日常运营管理。运营公司的成立为南沙国际邮轮母港开港运营奠定了良好的基础，是中央企业与市属国企强强联手、密切合作的典范。未来，运营公司将充分利用南沙国际邮轮母港在区位、市场、航线、政策等方面的优势，全力打造样板母港、枢纽母港、功能母港、安全母港和开放母港，为广州邮轮产业发展和国际航运中心建设做出积极的贡献（见图 3-9）。

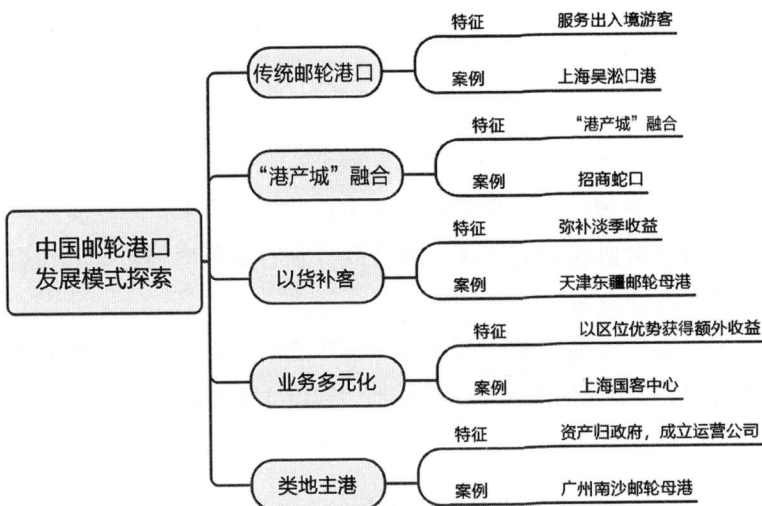

图 3-9　中国邮轮港口发展模式探索

3.5.6 经验总结

货运港主要通过港口装卸获得收益，港口装卸费能够覆盖其所有的成本。当然，从港口公司来讲，其业务可能并非港口装卸这一项，而可能涵盖物流、供应链、房地产乃至金融。但从港口装卸业务而言，按照其本身的设计能力以及实际运营中的效益，覆盖其各项成本并不难。但是，对于邮轮港而言，要想通过港口上下客人获得的人头费而盈利，则是一件非常困难的事情。邮轮港不需要建设大面积的后方堆场，不需要场吊和桥吊等设施，但是需要建设候船厅。对中国的港口而言，为了能够吸引人，候船厅都按照地方标志性建筑的模式来修建，其造价不菲。因此，邮轮港与集装箱港的造价大致相当。从收益来看，邮轮港最高的人头费为150元，沿海邮轮港没有达到过这样的价格，最低的人头费可能低至20元/人。与此相对应，集装箱港每标准箱的装卸费大约为500元/标箱。好的集装箱码头每年能够做到100万标箱，而中国沿海邮轮港未来要实现年出入境游客量达到100万人次并不容易。从收益上来看，货运港的收益至少是邮轮港的4倍。让邮轮港本身实现主营业务盈利，几乎是不可能完成的任务。

由此，中国的邮轮港的发展模式，应该将其与房地产建立关联。存在的问题是，目前以及未来的一些年，房地产处于调控期和瓶颈期，中国邮轮港的发展模式到底该走怎样的路？邮轮港本身成为商业中心？邮轮带来的游客量难以支撑商业中心的发展，以邮轮客的消费为基础，成为城市休闲娱乐的中心也不见得可行，世界上还没有见到这样的先例。迈阿密港的候船厅就像一个个仓库，其功能就是实现旅游的快速上下船。巴塞罗那邮轮港，也并没有设计成游客活动中心。意大利的那不勒斯港配置了相关的商业设施，并有意安排线路让游客从其旁边经过，但并没有产生什么实在的消费。邮轮港到底是不是游客休闲娱乐的汇聚中心？如果本来就不是，那还不如让邮轮港回归到最朴素的状态，由此也可能大大节省邮轮港的建设成本，从而给邮轮港盈利创造条件。当然，世界上其他地方没有这样的先例，并不意味着中国搞不起来。中国城市的人口规模更大，新时代人们的消费诉求在改变，作为新兴的业态，邮轮港吸引人们集聚在一起也并非不可能，关键是能够抓住新兴人群的心。

4 世界邮轮发展的基本态势及属性

4.1 世界邮轮产业发展态势

新冠疫情前，邮轮公司的收入和净资产收益率处于较好状况。根据国际邮轮协会（CLIA）的统计数据，2019 年全球邮轮游客人数达到了 2967 万人次，同比增长 5.3%。其中，北美地区邮轮游客量同比增长 9%，加勒比海地区邮轮游客量同比增长 6%，亚洲地区邮轮游客量同比增长 5%，地中海地区邮轮游客量同比增长 8%，阿拉斯加邮轮游客量同比增长 13%。

从市场格局来看，2019 年加勒比海 / 巴哈马 / 百慕大地区占全球邮轮市场份额的 40.9%，亚洲 / 中国地区占全球邮轮市场份额的 13.3%，中西地中海地区占全球邮轮市场份额的 10.7%，接下来是占据全球邮轮市场 5.7% 的北欧地区，再往后则是澳大利亚 / 新西兰地区，占全球邮轮市场份额的 3.9%。2019 年亚洲邮轮市场规模达到了 398 万人次，低于 2018 年的 426 万人次。根本原因是，作为亚洲邮轮市场的主力军，中国邮轮市场 2019 年表现不尽如人意。

目前，全球邮轮航线总共约 1.8 万条。其中，4 晚的航线一共有 1497 条，占比 8.3%；5 晚的航线有 1715 条，占比 9.5%；6 晚的航线有 473 条，占比 2.6%；7 晚的航线 6263 条，占比 34.8%；10 晚的航线共 1178 条，占比 6.5%；14 晚的航线共 1351 条，占比 7.5%。将这些数据汇总，会发现全球邮轮航线的平均长度为 9.9 晚。在中国布局的皇家加勒比游轮"海洋光谱"号，2020 的平均航线长度为 5.1 天。

从 2004 年到 2019 年，全球邮轮市场一直呈现出游客量略大于船队能力的情况，这就是邮轮公司不断下单造船、邮轮公司业绩不断向好的基础。中国市场的快速增长支撑了 2012—2017 年的市场，其后加勒比海市场继续发挥中流砥柱作用，让邮轮公司的业绩节节攀升。突如其来的新冠疫情，让邮轮业的景气市场戛然而止，并迅速进入冰封期。

可以判断，邮轮市场从现在到2027年，很可能会出现约20%的运力过剩，如图4-1所示。20%的运力过剩，约12.8万张床位，如果按照每艘船3000客位计算，则过剩运力达到43艘邮轮。在未来的实际运作中，邮轮公司可以通过降低船票价格的方式实现供需平衡，但邮轮公司的财务报表将会比较难看。

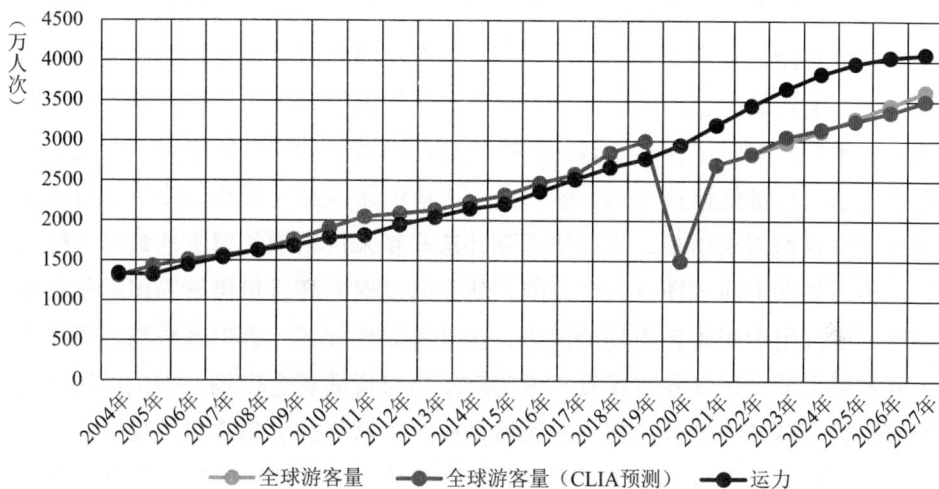

图 4-1 全球邮轮市场供需情况

由此可以给出如下几个判断：

疫情前：供不应求。国际邮轮业在过去的10多年时间内，一直以来是需求略高于供给状态，也就是供不应求的状态。2011年是最好的情况，需求大于供给13%。这就是大家经常看到的各家邮轮公司满载率大于下铺床位数的原因。

疫情后：供过于求。2021年年中开始，国际邮轮加速复航。到2022年12月，国际邮轮复航占比达到95%左右。按照2023年恢复到2019年的水平，2026年恢复到2019年的1.12倍，则将是3360万人次。然而，因为订单陆续投入运营，届时市场的供给量将达到4048万人次，供给高于需求20.5%。

邮轮公司有四个策略来解决供需失衡：

第一，减慢供给，也就是让船台上正在建造的邮轮推迟下水，这会影响造船厂的业绩；

第二，加速淘汰，也就是拆解更多的老旧邮轮；

第三，降低船票价格，让游客量大幅增长来弥补空余的舱位，不知道邮轮的价格弹性怎样，价格要降低到怎样的程度才能让运营的邮轮被填满；

　　第四，封存运力，这是在精确计算封存成本及运营亏损的情况下而做出的理性选择。

　　总之，后疫情时代，邮轮市场将是邮轮企业从未经历过的苦难市场。"9·11"事件之后，邮轮业曾经遭受过冲击，不过那时候人们只是消费意愿下降，消费能力并未受到影响。如今，消费意愿会因为疫情的此起彼伏而受到影响，消费能力会因俄乌冲突、世界经济低迷等原因也遭受影响。从消费能力上来看，邮轮旅游属于较高层次的旅游消费活动，其所面对人群的消费能力较强，经济低迷造成的影响对这一人群的影响相对较小，疫情后可能会出现爆发式的需求增长，进而快速弥补这些年来供给增长留下的缺口。但愿这一幕会如期上演。还有一个可能，就是通过提供高质量供给和国际化营商环境，发掘出中国邮轮市场的潜力，让经济表现较好、人口基数高、高净值人群数量多的中国邮轮市场真正成为后疫情时代的黄金市场。中国经济增长能够引领全球经济增长，在邮轮领域也应具备这样的引擎作用。疫情发生的三年时间里，给大家的一个教训就是：对疫情影响的时间跨度和深度预估不足。换句话说，大家对疫情的预判都太过乐观。因此，在当下判断未来邮轮市场的走势时，还是宁愿按照更为保守的方式预估未来，继而在手中留下足够多的"弹药"，支撑自己能够熬过这轮因疫情引发的异常长的寒冬。

　　根据几家邮轮公司 2021 年的年报可以看出，邮轮市场价格相比 2019 年总体处于低位（见图 4-2）。

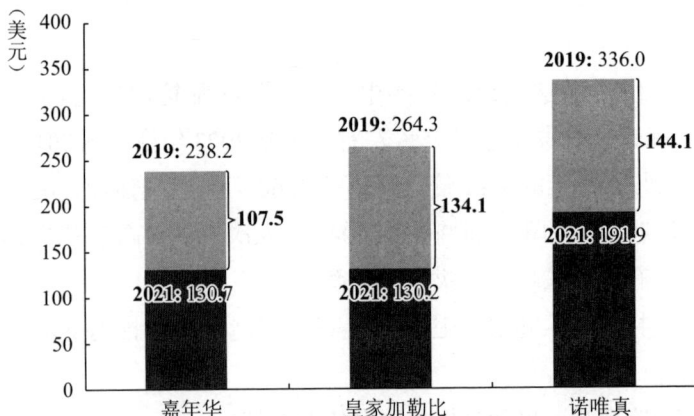

图 4-2　2019 年和 2021 年三大邮轮运营商单位邮轮业务收益比较

数据来源：三大邮轮公司财报。

2022 年，虽然邮轮复航比例不断提升，但船票价格远未恢复到疫情前水平。价格下降的原因既来自需求端，也有供给端的原因。

需求端面临消费能力及消费意愿两方面的问题。从消费能力来看，2022年 6 月，美国消费者物价指数同比上升 9.1%，刷新 40 年来的最高纪录。其后虽逐步走低，但到 2022 年 12 月仍维持在 6.5% 的高位。未来，美国消费者物价指数的走向还不明朗，但与此相关的信息却并不让人乐观。一是美元加息周期下，美国经济存在巨大的不确定性。美元加息也让美元撤离后的诸多债务高企的经济体可能发生经济崩溃及社会动荡，并打击当地邮轮市场的需求。瑞·达利欧的著作《原则：应对变化中的世界秩序》[①]，其中对世界的周期性变化给出了极为清晰的分类与解析。其对世界的分析更多的笔墨放在了影响世界的大周期上，也即影响相对财富、权力和世界秩序的典型巨变。现代邮轮的发展，是在美国所主导的这一大周期中展开的，也必将受到这一周期涨跌的影响。二是俄乌冲突会怎样收场并不确定，但对欧洲邮轮市场的负面冲击是可以想象的。受地缘政治局势影响，根据欧盟统计局的数据，2022 年 12 月欧元区通胀率 9.2%，相比 11 月的 10.1% 有所下降，亦低于分析师 9.5% 的预期。12 月，欧元区通胀率连续第二个月下降，自 8 月以来首次低于 10%。能源涨价放缓是主要的驱动因素，但剔除能源价格等因素的核心通胀率自 11 月的 5% 升至 5.2%。欧洲能源价格上涨让欧洲人的手头更为拮据，并减弱了人们的消费能力。从消费意愿来看，由于担心在邮轮上感染病毒，人们消费邮轮产品的意愿降低。加勒比海区域航行的邮轮在奥密克戎毒株肆虐下出现了较多的疫情感染情况。

而从市场供给来看，运力仍在不断增长。在新冠疫情蔓延的这三年，国际邮轮供给能力新增 13.1 万张床位，运力增长 21.8%。因此，邮轮业面临的发展环境，将比新冠疫情前更为苛刻。

从历史上来看，邮轮船舶大型化跟货运船舶的大型化具有同样的规律。在此过程中，皇家加勒比游轮公司一直在引领着邮轮产业船舶大型化的趋势。1999 年推出的 13.8 万总吨的"海洋航行者"号，2006 年推出的 16 万总吨的自由系列，2009 年的 22.5 万总吨的绿洲系列，到最新推出的 25 万总吨的标志系列。

---

① 瑞·达利欧. 原则：应对变化中的世界秩序［M］.北京：中信出版社，2022.

根据克拉克森的船舶数据库数据，可以看到，船舶大型化趋势确实存在，不过从平均吨位来看，这一趋势并不明显。这背后的原因，是近些年探险邮轮的兴起（见图4-3）。

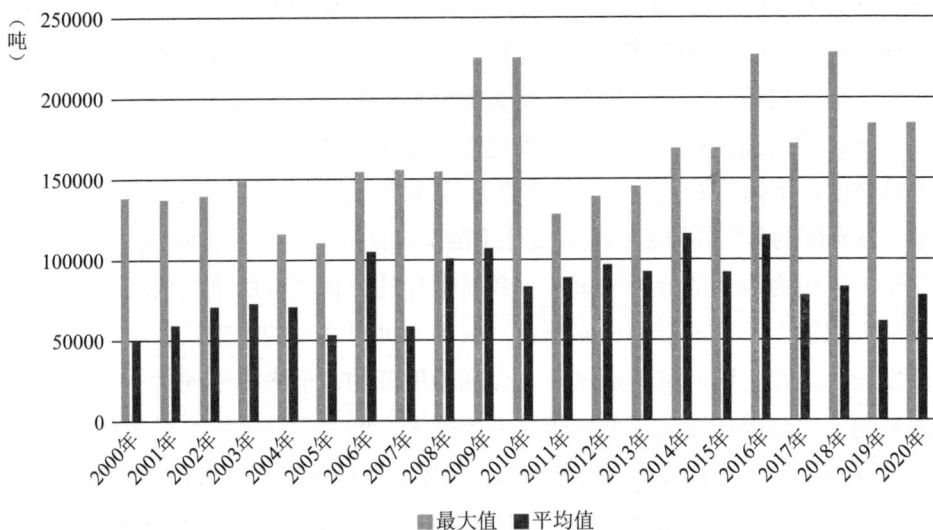

图4-3 现役不同船龄邮轮的平均吨位和最大吨位

根据"邮轮产业新闻"的消息，2019年至2023年，17家邮轮运营商将新交付41艘探险邮轮，新增8500多张床位，从而使该领域市场运力翻番。这是截至2019年5月13日的订单数据，远高于上一年预计的28艘船舶。由此可以看到，邮轮公司对这一市场领域非常看好。这些邮轮的平均客位是214名客人，远低于大中型邮轮动辄4000人的客位。在此领域，赫伯罗特邮轮是早期的开创者，拥有两艘冰级的小众船只。海达路德邮轮则不断扩充其船队，2021年达到10艘探险船。

由此可见，邮轮船型的发展趋势是大型化和小型化并存。超大型邮轮服务较大的客源市场，能够获得较好的规模经济。较小的邮轮服务利基市场，以奢华的服务和人迹罕至的目的地为卖点，可以获得较高的单客价格。

4.2 邮轮产业的基本属性

4.2.1 垄断竞争性

经济学所界定的垄断竞争市场，指的是：第一，市场中具有众多的生产者和消费者，而且消费者具有明显的偏好，商品与服务"非同质"；第二，市场的进入与退出完全自由；第三，各生产者提供的众多商品有差别，但并没有本质区别。全球邮轮市场，恰恰就是这样的垄断竞争市场。

　　从表面上来看，国际邮轮市场似乎是嘉年华、皇家加勒比、地中海和诺维真这四大巨头把持的寡头垄断市场，仅嘉年华、皇家加勒比这两大集团合计的市场份额就达到了65.2%，市场集中度超高。但仔细分析就会发现，实际的情况远非如此。皇家加勒比集团所占市场份额为22.9%，旗下有6个品牌，其中市场份额最高的品牌皇家加勒比游轮的市场份额为15.6%。嘉年华集团所占市场份额为42.3%，旗下有9个品牌，其中市场份额最高的品牌嘉年华邮轮所占市场份额为16.5%，最低的品牌世鹏邮轮（Seabourn Cruise line）所占市场份额仅为0.3%。如果抛开这四大集团而仅仅观察这些子品牌，会给人一些新的认识。嘉年华邮轮以16.5%的市场份额排在第一位，皇家加勒比游轮则以15.6%排在第二位，地中海邮轮以9.3%排在第三位，诺维真邮轮以8.6%排在并列第四位，而歌诗达邮轮则以7.8%排在第五位[①]。同时，由于两大邮轮集团旗下的各品牌都独立运营，各品牌根据各自的定位具有不同的细分市场，如嘉年华集团旗下的歌诗达邮轮定位大众市场，而冠达邮轮（Cunard Line）和世鹏邮轮则定位为超豪华市场。小型邮轮公司主要专注于细分市场，或提供高端服务，或提供独特航线，或针对不同客户群体。因此，不同邮轮公司所提供的邮轮产品因在航线、船舶、服务、目标客户、地域和季节等方面的不同而存在不同程度的差异性，使得国际邮轮市场具有垄断竞争的市场结构。每个邮轮产品因为差异化而具有一定的垄断力，但是垄断力又没有强到可以垄断定价，不同产品之间仍然具有一定的竞争性和可替代性。因此，要进入国际邮轮市场，把握产品的差异化定位是关键，在人们的脑子中创建独一无二的消费认知极为关键。比如，皇家加勒比游轮对游客的承诺是"哇哦"，公主邮轮的承诺是"全新归来"（come back new），表4-1列出了世界上的主要邮轮品牌试图在消费者心中形成的消费认知。

---

① 2020 annual reports. cruise industry news. February 2020：24.

表 4-1　各大邮轮品牌的市场份额及特色

邮轮品牌	市场份额（％）	特色
嘉年华邮轮	16.5	现代大众
皇家加勒比游轮	15.6	更大、更新、更炫酷
地中海邮轮	9.3	意大利风格，舒适的豪华
诺唯真邮轮	8.6	现代大众
歌诗达邮轮	7.8	意大利风格
公主邮轮	6.8	"静"而"精致"
阿依达邮轮	4.2	年轻化设计，德国风格
精致邮轮	3.5	经典中的精华，优雅的巡航，与时俱进
荷美邮轮	2.9	风格偏老年化，服务很贴心，餐饮有质量

资料来源：谢燮，中国邮轮产业发展探索［M］.北京：中国旅游出版社，2020：31.

别具一格是邮轮的核心，想好了自己的差异化方向，证实了自己的差异化方向具有市场，这才是本土邮轮的发展方向。差异化并不容易，并非是为了不同而不同，差异化要以消费者的心智为锚。锚定消费者的偏好，锚定新时代中国人的最本质需求，才有中国本土邮轮的未来。

4.2.2　服务性

我国已进入大众消费的新时代，大众需求、平民消费成为这个时代最为突出的特点。与过去消费结构相比，我国城乡居民消费结构正在由生存型消费向发展型消费升级、由物质型消费向服务型消费升级、由传统消费向新型消费升级，并且这一升级的趋势越来越明显，速度也越来越快。2014 年 12 月召开的中央经济工作会议，专门详细阐释了我国消费需求的"新常态"，即"模仿型排浪式消费阶段基本结束，个性化、多样化消费渐成主流"。与过去消费结构相比，目前我国消费结构正在从过去的生存型向享受型、个性化、多元化消费结构升级。

近年来，水上旅游休闲业正在快速增长，也是未来中国居民消费升级的着力点。其中，中国邮轮产业正从"高速增长"转向"高质量发展"，这是提升我国旅游业国际竞争力和扩大旅游市场规模的重要方式，契合人们美好生活需求的必然方向，是推动旅游业可持续发展的重要基础。当前人们对美好生活的需求也越发多样化和多层次化，且对幸福生活的向往更加强烈，这也是促进中国邮轮产业保持高速增长的主要内驱力。

经济学人智库报告《中国消费者 2030 年面貌前瞻》对未来中国消费潜力的发展趋势进行了预测，到 2030 年，中国低收入人群的占比将从 2015 年的 36.9% 下降至 11%，而中等收入群体将扩大，其中中高收入人群的比例会上升得更快。年均可支配收入超过 20 万元（32100 美元）的高收入人群比例将从 2015 年的 2.6% 增长至 2030 年的 14.5%。未来这些人不但会介入沿海邮轮港出发的国际邮轮，还可能参与内河游轮乃至其他水上休闲旅游活动。届时，中国邮轮产业的服务性即满足人民美好生活的向往这一特性将进一步凸显，并成为最大吸引力。

国际海运是一个巨幅波动的市场，供需不平衡和需求缺乏弹性使得运价在旺季很高而淡季很低。与国际海运业相比，邮轮旅游的需求弹性相对较高。在旺季时，如果没有足够的客舱满足需求，游客完全可以选择其他旅游产品，致使邮轮旅游在旺季的时候价格也不会高得离谱，海运业短时期的暴利现象在邮轮业中不会出现。正是由于邮轮旅游并不是生活必需品，消费者对价格比较敏感。尤其在中国，在好奇心、攀比心、孝敬父母心、炫富心的驱使下，大众消费者一般会选择价格合适的机会"尝鲜"。在淡季时，通过打折促销，能够吸引本身没有太多意愿的游客乘坐邮轮，但通过低价吸引来的游客未必会成为常客。邮轮旅游需求弹性大的特征，需要邮轮公司通过提供无微不至的服务来提升客户黏性，服务质量和美誉度自始至终都是邮轮公司经营的核心。由于旅游产品不是生活必需品，只有保证不打折的服务和充分的吸引力，才留得住通过低价吸引来的游客，才能获得较好的美誉度。也即"价格可以打折，服务不能打折"。中国旅游行业长期以来的低价策略在邮轮旅游领域行不通，低价竞争和恶性竞争没有前途。

4.2.3　文化性

虽然邮轮发源于西方，但是中国邮轮产业发展不应全盘照搬西方邮轮文化，而应积极将邮轮打造成为中国文化与世界文化融合创新的载体和空间。基于西方邮轮文化，融入中国文化，让邮轮乘客可以在享受纯正邮轮体验的同时，感受东方文化的魅力和博大精深。

中国邮轮产业发展需要基于中华文化理念，在休闲娱乐的同时带给客人更多的文化体验。其中，竞争的关键是特色，特色的核心是品牌，品牌的保障是文化。没有故事的品牌不可能成为大品牌，每个大品牌都有自己的品牌故事。在竞争激烈、国际品牌强势的当今时代，没有先发优势的中国企业如何讲好品牌故事，是品牌崛起的关键。中国邮轮产业发展不仅需要满足中国人对豪华邮轮高品质体验的需求，同时应是外国人了解中华文化的最佳载体，通过实景演绎中华文化，讲述中国故事，助推中华优秀传统文化的传承与传播。

中国将很快会发展成为继美国之后的第二大邮轮市场。中国邮轮产业未来的发展方向一定是走向世界，而不是仅限于亚洲区域。因此，凭借中国邮轮产业雄厚的发展基础，在未来发展过程中必将经历学习模仿到超越引领的过程。中国邮轮产业的发展必须以引领全球邮轮文化为目标，实现产业的高质量发展。

4.2.4　技术性

更为炫酷的技术正不断赋能邮轮业，让人们在船上玩得更"嗨"。这些新技术的应用将更大程度上助力中国邮轮产业的高质量发展，搭载众多新兴科技的炫酷邮轮会在市场中获得足够的眼球并获得良好回报。新兴技术不会对邮轮业产生颠覆性影响，其只是在邮轮产业内不断渗透，让邮轮服务的能力更强、服务的效率更高。

党的十九大报告提出加快生态文明体制改革，建设美丽中国，并提出包括"推进能源生产和消费革命，构建清洁低碳、安全高效的能源体系，推进资源全面节约和循环利用"等举措。在"绿水青山就是金山银山"的强力感召下，邮轮产业绿色发展责任重大。邮轮对环境影响严重，主要包括废水、固废、废气排放，将导致海洋生态环境恶化，破坏海洋生物重要栖息地，降低海洋旅游资源质量，甚至对沿海地区居民的身体健康造成损害等，这要求邮轮产业各方面各要素，提前谋划、提前部署、提前实施，加快应对沿海船舶污染排放控制区设计、紧跟全球限硫令发展趋势、积极参与新能源船型及船岸绿色系统研发，走绿色低碳发展之路。

新冠疫情对邮轮产业造成的重大影响充分暴露出邮轮产业在处置公共卫生突发事件方面的短板与不足，需要引导邮轮产业各方面在应对公共卫生安全事件方面做出努力，加快在船体结构、技术装备、空间布局、功能设置、防疫检验、应急物资、卫生条件等方面的投入与改造，加强对公共生命安全与卫生安全的统筹考虑，提升应对多类别、多层级、多维度的公共突发事件应急处置能力。

皇家加勒比游轮公司是邮轮业科技创新的代表。皇家加勒比游轮公司高级副总裁、亚太区主席刘淄楠博士在接受专访中，谈论了技术创新引领邮轮产业蛙跳式发展的前沿话题。他认为，邮轮业是典型的供给创造需求的产业，需要不断用最新科技来满足人们对美好生活的想象和追求，还包括需要迎合越来越高的生态环保的时代要求。皇家加勒比游轮公司进入中国以来，一直以高标准、高科技在引领中国邮轮旅游发展，特别是 2014 年推出的被誉为来自未来的游轮——"海洋量子"号，不仅是高科技与奢华的创新结合，还是全球游轮史上的又一次重大飞跃，诸多"海上初体验"的全新首创高科技装备首度上船：如"北极星"玻璃观景舱可带领宾客攀升至高于海平面 92 米的高空，一览壮阔海景；首创的"甲板跳伞"则可令宾客享受垂直降落与飞翔的刺激快感；世界首家海上"机器人酒吧"带来一场机器人调酒秀。此外，"海洋量子"号上还配备了超高速无线网络 VOOM，实现海上网上冲浪的畅快体验。2022 年 10 月推出的"海洋标志"号由液化天然气驱动，25 万总吨，首次将度假村、海滩休闲和主题公园同时搬上了邮轮。在"海洋标志"号上可以直接体验马斯克的"星链计划"，实现旅游与办公两不误的理想度假体验。"海洋标志"号采用液化天然气为动力能源后，可以实现二氧化硫及颗粒物的零排放。而且，怠速时使用生物燃料电池，靠岸后使用岸电，尽可能减少在目的地城市的污染排放。此外，皇家加勒比游轮还采用了最新的船体空气润滑系统科技，即通过沿船体释放数十亿个微型气泡来减少航行摩擦系数，以节约能源消耗；先进的废热回收系统则可将废热转化为高达 3 兆瓦的回收能源，实现"能源的内循环"。公司旗下每艘邮轮均配备了先进的水处理装置，其设计标准超出美国联邦标准的两倍。邮轮上使用的 90% 淡水是通过船上的先进净水技术实现"自产自销"，以避免消耗当地资源。为了保护海洋，皇家加勒比集团旗下所有邮轮均配备了先进的废弃物处理系统，废弃物尽可能被重新利用、回收或转化为能源。每位乘客每天产生的生活废物中，只有0.5 磅的废弃物需送到垃圾填埋场进一步处理，比美国岸上地区的平均废弃物量减少 80%。刘淄楠博士特别指出，自 1968 年创立以来的 50 多年中，皇家加勒比始终热衷于将新科技注入海上度假旅行，不断建造全新邮轮，持续对产品和服务进行创新与蛙跳式升级，开创了诸多行业先河，为行业发展注入了源源不断的生机与活力①。

4.2.5　国际化

邮轮是外向型经济，是高度国际化的产业。邮轮的国际化体现在航线国际化、客源国际化、船员国际化、运营国际化、法律和监管环境国际化。可以说国际化是邮轮行业的核心竞争力、商业模式和生态环境。

航线国际化。将邮轮的过多资源配置和布局在单一市场似乎并非明智之举，对于国际邮轮公司，全球布局本来就是其商业模式。在某一地区发生重大的地缘政治事件或者淡季时，布局到别的地方依然可以继续挣钱。

客源及船员国际化。邮轮乘客来自世界各地，奢华型邮轮的船上服务人员的数量甚至可能达到与游客量相当的程度。通过在全球范围内找到适合邮轮不同职位的船员，既能满足邮轮对高素质人才的需求，也能满足邮轮基础性工作对船员的需求，加之不受工会限制以及没有最低工资要求，也让邮轮公司的船员成本相对可控。

运营国际化。疫情期间，几家中国本土邮轮公司通过购买二手邮轮，以单船运营的方式试探性地进入本土邮轮市场。在未来市场低迷的背景下，由于无法获得国际邮轮公司集团化运营的成本优势，单船运营很难维持。国际邮轮公司运营模式的核心是集团化运营，进而降低管理成本、资金成本和采购成本，提升话语权。单船运营则无法获得规模经济，也很难在与利益相关方的博弈中占据主动。

法律和监管环境国际化。正因为邮轮产业航线国际化、客源与船员国际化以及运营国际化等特征，就更需要邮轮产业相关法律和监管环境能匹配上述特质，从而实现邮轮产业的高质量发展。中国邮轮产业应该对标国际邮轮的营商环境，以中国邮轮运输高质量发展为目标，不断完善中国邮轮治理体系，以构建高水平对外开放新高地的总方向提出相关的政策探索方向，通过持续的高水平对外开放和与国际接轨来改善邮轮营商环境。

4.2.6　高壁垒

邮轮市场进入门槛相对较高，大型邮轮单艘平均造价约 10 亿美元，如皇家加勒比游轮的"海洋光谱"号邮轮造价 9.4 亿美元，"海洋标志"号邮轮造价 13 亿美元。同时，由于邮轮产品是包含了酒店、船舶运输、娱乐等多种业

---

① 丁宁. 刘淄楠博士：技术创新引领全球邮轮产业蛙跳式发展，一点资讯，2023-01-09.

态的复合型产品，属资金密集型、人才密集型和科技密集型产业，经营管理的门槛较高，这就造成了邮轮业相对较高的收益。但是也应看到，疫情前国际上两大邮轮公司的利润率已开始逐步走低。同时，国际邮轮业也是一个高风险的行业，一次较大的事故就有可能吞噬掉公司全年的利润。

豪华邮轮信息系统繁杂，包括邮轮运营系统、邮轮综合服务系统、邮轮移动应用系统等，国际邮轮公司经过数十年的发展信息系统开发已相对完善，而我国邮轮公司在购买国际邮轮单船时往往不含船上信息系统，需要自主研发，无捷径可寻。同时，邮轮作为多元交融的载体，具备交通运输工具的属性，又提供类似酒店的服务。因此，邮轮运营需要满足人才和知识的多元化，这既要求能够培养复合型人才，也要求可以招募到不同专业的人才形成聚集优势，但要实现上述要求绝非易事。

在新冠疫情影响之下，中国邮轮市场全面停滞，已经在中国部署邮轮的国际邮轮企业纷纷采取自救措施，其中具有全球运营能力的国际邮轮公司将部署在中国区域的邮轮调配至其他区域运营，部分深耕国内市场的国际邮轮锚泊在码头附近海域随时关注疫情的情况，而没有国际运营能力的本土邮轮公司只能宣布停运。因此，邮轮公司必须逐步实现跨区域的船队部署以抵抗单区域运营造成的停摆风险。

4.3 邮轮业没有周期律

众所周知，航运业存在显而易见的周期。马丁·斯托普福德（Martin Stopford）的《海运经济学》给出了航运周期的详细解释。其对过去十多个航运周期进行了逐一分析，总体来看，航运业的平均周期为 11 年，其中有 4 年的"阳光明媚"，7 年的"阴霾密布"。2020 年，马丁·斯托普福德发布的《冠状病毒、气候变化与智能船舶 | 三种海事情景：2020 年至 2050 年》中，进一步阐释对航运周期的理解以及对未来的看法。马丁·斯托普福德在其报告中表示，可以用船舶价格作为衡量市场周期的一个很好的指标，经济衰退意味着船舶价值下降。船价主宰着船东的资产负债表，并在发生违约时为贷款人提供担保。其文章给出了从 1885—2020 年灵便型散货船新船价格中六个最严重波谷的数据。最严重的经济衰退始于 1930 年，结束于 1936 年。1926 年至 1929 年期间，造船业繁荣，英国的船舶产量增长了 238%，1931 年贸易崩溃，运费随之下降。由于没有新船的订单，大多数船厂倒闭，新船的价格从

1929 年的 37 美元 / 载重吨下降到 1933 年的 2 美元 / 载重吨。这场衰退的严重程度指数为 −316%，是一个极端的数值。其次是 1920—1926 年的经济衰退。1917—1920 年造船业繁荣，1917 年北大西洋战争期间商船损失惨重。1916年至 1920 年，英国的船舶下水量增加了 300%。但 1920—1921 年的经济大萧条引发了持续 6 年的衰退，严重程度指数为 −107%。

在其文章中，还分析了引发这六次航运周期的原因。六次最严重的航运衰退中，有四次是造船业繁荣，随后是严重的贸易衰退。在另外两个案例中，没有出现造船业繁荣，但需求方遭受了反复出现的经济问题，被相对温和的衰退拖了后腿。最糟糕的情况是在 20 世纪 30 年代，当时没有政府的财政干预。而在 2009—2017 年的经济衰退中，由于受到了政府金融宽松政策的影响，航运市场表现得没有那么糟。

邮轮市场是否也有着与航运市场同样的涨跌？是否也存在波峰和波谷？其背后的动因是否相同？这是值得研究的课题。最根本的问题在于，搞清楚邮轮市场的周期，是否有助于我们提升对未来的判断力？找出周期，并探索这些周期背后的因果关系，如果还能够找到市场涨跌的先行指标，就可以指导我们的决策行为。根据嘉年华集团 2001—2019 年的数据，可以进行简单的分析。之所以用嘉年华集团的数据，在于无法获得整个邮轮业的单人每晚的收益数据。嘉年华集团的市场份额一枝独大，而且拥有涵盖从现代大众市场、高级市场以及奢华市场等不同细分市场的不同子品牌，其价格具有一定的代表性。

2001 年以来，嘉年华集团单人每晚的净收益大致在 174 美元上下波动，其间有几个低谷，包括 2003 年的 156 美元、2009 年的 169 美元以及 2015 年的 166 美元。当然，这些数据都是依据各自的当年价格计算的。如果把所有净收益的数据都统一到 2019 年的价格，则可以看到，嘉年华集团单人每晚的价格其实是微弱下降的，从 2001 年的 248 美元下降到了 2019 年的 175 美元，平均每年下降约 4.1 美元。

上面的几个低谷，可以从世界宏观经济形势中找到解释。可以看到，自2001 年到 2003 年，邮轮业的单位收益处于一个快速下降的过程，每年单位收益下降 14 美元，这背后的原因是"9·11"事件而引致的人们对旅行的恐惧。邮轮业非常依赖航空业，美国客源市场的扩大几乎全部来源于"邮轮＋航空"的打包产品把美国西北部的人群纳入了邮轮业客源市场的版图中。"9·11"

事件发生后，人们对旅行和乘飞机的恐惧让邮轮业不容易获得客源，因此只有通过不断降价来填满客舱。2007—2009 年的第二个低谷期，每年单位收益下降 18 美元，这背后对应着 2008 年的全球金融危机。可见，全球宏观经济形势也是邮轮业发展的晴雨表。自 2011 年的微弱复苏后，邮轮业经历了长达 5 年的下行趋势，接着又是两年的微弱上升，再接着则是 2019 年的明显下降。从游客量的数据来看，世界邮轮市场是一个不断扩张的市场，不过，如果从单位收益来看，这个市场似乎又不是那么振奋人心（见图 4-4）。

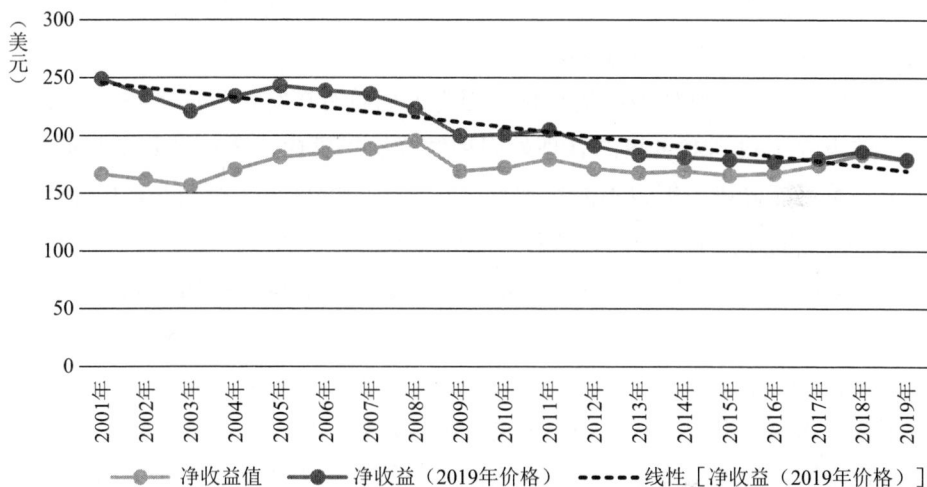

图 4-4　嘉年华集团每人每晚净收益曲线

近 20 年来，国际邮轮业单位收益不断下降的原因是什么？一个可能的解释是，随着邮轮业市场规模的不断扩大，邮轮业的集团化发展也愈演愈烈，并让邮轮业的运营成本不断下降。成本下降就有条件降低价格，让更多的人有机会搭乘邮轮，继而形成正反馈闭环。在这个闭环中，规模经济产生的好处一部分让给了消费者，另一部分成为邮轮公司的净收益，使几大国际邮轮公司在疫情前的 10 年左右的时间里业绩表现良好，嘉年华集团 2016—2019 年的净资产收益率都超过了 11%，皇家加勒比集团的表现则更好，净资产收益率都超过了 14.5%。由此可以判断，近些年邮轮的船舶大型化推动了邮轮业的规模化发展，而大型化又需要更大的客源作为支撑，因此不断降低价格面向大众消费群体的邮轮品牌获得了更快的发展。尽管近些年探险邮轮似乎增长迅速，但由于单船的舱位实在有限，对拉动邮轮业的单位价格的贡献并不大。

通过以上分析，应该对邮轮业的周期性有了一定的认识。邮轮业看似是一项"高大上"的事业，看似在经营"人们的美好生活向往"，但这一行业在规模不断做大的同时，并无力让单价做得更高。或许，这就是一个发展了50多年（传统的邮轮历史更悠久）的产业必然面临的现实，除非在行业中不断注入新的技术创新，不断开拓出新的客户群体，创造出更好玩的玩法，才会推动行业不断前行。当然，以上的分析主要基于嘉年华集团的总体数据。如果用"微距镜头"去看邮轮业的细节，考察一个个鲜活的样本，探寻其商业模式，一定会有更为深刻的认识。

为什么要考察邮轮业的周期性？因为人们总有探究世界的渴望，希望在自己的世界中找到对世界的合理的因果解释。尽管由于人们认识的局限性，因果关系可能搞错，但也不能忍受自己对未来的世界一无所知并任由命运摆布。只要对世界多了解一点，就有可能对未来多一分掌控。

航运周期的典型特征，正如曹操在《短歌行》中写道："譬如朝露，去日苦多！"

中远海运集团前董事长许立荣曾经在一次航海日论坛上讲到他对航运业的理解："大起大落、大风大浪、大进大出、大喜大悲。"

在疫情影响下，邮轮业给从业者似乎只留下了大落、大浪、大出和大悲的印象。与航运业相关的好的一面似乎很难在邮轮业出现。这背后的逻辑是：邮轮业的需求弹性大，不存在需求的刚性，因此也就没有"一飞冲天"的行情。由此，邮轮业似乎并没有明显的周期，只不过是在相对平稳的总体趋势下，去应对一只只"黑天鹅""灰犀牛"的挑战。航运业可能是"七年不开张，开张吃四年"。对于航运业的长期投资者，可以通过在低潮期造船，高潮期卖船来获得高额回报，本质上是吃投机性资金的"死尸"。

认识到上述差异，可以用来给相关的投资方以警醒。邮轮业的低谷期，可能来源于恐怖事件（"9·11"事件），可能来源于金融危机导致的经济衰退，可能来源于病毒流行（新冠疫情），还可能来源于地缘政治危机（萨德导弹事件）。邮轮业的周期性与航运业的周期性相比，具有不同的特征，过去两年集装箱运输市场的高涨与邮轮业当下的惨淡形成了鲜明的对比。

对邮轮业的投资，要看到人们心心念念的娱乐休闲诉求不可磨灭、永不消退，"诗和远方""说走就走的旅行"总会在忙碌的人们心中萦绕，也要看到邮轮这一产业本身的脆弱性，在做好最坏打算的情况下做出投资决策，而不是在市场好时趋之若鹜，市场坏时避之不及。

说起邮轮业的周期，可以看看长江三峡内河游轮。1994 年"千岛湖事件"的负面影响导致市场走向低迷，1997 年"告别三峡游"使长江三峡旅游进入鼎盛时期，1998 年金融危机和洪灾又导致市场迅速下滑，2002 年三峡大坝截流，三峡旅游迅速升温，2003 年"非典"后跌入低谷，2015 年东方之星沉船事件对长江内河游轮产生了重要影响。可以看到，长江内河游轮在过去的几十年中，似乎总有一个天花板，快要接近这个天花板时，就会有重大的事件发生，进而让本来向上的发展势头逆转。其后，又需要几年的复苏期。如果有数据能够考察长江内河游轮这些年的平均单价，应该能够对这个市场有更为深刻的认识。长江三峡内河游轮是否是一个值得长期耕耘的市场，这需要找到长江内河游轮发展的内在逻辑。现代邮轮的发展，是在美国所主导的世界全球化大周期中展开的，也必将受到这一周期涨跌的影响。美元的加息周期是否可以作为判断邮轮业发展的一项先行指标？随着可能的中国和人民币的大周期兴起，又会对市场格局乃至邮轮业产生怎样的影响？这里面掺杂了纷繁复杂的线索，需要找到其中的主线及因果链条，才能真正理解邮轮业所处的世界及其对邮轮业的影响。

4.4　邮轮公司的商业模式

在《邮轮旅游学》[1] 中，有详细的文字及数据对邮轮公司的收入和成本进行了定量化的分析，可以据此给出邮轮公司的商业模式。

4.4.1　单位收益的总体趋势及细分

首先看到的一个事实是，邮轮业的规模不断扩大，对应着两家国际邮轮公司的总收入持续增长。2001 年至 2014 年，嘉年华集团和皇家加勒比集团的名义收入分别增长了 249% 和 157%。按实际价值计算，用美国消费者价格指数进行调整后，收入增长分别达到 161% 和 92%。图 4-5 中 PCD 指的是 Passenger Cruise Days，也即邮轮公司所能提供的所有运能，总收入 /PCD 则为实际单位收入。可以看到，嘉年华集团和皇家加勒比集团的单位收入总体上是一个下降的趋势，其间有所波动。

---

① Edited by Ross Dowling, Clare Weeden. Cruise Ship Tourism（2nd Edition）. CABI. 129–135.

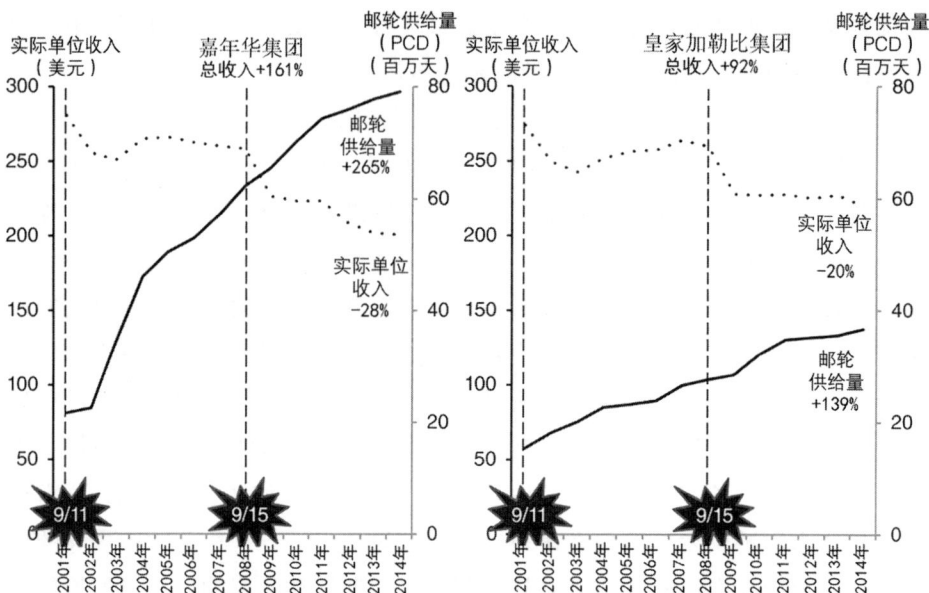

图 4-5　2001—2014 年嘉年华集团和皇家加勒比集团实际单位收入

这样看来，单位收入总体向下，这似乎不是一门好的生意。将单位收入分为船票和船上收益，可以获得更多的信息。

自 2001 年以来，两家邮轮公司单位船票收益和船上收益都有所下降，但嘉年华集团受到的影响比皇家加勒比集团更严重。"9·11"恐怖袭击事件以及"9·15"雷曼兄弟的倒闭引发了人均船票收入的急剧下降，并再也未能恢复到灾前的水平。在"9·11"事件之后，单位船上收入只出现了小幅下降，但在"9·15"之后，单位船上收入急剧下降。毕竟，金融危机影响着消费者的收入。相对而言，皇家加勒比集团单位船上收入出现过反弹，甚至在 2007 年达到了最高的 118% 水平。一个明显的事实是，单位船票收入下降的幅度快于单位船上收入下降的幅度。这是邮轮公司力保满载率并在船上不断增加付费服务的结果（见图 4-6）。

造船所产生的运力不断释放，使得邮轮公司要填满不断增加的运力，不得不降低票价（促销），甚至大幅降低票价，以确保入住率，而不是冒着入住率降低的风险保持票价不变。当需求具有价格弹性时，即当价格下降 1% 导致需求增加 1% 以上时，该策略具有经济价值，降低价格会带来更多收入。因此，通常通过不断调整销售价格来试探市场，进而让入住率达到恰当的水平，来实现邮轮的需求约等于供应。邮轮公司在这方面做得很好：2001年至2014年，嘉年华集团和皇家加勒比集团的平均入住率为105%，从未低于102%，也从未超过107%。

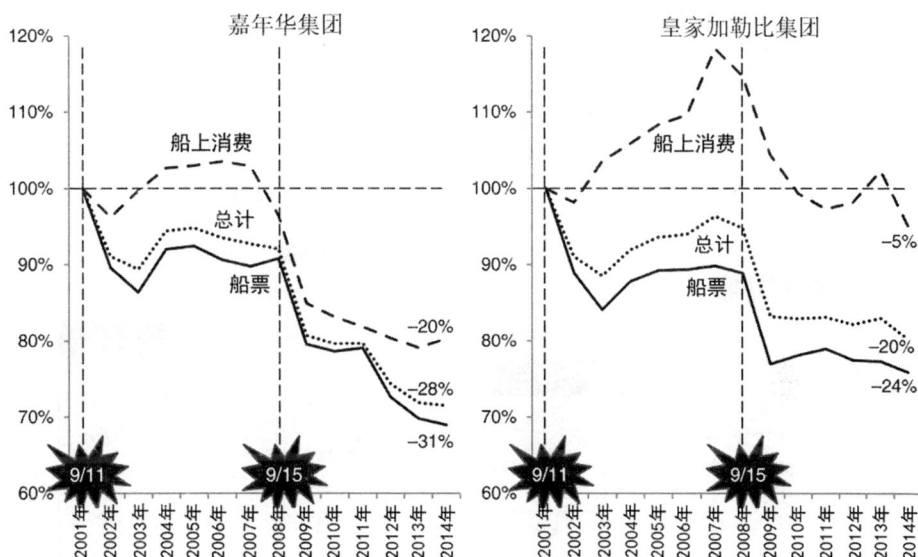

图 4-6　2001—2014年嘉年华集团和皇家加勒比集团单位邮轮日的实际收入变动

注：2001年为100%。

4.4.2　单位成本及构成

图 4-7 描述了嘉年华集团和皇家加勒比集团在 2001 年和 2014 年的运营成本。为了使嘉年华集团的数据具有可比性，嘉年华 2001 年损益表中的 1.4 亿美元一次性减值费用已从图中排除。经过这一调整后，嘉年华单位运营成本在 2001 年至 2014 年下降了 19%，不足以弥补单位船票收入下降 31% 的损失。同样，皇家加勒比集团单位运营成本下降了 17%，低于单位船票收入下降 24% 的水平。然而，如果燃油的实际价格在同一时期保持不变，那么两家公司单位运营成本降低将分别达到 26% 和 25%，至少足以抵消皇家加勒比集团单位船票收入的下降。这两家邮轮公司在旅行社佣金和交通费用方面实现了最显著的单位成本削减。其中一半以上的下降可能是票价下跌的自然结果，因为给旅行社的佣金通常按固定的百分比计算。船舶运营、营销（包括销售和管理）、食品（乘客和船员）和船上业务领域的成本节约得益于与邮轮批量

购买和不断增长的谈判能力相关的规模经济。提高营销效率是另一种获得规模效应的重要途径。工资（船上人员成本）的减少，以及在一定程度上食品成本的降低，可以用员工与乘客比率的下降来解释，这表明了大型船舶越来越转向更实惠的大众现代邮轮市场的原因。当然，还有新技术的应用，使船舶运营更高效。最后，单位燃料成本的不同增长率可归因于两家公司在2001年燃油价格的较大差异，因为二者当时的燃料对冲策略不同且成功率不同。

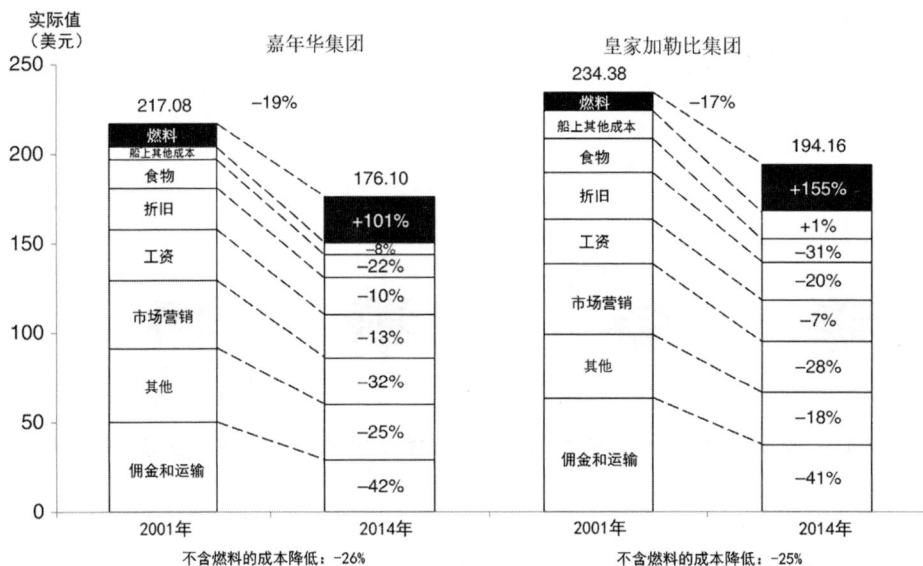

图4-7 2001年及2014年嘉年华集团和皇家加勒比集团运营成本

在收入和成本考察之后，就可以得出营业利润。从图4-8可以看到，如果没有船上收入，邮轮公司是入不敷出的。因此，船上收入是运营的关键，这既需要在船上提供足够多让人们愿意花钱的服务，还需要保持满载率。事实上，嘉年华集团和皇家加勒比集团的船上业务的平均回报率达到82%，这是邮轮公司能够盈利的秘密之一。船上业务之所以如此有利可图，有多种原因。一是之前提到的邮轮公司批量购买而获得的批量折扣。二是船上收入的一部分由经营船上商店、餐馆、水疗中心等的特许经营人支付，他们承担自己活动的成本。因此，这些船上业务成本并没有出现在嘉年华集团和皇家加勒比集团的损益表中。然而，船上业务盈利的最重要原因与船上缺乏竞争有关。邮轮完全由邮轮运营商控制，因此具有垄断性。垄断者的利润最大化策略是人为地制造供应短缺，并将价格设定在竞争水平之上。即使船上的价格仅比岸上高 20%~30%，大多数乘客认为这是可以接受的，对船上销售回报的影响也是巨大的，邮轮上不允许游客自带酒水就是邮轮公司强化垄断性的举措。

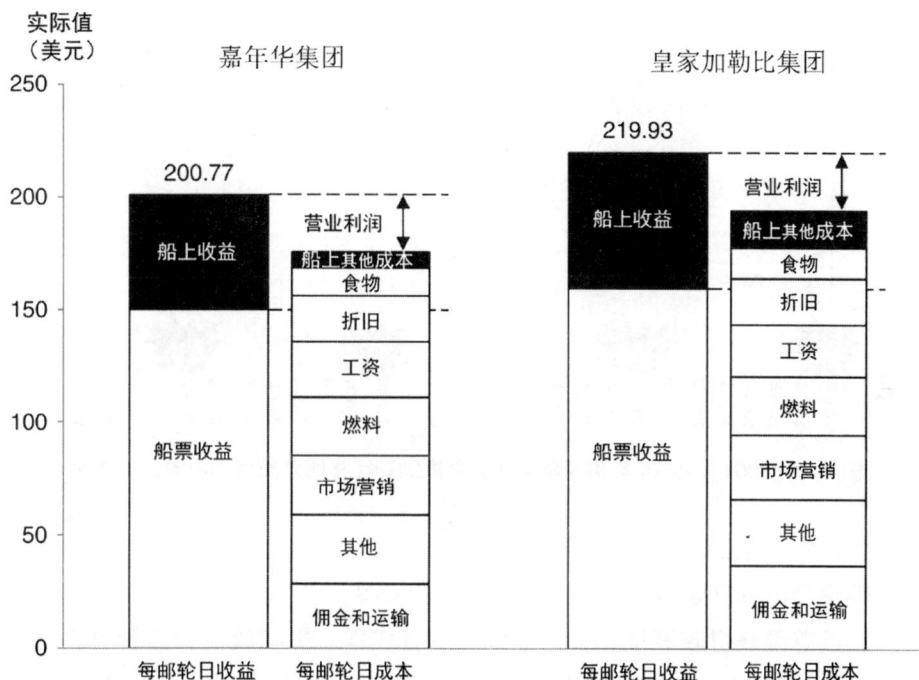

图 4-8　2014 年嘉年华集团和皇家加勒比集团单位邮轮日收益与支出构成

如此，形成了对邮轮商业模式的基本认识：邮轮公司用较低的船票价格吸引游客上船，并用丰富多彩的服务让游客愿意在邮轮上花费更多的钱。图 4-9 显示的是，在营业利润率总体向下的过程中，船上净收益与营业利润之比呈现上升的趋势，这表明船上收入的重要性在持续提升。

2019 年之前，大型邮轮公司的盈利性持续向好，与此对应的数据是，船上收入的占比也变得越来越高。2019 年，嘉年华集团船上收入占总收入的比重为 31%，皇家加勒比集团占比 28%，比 2014 年的数据都有所提升。

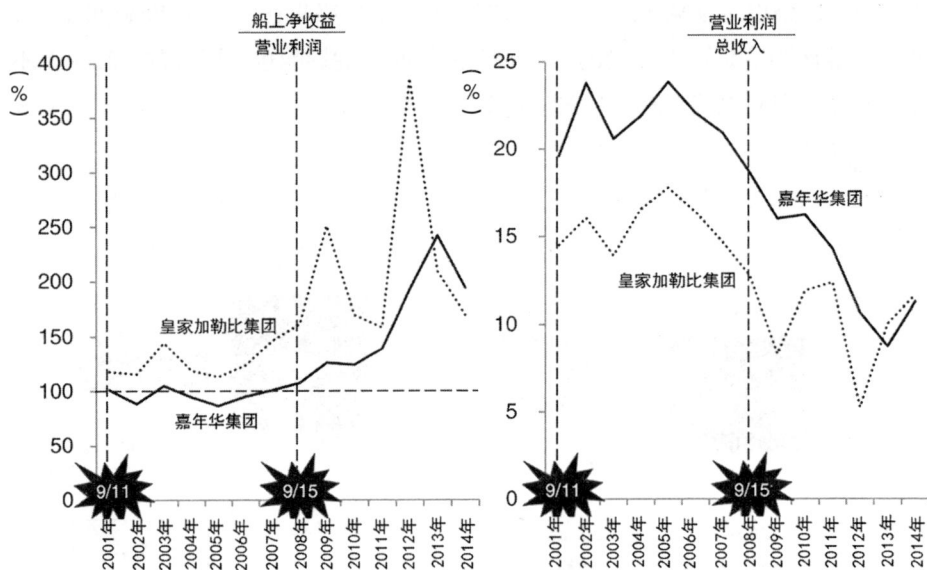

图4-9 2001—2014年嘉年华集团和皇家加勒比集团营业利润与收入的关系

4.4.3 单位成本下降的来源

邮轮公司单位成本的下降，有以下八个来源：

通过游说获得政策优惠，进而降低运营成本。影响政策和监管更直接的途径是通过说客，即雇用影响立法者及其助手的专业人士。2012年至2014年间，邮轮行业在华盛顿特区的游说者身上平均每年花费150万美元。这比2009—2011年的支出减少了近1/3，回到了2006—2008年的水平，是2003—2005年支出的2倍，几乎是2000—2002年支出的4倍，是1997—1999年支出的7倍。游说的成效显而易见。2001年，邮轮业在一项拨款法案中加入了一些条款，允许其向高管和其他陆上工人提供更慷慨、更安全的养老金福利，而此前税法禁止这种福利，这一法案让财政部损失了6800万美元。2003年，众议员戴维·维特在海岸警卫队重新授权法案中加入了一段文字，以免除嘉年华公司因两次违反《海岸乘客法规》而被处以170万美元的联邦罚款。2004年，参议员丽莎·穆尔科夫斯基在佛罗里达州和华盛顿州参议员的支持下，在公司税法案中增加了一项条款，将在美国出售船票、酒店房间和旅游收入的纳税要求推迟了一年，为邮轮行业节省了2800万美元。

挂方便旗。占美国市场近95%的三大邮轮公司在美国几乎不缴纳所得税。

嘉年华公司 2003 年总共缴纳了 2900 万美元的税款，仅为其 67 亿美元收入的 0.4% 左右。2012 年，参议员杰伊·洛克菲勒在参议院商务委员会的听证会上严厉批评了嘉年华公司——在过去 5 年中，该公司累计盈利 113 亿美元，但只缴纳了 1.1% 的州、地方和外国所得税。挂方便旗可以雇用多国船员，大幅降低船员工资。邮轮业是劳动密集型行业，大约每两到三名乘客雇用一名船员。事实上，一艘传统的封闭式注册货船每年的船员成本可能是方便旗货船的两倍到四倍。

　　船舶大型化，单位建造成本下降。根据 2000 年以来新造船的价格数据，选取最大的两艘船作为样本，排除美元的物价上涨因素，可以看到，邮轮的单床位造价在 2009 年达到 43576 美元 / 人的最高点，其后进入波动性向下的走势。总体来看，近 20 年这一数据也是向下的趋势。当然，这样的逻辑对只对最大的邮轮奏效（见图 4-10）。

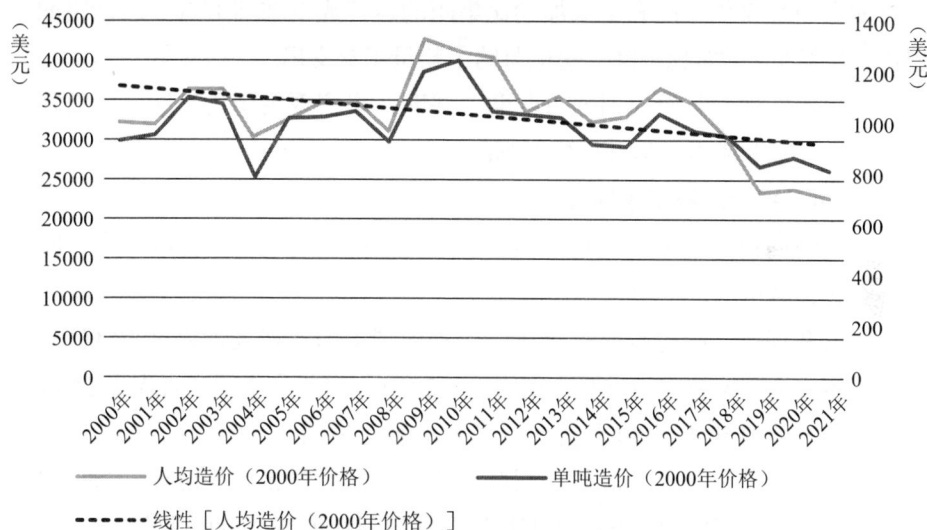

图 4-10　全球新造邮轮价格走势

　　销售预付款。2014 年，嘉年华集团和皇家加勒比集团共有 51 亿美元的预付款。如果按照 3.2% 的利率计算，将给邮轮公司带来 1.63 亿美元的收入。

　　旅行社佣金下降。旅行社按照固定比例获取佣金，单位船票收入下降意味着旅行社佣金下降。

　　邮轮公司的主动选择权。由于邮轮具有天然的流动性，邮轮公司在与目的地国政府协商监管问题和其他服务条款时，可以利用退出市场作为威胁。历史上，邮轮公司一直利用这种流动性来应对目的地港口费用增高的问题。加勒比海各国政府尤其面临邮轮公司的威胁，如果提升人头费，邮轮公司就可能绕行。

船员成本下降。这有两个原因，一是船上的小费制度，让邮轮公司支付更少的工资。邮轮业的固定小费做法因邮轮航线、舱位类别、市场和邮轮区域而异，但大体上说，邮轮公司每人收取 10~12 美元 / 晚的服务费，酒吧账单 15% 的小费也将添加到他们的船上账户中。此外，小费通常支付给个别服务人员（客舱乘务员、行李员、服务员、短途导游等）。如果小费金额等于船票价格的 10%，2014 年嘉年华集团和皇家加勒比集团的船上小费金额可能达到 17.8 亿美元。如果没有小费，这两家邮轮公司所要支付的工资要提高，再加上所得税和社保费用，工资总额可能增加 20 亿美元，比实际高出 70%，并且可能会使嘉年华集团和皇家加勒比集团的运营成本增加 10%。二是船舶大型化，使船员 / 乘客比下降，这也节约了船员工资支出。

集团化发展。邮轮公司通过收购、并购，来实现集团化发展，从而降低管理成本、采购成本，提升价格谈判的话语权。

4.4.4　扩大消费市场规模

以上的商业飞轮能够运转，还需要邮轮消费市场规模的持续扩大，邮轮公司在此领域也下足了功夫。

广告和促销。邮轮行业每年在广告和促销上的花费远远超过 10 亿美元，大众媒体成为邮轮公司的重要合作伙伴。2010 年嘉年华集团广告支出 6640 万美元，诺唯真邮轮为 5630 万美元，皇家加勒比集团为 5350 万美元。还有一些赞助活动，比如嘉年华邮轮公司联合赞助《纽约时报》旅游展，与《迈阿密先驱报》联合赞助第五届年度市长舞会和迈阿密葡萄酒与食品节。

树立行业形象。国际邮轮协会（CLIA）成立于 1975 年，并逐渐成为该行业的主导协会。国际邮轮协会最初专注于营销，2006 年与游说集团国际邮轮理事会合并。如今，该组织的成员包括 60 多家邮轮公司，该组织的会员占全球邮轮运力的 90% 以上。为了应对"歌诗达协和"号触礁所引发的负面影响，国际邮轮协会在 2012 年年底与七家较小的组织合并。国际邮轮协会现在在日内瓦的国际劳工组织和伦敦的国际海事组织等机构拥有全球代表权。国际邮轮协会在一系列政策问题上积极发挥作用，包括船舶健康和安全标准、污染法规、税收和劳工标准。

慈善基金会。捐款有助于树立正面形象，皇家加勒比集团 1994 年因排放油污而被起诉，1996 年成立了海洋基金会。1997 年至 2008 年，该基金共发放 760 万美元。该基金的使命是"支持恢复和维护健康海洋环境的努力，将人类活动对该环境的影响降至最低，并促进对海洋和沿海问题的认识，以及对海洋生物的尊重"。

以上就是《邮轮旅游学》这本书所透露的邮轮业赚钱的密码。书中针对邮轮业这一商业模式——低价揽客、船上消费的可持续性产生了疑问。书中写道，嘉年华集团和皇家加勒比集团的财务数据让人怀疑这些公司未来收入和成本结构的可行性，进而怀疑它们未来的商业模式。邮轮行业从旅游业中一个相当排他性的细分市场转变为大众市场现象，带来了一些挑战，主要邮轮公司似乎还没有找到一个经济上可行的答案。图 4-11 是《邮轮旅游学》一书中所展现的邮轮业商业模式全景图。

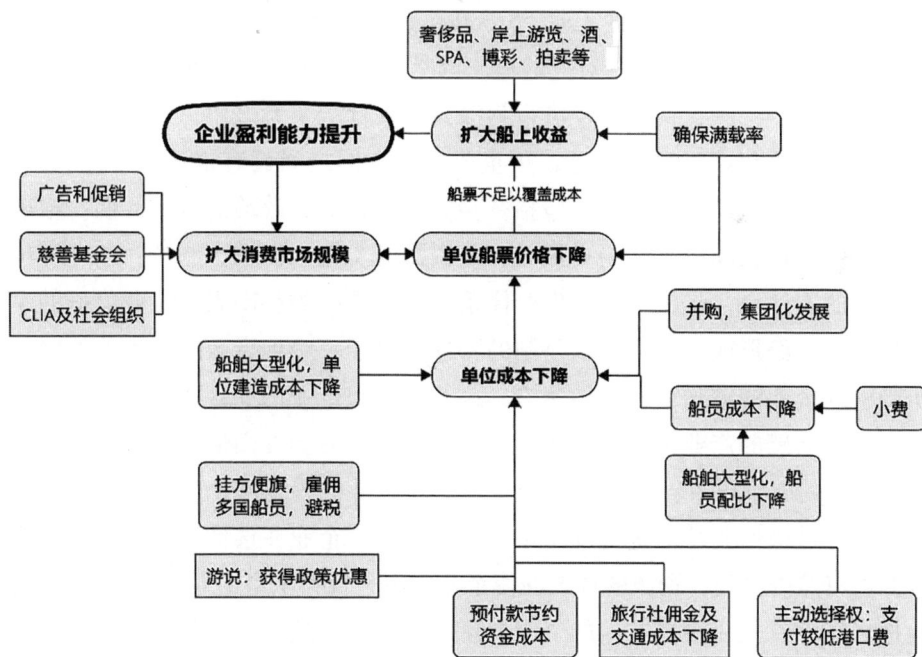

图 4-11　邮轮业商业模式全景图

图片来源：根据《邮轮旅游学》绘制。

这样的商业模式在 2015—2019 年运行更加稳健，并让邮轮公司获得了前所未有的高收益。2020 年以来的新冠疫情，对这一商业模式提出了挑战，毕竟新造船不断进入市场，使得邮轮公司的供给能力（库存）变得更大。如果市场需求端没有强劲的支撑，就必然有部分运力需要封存，这会带来成本的净支出。或者在促销上加大力度，从而让单位船票收入进一步下行。从各项成本来看，还要进一步压榨出来水分，这也变得越来越难，这就是邮轮业面临的困境。邮轮业在新冠疫情后的商业模式，还有待各大邮轮公司探索和实践。

4.5　邮轮业的地域空间属性

松脚型工业是指外来投资的企业没有在本地扎下根来，而是跟随着优惠政策、市场环境等变化而随之变动、"逐水草而居"的工业企业类型。在国际投资中，这种企业的区位选择受当地政府优惠政策的影响较大，一旦投资环境发生变化，投资者很容易把工厂搬迁到其他地区。因此，国外一些学者通常把这种工业称为"游移性工业"（footloose industry），或翻译为"松脚型工业"。与"松脚型工业"相对应的概念则是"根植性"。"根植性"一词来源于经济社会学，其含义是指经济行为深深嵌入社会关系之中。产业集群中的企业、机构不仅在地理上接近，更重要的是它们之间具有很强的本地联系，这种联系不仅是经济上的，还包括社会的、文化的、政治的等各方面。根植性是产业集群长期积累的历史属性，是资源、文化、知识、制度、地理区位等要素的本地化，是支持集群生产体系地理集中的关键因素。产业集群的本地根植性一经形成，就有难以复制的特性。对于一个地方政府，当然希望其所吸引的企业能够长久在当地落户，这一方面与产业的属性相关，比如对劳动力成本敏感的产业就具有"松脚型"的特征；另一方面依赖特定的产业政策，也即是否能够在当地形成产业集群，让企业向外迁移产生的成本难以承受。地理根植性的特征是地理集中。一般而言，企业在选址时首先考虑的是资源供应是否便利，资源的稀缺性使企业向生产资料丰富的地区集聚。因此，地理根植性首先表现在本地的资源禀赋上，包括土地、矿产和森林资源、旅游资源、劳动力资源以及与地理有联系的社会资本、人文资源、技术和信息条件等。另外，企业都比较愿意在一个靠近市场、运输成本较为低廉的地方聚集，所以地理根植性还表现在地理区位上。经济活动中的生产地、原料地和市场地往往不会同在一处，企业要考虑三者距离最短、运费最低的区位，符合这些条件的集群无疑拥有明显的地理区位优势。集群所在区域的经济环境、政治环境、法律环境、社会环境、气候条件等，也都赋予其丰富的地理根植性。另外，根植程度超越一定界限后，将会带来集群的脆弱性、锁定、僵化、竞争压力降低和自满综合征等一系列陷阱和风险，从而导致动力机制的锁定或失效，因此在实践中要注意保持集群的开放，避免过度根植。邮轮业也可以借鉴产业集群的上述理论，来判断其是否具有"松脚型产业"的特征，并探讨构建怎样的营商环境来强化邮轮业在当地的"根植性"。

对于邮轮制造业，由于建造一艘大型邮轮所需要的资源巨大（中国首艘国产邮轮的零件达到2500万个，6万张图纸，4300公里电缆，1000万工时），这需要数以万计的供应商来提供邮轮上所需的各种设施设备、装饰装潢、装备零件，由此必然会形成以造船厂为核心的产业集群。集群内的相关企业既有纵向的产业细分，也有横向的相互协同，通过多年的磨合形成了产业生态的内部秩序及利益共同体，因而具有"根植性"的特征。政府在与邮轮制造相关企业的磨合中，形成了特定的产业扶持政策，邮轮制造所带来的就业和地方税收又反过来支撑了地方的发展。这就是邮轮制造具有"根植性"的秘密。世界造船业在20世纪60年代就向东亚转移，让日本成为世界第一造船大国，其后造船业逐步向韩国转移。目前，中国接过了韩国手中的接力棒，成为世界造船订单量第一大国。在这一过程中，由于邮轮制造对低技术劳动力的依赖并没有那么强，因此作为世界"造船皇冠上的明珠"的邮轮建造业，却并没有出现明显的东移趋势。尽管日本三菱重工在邮轮建造上进行了充分的探索，但并没有把欧美的邮轮订单抢过来。在日元升值的大背景以及遭遇造船厂火灾的意外事件下，日本宣布退出邮轮制造。韩国并没有试图建造邮轮。中国目前已经开始了邮轮建造的布局，但对于邮轮建造这样的具有地方"根植性"的产业，中国要建立本地的邮轮产业集群并不是一件容易的事情，需要从中央和地方两个层面深入研究邮轮建造的配套产业政策，让与之相关的产业集群能够在中国落地生根。2023年年初，上海推出了《支持外高桥地区邮轮产业发展若干政策》，这对邮轮研发、设计、航运、总部企业落户上海外高桥将会起到很大的助推作用。

对于邮轮运营，可以从邮轮公司总部的空间布局来分析其"根植性"。众所周知，全球邮轮的头脑中枢在美国的迈阿密，那里聚集了几大邮轮公司的总部，邮轮业的重要决策都在那里发生。这背后的原因是北美作为全球最大客源地所带来的效应。为了更好地服务于最大的客户群体，把总部放在迈阿密就是一项精明的决策。尤其是迈阿密是一个国际大都市，是美国第二大金融中心。迈阿密国际机场是美国连接中南美洲的重要门户，也是美国航空公司的 4 大中枢之一，距离市中心大约 20 公里。迈阿密是美国第九大货运港，佛罗里达州的第一大港，美国的南大门。迈阿密有 1400 多家国际公司，100 多家金融机构，150 多家领事馆，这些条件都给邮轮公司总部的运营带来了便利。迈阿密作为知识型劳务聚集中心的地位日益突出，新的教育和技术计划正在兴起，这促进了该地区新兴技术公司的发展，并引起了全球精英的关注。因此，迈阿密的房地产市场也在蓬勃发展。从 2014 年到 2017 年，迈阿密地区的房产平均每年增长约 15%，远高于美国的平均水平，这是吸引邮轮公司高管的重要因素。美国极为富裕的邮政编码区域 33109 位于迈阿密的一个小型独立岛屿费希尔岛上，那里聚集了 50 多个国家的世界最富有的人口，平均年收入 250 万美元。因此，迈阿密还被瑞士银行评为美国最富有的城市和世界第五大城市。邮轮高管可以在迈阿密拥有奢华的配有游艇码头的别墅，蓝天白云、沙滩和棕榈树可以制造人们眼中的浪漫气质，让迈阿密具有十足的吸引力。迈阿密能够成为全球邮轮中心，依赖的不是当地的政策优势，而是从迈阿密出发的邮轮航线具有无比的丰富性，这是迈阿密能够成为世界邮轮中心的基础，再加上早在 20 世纪 80 年代皇家加勒比游轮所开创的"航空 + 邮轮"的打包产品创新，让迈阿密成为美国人的度假胜地，进而促成了迈阿密成为邮轮公司总部聚集地。在欧洲，西班牙的巴塞罗那、意大利的热那亚、英国的南安普顿是邮轮的地区性总部，这些地方其实都与邮轮客源地密切相关。可见，得客源市场者得天下。对于中国，上海是国际大都市，并将建成具有世界影响力的社会主义现代化国际大都市。上海曾一度占据中国邮轮市场超过 60% 的市场份额，这样的条件也有可能让邮轮公司总部在此集聚。过去这些年，皇家加勒比集团曾经有意将全球总部暂时放在上海一年，这表明皇家加勒比对上海市场规模扩大的良好预期以及营商环境的认可。

对于邮轮母港及访问港，其是否具有根植性？邮轮母港依赖其本身服务游客的能力，而邮轮访问港则依赖其自身对游客的吸引力。随着人们需求的变化以及相邻港口之间的竞争，邮轮港也会起起落落。纽约港在传统的跨大西洋班轮运输中，是首屈一指的始发港或者目的港，相关的历史可以追溯到 1818 年从纽约每月 5 日出发到利物浦的帆船班轮。然而，在具有巡游功能的现代邮轮逐步兴起的过程中，纽约港的地位逐步下降，最后在 1974 年被迈阿密港所取代。2001 年"9·11"事件发生后，部分消费者对乘坐飞机的恐惧，让纽约港重新获得了生机。可见，邮轮母港的根植性，具有一定的黏性，还跟人们的消费诉求变化具有密切关系。对于访问港，很难说其具有根植性，其能够得以发展非常依赖附近地域邮轮母港的发展。同时，访问港的访问量还严重依赖外部发展环境，比如宏观经济、地缘政治等。韩国的济州岛就是典型案例。2016 年济州岛接待中国游客 306 万人次，但因为萨德导弹事件，2017 年访问济州岛的中国游客数为 74.8 万人次，比上一年减少 75.6%。日本目前作为亚洲最大的目的地国家，2019 年达到了 2581 艘次的访问量。邮轮公司具有选择访问港的主动权，如果周边存在多个访问港，邮轮公司就有机会压低访问港的港口使费，只有提供较低港口使费、较高游客满意度的访问港才有机会胜出，加勒比海区域的邮轮港就是在这样的环境下不断提升自身能力以适应市场的竞争的。

如果把时间跨度扩大到一年，对于邮轮业的根植性的认识又会有所不同。在北半球的冬季，大量的邮轮聚集在加勒比海区域，这是这里一年中的邮轮旺季。同时，澳大利亚、新西兰以及南极洲也会有不少的邮轮布局。不过，到了北半球的夏季，大量的邮轮则转战地中海、波罗的海、东亚、阿拉斯加等地，这些地方成为邮轮的热点区域。由此可以看到，邮轮业具有季节性的涨跌特征，特别是对那些纬度比较高的港口城市来讲更是如此。因此，邮轮很多时候就像"候鸟"一样，在特定的季节会到特定的港口，在那里把客人一批批带到令人向往的目的地。过了特定的季节，这些邮轮又会迁徙到另外一些阳光明媚、气候适宜的港口，在那里把另一批客人带到他们想去的目的地。在此意义上，邮轮业天然就具有"松脚型产业"的特征。或者说，邮轮是"铁打的邮轮港，流水的邮轮"。那些坚守在某些港口的邮轮，可能会经历邮轮淡季的惨淡经营。有些港口也会因邮轮政策或者地缘政治的影响，导致邮轮公司用脚投票，长久地离开。

因此，针对邮轮这一"松脚型产业"的特征，构建良好的营商环境确实比较重要。虽然邮轮业并不是国家基础性产业，只是人们基础需要以外的休闲娱乐性需求，少了这一额外的供给似乎并不会对经济社会产生太大影响，但邮轮公司背后所支撑的本地就业及税收，却是不可忽视的。在大多数情况下，对邮轮业的政策支持都会惠及提供政策支持的当地。因此，地方政府应该记住邮轮业这一特征，切实关爱邮轮产业，并让政策的阳光照耀到邮轮业。唯其如此，才有可能获得邮轮业的红利。

4.6　邮轮需要"名正言顺"

一个行业的持续发展，需要对相关的用语进行规范，进而减少交流成本。尤其是对邮轮业来讲，需要面对广大的消费者。通用、简洁、清晰的命名，有利于消费者对邮轮产品和服务的清晰认知，便于邮轮公司对邮轮产品的宣传和传播，进而对市场需求产生积极作用。

在邮轮业快速发展的大背景下，无论是游客还是业界专家，都对邮轮业的专用词语"邮轮""游轮""游船"的规范使用产生了疑问。查询相关资料，兼听业内专家的认识，对邮轮的命名，有以下六方面的观点。

4.6.1　从历史传承的视角

"邮轮"的称谓，可以从跨大西洋班轮最初的功能来溯源。RMS 即是 Royal Mail Ship、Royal Mail Steamship、Royal Mail Steamer 的首字母缩写，表明船舶为英国皇家的邮件运输服务。彼时，冠达公司竞标首先获得了这一特许权。在最初的运行中，以运输邮件为主、客运为辅，这要追溯到 19 世纪中叶。具有此功能的船舶，在其船名前会加上"RMS"这样的标志。比如大家耳熟能详的白星公司的"泰坦尼克"号的英文全称就是"Royal Mail Ship Titanic"。

鉴于这样的理由，跨大西洋班轮被称为"邮轮"。现在之所以还以"邮轮"来称呼早已经没有邮件运输功能的"游轮"，只不过尊重历史。这就像大家继续用"轮船"来称呼早已经没有了明轮的船舶一样，由于用习惯了，如果改动说不定会引起误解或者歧义，或者增加社会运行的成本，因此就沿用至今。这是之前的认识。

不过，如果仔细思考上面的一段话，存在一个问题。对于欧美人来讲，跨大西洋班轮的传统更应深入人心，为什么他们用"cruise"而不继续沿用"RMS"？他们对"Royal Mail Ship"的用法为何没有沿用下来？"cruise"被科林斯词典解释为"sail or travel about for pleasure, relaxation, or sightseeing"，这明明就是"游轮"的正解。

在 19 世纪，冠达公司并非是唯一一家跨洋轮船公司，还有英国的白星轮船公司，德国的汉堡—美洲轮船公司，加拿大的加拿大—太平洋轮船公司等等。跨洋班轮行业里除了冠达公司，没有公司把自己的船叫作"邮轮"。就像"cruise"一词由来已久，人类早就有巡游的欲望、冲动、活动和历史。历史上第一艘邮轮据说是19世纪初半岛东方公司的一艘船从英国出发，经伊比利亚半岛（今西班牙和葡萄牙），绕好望角进入印度洋，停靠加尔各答，穿越马六甲海峡抵达嘉庆年间的中国[1]。

中国人最初在翻译"cruise"的时候，在什么年代由谁把"cruise"翻译成"邮轮"？为何挖掘了其最初的功能，而没有关注其现实的功能？

钱钟书在其所著《围城》[2]的开始，场景是一艘由法国开往中国的法国邮船"白拉日隆子爵"号（Vicomte de Bragelonne）。注意，其书中用的是"邮船"。该书写于1944—1946年，对中国人的影响甚大，但并没有把"邮船"这个词沿用下来。如此看来，"邮轮"这词首次在中国使用，并不会追溯到比中华人民共和国成立更早的时候，很有可能就是改革开放之后，甚至可能是近些年的事情。

4.6.2 从精准表达的视角

有一种观点认为，现在在海上用于旅游功能的船舶，既没有"邮"的功能，也不再有"轮"，因此称为"邮轮"词不达意，应该统一修改为"海上旅游客船"，在内河上航行的游轮则应该称为"内河旅游客船"[3]。传统的跨大西洋班轮，邮政功能十分突出，相应的公司也会因此获得国家的补贴。在这样的政策支持下，时效性是这些公司追逐的目标，因而出现了跨大西洋以航速最快为争夺目标的"蓝丝带奖"。而今，海上航行的客运船舶不再具有邮政的功能，国外对其的称谓用了一个专用名词"cruise"来表达。另外，车轮舟早在汉代已经出现，在螺旋桨未发明之前，用明轮转动带动叶片拨水来推进的船舶称"明轮船"，后来就简称"明轮"或"轮船"。在介绍船舶历史的书籍中，还能看到明轮的照片。由此，"邮"和"轮"在现代的客船上都早已消失。不过，在航运领域还是有用"轮"的地方，比如"集装箱班轮""轮机长""大管轮"等。不过如果按照部分专家的观点，用"海上旅游客船""内河旅游客船"这样的用语，似乎又有些烦琐，不够精练。如今，在美国密西西比河上，仍然有明轮的蒸汽船在运行，这恐怕是向历史上的明轮表达敬意

---

① 刘淄楠."邮轮"的"邮"字可以休矣，公众号"博士说游轮"，2021-05-29.
② 钱钟书.围城［M］.北京：人民文学出版社，1991.
③ 周新民.当代海上"客船"究竟是"邮船"还是"游船"［J］.中国科技术语，2019（4）.

的方式，同时也是迎合消费者复古诉求的创意。

4.6.3 从功能的视角

以皇家加勒比游轮为代表，明确表示目前的邮轮已经不再具有运输邮件以及客运的功能，旅游功能是其唯一的功能，因此航行在海上的邮轮应该被称为"游轮"，"邮轮"这一称谓对现代的水上旅游船舶并不适用。刘淄楠在《大洋上的绿洲》①中写道："1839年山姆·冠达赢得了从英国跨大西洋航运邮件的业务合同，次年便与苏格兰著名的造船家罗伯特·纳佩尔合作，造出了4艘蒸汽船。来往于利物浦—哈利法克斯—波士顿之间运送皇家邮件。为此每年从皇家邮政领取8.1万镑的邮件运输补贴。"

"邮轮"的"邮"字很可能起源于冠达的邮政生意。我不止一次被问到，为什么皇家加勒比游轮公司在中文里用"游"而不是用"邮"字，我的回答是，"邮"是行业的历史，"游"才是现在行业的业态。

4.6.4 从约定俗成的视角

近些年中国似乎已经渐渐接纳了"邮轮"这一并不准确的称谓，无论是报纸、杂志，还是国家各部委的规范性文件，以及地方出台的相关政策及规范性文件中，"邮轮"已经成为各界对"海上旅游客船"的较为一致的表达。有国家领导见证的中外企业合资合作的盛大仪式上，"邮轮"也是"海上旅游客船"的替代表达方式。对大多数中国人来讲，"邮轮"都是新生事物，用一个新词来表达这一新生事物具有合理性。

中国改革开放40多年来，中国人越来越处于创新求变的激流当中，对新生事物和创新更具有包容度。如果能够在传统中创造出新表达，更容易让中国人接纳。用"邮轮"体现其曾经的历史渊源以及欧美的贵族气息，这恰恰契合了中国邮轮发端之初中国人对欧美文化的偏爱和追求，而今也契合当下中国人对美好生活的向往。同时，为了对不同业态进行区分，保留"邮轮"这一称谓未尝不可。把国际海上航行的旅游船舶称为"邮轮"，把沿海和内河航行的旅游船舶称为"游轮"，把城市短途旅游船舶称为"游船"。交通运输部领导在非正式场合提出过这一分类方法。一个行业的发展过程中，磕磕绊绊不可避免，因为一些原因而将错就错、以讹传讹的案例也不少，不如就延续"邮轮"的叫法，从而为后来人增加一些谈资，成为一段佳话也未可知。

---

① 刘淄楠.大洋上的绿洲［M］.北京：作家出版社，2019：4-5.

就像中国人还在沿用"马路""洋芋""海椒"一样。

4.6.5　从面向消费者的视角

邮轮属于面向消费者的服务业，让消费者更好地理解并接纳邮轮是最为重要的事情。中国人的海洋文化基因较弱，内陆地区的很多人没有见过海，更没有听说过邮轮。在向他们推介产品的时候，肯定常常会受到消费者的疑问：什么是邮轮？旅行社营销人员不得不进行解释。这是否增加营销成本？还可能带来沟通过程中的误解。因此，从面向消费者的视角来讲，用"邮轮"平添了沟通的障碍。

但是，从另一方面来讲，当中国人还没有完全建立起文化自信的时候，抓住中国人"崇洋媚外"的心理，有意在营销的时候用一般人不太理解的词，可能会产生意想不到的效果。在房地产领域，这种营销手段为大家所熟知，比如"北欧小镇""普罗旺斯""罗马假日"等商品房小区的称谓。所以，在邮轮营销过程中，用"邮轮"可能也有此用意。

皇家加勒比游轮在进入中国市场的时候，用"游轮"而不是用"邮轮"，应该是为了减少消费者的认知障碍，而其品牌也获得了市场的认可。当然，获得市场认可可不仅仅是这一个原因。

4.6.6　从行业规范的角度

从政府监管的视角，对基本的名词进行规范，是保证市场良性发展、降低监管成本的需要。在交通运输的发展历史中，不乏通过整齐划一的行动推动行业规范化发展的案例。

中国第一条高速公路沪嘉高速公路于 1984 年 12 月 21 日动工兴建，1988 年 10 月 31 日全线通。经过多年的发展，高速公路为各地经济插上了腾飞翅膀，但高速公路命名不规范的问题逐步凸显。由于缺乏全国统一的命名和编号，国家高速公路网路线命名混乱、编号不统一、标志不清晰等现象普遍存在，一定程度上影响了国家高速公路网功能的充分发挥和服务水平的提高。为了统一和规范国家高速公路网路线命名和编号，为公路使用者便利出行创造条件，提高国家高速公路网的管理和服务水平，经过两年多的研究和广泛征求意见，2007 年交通部制定了《国家高速公路网路线命名和编号规则》（JTG A03—2007）。2019 年 10 月，国家公路网命名编号调整工作已经完成，国家高速公路及国道共新增或调整交通标志 28.3 万块。调整完成后，全国范围内不再有重复的国家高速公路编号。同时，互联网和导航服务数据已经同步更新。

　　这样的调整，产生了不少社会成本，但也会因为规范的命名而减少交易成本。中国有集中办大事的体制机制优势，如果下定决心规范"旅游客船"的命名，也不是一件难事。跟高速公路的重新命名相类似，中国邮轮业也经历了十多年的发展，规模达到了一定程度之后，快速发展过程中所暴露和遗留的问题逐步凸显，需要标准规范的逐步补齐，还需要法律法规的与时俱进。或许，邮轮业的高质量发展，可以从邮轮业的这个"邮"字取得突破。国家标准《水路客运术语》（GB/T 18225—2000）中，有"游览船""旅游船"，并没有出现"邮轮""游轮"。中国船级社发布过《邮轮规范》，其对"邮轮"的定义为：邮轮是以旅游为目的的高端客船。邮轮通过船上配备的各类生活娱乐设施，为乘客提供文化、体育、餐饮、购物、住宿、观光等旅游休闲服务。该定义并未将"邮轮"明确表明是国际航线，这又与当下大家所理解的"邮轮"概念有所差异。

　　综上所述，采用"邮轮"还是"游轮"仍旧悬而未决。行业主管部门可以依据专业机构所界定的"邮轮"概念发布规范性文件，也可以根据市场良性发展的需要，委托相关机构修订《水路客运术语》，并清晰界定"邮轮""游轮"，还可以在市场中确实出现因"邮轮""游轮"界定不清而带来问题的情况下，出台规范性文件予以澄清。

　　罗振宇在其"罗胖60秒"中曾经讲到，一个新事物，真正诞生的标志是它有了自己的专有名字。在此之前，会有一个阶段，大家用一种熟悉的旧东西来给其取一个暂时的名字。比如说，无人机就是个暂用名，将来一定会有自己的专有名字，现在是过渡阶段。汽车刚出现的时候，难道应该叫无马车吗？美国芝加哥的帕尔默酒店，是第一座安装电梯的豪华酒店。那个时候，还没有电梯这个名字，老板帕尔默说："这是竖直的铁路"。由此，等到邮轮这个行业在中国真正能够立住的时候，必将会有自己的专用名字。

5 中国邮轮市场的需求规模及特征

5.1 中国邮轮的人口基数及消费能力

翟东升所著的《货币、权力与人：全球货币与金融体系的民本主义政治经济学》中对人民币未来的国际化和汇率有一个预判，到 2035 年人民币国际化指数上升到 20%，汇率升至 4.5∶1。如果这一预测真的能够实现，就需要对未来中国邮轮市场的规模进行全新的预测。

在《货币、权力与人：全球货币与金融体系的民本主义政治经济学》中，作者写道："根据中国政治经济特征和人口结构等多方面因素，保守估计人民币兑美元的汇率在 2035 年前后应该在 4.5∶1 左右，甚至更高水平……中国经济规模将是全球第一，并可能是美国的两倍，而人均 GDP 达到 2.5 万~3 万美元，约为美国人均水平的一半左右。考虑到中国经济名义增速会在未来十几年里继续稍快于西方，叠加人民币汇率的强势，2035 年中国 GDP 两倍于美国是完全可能的。其重要含义是，这意味着中国本土市场的规模将是美国的两至三倍的规模，相当于美欧市场的总规模，而中国社会将转型为一个中产阶级消费型社会，中产人口规模将从今天的 3 亿人成长到 5 亿人甚至更多[①]。"

在以上的预测中，跟邮轮密切相关的数字，就是中国中产阶级人群的数量将达到 5 亿人。这些人都具备消费邮轮的能力，按照北美邮轮市场邮轮 4.2% 的渗透率计算，每年就会有 2100 万人次。而且，因为人民币汇率升值 50%，人民币计价的邮轮船票价格也将大幅下降，这也将让更多的中国人有能力支付得起邮轮船票。这几年受新冠疫情以及中美博弈复杂性的影响，人们对中国邮轮市场的判断有所保守。这样看来，需要对中国邮轮市场保持乐

---

① 翟东升.货币、权力与人：全球货币与金融体系的民本主义政治经济学 [M].北京：中国社会科学出版社，2019：135.

观一点的态度，免得错失未来的发展良机。当然，用十多年的时间达到北美市场 4.2% 的渗透率并非易事，这背后需要中国人真正对邮轮产生热爱和乐此不疲，当作旅游休闲的重要选择。还需要有足够多的目的地，让中国出发的国际邮轮有多样化的选择。当中国人真正"有钱有闲"的时候，邮轮的航线长度自然就会延长，那么邮轮目的地就容易做到更丰富。当中国 GDP 的总量超过美国一倍时，这些年欧美人对中国的抹黑和敌意恐怕也将缓解，这会引发众多的欧美人来中国搭乘邮轮，来探寻中国经济一跃而起的秘密。届时，从中国出发的邮轮上的外国人比例或许就将达到 30%。那时，中国邮轮市场就不仅仅依赖中国的客源市场，中国出发的国际邮轮也会是国际交流的平台、传播人类命运共同体理念的平台。

中新社对著名经济学家、北京大学国家发展研究院名誉院长、新结构经济学研究院院长林毅夫进行专访，林毅夫对未来的一些判断可以作为预判未来中国邮轮市场的另一个依据。林毅夫预判，到 2050 年，中国实现第二个百年目标，中国的人均 GDP 如果能达到美国的一半，中国的经济总量达到美国的两倍，世界可能会进入到一个新的稳定格局。届时，北京、天津、上海加上东部沿海五省山东、江苏、浙江、福建、广东，人口总量大约 4 亿多，这些地区的人均 GDP 大概会跟当时美国的人均 GDP 处于同一个水平。这样中国最发达区域的人口和收入水平和美国差不多，劳动生产率、产业技术水平也跟美国接近。

目前，业界对 2035 年的中国邮轮市场已有预测。2018 年国家十部委共同发布的《关于促进我国邮轮经济发展的若干意见》中，预测 2035 年中国邮轮市场的规模将达到 1400 万人次。不过，新冠疫情让人们对邮轮市场的未来有了重新的认识，对未来的预判会稍微保守一点。如今，林毅夫对 2050 年中国发展的愿景给出的预测，可以用来作为判断 2050 年中国邮轮市场规模的基础。

2019 年北美邮轮市场的渗透率为 4.2%，按照北美人口 3.7 亿人计算，美国邮轮市场的规模是 1541 万人次。到了 2050 年，中国有 4 亿多人的人均 GDP 与美国的人均 GDP 相当。假设这部分人也能够达到当下美国消费邮轮的渗透率，那么这会形成 1600 万人次的规模。这样的市场规模，对所有参与中国邮轮市场的从业者来讲，都是一个非常值得耕耘的未来。为什么可以用 4.2% 这样高的渗透率来推算中国市场？原因有以下几点。

第一，现有的市场会进一步发育。2050 年，中国 GDP 成为世界第一已经

20 年，中美博弈进入新的稳定状态，这会给中国邮轮市场创造良好的发展空间。东北亚的传统市场不再会发生与地缘政治相关的"灰犀牛"事件，像近些年前往韩国港口的航线因为"萨德事件"而停止的情况不再会发生，对市场良好的预期也让相关的邮轮公司愿意把船布局在中国市场。日本这个最大的市场一定会被深度开发，现有的十多个主流港口会进一步发展，而其他的日本小众港口也会因为中国市场的多元化发展而获得机会。

第二，大湾区＋南海市场逐步成型。中国南部的邮轮港口近些年并未获得太好的发展机会，海南的邮轮港近些年逐步在走下坡路，这源于这些港口向南的目的地在现阶段难以深度开发。中国南海因为中国 GDP 的不断增长而成为美国遏制中国发展的一张牌，南海局势不稳定将是一个常态，而且这样的局面应当会持续到 2040 年。在此之前，南海局势都难以出现缓和的局面。2040 年以后，美国人会逐步认识到，对中国发展的势头已经不可阻挡，对中国主导世界发展的局面已经变得逐步习惯，这才会让南海局势逐步趋稳，进而推动相关邮轮公司在南海的岛屿进行投资，形成类似于加勒比海的诸多特色专属目的地，让南海航线变得越来越丰富，进而推动中国南方的邮轮港口获得全面的发展。届时，海南自由贸易港将成为具有较强国际影响力的高水平自由贸易港，自由港的对外开放制度和政策创新也将推动相关的航线创新，并推动中国邮轮市场的发展重心向南方转移。

第三，新兴市场会不断涌现。南海周边的邮轮目的地，除了新加坡以外，菲律宾、印度尼西亚、马来西亚、越南、泰国等这些国家对现阶段的中国人来讲，并没有太强的吸引力，因为这些目的地都难以满足现阶段中国人的"美好生活向往"。只有等到中国 GDP 成为世界第一后的 20 年，中国人的消费偏好才不会仅仅关注欧美和日本这些发达国家，到发展中国家去体验当地的风土人情才会成为中国人的消费诉求，就像现阶段北美人热衷于去加勒比海岛国旅行一样。"一带一路"倡议的不断推进让相关的基础设施建设逐步完善，当地人对中国人的友好度也会不断提升，因而也会让南海周边乃至更远的目的地成为中国人的"美好生活向往"。

更多的欧美消费者来中国母港体验邮轮成为潮流。近些年，中国沿海邮轮港口的访问港航次每况愈下，乘飞机到中国来体验邮轮的外国人也非常少，这背后源于中国邮轮市场的产品还比较单一，相关的港口通关服务并不便捷，邮轮与其他旅游方式的衔接还不畅，地缘政治和中美博弈也会让欧美人对中国充满偏见，这都会影响外国人来中国体验邮轮。2050 年，中国港口出发的邮轮航线足够丰富，为外国客人所提供的通关便利服务也将更为便捷，这都会推动相应市场的不断发展。尤其是，经过 20 年的发展，中国进一步成为外国游客的"美好生活向往"，"看看中国是如何发展起来的"成为不少外国人来中国的理由。所有这些因素，都会促使中国出发的邮轮上有更多的外国人，也会给中国文化与世界文化的融合创造新的载体和空间。

2050 年，中国邮轮市场有可能成为世界第一邮轮市场。届时，中国邮轮市场是中国资本和外国资本逐鹿的市场，是中国客人和外国客人"美好生活向往"能够充分实现的特别市场，是各种邮轮科技在邮轮上充分展现的市场，更是邮轮人实现自我价值和梦想的市场。

5.2　中国旅游消费新趋势

王志纲所著的《玩出来的产业：王志纲谈旅游》一书中涉及很多对新时代中国人消费的认知，其有助于理解中国邮轮市场的需求特征。

"吃饱了撑的"时代。2020 年中国全面建成小康社会，中国人的温饱问题已经解决，人们的消费已经由"要吃饱"到"要吃好"转变，人们的消费行为则体现出"吃饱了撑的""有钱买乐意"等状态。作为服务提供方，面对"吃饱了撑的"消费者，不应去质疑其消费行为，而是去尽力满足其"吃饱了撑的"所延伸出来的消费诉求。

王志纲在书中提到，中国目前的富人总量不亚于一个日本或一个欧洲的人口总量。这些人有车有房，不再有生活压力，不再为"五斗米折腰"，剩下最重要的事就是想方设法善待自己，提高生活品质。迪拜的成功就是因为它瞄准了这种需求，专门吸引全球顶级富人去享受。今天的中国也需要提供不同产品来引导这批有钱人。春节期间，三亚五星级酒店动辄上万元一晚的价格，人们仍然趋之若鹜。这批富人巨大的购买力需要寻找出路。消费包含了六个字："食住行，游购娱"，前三个属于吃饱的阶段，后三个属于"吃饱了撑的"阶段，而后者才刚刚开始破题。就经济发展动力来说，进入"吃饱了撑的"时代以后，人们更多需要的不是"食住行"，而是"游购娱"。

邮轮早已在欧美消费者的打磨下具有相当的市场接纳度。不过，针对拥有"美好生活向往"的中国人，中国邮轮产业做了哪些改变？这些改变是不是抓住了中国游客的心？比如中日航线抵达目的地后的购物，哪些方面做得好？哪些方面还有欠缺？该如何改进？在心灵的独特体验上，中国邮轮做了些什么？

这里分享两个特别的体验。一是"海洋航行者"号上的冰舞，舞者会给观众留下力与美的融合、青春绽放的美好记忆，这样的体验只能在现场才能感受到（推荐大家阅读"绝顶思维"微信公众号的文章《乘坐地中海邮轮的点滴感悟：冰舞与魔术》）。二是"海洋交响"号上的一个魔术节目，用一副纸牌讲述了表演者从年少的魔术爱好者凭借自己的努力逐步实现梦想的故事，给人以非常好的能量传递。希望这些让人印象深刻的心灵体验在中国邮轮上越来越多。

欧美邮轮在进入中国市场的时候，也曾对船上中国文化的呈现做了一些尝试，比如筷子、面馆、火锅、麻将等元素的引入。但是总体而言，让人们"嗨起来"的场景比较多，但是让人们能够体会"禅意""诗意"的场景还比较少。当然，从取悦大众的角度来讲，"嗨起来"的场景有更广泛的人群。

最后，中国邮轮高质量发展，正在呼唤从供给端能够创造独特产品的"玩家"，以"玩心""匠心"创造专属于他们的独特产品，"心在其中、乐在其中"是对这类人的最高评价。只有一群"玩家"从刚开始的"玩票"，接着越来越专业、越来越独特，终于"玩"出来了，并引发了一群需求端的"饕餮之徒"对邮轮乐此不疲，那么中国邮轮高质量发展就有了根基。

5.3　中国消费新动向

中国邮轮市场近些年有一个现象被人诟病，就是难以吸引年轻人上船。从国际比较来看，中国邮轮乘客的年龄还是相对比较年轻。这样看来，整个邮轮产业并不是年轻人喜闻乐见的旅游产品。小时候体验过船上的亲子游，长大后就会顺理成章成为邮轮的客户吗？这可不见得，一定有一些服务让年轻人不满意，也一定还有很多诉求无法在船上体验到。

5.3.1　滨海新区文化中心的 COSPLAY

五一假期，在天津滨海新区游玩，很偶然的机会去了滨海新区文化中心，被正在那里开展的 COSPLAY 表演所震撼。

无数的年轻人，身着自己所扮演的游戏角色或者电影角色的"奇装异服"，在文化中心的二层空间集聚，在围起来的空间里表演和相互切磋。本以为可以随便进入，哪知道入口处有人查验身份，没有手环的人不允许进入。

没有进去的可能性，只是在文化中心的闲逛中，已经可以看到他们对此项活动的热情。大家都很投入，服装和装备一看都是精心准备，这些装备的价格一定不菲，据说这背后已经是一个巨大的产业链，设计、创意、制造、租赁、物流等都在 COSPLAY 的火爆中找到了新的发展机会。

从大众心理的视角来看，这样的活动确实满足了年轻人的诉求。一方面，想成为游戏中某个角色，给自己的心中树立一个方向，用更为具象的装备来武装自己，有可能会有更好的激励；另一方面，在现实中难以成为自己所崇拜的偶像样子，那么穿上偶像的衣服和装备，扮演一下自己的偶像，让内心得到满足。毕竟，现实中要实现某个梦想太过困难，这可能会成为部分年轻人逃避现实的载体。不管怎样，COSPLAY 满足了很多年轻人的诉求。由此，这真的是一项值得悉心耕耘的产业。

这样的活动，能不能在邮轮上也搞起来？邮轮的剧场空间能不能成为这些热衷 COSPLAY 的年轻人交流互动的空间，邮轮上能否给他们开辟一个专属的空间？或者，邮轮上有相对柔性化的空间，能够依据各种社群所需要的空间而进行改造而满足需求？邮轮固然已经有接近 200 年的传统，但邮轮一定也要与时俱进，一定要接纳新生事物。在邮轮不断将高科技的玩意引到船上并带给人新鲜感的时候，是不是也该为年轻人多想想，问问他们到底真的喜欢什么？炫酷的高科技和上百年的百老汇歌剧是不是真的能够打动新兴一代挑剔的小心脏？

5.3.2　电子竞技"超级碗"

在何帆《变量》这本书中，介绍了一个很多人不大关注的小趋势，那就是电子竞技。2018 年，中国 IG 战队获得电竞全球冠军的消息，让很多人摸不着头脑，不知道他们在说什么，不知道他们为何兴奋。这就是当下一个个社群所造成的人群分割。虽然同在一个地球上，虽然同在一个城市中，也许彼此的生活就像水跟火一样不可交融。本以为互联网会强化人们的沟通和连接，但不曾想却造成了不同人群的分隔，而且相互之间"老死不相往来"。

2018 年 11 月 3 日，英雄联盟 S8 全球总决赛在韩国仁川文鹤体育馆举行。来自中国的 IG 战队杀入总决赛，以 3∶0 的战绩击败欧洲战队 FNATIC，获得英雄联盟的全球冠军。中国战队为这一天至少等待了 8 年。在很多大学里，学生们挤在食堂里一起观看现场直播。比赛结束的时候，学生宿舍爆发出惊天动地的欢呼。这一次，央视新闻、共青团中央、紫光阁的网站都发微博祝贺[①]。

2021 年 11 月 7 日凌晨，在英雄联盟 S11 的决赛夜，中国电竞俱乐部 EDG 力克韩国战队 DK，夺得该项赛事的全球总冠军。11 月 6 日晚，仅在哔哩哔哩平台，S11 总决赛的直播便吸引了 3.5 亿人。真可谓，别人的狂欢，自己的无感。大家似乎都生活在这个无差别的世界中，有同样的阳光和雨雪，在海底捞接受同样的"热情"服务，但其实生命根本没有多少交集。代沟，其实就是自己使尽全身力气也无法跨越的那道沟。你我的欢乐不会碰撞，形同陌路的内涵其实比我们想象得更多、更复杂。每个人的时间都是有限的，有了专注，必然会忽略新的事物。年少时所关注的东西具有深刻的黏性，让人们在后续接纳新生事物的时候少了一些敏感和触觉。所以，保持饥饿感，保持狼性，其实是很难的事情。由此，其实无论怎么挣扎，被时代抛弃都是不可逆转的宿命，这也符合人类进步的基本逻辑。

作为一个球迷，深刻了解周边年轻人对足球的淡漠。这也可以理解，这些年中国足球每每成为人们调侃的对象，1∶1 战平阿曼，让中国男足再一次基本失去了进军世界杯的希望。踢足球的人看不到希望，看足球的人也没有"爽快"的感觉，更让人发起灵魂的拷问：中国人是不是天生不适合踢足球？这样的大环境怎么吸引年轻人？《足球报》2021 年 11 月 9 日的文章《EDG 的 5 亿狂欢和中国足球的孤单》中有段文字非常准确地表达了二者的强烈反差：

这不单是一个夜晚的酸情，更是对足球运动和足球产业在未来中国命运的沉思：当"00 后"，甚至"10 后"成长起来，时间与空间都被电子竞技、流媒体、社交工具占据，试问还会有多少人有意愿，以及花时间去踢球？足球运动在未来要争夺的不是人才，而是人和时间本身。一个惊人的数字：中国的电子竞技产业已达到 1600 亿元的规模，而且还在持续高速增长。这应该是一个大大的警钟：如果再不下大力气扶持青少年和草根足球根基，将职业联赛全产业链常态化和专业化，中国足球本就单薄的基础将雪上加霜——未来，中国足球失去的，可能不仅是整整一代足球人口，而是整整一代本应关注足球的人和他们的时间。

或许，中国这样的社会基础，恰恰是一个更加容易接纳新生事物的环境。欧洲足球的底蕴太过深厚，球迷之与其所支持的俱乐部，有传承、有历史、

---

①　何帆.变量［M］.北京：中信出版社，2010：136-143.

有过往的悲欢，那种黏性超乎想象。如今生活中能够给人极致体验的东西并不多，沉迷于足球，每个周末去现场经历一个巨大的共同体的统一行动，是让人体验自己真实存在的一个途径。因此，在欧洲，游戏并不容易带走那些在现场看球的球迷。中国年轻人还找不到让其倾注全力喜欢的东西，游戏就是一个更容易侵入中国人的一种娱乐。

回过头来，邮轮业的目标群体，终将是这些玩过"英雄联盟"、体会过中国战队在 S8、S9、S11 夺冠的极致感受的年轻人。中国人没有空地踢足球，没有满身臭汗及荷尔蒙的迸发与释放，但却有无数年轻人在自主或者家长看不到的暗地里习得称霸天下的游戏手段，这里面一样富含多巴胺，一样有类似足球的"一秒天堂，一秒地狱"，一样的冲昏头脑，一样的极致体验。怎么抓住这些年轻人的心是邮轮产品设计者需要思考的。而邮轮公司的掌舵者，则要学会倾听年轻人的声音，用充分开放的心态接纳年轻人的喜好，并放手让懂得年轻人的创意师去打造能够与年轻人的狂欢相契合的美好产品。那么，密匝匝在商场聚集观看 S11 总决赛的年青一代，就可能成为未来 10 年引爆中国邮轮市场的忠实粉丝。

总而言之，是要参与邮轮业产业链的各个主体，打开心扉，接纳改变，把更多的新鲜玩意儿引到船上来，让更多的年轻人能够在邮轮上体验到那些他们在陆地上也能体验到的极致情绪。虽然邮轮被誉为"蓝色的鸦片"，但是让"中国人上瘾"这一任务，现在中国出发的国际邮轮还未能做到。市场空间很大，可以想象的空间也很大，只需要一双洞察年轻人消费诉求的眼睛，以及实现这些消费诉求的匠心。

5.3.3 "知音"号的沉浸式体验

沉浸式体验就是通过全景式的视、触、听、嗅觉交互体验（有时在 VR 设备的"帮助"下），使体验者有一种"身临其境"的感觉。这些技术的应用，可以将人带入"时空的穿梭"的"虚拟世界"，带来不同以往的旅游新体验。与以往观光旅游不同的是，消费者参与其中，以满足消费者体验需求为核心，创造出令消费者难以忘怀的体验，即通过塑造感官及思维、情感体验，吸引消费者的注意力，并引起旅游者的情感共鸣或思维认同，为旅游产品和服务找到新的价值和生存空间。武汉江滩的客运码头边上停靠的"知音"号，就创造了让游客身临其境感受武汉 20 世纪 30 年代民国文化的新场景。

登船时，有民国的女装和男装可以租赁，穿上这些服装可以跟船上的表演融为一体。年轻人喜欢的 COSPLAY 有了新的体验空间。

码头上有老式的汽车，还有装扮成仓库的卫生间以及古旧的灯光，一派民国的场景展现在眼前。在码头等待的时候，演出开始。船上的走廊忽然出现了很多民国打扮的人，商贩、情侣、商人、工人来来往往，各有各的事情，互不相扰。背景音有叫卖声，有谈话声，有一些经典的乐曲，还有船上的人与岸上人的道别声音，组成了一幅客船即将启航的画面。

第一个场景是在"知音"号的第二层，一个个较大的舱房中，各色人等在表演者自己的故事。茶商在述说着自己如何与外国商人打交道，把武汉特色的茶叶卖给洋人。穿着旗袍的女子在诉说着自己的生平，爱国民主人士则在宣扬着自己的民主主张。

第二个场景在"知音"号的第三层，船客按照船票进入一个个较小的舱房中。房间中的陈设完全再现民国时船舶的内饰，竹制的暖水壶、藤制的行李箱、绿色灯罩的台灯、毡帽、怀表、闹钟、搪瓷茶杯、酒壶、茶叶、笔筒、毛笔书写的信笺、老式的电扇、镜子、老家具，确实能够让人重温曾经老旧的岁月。非常特别的体验是，这些房间都没有窗户，在窗户的位置是电子屏，播放窗外的海景及窗外走廊来来往往的旧时人等。偶尔寂寥的身影从窗边飘过，或是身着紫红色旗袍的女子向房间中探望，似喜似悲，或者凭栏留给人们凄凄的半个身影。走廊中，还有灯下仔细读书的路人。

第三个场景在"知音"号第一层的一侧，有一个舞池，可以再现 20 世纪 30 年代上层人士社交的场景。十多个人在圆形的舞池中翩翩起舞，还有两位主角在舞池中央联袂跳着动感的舞蹈。商人、情侣、夫妻在舞池中跳舞和交谈，灯光也在不同的两个人之间来回切换，让这些在舞池中跳舞的人有了生气。

第四个场景在"知音"号第一层的另一侧，有一个酒吧，昏暗的灯光下酒吧、酒廊以及各色人士在其中演着自己的故事。酒吧中央有一个透明的屏幕，一个人在述说着他所见证的酒吧中的故事。这些故事中包括酒鬼回忆自身的悲惨遭遇、多年未见的情侣在酒吧意外相见等。吧台的边上，有一个女子身着旧时的学生服，在安静地读书，这画面非常美好。还有凭栏的女子，望着远方，给人无限遐想。

四层甲板有一个购物和餐饮店，里面有简单的餐饮，还有"知音"号特制纪念品，包括旧时的物件、船模、"幸会"的扇子等。

一个半小时的沉浸式体验，将船客心绪带到了90年前的武汉。那些悲欢离合早已远去，大多已被遗忘，只留下来了这些小片段，被敢为人先的武汉人挖掘出来，给当下忙碌的中国人去寻找过往的世界，去探寻一些怀旧和乡愁，创造了绝妙的条件。心灵需要抚慰，这样的用心之作，可以让奔忙的心找到暂时停放之地。

5.4 日本邮轮市场解析

2021年2月19日，"得到"App的一篇文章《罗胖精选 | 中国何时才能消灭996？》对当下比较流行的"内卷"进行了解释，并提出了"内卷"的四个可能原因，其中的一些洞察有助于我们去探求日本邮轮市场没有充分发育的原因。

5.4.1 内卷化的概念及解释

360百科对内卷化的解释是："内卷化"源于美国人类学家吉尔茨（Clifford Geertz）所著的《农业内卷化——印度尼西亚的生态变化过程》，是指一种社会或文化模式在某一发展阶段达到一种确定的形式后，便停滞不前或无法转化为另一种高级模式的现象。

MBA智库百科对内卷化的解释是：内卷化效应是指长期停留在一种简单层面的自我消耗和自我重复现象，是没有发展的增长。比如长期从事一项相同的工作，并且保持在一定的层面，没有任何变化和改观。这种行为通常是一种自我懈怠和消耗。对于个体而言，内卷化更多指代其学习、工作与生活需要投入更多精力与成本，却并不能相应地获得更多回报的"无效努力"的状态。而对于宏观社会而言，诸多个体的内卷化又能够引发整个行业乃至社会为了实现同一个目标，却需要付出同以往相比更多的人力和物力的整体效率下降的状态。

这里提出了一个发人深省的问题：以东亚人的聪明和勤奋，为什么会被长久地锁在地狱级别的奋斗模式里？欧美懒人的经济增长，居然超过了勤奋的人的经济增长，是哪里出了问题？比如日本，虽然在东亚国家中最先崛起，人均GDP在1995年达到过世界第三，但这些年却一步步跌落到了全球第二十多位。而与此同时，反超日本的那些欧洲国家，生活氛围却比日本要轻松得多。而且，在韩国、中国台湾、中国香港等很多东亚经济体也有类似情况。

对东亚内卷化的解释有如下四个：

一是东亚经济体在地缘环境、自然资源这些禀赋上的弱势，最典型的就是农业技术和能源开采技术落后。欧美澳新都是大农业国家，而日本和亚洲四小龙的土地面积有限，缺乏大农业发展的空间，所以也就缺乏土壤来充分地发展农业相关技术。除了农业，油气资源开采产业里，日本和亚洲四小龙的技术积累也远远不如欧美，这也是因为这些东亚经济体本身的地缘环境就缺乏油气资源，也就没法锤炼产业技术。

二是欧美的政治性压制。在东亚地区，韩国打了朝鲜战争，日本打输了"二战"，代价都是本土被美国驻军，不能独立发展军工产业。不能发展军工产业意味着没有自己的研发力量去探索最尖端的技术，原创性的技术研发就难以领先。

三是很多亚洲公司的资本性收益没有能够留在本土，而是被欧美资本以股权分红的方式收走。整个东亚在全球产业链里处于后发地位，在发展产业的时候缺乏资金。先发国家已经有过资本积累，可以在后发者的新兴产业里投资布局。等这个市场快速发展时，他们就能够获取巨额的利润。

四是东亚自身存在技术和设计能力不够的产业，分别是奢侈品产业、医药和医疗器械产业、高端汽车产业和半导体产业[1]。

5.4.2 低欲望社会

大前研一在其书《低欲望社会》中写道，日本的年轻人普遍不愿意背负风险，而且物欲和成功欲丧失，被他称为"草食化的年轻人"。

为什么日本社会有这样的现象？GDP 长期不涨，日本又是等级森严的社会，不同阶层人员流动性非常小，这让年轻人看不到希望。日本之所以长期处于"内卷化"，源于日本经济不独立，美国长期对日本经济"卡脖子"是日本经济难以增长的根源，这背后还可以追溯到日本"二战"战败而形成的军事和经济不独立的后遗症。而今，在最有前途的新能源领域，日本投巨资将宝压在了氢能源上，但成本一直居高不下。氢能源并未被美国和中国认可，日本在此领域的投资有可能打水漂，未来的"内卷化"还将延续。

从全球的几个邮轮市场来看，也可以佐证：邮轮的繁荣，既需要有足够多具有消费能力的人群，还要有足够高的经济增长率。具备这两个条件的国

---

① 中国的发展与打破东亚地狱模式，微信公众号"宁南山"，2018-12-09.

家是美国和澳大利亚。大家可能了解，北美是世界邮轮第一大市场，贡献了超过 40% 以上的邮轮客源。其背后，是美国经济这些年来的快速增长。根据美国商务部 2020 年 2 月 25 日公布的美国经济数据显示，2019 年美国 GDP 实际增长 2.3%，总量达到 21.4 万亿美元。这虽然不及 2018 年的 2.9%，但高于 2017 年的 2.2%。这样的增长率，支撑了美国人在旅游休闲类产品的消费。美国多年来的 GDP 增长率位于西方国家的前列，这支撑了美国人对未来的良好预期，因此愿意消费邮轮。

《参考消息》2019 年 7 月 8 日的一篇文章《四因素促世界经济稳健持久增长》写道，美国当时实现了第 121 个月的经济增长，打破了 1991 年 3 月至 2001 年 3 月的 120 个月的纪录。这是自 1854 年有记录以来持续时间最长的一次。2017 年，澳大利亚实现了有史以来时间最长的持续扩张，从而在经济学教科书中占据了一席之地。它创造了 104 个季度的不间断增长，打破了此前荷兰保持的 103 个季度的纪录。澳大利亚作为邮轮市场渗透率最高的国家，GDP 增长形势良好，其国家通过农产品和铁矿石获得了大量的收入，经济发展没有出现"内卷化"的特征，这些都是其国民有意愿消费邮轮产品的原因。

根据以上的分析，中国市场大概率不会步日本的后尘。中国 GDP 的快速增长以及具备消费邮轮的客户群不断增多，都会很好地支撑中国邮轮市场的发展。再加上供给侧的发力，包括国际邮轮公司带来先进的邮轮技术和营销手段，本土邮轮公司创造具有中国特色的邮轮品牌，地方政府在码头和相关配套服务方面的助力，还有行业主管部门在邮轮标准规范、法律法规和政策等方面的推动，必将把中国邮轮市场不断推上新的高峰。

5.4.3　用"内卷"来解释日本的邮轮市场

《中国邮轮产业发展探索》一书中，给出了日本邮轮产业渗透率不高的一些解释。

在日本经济发展的高涨期，出国旅行以及奢侈品消费十分流行。如果按照这个趋势发展，日本的邮轮业没有理由不繁荣。然而，由于日本"二战"战败后没有了军事的独立权，其经济发展总体上是听命于美国的安排，其半导体工业在八九十年代的兴盛也来源于美国在创新领域的溢出效应，由此造成了日本经济的原始创新动力不足。日本企业的等级极为森严，这不知道是"内卷"的原因还是结果。总之，这样的企业文化也压制了企业内部的竞争，抑制了企业的活力。在内卷化的日本社会，推动经济发展的原始创新能力被遏制，头部企业的经营效益被欧美国家的资本所攫取，国民日子过得精致而辛苦，用于休闲和旅游的闲钱并不多。在日本的消费领域，每一个消费的生态位都被无数的企业所占据。比如，在日本商场可以看到巨大的空间售卖手机壳，利润一定会被压缩得非常薄。由此可以看出，独立的军事发展权对一个国家的国民有多重要。近些年，中国的高科技企业在不同领域崛起，这背后的底层逻辑，是中国有完全自主的军事发展权，这来源于三个方面取得的胜利：第一，抗日战争中国付出巨大努力而取得的胜利；第二，抗美援朝这一伟大战争的胜利，从电视连续剧《跨过鸭绿江》可见一斑；第三，两弹元勋为新中国建立起来的原子弹、氢弹这样的终极威慑武器。因为有独立自主的军事力量加持，中国就有了走出东亚国家"内卷"发展定势的能力，所以中国的未来发展可期。在此逻辑上，中国邮轮的未来可期。

2021 年 3 月 10 日，发布在微信公众号"博士说游轮"的文章《中国游轮市场的发展会不会步入日本式"内卷化"陷阱？》，用翔实的数据和独特的视角解析了日本游轮市场未能充分发育的原因。根据其中的数据可以算出，日本邮轮市场的渗透率为 0.17%，只比中国的 0.14% 高一点点，相对于发达国家普遍超过 3% 的渗透率，处于非常低的水平。总结起来，作者认为从需求端来看不存在问题，核心的问题在于供给侧。国际邮轮公司对中国邮轮市场的持续布局以及各地地方政府对码头的持续投资，共同创造了良好的市场供给，推动中国市场快速发展。另外，中国邮轮市场的目的地资源相对丰富，航线更容易组织，而且是中国人向往的目的地，这也促成了中国邮轮市场的繁荣，而日本就没有这么幸运。

这里提出笔者的一个观点：日本的需求侧同样存在问题。在笔者看来，需求侧不仅要看人均 GDP 的水平，还要看人均 GDP 的增长。因为只有人均 GDP 快速增长，人们对未来有良好的预期时，人们才敢于消费、乐于消费。日本 1995 年 GDP 达到了 5.5 万亿美元，其后就在这一平台波动徘徊。2012 年达到了阶段性的高峰 6.2 万亿美元后，又发生了较大幅度的下跌，这来源于"安倍经济学"所触发的日元大幅贬值。2019 年，日本的 GDP 仅为 5.1 万亿美元。可以看到，日本 GDP 从 1995 年以来基本处于横盘的状态。25 年的时间，年青一代经历了这样的经济发展阶段，到了具备消费邮轮的年龄，由于对未来看不到希望，致使这些人没有多大的消费意愿（见图 5-1、图 5-2、图 5-3）。

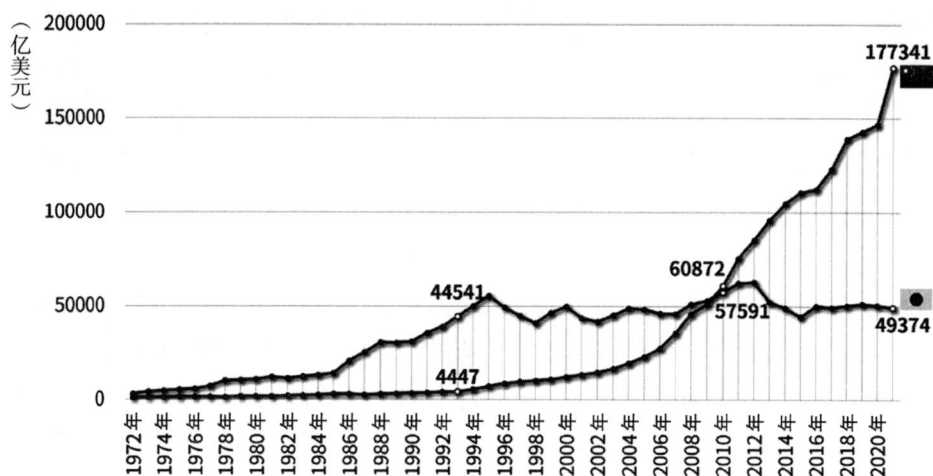

图 5-1　历年中日 GDP 的增长比较

资料来源：巴九灵 . 十张数据图，带你看中日 50 年，微信公众号"吴晓波频道"，2022-09-29.

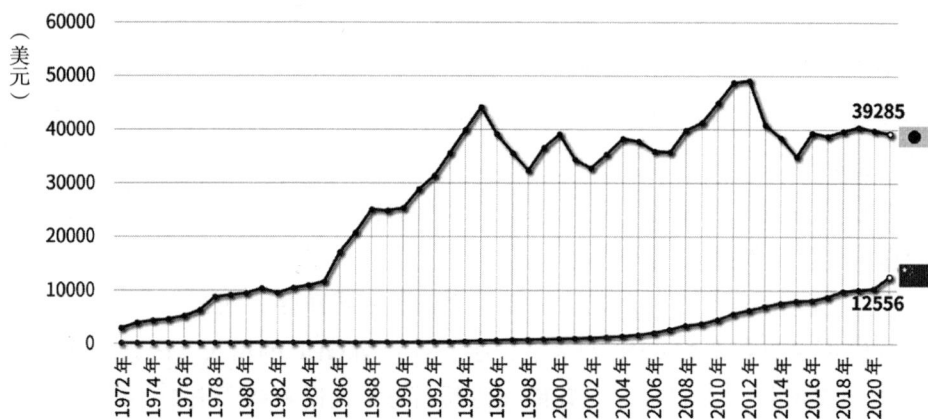

图 5-2　历年中日人均 GDP 比较

资料来源：巴九灵 . 十张数据图，带你看中日 50 年，微信公众号"吴晓波频道"，2022-09-29.

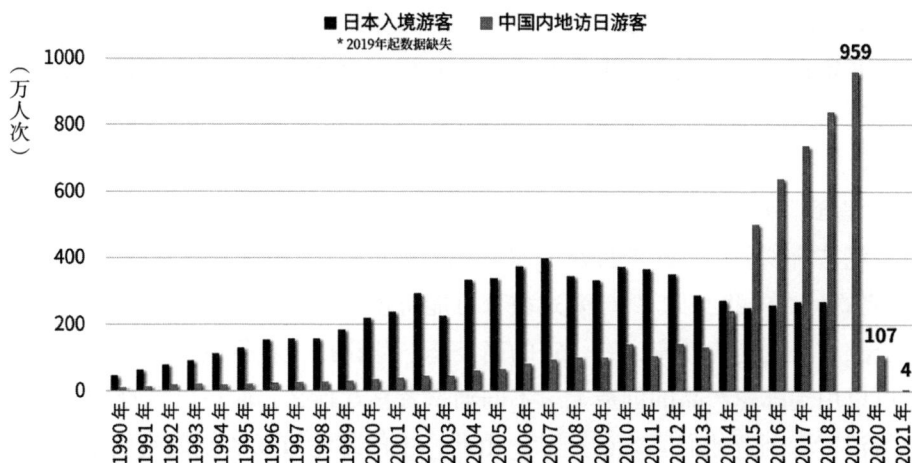

图 5-3　历年中日互访游客数量

资料来源：巴九灵．十张数据图，带你看中日 50 年，微信公众号"吴晓波频道"，2022-09-29.

5.5　邮轮产品的"供给派"观点

《大洋上的绿洲》对邮轮产品"供给派"的观点有精准的阐述。作者把邮轮公司的邮轮产品比作大厨做菜。作为一个好的厨师，是不是要到大街去问一个个消费者，然后决定自己该如何做菜？正确的做法可能是，充分相信自身的专业能力，根据自身对消费者的判断去创作新菜品，然后在食客试吃的过程中不断提升自己菜品的口味。这可以被称为邮轮的"供给派"。作者的观点，与"苹果教主"乔布斯的观点不谋而合。记得当初有人问乔布斯："如何通过市场调查了解大众需求，才能让产品如此成功？"乔布斯的回答是："不用做调查，消费者并不知道他们需要的是什么，而苹果会告诉他们什么才是潮流！"这跟福特的一句名言异曲同工："如果当初我去问顾客到底想要什么，他们会回答说要一匹跑得更快的马。"

为什么会有如上的特别认识？原因就在于，现代社会的大多数产品不再是必需品，而是消费品。不是必需品，消费需求的决定因素就不再是人口规模和人均可支配收入，而是产品的独特性。因为独一无二，因为可以满足部分消费者的独特需求，因而产品才能够卖出去。如果还是消费者欲罢不能的产品，就能够卖出好价钱。皇家加勒比游轮进入中国市场后的一条主线，就是用一艘艘更大、更炫酷的游轮引爆市场，不断给市场带来新鲜感和冲击力，并让自身的规模不断扩张，自身的盈利能力保持行业领先。试想如果皇家加勒比游轮在过去的十多年中没有这样的阶梯式上升策略，而是用旧船应对中国这个待开发的市场，相信中国邮轮市场的增长路径一定不是现在的这个样子。

"得到"创始人罗振宇提出过父爱式教育和母爱式教育的差别。父爱式教育就是给孩子一个好东西说："拿去用，绝对好！"母爱式教育就是问孩子："你喜欢什么？我给你。"母爱式教育可能将孩子导入溺爱的温床，孩子还不一定感恩。父爱式教育，有一定的高姿态，却让孩子获得成长。这样的思想也可以用到邮轮产品的创造上。不问消费者喜欢什么，而是以自身的专业能力给消费者创造他们喜欢的产品。由此，中国邮轮市场的规模到底是多少？这个问题变得更加不可捉摸。好的产品、对路的营销策略和足够的营销投入，可能将中国市场快速打开。而保守、犹豫和患得患失的策略则会让中国市场不温不火，市场中的企业主体很可能也难有好的收益。这里给出有关邮轮市场需求的三个论断。

第一，所有的需求都是潜在需求。对于中国邮轮市场的规模预测，可以通过与美国走过的发展历程进行类比，加上渗透率和人均可支配收入的数据，可以大致计算出中国邮轮市场的规模。不过，这就像透过万花筒看世界，既有真实世界的一点点痕迹，还有无数镜子反射后的镜像，似真似幻，难以捉摸，正可谓"凡所有相皆是虚妄"。因为未来的市场规模，既有人口规模和人口可支配收入这些基本的影响因素，还有无数未被发现的影响因素，同时还与进入中国市场的邮轮公司的主观能动性相关联。中国邮轮市场不是已经成熟的一片稻田，只需要我们拿着镰刀就可以去收割，而是一片可以生长稻谷的水田，需要我们精心播种（成立公司），合适施肥（针对性的扶持政策），等待好的阳光雨露（外部环境），不要遭受冰雹和虫害（新冠疫情），到了秋天才会有丰收的景象。2018 年和 2019 年中国邮轮市场连续两年负增长，但皇家加勒比游轮仍然在中国博得了较好的收益，表明需求下降对企业的经营并不是决定性的。从宏观上，政府需要了解未来的市场规模，企业也想通过一个好的愿景为当下的行动注入前行的动力。但所有中国邮轮市场的参与者应该有一个认识，就是这些预测的需求是潜在的需求，需要业界各环节尽心竭力地去创造，才会有好收成。

第二，所有的需求都可能迁移。如果把搞邮轮比作经营餐厅，那么米其林餐厅的经验就可以借鉴。评上米其林指南的星级，其实是一场马拉松的开始。餐厅主厨将进入压力巨大的焦虑当中，并为保持米其林星级而不遗余力地创新。法餐在竞争的过程中，进化出了分子料理这一品类。分子料理又名分子美食学，是将所有烹饪技术和结果，用科学方法去解释，并用数字精确控制的一项烹饪艺术。皇家加勒比游轮的"量子系列"恰好可以跟法餐的分子料理相对应，表明了要维持客户的新鲜度和热情所需要花费的创新精力。邮轮产品是人们基本生活满足之后的"美好生活需要"，不同人对"美好"的认识和感受不同，而且同一个人的需求也会发生变化，新技术和新模式在不断创造人们的消费热点，让邮轮公司很难把握人们的需求。要吸引人们的眼球不容易，要让吸引来的眼球不转移也很难。去年的爆品可能在今年退潮，在新时代要制造出"蓝色的鸦片"会越来越难。而且邮轮公司要面对的可不仅仅是在市场中的其他邮轮公司，而是所有与休闲娱乐相关的旅游产品，包括旅游景区、主题公园、房车露营乃至世界杯、超级碗和电子竞技。因此，邮轮公司的邮轮产品创造没有一劳永逸，只有在创新的道路上狂奔才有生机。

第三，在差异化中寻找高质量供给。高质量供给的维度很多，皇家加勒比游轮是以科技和创意打造高质量的产品，而其他公司也可以用其他炫酷的科技吸引眼球，用其他让人惊叹的创意让人埋单，还可以在中国传统文化中挖掘怀旧的元素，在席卷全国的沉浸式体验中找到落脚地，并在虚拟现实以及元宇宙的发展中找到创新的灵魂。迪士尼邮轮的种子是在大家小时候看动画片的时候就被种下的，美国邮轮的种子是在人们观看《爱之船》的时候就被埋下的。当下的邮轮种子，需要在中国孩子们玩英雄联盟或者剧本杀的时候种下，才有可能在未来逐步成长成一片森林。

《大洋上的绿洲》中写了一段有关皇家加勒比集团前总裁费恩的话："你和我都有世界上最好的工作。每天都是激动人心，好事坏事纷至沓来。这个行业给很多人很多的压力，但我感觉到无比自豪！"

搞邮轮从来不是一个容易的职业，但也是在诸多迷茫、挑战和被现实蹂躏后更容易见到彩虹的职业。

5.6 负面营销的价值

在《玛丽皇后 2 号——邮轮建造关键技术》中有段话令人印象深刻："伊丽莎白女王 2"号在每年 9 个月的跨大西洋航程中都是满额航行，这无疑归功于詹姆斯·卡梅隆史诗般的电影,《泰坦尼克号》发行放映所掀起的旅游预订热潮。

这段话让人联想到新冠疫情初期"钻石公主"号上曾经发生的 712 名游客先后感染新冠的事件。在此之前,对于未来中国邮轮市场的预测较为保守,原因是"钻石公主"号对中国消费者应该产生了较为严重的负面影响。尤其是,那时候只有中国正处于全面封闭管理中,中国人的所有关注点都被吸引到了"钻石公主"号上,因此影响的人群规模非常大,并且给不少中国人的内心植入了"邮轮不安全"的"思想钢印",就像舞台上的聚光灯效应一样。相对而言,欧美各国在那时对新冠疫情还没有太重视,大家的关注点非常分散,邮轮上的疫情并不会引起多大的大众关注度。因此,一旦邮轮复航,欧美消费者应该更容易接纳邮轮,市场也更容易恢复到疫情前的情形。

不过,看到上面这个 20 多年前有关电影《泰坦尼克号》的信息,对中国未来市场的预判可能会发生一些改变。"伊丽莎白女王 2"号于 1969 年 5 月投入使用,取代了"玛丽皇后"号和"伊丽莎白女王"号。该船具有双重功能,一年内在南安普顿与纽约之间的大西洋上航行 9 个月,其余时间作为豪华旅游船使用。其特点是:能够通过巴拿马运河;航速 28.5 节,5 天横渡大西洋;港口周转时间为 2 天;2 个客舱等级,特等舱 564 人,游客舱 1441 人。《泰坦尼克号》是美国 20 世纪福克斯公司和派拉蒙影业公司共同出资,于 1994 年拍摄的一部浪漫的爱情灾难电影,由詹姆斯·卡梅隆创作、编辑、制作、导演及监制,莱昂纳多·迪卡普里奥、凯特·温斯莱特主演。记得该电影于 1998 年在中国上映,观看该电影成了当时的一个热潮,电影中的剧情和震撼的画面都是大家乐于讨论的话题。

这些年搞邮轮研究,也曾经想过,《泰坦尼克号》这样的灾难题材电影,到底对邮轮市场会产生怎样的影响?原本以为,巨大的海难事故,应该会成为人们恐惧邮轮的理由,进而影响人们的消费决策。那时候的电影投资方,会不会遭到邮轮公司的集体反对?然而,现实恰恰相反,《泰坦尼克号》却让人们对邮轮蜂拥而至,"伊丽莎白女王 2"号预订爆棚,这大概就是"负面营销"的典型案例。

负面营销是"一种异于常规营销方式的新型营销模式,它是逆向思维在营销活动中的新应用"。它是"指营销主体通过制造'负面'事件来引起媒体和消费者的评论、关注,趁机低成本地实现(产品)品牌推广传播的目的"。

在具体场景应用上，娱乐圈居多，所谓"越黑越红、越红越黑"大抵说的就是这个道理。大家肯定都有所了解，不少明星在有些过气的时候，通常会有意制造一些绯闻，来达到增加关注度进而提升人气的目的。"好事不出门，坏事传千里"，指的就是负面新闻更容易吸引人们的眼球。恰当利用这种效应，可以产生事半功倍的效应。

"钻石公主"号所引发的话题对中国人来讲恰恰就是一次歪打正着的负面营销。在此之前，极少的中国人了解邮轮，更少的人坐过邮轮，邮轮旅游从来就没有进入中国人旅游出行的决策单上，根本就不在考虑的范围之中。但是，新冠疫情让很多中国人对邮轮旅游有了一定认识，大多数人往往"好了伤疤忘了疼"，对"钻石公主"号上所发生的疫情事件很快就会淡忘，但是却因为"钻石公主"号的负面新闻，从而对邮轮有了更多了解。很多人一定会因此而心生尝试消费邮轮的心态，这就是负面营销的积极价值。由此，对于未来中国邮轮市场的预判，需要考虑负面营销的积极价值。邮轮公司对未来中国市场的运力投放，也应该更为积极。说不定，恰好能够迎合消费者尝鲜的心理，从而给相关企业带来良好收益。

消费者的消费决策往往并不理性，各种各样的广告和营销手段就是试图利用消费者的非理性来实现企业业绩的提升。相关的营销策划，也需要深入洞察消费者心理，进而找到恰如其分的解决方案，为企业带来价值。

5.7 中国"新老人"与邮轮需求

《中国老年文娱产业发展报告（2020）》[①]，对中国新老人进行了全新的界定，给出了新老人的鲜明特征和消费偏好，为邮轮产业在淡季寻找客户群体提供了很好的数据和信息，值得深入分析和思考。

5.7.1 新老人的界定

新老人是 20 世纪 60 年代及以后出生的步入老龄阶段的人群。他们属于新中国第二批婴儿潮，受益于改革开放与中国经济腾飞成为中国较富裕的一代。与传统老人相比，他们的人生经历可精练为：改革开放的青年、经济红利和 PC 互联的中年、资产富足和移动互联的晚年。新老人群体的特征包括：

---

① 北京中关村科技发展（控股）股份有限公司，建投华文投资有限责任公司，中国建银投资有限责任公司投资研究院，等.中国老年文娱产业发展报告（2020）[M].北京：社会科学文献出版社，2020.

在地理分布上，主要分布在中、东部地区的一、二线城市；从地域特征上看，南方和北方老人具有鲜明的地域特点，大城市与小城市老人的兴趣爱好存在差异；从性别上看，女性更加好动，男性更喜欢"宅"；生活场景中的社交场景比例节节攀升；新老人的价值取向更注重生活性与实用性；在审美上，新老人崇尚多元审美，追求新潮与个性；新老人通常能够理性消费，但面对健康焦虑和认知焦虑时会出现不理性消费，在消费决策上不再依赖子女，而是倾向于听取同龄人的建议；在上网习惯上，新老人已经成为移动互联网的典型用户，上网时间持续上升，尽管上网活动仍较为简单，但使用互联网的深度和广度都在不断提升。

5.7.2　老年旅游人群画像

年龄分布。老年旅游的主力人群是 60~70 岁的老人，数据表明这个年龄段的出游人群占整个老年旅游人群的近八成。

收入水平。数据表明，目前有 3000 多万名老年人享有退休金，同时，我国城市中很多 60~65 岁的老年人还处于在职状态，除了退休金以外，很多老年人还有其他收入来源。

出游特征及出游时间。在出游时间选择方面，由于老年人退休后时间上更为宽裕，因此出游时间的选择更加灵活多样，呈现较为明显的"错峰"趋势。在出游时长方面，4~7 天的出游时间被近四成老年人群接受。在出游频率方面，老年人的出游时间比较灵活，因此出游频次明显多于其他年龄段。在购物特征方面，老年旅游者最常购买的商品依次为当地特产、手工艺品、纪念品、服装等，对珠宝首饰、名表的购物需求接近于零。在住宿选择方面，老年人外出旅游住宿以星级酒店为主，占比达 58.4%。在出游地及目的地方面，老年旅游者主要来自上海、江苏、北京等 10 个地区，占全部中老年旅游者的 73.5%。在一、二线城市中，来自北京、上海、天津、南京、沈阳、郑州、深圳、西安、武汉、哈尔滨等地的游客居多。另外，大连、太原、济南、长沙、呼和浩特等城市老年人的出游需求也较为旺盛。

5.7.3　邮轮产品如何匹配新老人的需求

中国的邮轮市场具有明显的淡旺季特征，暑期 6—8 月是一年的旺季，量价齐升，是邮轮公司必须抓住的市场机会。春节期间的短暂日子也是邮轮市场的旺季，不过由于天气和假期时长的问题，因此在量上并不十分突出。邮轮公司既要有能力抓住中国市场的旺季，还必须对淡季的市场有充分的把握，而淡季市场则主要是中老年人的天下。由此，了解他们的需求十分重要。

从老人未来的发展趋势来看，2025 年应该就是新老人快速增加的起始点，那时候中国邮轮市场的淡季将被越来越多的新老人所支撑，由此会形成淡季不淡的新特征，邮轮产品要为这些新老人提供他们喜欢的产品。3.2 亿人的消费群体，如果有 2% 的渗透率，就会产生 640 万人的消费市场，这是一个令人振奋的数据。如果 2035 年能够实现 3% 的渗透率，中国邮轮市场千万级的规模就能实现。因为这部分群体第一次实现了中国游客的"有钱有闲"，因此这样的渗透率不是幻想。可以看到，新老人的出游时间跟中国邮轮市场的淡季数据具有高度的相关性。4~7 天的出游时间被近四成老年人群接受，也反映了中国邮轮市场的时长特征。从购物特征来看，老年旅游者最常购买的商品依次为当地特产、手工艺品、纪念品、服装等，对珠宝首饰、名表的购物需求接近于零。目前中国出发的国际邮轮上的名牌奢侈品恐怕很难与新老人的诉求相对接。首先，他们不了解这些国际品牌；其次，即便了解，他们也已经过了需要彰显身份的年龄，身份认同不需要通过这些商品来体现。从出游的城市来看，一、二线城市等经济条件较好的区域是目前老年旅游者最主要的出发地。由此，邮轮公司的市场营销就找到了方向。在养生成为一种新的潮流之时，新老人的健康诉求还应当在邮轮上得以体现。日本的挂靠港城市，药妆店和日本的保健品销售非常好，哪些产品可以搬到邮轮上？用怎样的营销能够让新老人愿意消费健康产品？什么样的健康产品让新老人在消费后不会有上当受骗的感受？这都是邮轮公司需要思考并开发和创新的内容。

5.8　对未来需求的预测

5.8.1　邮轮市场规模的概念

根据国际邮轮协会的统计，2019 年全球邮轮的游客量为 2967 万人次。与此同时，根据《邮轮志》所披露的数据，2019 年全国港口出入境游客量为 414 万人次。这两个数据到底是什么关系？从港口统计来讲，始发港的每一位游客，出境算 1 人次，入境算 1 人次，一位游客对港口来讲产生了两次工作量。因此，出入境游客量跟货运港口的港口吞吐量类似。作为港口方，向船公司收取相关的服务费（人头费），是按照每个游客出入境共两次来计算并收取的。这很好理解，游客的上船和下船，都需要港口方提供服务。因此，从港口统计来讲，习惯上用出入境游客量来作统计。一般来讲，对于每一位游客，乘邮轮旅行首先要从始发港出境，并途经多个挂靠港（目的地的港口），最后回到始发港。由此可以看出，在计算邮轮的游客量时，挂靠港虽然会有游客的出入境行为，但是相应的数据不应计入邮轮的游客量，否则就会出现重复计算的问题。在地中海市场，邮轮往往挂靠多个港口，游客的始发港口也并不一定相同，各自走完自身的闭环航线回到自己的始发港即可。这种情况，需要以游客名字为基础的完善统计体系，才不会让游客量数据存在误差。还有一些航线，去程是航空，回程是邮轮，或者反之，因此游客量的计算还要考虑这一因素。由此，探讨某个邮轮市场的市场规模，应该用该地区始发港航次的游客量作为统计口径。注意，这里的游客量是真实的游客量，而不是出入境游客量，通常是出入境游客量除以 2。所有港口的挂靠港航次虽然会对当地港口带来贡献，但是不应计入本地的邮轮游客量。这些游客量是其他市场产生的，已经在其他港口始发的过程中计入了其他港口的统计。

对于中国邮轮市场的规模预测，2019 年的基点应该是所有母港的游客量。在《邮轮志》所披露的数据中，母港出入境游客量是 396 万人次。那么，实际的游客量则是 198 万人。这 198 万人中，超过 90% 的游客是中国人。少数外国人从中国母港出发体验邮轮，理应被纳入中国邮轮市场规模的统计中。当然，也有一些中国人乘飞机去往加勒比海、阿拉斯加或者地中海搭乘邮轮，那么这些中国人的相关数据也会被计入各地的游客量统计中。

在以前，对中国未来邮轮市场的规模预测，主要是基于人均可支配收入来计算的。这其实是从本地消费者的消费能力出发来预测邮轮市场的规模的。如果考虑到外国游客乘飞机到中国来乘坐邮轮这一因素，还应该把中国邮轮母港的完备程度、航线的丰富程度以及目的地的吸引力一并纳入预测框架中，分析中国邮轮产品对外国游客的吸引而形成的游客量。当前，中国邮轮市场还很难吸引太多的外国消费者，单单分析中国消费者的消费能力，对市场规模的预测不会造成太大的误差。未来，中国邮轮客源市场会越来越国际化，再用本地消费者的消费能力预测中国邮轮市场的规模就可能有失偏颇。

5.8.2 未来需求预测

2018 年出台的《关于促进我国邮轮经济发展的若干意见》中提出，到 2035 年，我国邮轮市场成为全球最具活力的市场之一，邮轮旅客年运输量达到 1400 万人次。

经济学人智库报告《中国消费者 2030 年面貌前瞻》中对未来中国消费潜

力的发展趋势进行了预测，其中的不少数据对于预测中国未来邮轮旅游人数具有参考意义。到 2030 年，中国低收入人群的占比将从 2015 年的 36.9% 下降至 11%，而中等收入群体扩大，其中中高收入人群的比例会上升得更快。年均可支配收入超过 20 万元（32100 美元）的高收入人群比例将从 2015 年的 2.6% 增长至 2030 年时的 14.5%。报告把中国消费者分为四类：低收入消费者，可支配收入不足 13000 元（合 2100 美元）；中低收入消费者，可支配收入为 13000~67000 元（合 2100~10800 美元）；中高收入消费者，可支配收入为 67000~200000 元（合 10800~32100 美元）；高收入消费者，可支配收入超过 200000 元（合 32100 美元）。以上数据都采用 2015 年不变价，以保证不同年份数据的可比性。

国际上，通常把人均收入超过 8000 美元作为邮轮产业快速发展的起点。按照上述分类，大致可以把中高收入消费者和高收入消费者都纳入有能力消费邮轮产品的人群。2030 年，此部分人口将占中国总人口的 35%。由中国社会科学院城市发展与环境研究所和社会科学文献出版社共同出版的《城市蓝皮书：中国城市发展报告 No.8》提出，中国正加速进入老龄化社会，预计 2030 年左右中国人口将出现负增长。届时，中国总人口将达到 14.5 亿人。按照当时的消费能力，与美国相应时期的实际渗透率做类比，得出 2030 年中国邮轮市场将达到 1530 万人次的市场规模，将成为全球第一的邮轮消费市场。

"邮轮产业新闻"（Cruise Industry News）2017 年第四季刊中给出了其对中国邮轮市场未来 10 年的预测值。2027 年中国市场的游客量将达到 513 万人次，相比 2017 年增长 83.8%，这样的增长率曾经在 2016 年的一年间几乎就能实现，而未来需要十年的时间。显然，这样的预测结果略显悲观。由这样的结果进行趋势外推，可以算出，2035 年中国市场游客量将达到约 800 万人次。

从国际邮轮这些年的增长数据来看，线性增长是一个典型的趋势。这里也用国际邮轮线性增长的趋势，来判断未来中国市场的可能走向。排除掉中国市场第一个平台期的数据，以 2012 年到 2019 年的数据为基础进行线性的趋势外推，得到 2035 年中国邮轮市场的规模大约为 800 万人次（见图 5-4）。

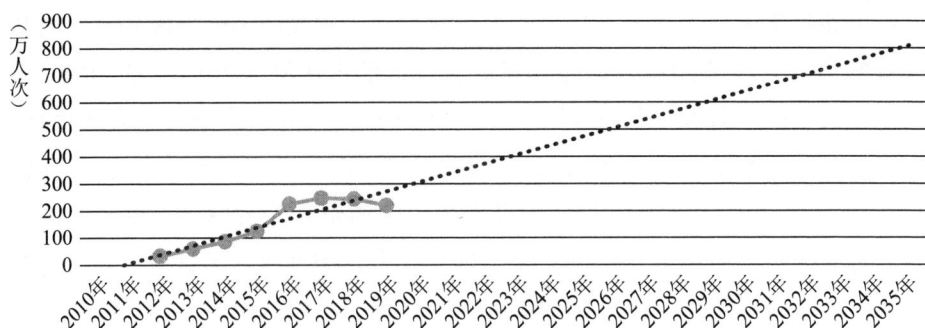

图 5-4　近年来中国邮轮市场数据外推的结果

欧美人与生俱来的休闲传统以及相对完善的社会保障体系，使得欧美发达国家的邮轮市场渗透率较高。预测中国邮轮市场规模，沿用欧美发达国家过往可支配收入数据和渗透率的数据来类比中国邮轮市场，有可能夸大中国市场的未来潜力。因此，前述 1530 万人次的市场规模，应该是一个高估的数据。"邮轮产业新闻"（Cruise Industry News）的预测结果又可能低估了中国各级政府所推出的邮轮产业政策所产生的效应。因此，2035 年中国邮轮市场的规模应该在 800 万~1530 万人次。考虑到新冠疫情对未来游客量的影响，判断 2035 年中国邮轮市场的规模将达到 900 万人次。以 2019 年 207 万人次的规模计算，年均增长将达 9.6%（见图 5-5）。

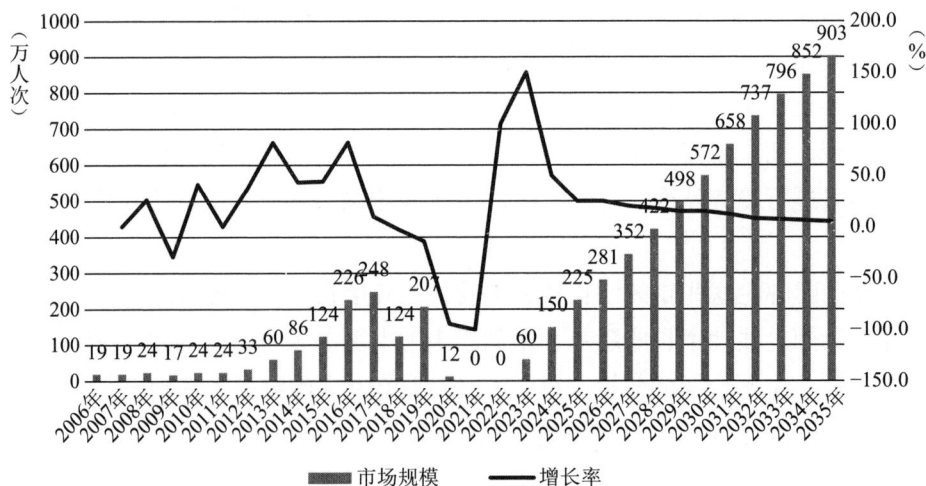

图 5-5　中国邮轮市场规模及增长率

　　这样一个具有巨大潜力的市场，值得国际邮轮公司竞逐，同时也一定能够培育出具有国际竞争力的中国本土邮轮公司。

　　上述的预测，很大程度上是线性思维的结果。罗振宇在"罗胖 60 秒"中说过，人类很难预测未来，因为决定未来的往往是那些指数级增长的因素，人们要么难以察觉，要么难以相信。因此，想预测未来，不是做过去发展路径的外推，而是要关注那些目前虽然渺小、但总是在翻倍增长的变化。这些变化，只有通过企业家精神去发现、去实现，并最终体现在宏观的游客量上。

6 中国邮轮战略使命及目标

6.1 战略分析

6.1.1 优势

6.1.1.1 市场潜力巨大

中国经济韧性强、潜力大、长期向好基本特点没有变。虽受新冠疫情影响较大，我国国民经济依然保持了强劲的韧性和稳定的增长态势。2022年全年国内生产总值121万亿元，按不变价格计算，比上年增长3%。国民经济顶住压力持续发展，经济总量再上新台阶。统计数据显示，按年均汇率计算，120万亿元折合美元约18万亿美元，稳居世界第二位。2022年我国人均GDP达到85698元，比上年实际增长3%，按年平均汇率折算，达到12741美元，连续两年保持在1.2万美元以上。经济总量和人均水平持续提高，意味着我国的综合国力、社会生产力、国际影响力、人民生活水平进一步提升，意味着我国发展基础更牢、发展质量更优、发展动力更为充沛，意味着我国经济韧性强、潜力大、空间广且长期向好的基本面没有改变。2022年，社会消费品零售总额稳定在44万亿元左右，全国居民人均可支配收入实际增长2.9%，与经济增长基本同步。

我国国内旅游需求依然十分旺盛。2020年年初新冠疫情突袭而至，我国出境旅游基本停滞，国家移民管理局等发布公告指出，为加强疫情防控，减少疫情传播风险，建议我国居民尽量不要开展出入境旅游活动。同时，国外出境旅游目的地也采取关闭边境、切断交通等方式来防控疫情。随着疫情防控态势向好，旅游业复工复产，出境游转国内游成为重要发展趋势。2021年，我国国内旅游人数达到32.46亿人次，同比增长12.8%。其中，城镇旅游人数为23.42亿人次，同比增长13.4%；农村旅游人数为9.04亿人次，同比增长11.1%。2021年，我国国内旅游收入（旅游总消费）达到2.92万亿元，同比增长 31.0%，恢复到 2019 年水平的 51.0%。其中，城镇旅游收入 2.36 万亿元，同比增长 31.6%；农村旅游收入 0.55 万亿元，同比增长 28.4%。人均每次旅游消费 899.3 元，同比增长 16.2%。其中，城镇人均每次旅游消费 1009.5 元，同比增长 16.0%；农村人均每次旅游消费 613.56 元，同比增长 15.7%。

中国邮轮市场规模不断扩大，邮轮渗透率增长空间巨大。中国邮轮旅游市场是全球发展最快的邮轮新兴市场之一，成为世界邮轮产业发展的重要引擎，规模仅次于邮轮旅游发源地的美国。近年来中国邮轮市场规模逐年攀升，到 2017 年达到了 9.6% 的最高占比，随后两年有所回落。2019 年，北美人口 3.7 亿人，邮轮游客量为 1541 万人次，其邮轮市场的渗透率为 4.2%。与北美相比，中国人口 13.95 亿人，则中国邮轮市场的渗透率为 0.18%，相比美国还差得很远。当然，用游客量直接除以人口总数来计算渗透率并不十分合理，中国那些没有邮轮消费能力的人群应该排除在外。如果按照人均可支配收入达到 8000 美元作为邮轮消费的门槛，则中国的邮轮渗透率约为 0.88%，相对于北美的渗透率，中国未来仍然有很大的提升空间。

6.1.1.2　文化优势

历史极其悠久。中国作为四大文明古国之一，文化得到了五千年的历史传承。而且在这样的历史进程之中，中国没有断代的现象发生，文化的流传也因此得到了充分的保障。此外，中国的汉字作为中华文化的载体，具有相当强烈的连贯性，从而保障了文化能够古今沟通，助力现代人能够更快更好地了解中国文化。在这样的历史沉淀之下，中国文化具有了极强的深度，这是许多国家无法比拟的。

文化种类多样，有"百花齐放"的潜力。中国作为一个地大物博的国家，各个地方的文化也因此被赋予了独特性，每一个地方都有自身独特的文化遗产。就戏曲而言，中国就有"京剧""昆曲""黄梅戏"等形态，这些戏曲相互影响，但又呈现出自身的独特性。而在其他的文化领域，也有这样的独特性与融合性，极强地丰富了文化的种类，也让中国的文化更具有多元性。

文化的内涵丰富且具有中华民族的特质。中国文化内涵不同于西方的国家，具有自身特殊的性质。比如"中庸"的思想，往往不会追求极致，走向极端，从而体现出待人接物的分寸感。比如对于"人本"思想的强调，中国对于宗教的信仰并没有极为强烈，更多的是关注于人本身，从而能够强调人的能动性，强调人的成就，强调人的思想。比如中国的礼仪文化传承，塑造了中国人的谦逊和忍耐。

6.1.1.3　资源优势

中国海岸线资源丰富为邮轮市场发展奠定了良好基础。中国的大陆海岸线从北方的鸭绿江口到南方的北仑河口，长达 1.8 万多公里，岛屿岸线 1.4 万多公里，自然深水线 400 多公里，拥有渤海、黄海、东海、南海以及台湾以东海域，渤海大陆岸线 2700 余公里、黄海大陆岸线 4000 余公里、东海大陆岸线 5700 公里、南海大陆岸线 5800 余公里。中国沿海的大连、青岛、上海、厦门、深圳、三亚等都是著名的旅游城市，不仅有大量的旅游资源、邮轮港口资源，而且也是邮轮市场的主要客源地，这都为我国邮轮旅游发展提供了良好的条件。

中国岛屿众多适合发展邮轮产业。在中国沿海分布着许许多多的海岛，星罗棋布，形态各异，大小不一，如同一颗颗璀璨的明珠，镶嵌在波光粼粼的蓝色大海上。据全国海域海岛地名普查统计，全国海岛总数超过 11000 个，海岛陆地总面积约 8 万平方公里，约占全国陆地面积的 0.83%。从四个海域内的海岛数量分布来看，东海最多，约占全国海岛数量的 59%；南海次之，约占 30%；黄海居第三，渤海最少。按离岸距离来看，大部分海岛分布在沿岸区域，距大陆小于 10 公里的海岛数量约占海岛总数的 57%，距大陆 10~100公里的海岛数量约占 39%，距大陆大于 100 公里的海岛数量约占 4%。

内河、沿海、远洋可实现协同发展。中国地大物博，旅游形式多样，拥有内河、沿海、近海、远海等多种邮轮（游轮）旅游市场，既可以提供西方邮轮式体验，又可以感受东方水上旅游文化。可通过开发内河商务、沿海岛屿、文化主题体验、移动酒店会务等多种东方水上邮轮（游轮）产品，丰富消费群体的选择，打开本土市场，促进我国邮轮（游轮）产业的可持续健康发展。

6.1.2　劣势

6.1.2.1　供给端

邮轮产业链发展缺乏总体规划。虽然我国邮轮码头游客接待总量呈上升态势，但各个沿海城市自主性、自发性地发展邮轮，缺乏全国性的邮轮产业链规划，"看得见的手"引导性不足。在各地邮轮港口发展极为不均衡的情况下，不少地方依然积极推进邮轮港口扩容，盲目新建邮轮母港，致使邮轮码头闲置。除上海、江苏提出发展邮轮建造业外，福建、广东、天津等地也提出推动邮轮建造产业发展。并且，不少地方还提出推动建立邮轮船供中心。

　　邮轮制造业刚刚起步。邮轮产业是先进制造业与现代服务业深度融合的综合性高端产业。我国邮轮产业起步晚，技术储备不足、经验十分欠缺、产业资源匮乏，特别是核心领域与关键环节，面临着欧洲国家的技术封锁与规范壁垒。当前我国邮轮产业发展受制于人，缺乏自主性、安全性。

　　邮轮旅游产品相对单一。受限于区位、收益管理和消费者能力等多方面因素的影响，从我国始发的邮轮航线丰富性较低，邮轮航线一直较为单一。从邮轮航线看，日、韩作为旅游目的地占据着重要的地位，中国邮轮出境航线绝大多数以日韩为目的地。上海、天津、广州和深圳是最主要的始发港，合计占到母港航线的79%。从航线长度来看，主要为4~7天的短航线。2017年的"萨德事件"导致中国至韩国的邮轮航线暂停，使中国邮轮市场的航线选择更为捉襟见肘，主要邮轮目的地只剩日本，影响了游客的旅游体验。

　　市场分销渠道较为单一。国际邮轮公司主要是自建渠道＋旅行社代销模式，其中，旅行社代销比例在30%左右，邮轮公司自销在60%左右，其他模式占比10%左右。国内销售渠道主要是中间商的包船/切舱，邮轮公司自销比重较低。疫情前参与邮轮分销的旅行社有500余家，销售渠道"窄而长"，滋生了很多"票务黄牛"，在邮轮船期邻近时与邮轮公司、旅行社进行价格博弈，代理商或包船商迫于市场风险的压力，与其达成交易，影响健康市场价格体系的形成。

　　市场恶性竞争时有发生。中国邮轮旅游产品主要采取旅行社包船打包销售模式，这是在中国邮轮市场快速增长背景下快速构建渠道的一条成功之路。旅行社包船模式使邮轮产品被打包销售，原本由邮轮公司采取的定价变成众多旅行社之间的市场竞争。在市场淡季，为了符合我国邮轮港口补贴政策要求以及切舱旅行社为了减少损失，使邮轮产品价格不断降低，市场竞争愈发激烈。低价促销使价格敏感型旅游者提前进入邮轮市场，形成"没有最低只有更低"的消费心理，这扰乱了市场预期，进而影响了后续的市场价格。

　　邮轮港口盈利能力较差。我国邮轮港口接待的游客量虽然保持着较高的增长速度，市场规模也逐年递增，但邮轮港口的盈利点较少，盈利能力较差。目前在我国的邮轮港口中，仅有上海吴淞口国际邮轮港因基础设施良好及客源市场广大，在邮轮靠泊费等方面有较高的收入，保持良好的盈利水平，而其他邮轮港口则很难盈利。在邮轮港口营业收入来源方面，主要是停泊费、旅客人头服务费、客运大厅使用费、行李费等。尽管对其他服务如港口广告、电商等的探索也在不断进行中，但整体收入仍然较低。

物资供应的政策存在瓶颈。我国在邮轮船舶供应的出口退税、贸易通关、国际货柜转运等方面未与国际惯例接轨，监管流程较多且过于严格，邮轮物资供应所需缴纳的税费比国际市场要高；我国尚未建立邮轮专业综合保税区和邮轮综合保税仓库，尚未建立专门针对邮轮的审批方式和监管流程体系；国际邮轮公司对邮轮物资供应服务商的要求十分严格。在邮轮船舶物资供应服务方面，不少地区一直欲将自由贸易区的政策延伸应用到国际邮轮港口，但实质性推进较为缓慢，效果难以达到预期的效果。

邮轮制度供给仍需探索。新时期监管部门要依法行政，而法律法规的建立又面临立法资源稀缺的难题，使得各监管部门的法律法规很难做到与时俱进。对邮轮旅游这样的新生事物，沿用旧有的法律法规进行监管必然会对邮轮旅游的市场发育产生制约作用。业界的不断呼吁和发声，起到了一定的作用，相关机构也在各自的职权范围内做了不少改进，但距离一个统一开放、竞争有序的市场环境还有差距。由于邮轮是新生事物，邮轮业务的爆发式增长对监管产生了巨大的需求，简政放权背景下监管体系人员编制增加存在一定困难，使得市场监管常常面临人员配备不足的问题，从而对口岸通关效率产生影响。同时，监管机构对其监管没有以往的经验可循，于是常常借用现有货运规则来管理，这往往造成了对邮轮发展的约束。

6.1.2.2 需求端

中国消费者对价格较为敏感导致邮轮客源不稳定。正是由于邮轮旅游并不是生活必需品，尤其中国消费者对价格比较敏感，在好奇心、攀比心等心理的驱使下，大众消费者一般会选择价格合适的航次"尝鲜"。在淡季时，通过打折促销，能够吸引本身没有太多意愿的游客乘坐邮轮，但通过低价吸引来的游客未必会成为常客。

新冠疫情对我国游客留下的心理阴影短时间内难以消除。游客在旅游中的安全感知直接影响其出游意愿，会影响潜在的旅游者的出游动机，也会影响邮轮出游时间段的选择。虽然从整体邮轮行业来说，传染病大规模暴发的概率很小，但是新冠疫情依然对邮轮业造成了一定的不良影响，尤其是"钻石公主"号疫情的传播，在一定程度上对邮轮游客心理产生了阴影。不少媒体对"钻石公主"号冠以"恐怖邮轮""海上牢笼""邮轮噩梦"等，使得人们对邮轮的安全性产生一定程度上的担忧，这可能会对邮轮旅游业发展不利。

中国游客将邮轮视作海洋交通工具的想法短时间难以改变。从中国旅游业的发展史看，游客旅游出行以自然风景形成的景观和人文历史形成的景点作为旅游目的地。邮轮自 2006 年引进中国以来，中国游客把乘坐邮轮比作体验"平民消费、豪华享受"的绝佳方式。邮轮文化的普及度不够，大量的游客依然十分看重岸上目的地旅游，过分看重邮轮产品的性价比，而非邮轮休闲度假的本质属性，将豪华邮轮仅仅比作一种较为舒适的海洋交通工具。邮轮来源于西方欧美国家，短期内让中国游客对邮轮产品有深层次的认知较为困难。

中国消费者的休闲时间少导致邮轮以短航线为主。1995 年 5 月，我国开始执行双休日，并延续至今。1999 年 9 月 18 日，国务院颁布了《全国年节及纪念日放假办法》，决定将春节、五一、十一的休息时间与前后的双休日拼接，形成 7 天的长假。到了 2007 年，中国的休假制度又一次发生变革。国务院修改《全国年节及纪念日放假办法》，从以往的 3 个 7 天长假模式变成"2+5"模式，"五一"黄金周被取消，中秋、端午和清明为法定假日，天数增至 115 天，一年中有近 1/3 的休假期。但是，中国人休息时间少的特征没有改变。

中国带薪休假制度难以有效落实导致乘坐邮轮的需求难以释放。按照 2008 年实施的《施工带薪年休假条例》规定，职工累计工作已满 1 年不满 10 年的，年休假 5 天；已满 10 年不满 20 年的，年休假 10 天；已满 20 年的，年休假 15 天。虽然休假天数有明确的规定，但地区、单位之间落实带薪休假的差别大是不争的事实。北上广深一线城市基本都能落实带薪休假，而二三线城市中的多数民营企业要么根本没有，要么打折扣落实。因此，带薪休假制度难以有效落实给游客的出行意愿和选择造成较大影响。

6.1.3　机遇

6.1.3.1　我国人均 GDP 迈入高收入国家

2022 年，我国经济总量突破 120 万亿元，达到 121 万亿元，人均 GDP 达到了 85698 元，比 2020 年增长了 8300 多元。按年平均汇率折算，达到 12741 美元，连续两年保持在 1.2 万美元以上。全年全国居民人均可支配收入 36883 元，比上年名义增长 5.0%，两年平均名义增长 6.9%；扣除价格因素实际增长 2.9%，与经济增长基本同步。城镇居民人均可支配收入 49283 元，比上年名义增长 3.9%，扣除价格因素实际增长 1.9%；农村居民人均可支配收入 20133 元，比上年名义增长 6.3%，扣除价格因素实际增长 4.2%。全国居民人均可支配收入中位数 31370 元，比上年名义增长 4.7%。我国居民收入水平持续增长，人均 GDP 逐渐接近世界平均水平，进一步向高收入国家迈进。党的二十大报告中提出，到 2035 年基本实现社会主义现代化。届时，人民生活更为宽裕，中等收入群体规模扩大，城乡区域发展差距和居民生活水平差距显著缩小，基本公共服务均等化基本实现，全体人民共同富裕迈出坚实步伐。其中所蕴含的富裕人群的数量十分可观。

6.1.3.2 高质量发展

党的十九大报告中指出，我国经济已由高速增长阶段转向高质量发展阶段。党的二十大报告再次强调，高质量发展是全面建设社会主义现代化国家的首要任务。与高质量发展相对应的则是质量变革、效率变革和动力变革。中国邮轮产业在疫情前经历了连续两年的负增长，高速增长阶段已经难以再现。突如其来的新冠疫情，使过去十来年国际邮轮市场供需之间微妙的平衡关系被打破。对于国际邮轮公司，尝鲜式消费逐步走到尽头的情况下，只有秉持高质量发展的理念，不断推陈出新，创造出好（对、新）的产品才能让更多的中国游客上船。对于新进入市场的本土邮轮公司，也要有高质量发展的初心，打造适销对路的产品，才能实现自身的发展壮大。

6.1.3.3 对外开放

近年来，中国巨大的出境游客量给全球旅游业都带来了活力。作为众多出境游方式之一的邮轮旅游也因为中国不断提高对外开放水平所释放的国内消费潜力，呈现快速增长的势头。国际邮轮公司均把开拓中国市场视为战略重点，并积极与中方展开合作实现共赢。在中国消费者日益增长的邮轮旅游需求吸引世界顶级邮轮公司目光的同时，中国新一轮高水平对外开放也让国际邮轮建造企业坚定了与中国合作的信心。在首届中国国际进口博览会上，意大利芬坎蒂尼集团与中国船舶工业集团签订了合作设计建造 2+4 艘 13.5 万总吨 Vista 级大型邮轮合同，标志着中国首艘具有世界先进水平的大型邮轮项目进入实质性设计建造阶段。

6.1.3.4 双循环格局

我国正逐步形成以国内大循环为主体、国内国际双循环相互促进的新发展格局，双循环新发展格局是党中央充分结合当前国内国际形势发展的新变化、新趋势和新挑战做出的重大战略部署。我国有超大规模的市场和完整的产业链体系，当前的发展阶段性特征、空间布局特点，决定了在后疫情时代需要更多地依靠扩大内需的发展格局与模式。随着人民群众休闲度假的需求快速增长，消费结构持续加速升级，人们消费购买能力和消费意识进一步提升，对更好质量的生活和旅游方式的要求越来越高，人民的生活质量和生活水平不断提升，邮轮旅游成为人民追求美好生活的新选择。在以国内大循环为主体的消费格局下，国内邮轮市场的消费需求都将迎来新的发展。

6.1.3.5　交通强国战略

习近平总书记指出"经济强国必定是海洋强国、航运强国""经济要发展，国家要强大，交通特别是海运首先要强起来"。《交通强国建设纲要》提出，强化大中型邮轮自主设计建造能力，深化交通运输与旅游融合发展。这其中，虽然在交旅融合中没有明确提出邮轮旅游，但是邮轮旅游这一新兴文化载体，应该成为交旅融合的重点领域。《交通强国建设纲要》提出要打造人民满意、保障有力和世界前列的交通强国，其中在实现"人民满意"的目标中，不但对应着人们基础出行需求的满意，还对应着与交通密切相关的旅游出行的满意，这当然也包括邮轮旅游服务的满意。中国特色社会主义新时代，"人民满意"的内涵在不断丰富，只有不断创造出新时代人民满意的运输及旅游服务，才能契合交通强国的总体要求。

6.1.3.6　满足人民对美好生活的向往

旅游业已被确立为"幸福产业"，成为惠民的重要领域和改善民生的重要内容。党的二十大报告中明确"必须坚持在发展中保障和改善民生，鼓励共同奋斗创造美好生活，不断实现人民对美好生活的向往"。邮轮旅游作为休闲旅游度假高端旅游业态，是中国旅游业的新业态，是满足人民日益增长的美好生活需要的幸福产业。随着人民群众休闲度假需求的快速增长，消费结构持续加速升级，人们的消费购买能力和消费意识进一步提升，对更好质量的生活和旅游方式的要求越来越高。邮轮所倡导坚持市场主导、崇尚绿色环保、讲究质量品质、注重多元发展的新型消费模式也将迎合我国消费者消费期待，邮轮将带给消费者从满足基础需求转向更高层次的精神需求，从温饱型消费转向享受型乃至自我发展型消费的转变。邮轮旅游将成为人们追求美好生活的新选择，邮轮消费有望成为经济增长的新亮点。

6.1.4　挑战

6.1.4.1　中美博弈和美元周期

良好的国际关系是邮轮产业发展的重要基础性条件，在中国始发邮轮航线以日韩为主的情况下，东北亚地区国际关系是影响中国邮轮市场发展的关键因素，而中美关系是影响东北亚政治形势的重要因素。美国总统拜登在公开场合表示，未来十年将是中美激烈竞争的十年。美国不断拉拢各国反华且程度日趋加重，日本和韩国紧密追随。2025年之前，也就是拜登掌权时代，中美激烈竞争将会成为常态。美元是目前全球最重要和最具影响的世界货币，美元周期历来与全球金融市场联系紧密，美元涨跌成为左右世界经济波动的重要力量，2022年以来美联储进入加息周期，将给全球金融市场造成不同程度的冲击。

6.1.4.2 市场竞争激烈

自星旅远洋国际邮轮公司组建邮轮船队开始，中船嘉年华邮轮、蓝梦邮轮、招商局维京游轮、三亚国际邮轮等中资或中资控股邮轮品牌在2020—2021年期间购买二手邮轮进入中国市场。现阶段，除"招商伊敦"号外，其他邮轮多为20年船龄以上的老旧运力，邮轮产品同质化严重，如各邮轮品牌定位不精准，将很难发挥品牌优势，由此可能引发恶性竞争。在中国市场恢复运营之后，各大国际邮轮公司的大船新船必将纷至沓来，如果需求复苏较慢，则中国邮轮市场必将是一个更加竞争激烈的市场。

6.1.4.3 气候因素

季节及气候。中国气候类型多种多样，其中，东半部具有大范围的季风气候，即冬季盛行大陆季风，寒冷干燥；夏季盛行海洋季风，湿热多雨。中国领土南北延伸约50纬度，虽然夏季气温差异较小，但是冬季气温差异较大。因此，受中国地理位置的制约，我国东部沿海大部分地区气候与迈阿密等国外邮轮旅游发达地区气候存在较大差异。同时，冬季我国北方地区气温寒冷，不适宜开展邮轮旅游，导致我国适宜邮轮全年运营的地区有限。

全球变暖及极端天气。全球变暖正在使极端天气变得更为频繁。世界气象组织秘书长彼得里·塔拉斯曾表示："气候变化将在未来几十年继续下去，如果人们在减缓气候变化方面取得成功，我们就可以在20世纪60年代阻止这种负面趋势。在那之前，人们将看到越来越多的自然灾害和极端天气，以及比以前更多的人员伤亡和经济损失。"极端天气的发生轻则影响游客在船体验，重则对邮轮运营产生影响，存在更换航线、跳过停靠港口甚至停航的风险。

6.1.4.4 "灰犀牛"事件

地缘政治。从中国邮轮过往的发展历程来看，地缘政治是一个无法回避的问题。2012 年的钓鱼岛事件和 2017 年的韩国萨德事件都对邮轮业产生了较大影响。波罗的海区域、阿拉斯加区域、大洋洲等这些邮轮相对活跃的地区，由于未在世界大国的战略利益线上，因此一般不会出现地缘政治风险。而东北亚和南海处于日本的战略利益线和海陆大国战略博弈力所不及的极限地带，一方面 2010 年中国 GDP 超过日本，如今中国 GDP 已经是日本的 3.8 倍，日本倡导的亚洲小区域的"雁行模式"并未成功；另一方面在中国的台海统一目标越来越清晰的情况下，必将与日本的战略利益线发生冲撞，"中日友好"的主旋律也必将成为过去。整体而言，中国地缘政治环境仍然复杂，东北亚和东南亚都不太平，因而必将波及邮轮产业。邮轮属于相对高端的旅游消费，需求在政治因素和安全因素的影响下会发生巨大变化，曾经热闹的市场可能因为这些突发的事件而迅速降温。

突发公共卫生事件。一方面，邮轮作为一种封闭的交通工具，常常要搭载数千名旅客和船员，诸如以呕吐、腹泻等症状为代表的消化道疾病、以咳嗽等症状为代表的呼吸系统疾病在封闭空间极易传播，加上生活习惯改变，致使邮轮更加容易暴露于卫生风险之中，容易导致传染病暴发，影响旅客、船员乃至目的地当地居民的身体健康。另一方面，邮轮上发生的传染病流行不仅会影响邮轮的正常航程，也有损邮轮公司的形象，带来巨大经济损失。因此降低邮轮公共卫生风险，保障人员身体健康，减少经济损失一直是国境口岸卫生检疫机构和邮轮行业共同关注的问题。

6.1.5　战略选择

著名的战略规划大师王志纲说："做战略就是找魂"，也即一项事业长远发展的核心。根据对中国邮轮产业发展的 SWOT 分析，结合战略组合矩阵的分析，按照 SO 战略（发展型战略）来设定未来的发展路径（见表 6-1）。

表 6-1　战略组合矩阵

	优势（S）	劣势（W）
机遇（O）	SO 战略：发展型战略 发挥优势，抓住机遇	WO 战略：转型战略 补齐短板，抓住机遇
挑战（T）	ST 战略：多元化战略 发挥优势，迎接挑战	WT 战略：防御战略

中国邮轮产业发展的战略核心，也即"魂"，就是要在"中式的、国际化

和现代化"上找到邮轮产品的落脚点。

中式的：20世纪30年代，鲁迅先生在《且介亭文集》中写道："只有民族的才是世界的"，意思是只有来自民族大众的东西，经过千百年提炼升华后，才具有生命力和持久力，才能被世界认同。这既包含文化自信，但也要摒弃文化自大，在文化的开放与融合中找到中式邮轮的根基。目前世界上还没有中式邮轮，中国的逐步强大必将会触发中华文化在邮轮上的渗透，也必将会获得世界各国人民的青睐。专注于中式邮轮的打造和推广，将是中国邮轮产业发展战略的重要导向之一。

国际化：邮轮业肇始于19世纪的跨洋客运班轮，并在20世纪50年代因喷气式飞机的出现而转型为海上游乐休闲的产品，邮轮运营的国际化特征十分明显。中国邮轮产业只有在国际化的导向下才能吐故纳新，才能在融入国际邮轮大格局下找到自身发展的位置。国际化是中国邮轮产业发展的重要导向。

现代化：皇家加勒比游轮公司是引领邮轮行业现代化的代表，在服务创新、机器人调酒师、"北极星"玻璃观景舱、甲板跳伞、超高速无线网络VOOM、度假村、海滩休闲和主题公园的融合、液化天然气动力、废弃物的利用等方面都在引领行业新风尚，不断对产品和服务进行创新与蛙跳式升级，开创了诸多行业先河，为行业发展注入了源源不断的生机与活力。皇家加勒比国际游轮公司旗下共有七大船系的26艘世界级豪华邮轮，每一艘船都有超越前者的创新。在现代化和创新领域，中国将走在世界的前沿，未来也必将在发展中式邮轮的过程中，紧跟时代步伐，与中国式现代化相契合，打造出满足人们美好生活需要的邮轮产品。

总结起来，中国邮轮产业发展的战略选择，就是在清晰分析中国邮轮产业的优势、劣势、机遇和挑战的情况下，找到中式邮轮发展的战略路径。

中国邮轮产业发展战略，如果用一句话来表达，就是"融入世界，绽放中国"。过去十多年的时间中，中国邮轮实际上还是"接纳世界"和"感知世界"，自身的力量非常薄弱，谈不上"融入世界"。中资背景的邮轮公司在邮轮运营管理、邮轮文化、餐饮娱乐等方面都是在国际邮轮先行者的指导下不断进行借鉴和模仿。对于中国邮轮港，在"接纳"一艘艘国际邮轮的过程中逐步探索邮轮游客登离船的便捷服务。

后疫情时代，"融入世界"是中国邮轮首要任务，核心要义就是"国际化发展"。中资背景的邮轮公司，先不要想着"弯道超车"，要有唐僧取经遭受八十一难的决心，要有学徒的心态，认认真真地临摹、誊写、抄作业，摸清这一个行业的规律、技巧乃至潜规则，掌握能够在市场中立足的技艺，在国际化的市场和运作模式中首先得以"立住"。到 2035 年的时候，相关邮轮公司能够"三十而立"，中式邮轮品牌能够盈利，在中国邮轮市场具有一定的规模及影响力。"融入世界"有三个标志：第一，中式邮轮在世界的舞台上有"伴舞"的能力；第二，中国邮轮的制度政策与国际接轨；第三，中式邮轮融入国际邮轮文化传统并得以立足。

其后，在充分融入的基础上，叠加中国经济体量不断增长后的文化自信，中式邮轮得以"枝繁叶茂"，最终在中华民族伟大复兴的中国梦中逐步实现"绽放中国"的愿景目标。"绽放中国"有三层含义：第一，中式邮轮成为世界邮轮大家庭中的重要力量，中式邮轮品牌有机会成长为世界排名前三的品牌；第二，中国成为全球第一的邮轮客源国和重要目的地；第三，中式邮轮品牌成为倡导世界人民大团结和人类命运共同体的文化交流载体和平台，新时代的中国文化在邮轮上"绽放"，成为全世界人民喜闻乐见、令人神往的文化（见图 6-1）。

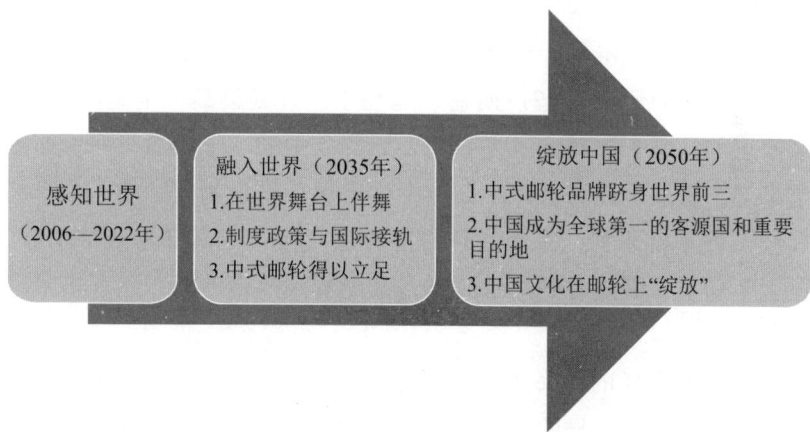

图 6-1　中国邮轮产业的战略选择

6.2　战略使命

6.2.1　美好生活新空间：世界级的邮轮目的地

2019 年，美国的邮轮游客量为 1419.9 万人次，德国为 258.7 万人次，英国及爱尔兰为 199.2 万人次，中国大陆为 191.9 万人次。排在中国后面的是澳大利亚 124.1 万人次，加拿大 103.7 万人次。从客源市场来看，中国大陆已经是世界第四大客源国。

2019 年，加勒比 / 巴哈马 / 百慕大作为邮轮目的地，共接待游客量 1198.3 万人次，亚洲和中国共接待游客 397.7 万人次，中西地中海接待 321.1 万人次，北欧接待 170.8 万人次，东地中海接待 122.6 万人次，阿拉斯加接待 121.5 万人次，澳大利亚 / 新西兰 / 太平洋接待 117.8 万人次[①]。

世界级的邮轮目的地，指的是世界上各国游客都争相前往的邮轮目的地。可以看到，加勒比 / 巴哈马 / 百慕大作为全球第一邮轮全球第一目的地，当之无愧。其每年能够吸引超过 1000 万人次的游客，有三个法宝：

第一，绝美的热带风光。加勒比海地区冬季阳光宜人，碧海蓝天沙滩是人们休闲度假的好去处，是西方人欢度圣诞节的一个重要目的地；西部与西南部是墨西哥的尤卡坦半岛和中美洲诸国，北部是大安地列斯群岛，包括古巴，东部是小安地列斯群岛，南部则是南美洲。整个加勒比海海区、西印度群岛诸岛及海域沿岸被合称为"加勒比地区"。加勒比地区沿岸包括许多海湾，如戈纳夫湾、委内瑞拉湾、达连湾、帕里亚湾和洪都拉斯湾等。加勒比海十大热情岛屿有巴哈马、格林纳达、圣文森特和格林纳丁斯、百慕大、阿鲁巴、英属维尔京群岛、圣卢西亚、圣马丁、开曼群岛、圣基茨和尼维斯。比如多米尼加，位于加勒比海大安的列斯群岛中的一个小岛——伊斯帕尼奥拉的东半部，是加勒比海众多小岛当中生态保存得最为完好的一个小岛。这里的气候条件丰富多样，东部是热带海洋性气候，西南部是热带草原气候。所以在这个岛上，既能看到热带海洋，又能看到热带沙漠，还有热带草原的自然风光。

第二，纷繁多样的人文景观。古巴有丰富的海资源，一流的海滨浴场，可以潜水，还有风格各异的建筑，被列为世界遗产的人文景观。著名城市哈瓦那，有博物馆、市政厅等参加景点，西部地区可以参观到世界最著名的烤烟生产地。牙买加是领略热带风光、海水浴场、潜水的绝佳之地，还可以了解到许多海盗的故事。维尔京群岛同样以海水和旅游胜地著称，来这里旅游的北美人特别多，设施也符合美国人的口味。

---

① 2019 Global Market Report.CLIA.

第三，邮轮公司建设的专属小岛。在加勒比海有无数的岛屿，因为热带风光而深受人们喜爱。由于毗邻世界最大的邮轮市场，距离世界最大的邮轮港迈阿密港非常近，便于航线组织，因而形成了十多个邮轮公司的专属岛屿。从 20 世纪 80 年代开始，这一风潮不断推进，既给邮轮公司产品创新提供了平台，也为当地经济和就业产生了积极效应。专属岛屿可以让游客不但在邮轮上体验主题乐园丰富的娱乐休闲项目，而且还将这些娱乐休闲项目带到了岸上，让游客体验得更多。

中国海岸线绵长，自然和人文景观丰富多样，邮轮是 5000 年的中国历史文化的很好载体。这些年，中国邮轮产业的发展，是以日韩为目的地而展开的。中国人对日韩这些较为发达国家的向往构成了中国人邮轮出游的一个很重要的因素，而日本也一跃成为亚洲最为热门的邮轮目的地。

未来，随着中国经济总量超过美国，中国人均 GNI 达到发达国家的水平，世界各国对中国景观和文化的向往逐步形成，中国必将成为世界级的邮轮目的地。同时，也需要通过美丽中国的建设让中国各地的旅游景点更具吸引力，并深度挖掘中国具有深厚文化底蕴的人文景观，让其更加契合人类命运共同体的理念，并为世界各国人们所喜欢。同时，还要构建与国际接轨的营商环境，让不同文化背景的国际邮轮公司都能够在中国寻找创造价值的空间，进而让中国市场的邮轮产品具有多元化的特征，让国际游客蜂拥而至、各得其所。

2035 年，中国邮轮游客量将达到 900 万人次，其中部分游客会到世界各地体验国外的邮轮产品及风光，也一定会有外国游客来中国体验中式邮轮。届时如果中国母港出发的邮轮能有 25% 的外国游客，表明世界级的邮轮目的地的目标得以实现。

6.2.2 文化引领新载体：从体验西方到开拓中式

6.2.2.1 美国文化主导邮轮

自 20 世纪 90 年代起，美国文化随着经济的全球化，形成了一股强大的"美国式"力量，向世界各国辐射。美国文化已经成为不折不扣的"强势文化"，对其他国家进行着近乎"单方面"的输出。

电影可以说是当代综合性最强的艺术，也是影响最大的文化产业之一。世界电影之都美国好莱坞目前处于世界电影产业的支配地位，是美国文化霸权的最好体现。统计数字表明，美国电影产量只占世界的 6%~7%，但占据了全球影院总放映时间的 50%。

除电影之外，福克斯新闻网（FOX）、美国有线新闻网（CNN）的电视新闻、流行音乐、《时代》杂志封面人物、NBA、棒球超级碗、ESPN 的体育直播、迪士尼乐园等都是"美国文化"的典范。这些繁杂的美国文化商品超越了地域时空的限制，到达五大洲的每个角落。有统计显示，美国文化产业的产值已占美国 GDP 总量的 18%~25%；400 家最富有的美国公司中，有 72 家是文化公司；美国音像业的出口额已超过航天工业的出口额，是美国创造利润最多的行业之一。

美国还将别的国家和民族的文化资源拿来，对其进行"美国化"之后，再重新推广到世界各地。美国迪士尼公司制作的动画片《花木兰》就是一个鲜明的例子。这部影片在新加坡首映后，在全球循环放映，总收入达 3 亿美元，成为迪士尼公司生产的利润最高的影片之一。《功夫熊猫》则是另外一个例子。两个极具代表性的中国元素"功夫"和"熊猫"被应用到了好莱坞的电影中。

邮轮文化的基础，来源于欧洲大航海，并融合了第一次工业革命、第二次工业革命以及信息化革命的文化元素，具有鲜明的西方文化特征。邮轮上的掷瓶礼、船长酒会、主题餐厅、百老汇歌舞表演等都是具有浓郁西方文化的活动，西餐礼仪也成为邮轮上的标配。中国人在邮轮上对这些西方的文化元素充满好奇心。

在当前的中国邮轮市场上，有现代大众型邮轮的代表皇家加勒比游轮，也有代表意大利文化的歌诗达邮轮，以及中国本土的渤海邮轮等。总体来看，布局中国母港市场的邮轮处于中端，而豪华和超豪华市场尚处于空白。本着差异化的发展原则，打造具有鲜明中国文化元素的高端邮轮，为本地和前往世界各地的中国高端人群提供具有中国文化亲和力的邮轮产品，也为偏好中国文化的外国游客提供高品质的中国文化体验，应当具有很大的市场潜力和发展空间。

在某种程度上，游客是个符号学家，每当在解读景观时，往往是为了寻找某些早已确立的概念或符号的意义，这些概念或符号通常是从旅游观光论述之中衍生出来的[①]。一艘邮轮的文化符号，可以从三个环节来体现：第一，

---

① 约翰·厄里，乔纳斯·拉森.游客的凝视［M］.黄宛瑜，译.上海：格致出版社，上海人民出版社，2020.

设计；第二，硬装修和软装饰；第三，活动。在船舶设计和建造的时候，设计就已经定型，各种船上活动的空间格局就已经确定，这方面的改造余地不大，可以变化的就是装修、装饰和活动。装修的改变需要较高的成本，装饰和活动的改造成本不高，但也需要设计空间的契合。每艘邮轮有其与生俱来的文化专属性，要改造其文化属性，有可能会产生"不伦不类"的效果。因此，购买二手邮轮要慎重，未来的目标市场定位要跟购买的邮轮相匹配，如果差异很大，想想是否能够通过后期的装饰、装修以及活动来弥补。对于新造邮轮，需要有中国文化元素的参与，中国民间有大量的人才储备，未来巨大的市场需求和可观的利益空间一定能够吸引到相关人士参与到邮轮建造中来。

对于外国旅客来说，邮轮是一个放松休息的旅程，这也正是未来中国人的诉求。目前的大多数中国人并不是只想放松身心，同时还希望在旅行中体验新事物和增长见识。中国历史上曾经富足过，所以古典文化中的闲情逸致很多，也更符合中国人的口味。"中国文化软实力发展战略研究"课题组提出了"中国文化符号调查报告"的阶段性成果，评选出最具代表性的中国文化符号是：汉语、孔子、书法、长城、五星红旗、中医、毛泽东、故宫、邓小平、兵马俑、黄河、论语、圆明园、文房四宝、敦煌莫高窟、史记、造纸术、古典诗词和京剧。在邮轮的装修和装饰上，可以把汉语、故宫、兵马俑、圆明园等文化符号移植到邮轮上。在活动上，可以结合中医、论语、文房四宝、京剧、养生等文化元素打造具有吸引力的互动活动。

西方的邮轮旅行，最初体现了英国上等人的风范，而这样的风范一直沿袭至今，中产阶级和平民阶层也乐于接受，都很注意衣着礼仪。作为礼仪之邦，中国的古典礼仪中具有价值的部分也可以移植到邮轮上，充分体现"中国范"，不但能够让中国价值回归，同时还可能吸引一部分对中国文化有兴趣的外国游客。

在餐饮上，国外邮轮的主题餐厅用餐要求着装"典雅"，这是发源于欧洲的邮轮沿袭了欧洲宴会文化的一种要求。对于中国文化元素的邮轮，可以营造酒文化和热闹的空间。同时，在适度保持欧美美食传统精髓的基础上，加入中国美食元素以留住国人的"胃"，进而形成更好的美誉度。

在特色活动方面，可以组织带有极为浓郁的西方文化色彩元素的娱乐节目（脱口秀、拍卖、品酒），还可以把具有深厚文化底蕴的中华文化瑰宝纳入其中，如琴棋书画、太极、禅修、茶艺、养生、相声等活动的引入。中央3台的文艺节目和中央15台的音乐节目中经常展现的中华民族的文艺音乐，可以移植到邮轮上。元宵节、重阳节、端午节、中秋节的文艺节目中，可以找到适合在邮轮上展示的节目。目前，邮轮上的综艺表演，是各大邮轮公司斥巨资打造的综艺节目，是西方好莱坞文化和迪士尼文化的完美表达。这些节目对中国人有一定的新鲜感和吸引力，但英语以及背后的欧美文化对中国人毕竟还有一定的隔阂，中国人可以以"看热闹"的态度体验这些综艺节目，但是要让中国人喜欢上这些节目却有难度。

《典籍里的中国》是由中央广播电视总台央视综合频道与央视创造传媒联合推出的文化类节目，聚焦优秀中华文化典籍，通过时空对话的创新形式，以"戏剧＋影视化"的表现方法，讲述典籍在五千年历史长河中源起、流转及书中的闪亮故事。中央广播电视总台与中国国家话剧院、中国社会科学院历史研究院联手，运用创新的手法，把传统经典搬上了荧屏让"典籍活起来"。《典籍里的中国》聚焦中华优秀文化典籍，从中甄选最值得讲述的优秀传统文化作品，以"文化节目＋戏剧＋影视化"的方式，讲述典籍的成书、核心思想以及流转中的闪亮故事，让书写在典籍里的文字"活"起来，展现典籍里蕴含的中国智慧、中国精神和中国价值。邮轮也可以借鉴这样的形式，作为传播中华文化和体现文化自信的平台。

2023年央视兔年春晚，有很多具有深厚中华文化底蕴的歌舞节目。《满庭芳·国色》用中国传统色作为切入点，以舞为语、以曲为韵，桃红、凝脂、缃叶、群青等有着优美名字的"中国色"扑面而来，让人沉浸其中。水墨般的色彩在大屏上扩散浸润，与舞蹈相契合随机染出的图案具有动感美和自然美。歌舞《百鸟归巢》将有千年历史的"音乐活化石"南音与流行音乐相结合，打造出百鸟翱翔嬉戏的吉祥情景。舞蹈《锦绣》灵感取自"五星出东方利中国"锦护膊，千年织锦的瑰丽再现中华文明的风采。少林寺墙上有一幅数十位武僧两两对练、徒手格斗的《武僧演武图》，春晚舞台上武术《演武》让这幅百年古画活了起来。舞蹈《碇步桥》，在现场搭出小桥流水的江南图景，从天而降的水瀑和轻巧的舞姿，尽显中国传统山水画的生动气韵。中幡起源于唐宋时期，后来逐渐发展成为一门杂技艺术，杂技《龙跃神州》的翻、转、腾、传、顶等一系列动作行云流水，与京剧元素、古典舞、武术融合碰撞出全新的艺术火花[①]。中国文化的宝库十分宏大，需要深度挖掘。观众在看春晚的时候，由于没有身临其境，手边还有拜年微信的干扰，很难沉下心来欣赏。如果这些节目能够在邮轮上再现，一定能够博得满堂彩。只不过，需要结合邮轮空间进行适当的改造。张艺谋给大家呈现的表演往往以大量演员整齐划一的动作以及鲜明的色彩为表现形式。邮轮上很难有条件展现大场面的歌舞，具有中华文化底蕴的精巧奇幻歌舞还是可以在邮轮上得以展现的（见图 6-2、图 6-3）。

图 6-2　2023 年央视总台春晚《锦绣》节目剧照

图 6-3　2023 年央视总台春晚《满庭芳·国色》节目剧照

---

① 热搜"爆"了！昨晚，这些画面刷屏！你最爱哪个？［N］.文汇报，2023-01-22.

开拓邮轮的中式文艺，就是要在邮轮上的综艺节目中，嵌入中式文化的表演空间、表演内容，在与游客的互动中精心打磨，找到不同游客群体的偏好，逐渐形成具有中国文化特色的综艺表演体系。这样的任务，毫无疑问要落在中资邮轮公司的身上。

6.2.2.2 嵌入中国航海文化

中国航海学会在 2021 年航海日论坛上，提出了新时代航海精神的七大要点。2021 年 8 月，中国航海日"航海文化的精神内涵与时代价值"论坛在北京举行。论坛上，多位专家学者围绕航海文化有相关议题进行了准确深入的探讨。会后，新时代航海精神总结提炼成以下九个方面：一是热爱祖国，服务人民；二是不怕困难，艰苦创业；三是勇于开拓，敢为人先；四是求真务实，永攀高峰；五是不畏风险，恪尽职守；六是团结协作、同舟共济；七是刻苦钻研、追求卓越；八是不计名利，埋头苦干；九是开放包容，友好合作。

与新时代中国航海精神相对应，邮轮文化的精神内核应该是：

（1）开放包容。

开放包容，突出了航海的全球属性，具有面向世界、连通世界的内涵；同时，也表现出了航海者的胸怀，涵盖西方大航海以来不畏艰险、勇于开拓的航海文化。中国综合文化的形成方式，称之为"化"。化是变易，不是一方之改变而是相互影响。汉文化是众多文化混成的结果。汉文化一直以来具有兼收并蓄的特征。

西方航海文化中也有包容性的体现。比如对于掷瓶礼，西方大航海时代沿袭下来的传统经过几百年的积累已经具有了一定的影响力，国际上更多看到的是女性作为教母。这些年，国际邮轮在开拓中国邮轮市场的时候，请过男性明星作为首航仪式的代言人。欧美人即便有很深的航海文化传统，但是他们在进入中国市场的时候，也做出了一定的改变，这是为了迎合中国消费者的诉求。由此可见，西方的航海精神中，具有鲜明的开放包容特征，入乡随俗在他们看来理所当然。

（2）以人为本。

《中国文化精神与现代社会》中提出，中国文化传统中的人文主义，与西方人文主义传统相比有本质区别，即它并非主要侧重个体的价值和自由发展，而是将个体融入群体，强调五伦，强调个体对于宗族和国家的义务。中国的人文主义传统以家庭为本位，以伦理为中心，西方的人文主义传统（主要是指近代以来）则以个人为本位，以法治为中心，两者互有短长。

航海事业需要充足的、高素质的海员作为支撑，海洋强国、交通强国、航运强国都需要中国海员在海上的工作和奉献。然而，海员这一职业的获得感大大下降，海员短缺越来越成为航海事业发展的重大影响因素。欧美国家对海员的重视以及对海员职业的尊重具有悠久的历史，海员在新冠疫情下被作为"关键工作岗位"而获得优于其他行业的待遇。世界上已经有53个国家把海员列为关键工作岗位。世界上排名前十的船东国中，只有中国没有将海员认定为关键工作岗位，这不能不说是一个遗憾。新冠疫情下，海员下地难、换班难、治病难、回家难四大难题已经成为影响海员合法权益、供应链稳定畅通乃至国家经济安全的潜在威胁。

新冠疫情下，邮轮船员短缺成为一大难题，邮轮公司不得不通过提升游客小费的方式来提高船员的收入。船员作为邮轮服务质量的源头，只有秉持"以人为本"的理念来善待船员，才能实现邮轮产品的价值，继而让邮轮公司获得可持续发展的可能。

（3）内外和合。

新时代的航海精神，还应包括和而不同、协和万邦的中华传统文化，以和平友好、合作共赢为基点，以人类命运共同体为指引畅行天下，摒弃征服与掠夺的海盗思维，摒弃基督教文化所倡导的"马太效应"。

世界各国对和平的向往与中国"和为贵""协和万邦"的政治外交理念紧密相连；中国文化"普遍和谐"的价值取向、"和而不同"的价值准则对整个人类都有可资借鉴之处。中华文明，和合为先，崇尚以己达人，鄙视损人利己，笃守己所不欲勿施于人。航海人在走向"一带一路"的过程当中，要接纳"一带一路"沿线国家的差异，要在彼此尊重的基础上谈合作。航海给"一带一路"沿线国家人民带去的是共同发展的机会。

与中国传统文化中的德性修养相比，西方的航海文化中有海盗文化的基因。王义桅在《海殇：欧洲文明启示录》中写道，欧洲海洋文明的三大"原罪"是：开放而不包容、对内多元对外普世、进取与破坏相伴而生。这是欧洲的基因，也是欧洲逐渐衰落的根源。当前，中国在"一带一路"倡议的推进当中，需要谨防西方海盗文化和普世价值观的侵蚀，需要防止"马太效应"的负面结果，不断在中国传统文化中的德性修养和内在超越中找寻文化根基，以人类命运共同体的理念为根本遵循，才能在"一带一路"沿线的"走出去"

过程中行稳致远。

《海洋与人类文明的生产》一书中写道，中国海神是一个名叫妈祖的女性，西方的海神以古希腊海神波塞冬为代表。中国海洋文化在中国海神妈祖身上体现的是中国海洋文明的底色——和平、自由、平等共存的文化精神。波塞冬代表的是冒险、占有、以自我为中心、自我满足的思想。

邮轮上的娱乐活动和文化展示中，应更多体现"内外和合"的理念，让邮轮成为和平、自由、平等的载体，让来自各国的游客和船员能够通过工作和体验来潜移默化地植入"内外和合"的基因。

6.2.2.3　经济基础和文化自信让中式邮轮必将成为新风尚

习近平总书记指出，文化自信是一个国家、一个民族发展中最基本、最深沉、最持久的力量。向上向善的文化是一个国家、一个民族休戚与共、血脉相连的重要纽带。

文化是一个国家、一个民族的灵魂。文化兴国运兴，文化强民族强。党的十八大以来，习近平总书记多次就中华文化与文化自信的重要性进行阐述。没有高度的文化自信，没有文化的繁荣兴盛，就没有中华民族的伟大复兴。

中华优秀传统文化滋养着中华民族在新的历史条件下的新创造、新发展，给我们的文化自信打下了最深厚的历史根基。事实上，中国特色社会主义文化积淀着中华民族最深沉的精神追求，代表着中华民族独特的精神标识，中华民族5000多年文明历史所孕育的中华优秀传统文化是中国特色社会主义文化的源泉，是凝聚人心、汇聚民力的强大力量。

文化如水，润物无声。近年来，一大批彰显文化自信的优秀作品深受大众喜爱，产生了《我和我的祖国》《觉醒年代》《长津湖》等优秀影视作品，舞蹈诗剧《只此青绿》以及《中国诗词大会》《国家宝藏》《一馔千年》等优秀艺术节目，在建构主流文化价值认同、体现时代性、展现中华文化魅力等方面表现十分出色，是对中华优秀传统文化的传承弘扬与创新表现。北京冬奥会上，"来时迎客松，别时赠折柳"诉说着中国式浪漫，饺子、豆包、麻婆豆腐、烤鸭等美食让世界更加了解中国美食文化的魅力，剪纸等中国文化元素随冰雪盛会大放异彩，中华文化在世界面前展现出前所未有的高度自信与创新样态。

源浚者流长，根深者叶茂。文化自信是一个国家、一个民族发展中最基本、最深沉、最持久的力量。面对百年大变局，在新时代、新征程上，要大力弘扬传承中华优秀传统文化，进一步坚定文化自信，不断开拓创新，为开创中国式现代化的发展新局面提供坚强思想保证和强大精神力量。

邮轮发展必须具有特色，中式邮轮应在文化领域走出自己的道路，并成为未来引领邮轮文化的载体。5000 年的中国文化脉络再加上中国经济的腾飞，让中华文化引领世界成为可能，也让邮轮上的中式邮轮文化得以立足并发扬光大。

这方面的标志是中式邮轮品牌得以立足，到 2035 年，有 15 艘中式邮轮在中国市场运营，提供约 4 万张床位，市场份额达到 30%。在国外的邮轮市场，中式邮轮也能够寻找到发展空间，并且具有较好的发展前景。

6.2.3   企业发展新平台：世界级的产业集群和中式文化内核的邮轮集团

作为邮轮发源地，欧洲直至现在仍垄断着邮轮制造的核心技术。虽然造船业东移，亚洲成为世界新的造船中心，但邮轮制造作为欧洲造船业最后一个领地始终难以撼动。全球从事邮轮设计建造的船厂主要分布在欧洲，其中意大利、德国、芬兰、法国是传统的邮轮制造强国。全欧洲共有 15 家船厂建造邮轮，占全球市场份额 95% 以上。

欧洲邮轮制造之所以经久不衰源于其厚重的历史。迈尔船厂由迈尔家族创立于 1795 年，凭借在旅客船和豪华渡船建造方面的经验和技术，早在 20 世纪 80 年代就开始进军邮轮建造市场；芬坎蒂尼创建史超过 200 年，旗下有 21 家船厂，遍布意大利、挪威、罗马尼亚、美国、巴西和越南等国，介入豪华邮轮制造已有 30 多年，已经成为邮轮建造领域的龙头。

欧洲拥有邮轮建造的核心技术。无论是船舶设计、制造工艺、重量控制，还是装潢施工、噪声振动、风险管理、自动化和资源整合等，欧洲邮轮制造船企都有自己的核心技术。如迈尔船厂整艘邮轮都可以在室内组装完工，芬坎蒂尼则在内装设计、薄板焊接及整合资源等方面出类拔萃。

另外，完整、完善、高水平的邮轮配套产业链也是欧洲邮轮建造核心技术的具体表现。目前，STX 法国配套产品的欧洲本土化率为 94%；芬坎蒂尼的欧洲本土化率为 99%；迈尔船厂的欧洲本土化率为 98%。除了本地配套完备，许多船厂还能自我提供船舶配套产品，像芬坎蒂尼就设有 2 家船配产品生产企业[①]。

---

① 吕龙德. 揭开欧洲邮轮建造业面纱［J］. 广东造船，2018（6）：11-12.

　　借鉴欧洲邮轮建造的发展经验，基于中国制造强大的产业配套能力，中国未来有望成为世界级的邮轮产业集群，并培育出中式文化内核的邮轮集团。

　　一是建成邮轮建造的世界级产业集群。目前，在长三角和珠三角地区已经具备这样的雏形。长三角地区，招商局海门基地已经有良好的基础，中船外高桥造船厂已经开始了大型豪华邮轮的建造。珠三角地区，广船国际在客滚船领域已经拥有世界上最大的客滚船订单量，薄板制造的工艺能力已经具备，非常有条件成为未来中国邮轮建造的另外一极。中国制造的良好营商环境、中国市场持续不断的需求都会让中国邮轮制造的规模不断扩大，进而培育出世界级的产业集群。

　　二是培育中式文化内核的邮轮集团。目前，世界邮轮市场的格局可谓四分天下，也即嘉年华集团、皇家加勒比集团、地中海邮轮和诺唯真邮轮，其中嘉年华集团和皇家加勒比集团两家合计占比为65.2%，市场集中度很高。2019年，嘉年华集团的全年总收入为208亿美元，跻身财富500强企业前160位，并在福布斯全球2000家最具影响力的企业和美国顶级上市公司中分列第312位和第94位。中华优秀传统文化源远流长、博大精深，是中华文明的智慧结晶，其中蕴含着天下为公、民为邦本、为政以德、革故鼎新、任人唯贤、天人合一、自强不息、厚德载物、讲信修睦、亲仁善邻等。未来，在文化自信和大力发展社会主义先进文化的大潮之下，必能培育出具有中式文化内核的邮轮集团。到2035年，形成长三角和珠三角两个世界级的邮轮产业集群，形成1家邮轮集团公司，跻身世界邮轮集团排名的第五位（见图6-4）。

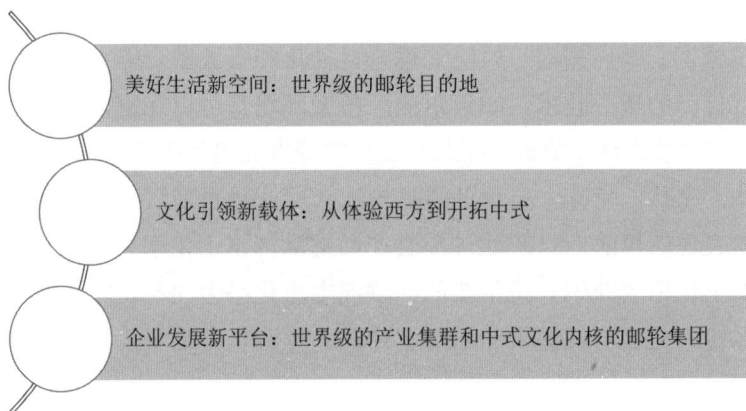

　　美好生活新空间：世界级的邮轮目的地

　　文化引领新载体：从体验西方到开拓中式

　　企业发展新平台：世界级的产业集群和中式文化内核的邮轮集团

图6-4　中国邮轮产业的战略使命

6.3 战略目标

6.3.1 总体目标

到 2035 年，我国邮轮市场成为全球最具活力的市场之一，本土邮轮船队发展取得显著突破，邮轮港口布局合理，邮轮运输服务体系完备，邮轮安全应急体系满足传统安全以及公共卫生安全的要求，邮轮绿色发展符合"美丽中国"的要求，建立中国特色的邮轮市场规制体系，基本实现邮轮治理体系与治理能力现代化。

——国际邮轮旅客年运输量达到 900 万人次。如果按照 13.5 万总吨（标准载客量 4250 人）的邮轮、平均 7 晚（目前中国邮轮的航线长度平均为 5.1 晚，考虑到未来中国人的休闲趋势以及国际邮轮的航线长度，2035 年能够达到 7 晚）的航线来计算，则在中国市场上总共能容纳 38 艘邮轮，床位数 80750 张，510 万总吨。

——邮轮运力规模适应市场需要，本土邮轮公司（含合资）海上邮轮船队控制运力达到 200 万总吨。其中，150 万总吨的运力常年在中国市场运营，50 万的运力在国际市场开拓。中资邮轮公司的市场份额达到 30%。200 万总吨的运力，对应着约 15 艘邮轮，床位数约为 32000 张。

——航线极大丰富。在继续深耕东北亚航线的基础上，以创新更长的航线为契机，结合南海的开发开放，全面拓展菲律宾、新加坡、马来西亚、泰国、越南等东南亚航线，使得中国邮轮市场的航线丰富度大幅提升。

——邮轮港口布局合理。形成沿海—两江（长江和西江）——河（京杭运河）的总体布局，设施功能完善，集疏运衔接顺畅，服务水平达到国际标准。

——邮轮安全应急体系完备。符合航行安全、旅客安全、反恐安全以及突发疫情卫生安全的要求。

——邮轮绿色智慧发展完善。全面建成邮轮业绿色发展体系，绿色化智慧水平达到世界先进水平，为邮轮产业高质量发展提供坚实的支撑。

——建立完善的市场规制体系，强化邮轮市场监管，以更大程度上保障游客安全为宗旨设置市场门槛以及事中事后监管，促进邮轮市场可持续发展。

——邮轮法律法规、标准规范与时俱进，与国际接轨，并与相关法律法规兼容。

到 2050 年，中国邮轮市场成为全球最大邮轮市场，形成具有全球竞争力的中国本土邮轮品牌，本土邮轮公司邮轮控制运力达到 400 万总吨。中国邮轮市场健康发展，配套服务完备，在市场监管、安全应急、绿色发展、法律法规等领域居世界前列，在部分领域形成中国经验、中国方案和中国规则，中国邮轮产业高质量发展全面实现（见图 6-5、图 6-6）。

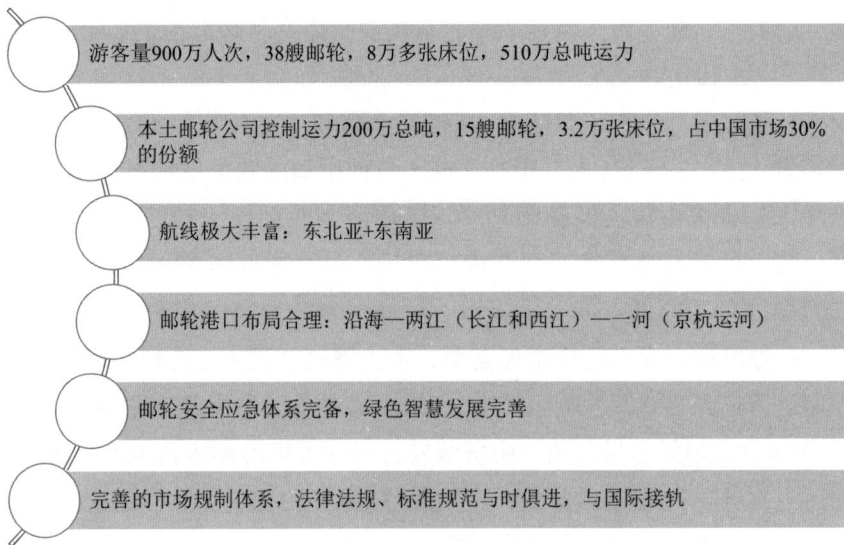

游客量900万人次，38艘邮轮，8万多张床位，510万总吨运力

本土邮轮公司控制运力200万总吨，15艘邮轮，3.2万张床位，占中国市场30%的份额

航线极大丰富：东北亚+东南亚

邮轮港口布局合理：沿海—两江（长江和西江）——一河（京杭运河）

邮轮安全应急体系完备，绿色智慧发展完善

完善的市场规制体系，法律法规、标准规范与时俱进，与国际接轨

图 6-5　中国邮轮产业 2035 年目标

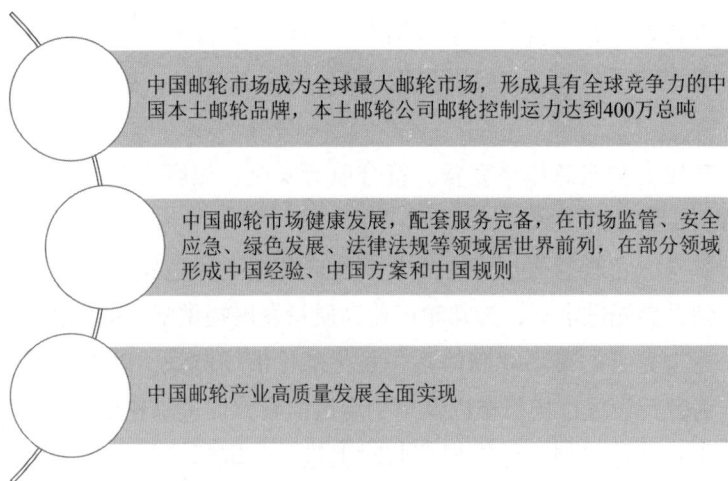

中国邮轮市场成为全球最大邮轮市场，形成具有全球竞争力的中国本土邮轮品牌，本土邮轮公司邮轮控制运力达到400万总吨

中国邮轮市场健康发展，配套服务完备，在市场监管、安全应急、绿色发展、法律法规等领域居世界前列，在部分领域形成中国经验、中国方案和中国规则

中国邮轮产业高质量发展全面实现

图 6-6　中国邮轮产业 2050 年目标

6.3.2 邮轮船队目标

6.3.2.1 中资国际邮轮船队

中资国际邮轮船队，已经具备了基础性的发展条件，中国船舶集团、中远海运集团、招商局集团、中旅集团等大型央企已经在邮轮运营领域进行了布局。另外，民营企业也在探索邮轮运营。

不同邮轮公司所提供的邮轮产品因在航线、船舶、服务、目标客户、地域和季节等方面的不同而存在不同程度的差异性，使国际邮轮市场具有垄断竞争的市场结构。每个邮轮产品因为差异化而具有一定的垄断力，但是垄断力又没有强到可以垄断定价，不同产品之间仍然具有一定的竞争性和可替代性。因此，要进入国际邮轮市场，把握产品的差异化定位是关键。近些年进入中国市场的国际邮轮，尽管很多时候打出的宣传口号是"专为中国人定制"，但这些邮轮还是具有太多的欧美基因，很多地方都难以与中国消费者相契合，如大型表演和酒吧。未来，要形成针对不同客户群的中资国际邮轮船队，既要为广大具备消费能力的中国人服务，还要能够为对中国文化特色具有偏好的外国人服务。要以鲜明的"中国文化符号"为引领，加快培养塑造中国邮轮运营主体。

在服务大众领域，到 2035 年，以中船嘉年华邮轮为基础，其他本土邮轮为辅助，形成约 200 万总吨的运力规模。

在服务中高端市场领域，到 2035 年，形成 5 万总吨以下的小型邮轮约 8 艘，形成约 25 万总吨的运力规模，服务中国沿海的国内市场、国际市场乃至全球市场。

鼓励民营资本参与邮轮市场，形成国资与民资并进的本土邮轮品牌，实现中国本土邮轮供给多元化，形成大中小型邮轮齐头并进的良好企业生态。

6.3.2.2 沿海游轮船队

沿海游轮船队刚刚处于发展的萌芽阶段，以中远海运集团旗下的"南海之梦"号和"长乐公主"号为代表。这两艘船严格意义上并非游轮，而是用客滚船改装后承担三亚至西沙 3 晚 4 天的航程。

"南海之梦"号游轮，隶属于港中旅集团、中远海运集团和中国交建三家央企合资成立的三沙南海梦之旅邮轮有限公司，2.36 万总吨，最大载客量 893 人。2016 年 5 月 20 日，三沙南海梦之旅邮轮有限公司在三沙登记注册，主营海上客货运输、邮轮旅游等业务。2016 年 12 月 21—24 日，"南海之梦"

号游轮自三亚起航赴西沙开展海上邮轮旅游活动，目的地是西沙的三个小岛：全富岛、银屿岛和鸭公岛。

"长乐公主"号共 1.4 万总吨，载客量 499 人，拥有客房 82 间、舱位 330 个，设有自助餐厅、娱乐室、超市、医疗所等场所。游客可在西沙游玩两个整天，观光永乐群岛中的全富岛、鸭公岛和银屿岛 3 个岛屿，参加升旗、环保卫士、半潜船观光、浮潜、海钓等主题活动。2017 年 3 月 2 日，西沙生态旅游航线新型游轮"长乐公主"号在三亚凤凰岛国际邮轮码头开启首航之旅。

目前，真正意义上的沿海游轮是"招商伊敦"号。自 2021 年 10 月以来，"招商伊敦"号开行深圳—三亚、深圳—厦门、上海—舟山—厦门—深圳等航线，一直以来积极探索我国沿海优质旅游资源，通过深挖和传递当地的人文民俗，带领中国旅客踏上"中国海岸人文之旅"。由于疫情管控、市场培育等方面的原因，运营效果并不尽如人意。可以判断，这一市场仍然具有非常大的想象空间，从船型、航线、目的地、产品创新、市场营销等方面持续打磨，有可能打开这一市场。

到 2035 年，伴随着中国沿海特色小岛的建设，将形成约 10 艘从 1 万总吨至 2 万总吨的沿海游轮，运力约为 15 万总吨。

6.3.3　邮轮航线目标

6.3.3.1　国际邮轮航线

中国邮轮市场十多年以来依据客源市场和旅游目的地之间航程以及吸引力，形成了以东北亚航线为主的发展格局。中国与韩国因为萨德导弹的问题而关闭了韩国邮轮目的地之后，中国邮轮市场的目的地几乎只有日本。东南亚邮轮市场具有一定的开发潜力，但由于中国邮轮的主力消费群体在长三角区域，离东南亚较远，而且东南亚对中国人的吸引力有限，使得面向东南亚的邮轮市场并未充分发展。

目前，中国沿海出发的国际邮轮去日本，停靠的港口有福冈、熊本、鹿儿岛、冲绳、大阪、神户、横滨、长崎、下关、舞鹤、函馆、佐世保、名古屋等。去东南亚，停靠的港口有香港、岘港、芽庄、顺化、下龙湾、胡志明市等，距离较远的新加坡、吉隆坡、马来西亚槟城、普吉岛、马六甲等地因为航线长度的限制很难抵达。

到 2035 年，形成中国沿海港口出发的远中近目的地相结合的航线，覆盖东北亚、东南亚以及全球的航线。

6.3.3.2 沿海游轮航线

目前沿海游轮航线还比较少，未来通过沿海特色小岛的打造以及游轮停靠基础设施的建设，形成四大沿海游轮航线：

第一，各邮轮始发港到渤海湾特色小岛的航线。这包括山东长岛和辽宁长海等。

第二，各邮轮始发港到长江口特色小岛的航线。这主要是指舟山群岛，继续升级现有已经开发的岛屿同时，开放尚未开发的岛屿，形成邮轮公司的专属岛屿。

第三，各邮轮始发港到珠江口及广东的特色小岛的航线。这包括珠江口东向和西向两个方面的特色小岛，如东澳岛、南澳岛、海陵岛等。

第四，各邮轮始发港到中国南海特色小岛的航线。随着中国在南海填岛的进程不断推进，未来的航线可以从西沙群岛拓展到南沙群岛，并可能与东南亚国家之间形成更为丰富的航线。

7 中国邮轮战略路径

7.1 邮轮产业的核心价值

7.1.1 邮轮命运共同体：时不我待，共同责任，共同行动

人类命运共同体，指在追求本国利益时兼顾他国合理关切，在谋求本国发展中促进各国共同发展，在党的十八大报告中首次出现。人类命运共同体这一全球价值观包含相互依存的国际权力观、共同利益观、可持续发展观和全球治理观。虽然这一理念提出已经十多年，但是经常被欧美的政客所质疑，中国人在向外宣传和推广的过程中往往也不够自信。新冠疫情暴发以来，人类命运共同体这一理念被中国人首先践行，并让全世界的人们都深深感到这个世界是彼此相连的世界，没有一个国家可以独善其身。将"人类命运共同体"这一理念进行延伸，可以提出"邮轮命运共同体"的价值主张，这包含三方面的内涵。

时不我待。在发生重大疫情的时候，稍微一点的疏忽都有可能让疫情的势头难以遏制。在面对疫情的时候，过多关注利益相关方的权利范围和责任归属，过多探讨国际法和各国国内法交织情形下邮轮应当怎样处置，很可能贻误最佳的战机。因此，本着邮轮命运共同体的理念，第一时间处理和解决邮轮疫情才是最紧迫的事情。疫情就是战斗，在主动尽力解决邮轮疫情的过程中可能产生的纠纷应当尽量免责，这才有利于各国未来在突发疫情下的主动作为。

共同责任。国际邮轮上，来自多个国家的游客欢聚一堂，并接受来自几十个国家的船员提供的服务，这样的空间必定会面临各国不同习惯、文化、风俗、观念的激烈碰撞。在遇到激烈的冲突时，秉持人类命运共同体所倡导的"和而不同"的理念，以充分的包容性处理相关的事件，就能够很好地处理相关的冲突。

共同行动。在中国市场打拼的邮轮公司，虽然相互之间是竞争者，但同

时也具有共同的诉求。在面对重大的疫情时，共同商量应对之策、共同找寻应对危机的解决办法、共同申请相应的政策支持是必要的。应对疫情，不是每家公司独立处置自己的难关，而应凝心聚力，找到更为恰当的应对之策。同时，疫情过后的市场恢复期仍然需要业界的齐心协力。行业服务标准、市场供需关系、上下游关系都需要以邮轮命运共同体的理念相互协作来实现。中国邮轮市场的行业共识并非由远在美国迈阿密总部的大佬来传达，而是由耕耘于中国市场的相关企业通过长期博弈和协商达成，这是邮轮命运共同体的内涵之一。在新冠疫情向全球扩散的情况下，几大邮轮公司应当在国际邮轮协会的主导下，及时商讨行业的应对举措，形成行业应对疫情的共同方案，这也是邮轮命运共同体的内涵。疫情之后，大家共同商议防范未来可能的其他病毒的影响，形成在此领域行业可以接受、使游客具有安全感的防疫举措，这是邮轮命运共同体的另一内涵。

7.1.2　以人为本：面向游客，善待船员

"以人为本"中的"本"是"根本"的本。"以人为本"，是一种对人在社会历史发展中的主体作用与地位的肯定，强调人在社会历史发展中的主体作用与目的地位；是一种价值取向，强调尊重人、解放人、依靠人和为了人。邮轮的服务对象是人，同时还需要吸纳非常多的船员和海乘人员提供服务，奢华型邮轮的船上服务人员的数量甚至可能达到与游客量相当的程度。邮轮产业是资本密集型和劳动密集型产业。"以人为本"是邮轮产业首先需要秉持的核心价值。邮轮公司的"以人为本"，需要面对两个人群：游客和船员。

针对船上的游客，"以人为本"的理念首先要求邮轮公司以游客的人身安全为"本"。新冠疫情暴露出国际邮轮的卫生防控体系的短板，邮轮公司需要与邮轮设计建造环节充分互动，解决新冠疫情对邮轮船上防疫的新要求，通过设置智能杀菌自动空气净化安全房舱、改造船上部分空间的空调系统等方法以实现邮轮的有效防疫。"以人为本"还需要业界不要把每年的游客增长率当作一个重要的指标，而应把服务好每一个游客作为更重要的指标。"以人为本"需要业界拿出更大的诚意服务好每一个顾客。《华杉讲透国学名著》中有段非常好的话可以作为"以人为本"的注解。他提出，企业竞争的本质是"非竞争论"，竞争是一种幻觉。所有企业都是拿着丘比特的小箭，去射消费者的心。是否射中只在自己，射不中不怪别人。即便别人用毒箭射中了消费者，那也是别人的事情，与你无关。这就是《孙子兵法》说的"昔之善战者，

先为不可胜，以待敌之可胜"，也是《道德经》说的"夫不争，则天下莫能与之争"。在中国邮轮市场，国际邮轮公司安排一艘超大的新船布局中国，会引起业界的竞争焦虑；疫情下中资邮轮公司购买了几艘二手邮轮，也会引起业界对未来市场的竞争焦虑。其实，邮轮业的本质属性是差异化，找到自身的定位，找到自己的"靶心"，然后不断磨炼技艺，让自己的"箭"射中"靶心"，自然就会有生存空间。中国的消费者基数非常大，市场空间巨大，具有明晰定位的企业一定能够射中属于它自己的"靶心"。

邮轮公司"以人为本"的另一方面，就是善待船员。曾国藩说："阅历世变，但觉除得人以外，无一事可恃。"经历了世事变化，在大事小情无常的环境里，什么都不能依靠，只有合适的人才是真正能靠得住的[①]。邮轮业是服务性行业，船员服务的主动性和尽心尽力十分重要，只有善待船员，才能促使其更好的服务游客，进而形成良性的正反馈效应。善待船员的第一要义，就是给船员支付在市场上有竞争力的薪水。邮轮公司的发展和盈利，绝不是通过压缩船员工资来实现的，而是通过好的定位和恰当的产品来实现的。在现有的邮轮薪酬体系下，向游客收取的每日的固定小费聚集起来是邮轮船员的工资资金池，船员还有机会通过日常良好的服务从游客那里获得额外小费。工资资金池的大小受满载率和费率的约束。邮轮公司应该做的，不是把越来越多的船上职位的工资都纳入这个资金池中。善待船员的第二方面，就是给船员恰当的上升渠道，让其对未来的发展充满希望，这背后依赖一个很好的船员培训体系。据说中国大约有100多所与邮轮有关的中等和高等职业院校，每年可向邮轮行业输送的毕业生在万人左右，但被邮轮公司录取的比例较低。原因在于不少应聘邮轮职位的毕业生存在以下三个方面的短板和错位：职业技能错位、职业素养错位、职业倾向错位，这些错位势必影响到雇员的工作满意度和表现及雇主对雇员的评价，进而影响人才市场的供给和需求。解决这个问题的一个办法是在全国建立邮轮师资培训和课程开发中心，并在全社会形成注重职业教育的理念，形成职业教育的体系[②]。善待船员的第三方面，则是关注船员的心理健康。航海这项工作，需要船员具有良好的身体素质和精神力量。漫长的海上航期，工作繁重、时刻面临危险，更重要的是远离陆

---

① 冯唐．冯唐成事心法［M］．北京：北京联合出版有限公司，2020：252.
② 刘淄楠．如何提升中国游轮专业人才的国际竞争力，博士说游轮，2021-12-01.

地和家庭，压力难以缓解与释放，就像始终绷紧的发条，极易衰老绷断。邮轮上船员的工作强度巨大，国际化的工作环境也会给船员带来压力，疫情下船员换班难会对船员形成心理压力。用有效的办法解决船员的心理健康，才能让公司的运营具有持续性。

7.1.3　和而不同：文化融合，有容乃大

邮轮是一个多元文化交融碰撞的空间，在业界一直有"中式邮轮""西式邮轮"的探讨或者争论。有人认为邮轮本就是舶来品，保持"西式文化"才有足够的差异性，才会赢得中国消费者。另一些人则认为邮轮到了中国就应该进行本地化改造，适应中国消费者的独特需求。对于一个在中国市场经营的邮轮品牌，秉持"和而不同"的理念就能够很好地处理上面所述的中西文化之争。

文化融合。世界需要"中式邮轮"，而中式邮轮不应当是全然的中式元素。对于中式邮轮只有充分理解与尝试，在中国传统文化的历史厚重感中去深入挖掘，与现代邮轮的现代感完美结合，在邮轮体验与服务中充分体现出来，才能让更多人愿意参与其中。将中国消费者喜欢的元素融合到邮轮的设计之中，将不同航线、不同目的地、不同邮轮主题的产品元素融入其中，将中国园林静态景观效果与地域文化充分结合起来，再加上儒家文化、佛教文化、道教文化、美食文化、娱乐文化、庆典文化等元素，就能够创造出具有"中国文化符号"的中式邮轮。中国元素到底占怎样的比例并没有定论，这依赖产品定位下的消费者偏好。

有容乃大。世界文化多元多样、各有所长，每一个国家的文化都以各自方式为世界文明做出贡献，都是人类共同的精神财富。只有兼纳百家之精华，融合各种文化之所长，才能更好地促进本国文化的发展；如果自我封闭、排斥外来，就会失去发展的活力，甚至走向消亡。中华文化之所以生生不息、经久不衰，就在于它具有海纳百川、有容乃大的胸襟，具有博采众长、兼收并蓄的传统。"罗胖 60 秒"提到了中华文化包容性的表现。现在的影视剧经常会有妖族、神族的剧情，这明显来自西方观念。在中国的文化观念里，根本没有这种血统论的说法。比如在《西游记》里面，猪八戒在天上就是神仙天蓬元帅，贬到人间就是一只猪妖。孙悟空生来就是一只猴妖，修成正果就是斗战胜佛，这和中国文化中的"夷夏"之分是一样的。人种和出身并不重要，文化认同才是第一位的。认同中国文化，就可以被认同为华夏，这是中

华文化包容性的重要体现。邮轮是一个开放的系统，一艘邮轮所呈现出来的文化特征，本就是各国优秀文化的融合与贯通。只有具有充分的包容心才能够创造出消费者喜欢的产品。国际邮轮公司愿意放弃自身的传统来迎合中国消费者，充分展现了国际邮轮公司的文化包容。因此，本土邮轮公司在创建自身的品牌时，需要有充分的包容心，既要体现本土邮轮文化的特色，还需要接纳和包容西方文化的典型特征，才会创造出有生命力的本土邮轮品牌。

7.1.4　国际大同：规则相容，开放包容

大同思想起源于《礼运·大同篇》。儒家经典《礼记·礼运》说："大道之行也，天下为公。选贤与能，讲信修睦。故人不独亲其亲，不独子其子，使老有所终，壮有所用，幼有所长，鳏寡孤独废疾者，皆有所养。男有分，女有归。货恶其弃于地也，不必藏于己；力恶其不出于身也，不必为己。是故谋闭而不兴，盗窃乱贼而不作，故外户而不闭，是谓大同。"可见，大同思想在邮轮领域的体现，应当是"大道之行也，天下为公""故外户而不闭，是谓大同"，也即邮轮领域的大道施行的时候，邮轮市场国际相通，大家彼此开放大门，互鉴相通。

邮轮产业的"国际大同"指的是：不管中资邮轮还是外资邮轮，不管在国内还是国外，法律法规和标准规范都应与国际接轨，表现为"大致相同"。无论中资邮轮还是外资邮轮，不论来自何方，去往何处，都可以经营同样的航线和产品为来自全球的客人提供服务。

开放包容是"国际大同"的核心。中国改革开放的历史经验表明，闭关锁国没有出路，中国也正在以更高水平的开放迎接世界。在邮轮领域，中船嘉年华的成立就是中国秉持开放合作的典型案例。当这样的开放合作案例越来越多的时候，中国资本和国外资本在众多领域结成纽带的时候，再提中资邮轮和外资邮轮的差别化对待就会变得不合时宜。

邮轮的特色：大致相同，锦上添花。邮轮品牌要立足，需要基于特色打造邮轮产品。而这种特色，又不是迥然不同。邮轮上的餐饮、娱乐和休闲，其实是经历了几十年全球化洗礼后的结果。遍布世界的国际餐厅、迪士尼乐园以及五星级酒店，已经让邮轮上所提供的服务具有普遍接受的基础。中式邮轮固然要秉持中国特色，但这种特色并非与西方做法格格不入，而是在接纳基本的设施和服务规范的基础上，做一些中国式的改变，增添一些意趣和差别，归纳起来可以表述为：大致相同，锦上添花。这样的邮轮，才会让全

世界热爱邮轮的游客愿意登船。人类对美好生活的向往具有趋同性，邮轮本就是人类共享和平美好生活的诺亚方舟。

7.1.5　至诚无息："敬"+"恒"

《中庸》："故至诚无息，不息则久，久则征，征则悠远，悠远则博厚，博厚则高明。"无息，就是没有停息。至诚待人，其至诚之心，既无虚假，也无间断。《华杉讲透〈论语〉》中写道，至诚无息是日日不断之功，一刻也不停息。无息则博厚，就是厚德载物；无息则悠远，就是永续经营[①]。日本茶道的"一期一会"，所表达的是作为主人应尽心招待客人而不可有半点马虎，而作为客人也要理会主人之心意，并应将主人的一片心意铭记于心中，主客皆应以诚相待，这其实也有"至诚无息"的含义。

党的十九大报告中提出"美好生活需要"而不是"美好生活需求"，这里面其实隐含了一个意思：是"需要"而不是"需求"，表明未来人们的需求发生变化，生产者与消费者的关系发生反转，消费者面临纷繁多样的产品，再也不会"求"着购买，而是由生产方通过不断的创新和提升服务来"求"消费者购买。只有好的产品和服务，才能获得消费者的青睐。需求不再是刚性需求，很可能是马斯洛需求理论所提出的精神层面的需求。消费者只是"要"而不再"求"，需要生产者转换传统的生产和服务理念，才能让消费者"欲罢不能"。诚意和匠心则是抓住新时代消费者的不二心法。

邮轮产业在中国经历了近20年的发展，规模上已经居于世界第二方队，而"尝鲜式"消费已经逐步走到了尽头。只有秉持"至诚无息"的理念，在邮轮产品打造上持续不断的下功夫，才能获得属于自己的市场空间。当下的中国本土邮轮公司，最需要提升的理念就是"至诚无息"。本土邮轮公司在购买了二手邮轮以后，需要拿出足够的诚意请专业的团队为企业定方向定战略、搞策划、搞市场营销，以短缺经济时代所积累的过往经验来应对新时期的邮轮市场，必定会遭遇到前所未有的困难。本土邮轮公司对企业的战略定位并没有充分重视，买到二手邮轮往往就陷入到了具体的经营细节当中，在企业战略定位及战略路径上缺乏认识，这必然会让企业在遭遇困难时徘徊不前，而遇到利好机会时又用力过猛。

"至诚无息"的另一层含义，就是要对邮轮市场要有充分的敬意（见图

[①]　华杉. 华杉讲透《论语》·修订版（全2册）[M].南京：江苏凤凰文艺出版社，2022：216.

7-1）。曾国藩说："敬字、恒字二端，是彻始彻终工夫。鄙人生平欠此二字，至今老而无成，深自悔憾。""敬"和"恒"，是从开始到最后都应该严格遵守的两个最重要的修炼方法[①]。不要以为曾经在中国的房地产市场、旅游市场或者航运市场搞得风生水起，就有能力在邮轮市场上再创新局。邮轮的"水"很深，"旱鸭子"需要先掌握游泳的技能，才会知道这片水的深浅和冷暖。

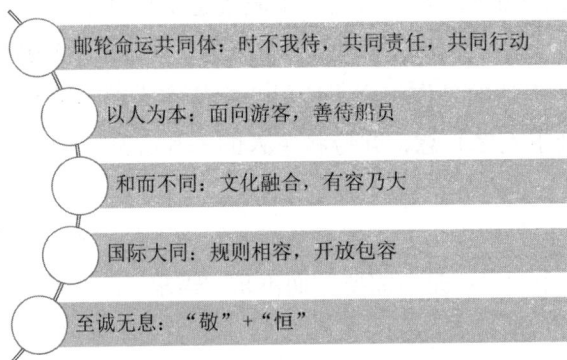

图 7-1 中国邮轮产业的核心价值

7.2 邮轮公司的战略路径

7.2.1 具备战略调整能力

新冠疫情这样的"灰犀牛"事件，可谓是邮轮业百年未有之大变局，自20世纪60—70年代以来现代邮轮公司成立以来，似乎还未遇到过这样大的危机。"9·11"事件对邮轮业的打击仅限于人们的消费意愿，2008年全球金融危机对邮轮业的打击仅限于市场规模增速的小幅下滑，而新冠疫情让这一市场从3000万人次一下子降低到了580万人次，降幅为417%，可谓是断崖式下跌。2020年第四季度，嘉年华集团平均每月消耗现金5亿美元。在2020年3月至2021年5月的全面停航期，国际邮轮公司依靠自身所能够筹集的现金流艰难度日。这就像冬眠的棕熊一样，冬眠前要能够吃足够多的鲑鱼以积蓄脂肪，并期待冬天不要持续太久。邮轮业并非周期性产业，冬天何时来不可预知，但可能遭遇极寒天气。邮轮业尽管曾经有一段获利颇丰的日子，但需求弹性大预示着这个行业很难获得超额利润。是否可以把邮轮界定为"冬

---

① 冯唐.冯唐成事心法［M］.北京：北京联合出版有限公司，2020：30.

眠型产业"？虽不知冬天何时到来以及持续多长时间，但是要明白这柄达摩克利斯之剑一直悬在空中，需要邮轮公司在决策时充分考虑这一因素，不要把杠杆率加得太高，并持续修炼如下四项能力。

7.2.1.1 全球运营能力

对于大多数产业来讲，在本土市场上站稳脚跟，才有国际化的基础和条件。公司首先在本土市场中找到行业规律，磨炼团队和管理人员，降低运营成本，然后在世界上市场条件相对较好的地区逐步"走出去"，逐步成长为国际化的公司，这似乎是中国公司成长壮大的一般路径，邮轮公司也在试图走这样的路径。但是，邮轮业的天然属性让这样的路径很难走通。

后发劣势让本土邮轮公司很难在开放的市场环境中成长壮大，季节性淡旺季让本土邮轮公司难以满负荷运转，地缘政治风险常常扰乱乃至打断邮轮市场的正常运营，小规模运营难以获得国际邮轮集团的规模经济，本地化运营难以实现国际化布局所带来的航线、客源、船员和船供等因素而生的成本优势，使由本土化向国际化的跃迁路径根本行不通。

目前，邮轮业已经形成了四大邮轮集团的总体发展格局，中国人不应也不宜违背行业发展规律"另立山头"，而是应该以充分的现实感融入现有的国际邮轮大格局中。在融入过程中，就自然具有了国际化的能力，也就"站在了巨人的肩上"。

7.2.1.2 战略腾挪能力

战略腾挪能力，就是在时间、空间和业务上具备资源配置的能力，从而让邮轮公司不会因为突发的"灰犀牛"事件而造成现金流枯竭。

在时间上，能够通过多种多样的融资渠道获得企业发展的现金流。新冠疫情的三年时间里，邮轮公司利用曾经的业绩表现给资本市场以信心，不断通过股权融资和债务融资的方式来获得现金流，并通过向消费者预售船票的方式获得来自客户的"无息贷款"，这让国际邮轮公司的现金流一直以来相对充裕。不过，经过了新冠疫情这样巨大的"灰犀牛事件"，国际邮轮公司的资产负债率大幅提升，再叠加上美元加息，后续邮轮公司的日子并不好过。新冠疫情后的国际邮轮公司可谓"大病初愈"，还需要很长的时间来恢复"体重"和"体力"。

在空间上，当然就是在全球布局的能力。在全球邮轮的几大核心市场，包括加勒比海区域、地中海区域、波罗的海区域、大洋洲区域和阿拉斯加区域，能够随着季节的变动而不断调整航线，让邮轮在世界各地的腾挪中始终保持满载率和收益率。

在业务上，国际邮轮公司往往在邮轮的产品线上全面布局，既包括市场规模最大的现代大众型市场，也包括品质上乘的奢华型市场，还包括经济型市场。不同的外部环境会对不同的产品产生不同的影响。业务线的全面布局，可以规避一定的风险，从而为公司的持续发展打下基础。

2018 年 10 月，皇家加勒比游轮以 10 亿美元的价格收购了银海邮轮三分之二的股份（66.7%），并为此进行债务融资。2020 年 7 月，皇家加勒比以 520 万集团普通股（约占普通股总数的 2.5%）换取了遗产邮轮控股有限公司（Heritage Cruise Holding Ltd.）持有的银海邮轮剩余三分之一的股份。2022 年 7 月，皇家加勒比集团以 2.75 亿美元的价格击败两家竞争对手，成功抢下原本属于云顶香港的全球最大极地探险邮船"水晶奋进"号（Crystal Endeavor）。这就是邮轮公司在业务线全面布局的案例。

2021 年 6 月，地中海航运集团宣布正式进军高奢邮轮市场，推出专为新生代旅行者定制的高奢邮轮品牌探索之旅（Explora Journeys）。该品牌将由四艘高奢邮轮组成，均由意大利芬坎蒂尼造船厂建造。首艘邮轮将于 2023 年启航，其余三艘将分别于 2024 年、2025 年、2026 年投入使用。同时，探索之旅邮轮将搭载最前沿的科技，让人们探访环球胜地和小众宝地。地中海航运集团此次推出的高奢邮轮品牌，是与世界顶尖奢华游艇及酒店设计师携手，将瑞士公司一贯秉承的匠心品质与源自欧洲精湛工艺进行完美融合。据悉，每一艘邮轮都将配备 461 间海景套房，1∶1.25 的游客船员比也契合高奢产品的要求。为满足个性化的餐饮喜好，船上 9 间餐厅将提供风格各异的美食与灵活的就餐时间选择。多间室内与露天酒吧也将为人们带来不一样的氛围和感受。宽阔的室内外水疗美容及健身区也将提供一系列个性化定制服务。整艘邮轮的设计都围绕亲水理念而展开，能让每位客人随时醉心于海，放松心境。值得一提的是，探索之旅邮轮还将打破常规的启航和离港时间，增加过夜停靠，为人们打造"一期一会"的深度旅行体验[①]。

至此，邮轮领域的四大集团公司，都实现了全产品线的覆盖。全产品线

---

① 底伊乐.专为新生代旅行者定制，地中海邮轮推出高奢品牌 Explora Journeys，界面新闻，2021-06-22.

的资源配置能力，是邮轮集团规避风险的一大法宝。

7.2.1.3　战略收缩能力

邮轮业是重资产行业，现代大众型邮轮的造价往往超过 10 亿美元，让邮轮业的进入门槛很高。在新冠疫情之前，邮轮业从未遇到过全球停航的困境，因而从未想过战略收缩，"做大做强"是大型邮轮公司的唯一目标。

新冠疫情之后，邮轮公司的发展战略应该进行适当调整，风险防范意识一定要增强，资产负债率也要尽量回归到低位，以应对未来难以确定的风险。

在集装箱运输和散货运输领域，普遍存在着船东与运营商的分离，这是基于航运市场巨幅波动的现实而形成的市场应对策略。

根据 Alphaliner 最新数据，在全球班轮公司运力 100 强中，地中海航运排名第一，共运营 713 艘船，总运力 459.41 万标箱，市场份额约为 17.5%；其中自有船舶 413 艘，租入船舶 300 艘。地中海航运还有新造船订单 124 艘，总运力近 172.72 万标箱。排名第二的马士基航运拥有总计 424.08 万标箱的船队，持有新造船订单 31 艘，总运力 37.4 万标箱，市场份额约为 16.2%[①]。中远海运集运的总控制运力为 290 万标箱，其中自有运力 157 万标箱，占比 54%。集装箱独立船东塞斯潘（Seaspan）截至 2022 年 6 月底运营 127 艘，并持有 67 艘新造船订单，这使得其总运力接近 200 万标箱。

集装箱运输领域的租船模式非常普遍，在邮轮领域尚未出现这样的运营模式。不知道新冠疫情以及地缘政治所带来的不确定性，会不会产生像集装箱一样的租船运营模式？这里有一个障碍，就是邮轮所提供的产品是为游客提供娱乐休闲服务，服务具有差异性和体验性，这跟集装箱所提供的运输服务有着本质不同。

7.2.1.4　互补性业务能力

邮轮公司是否需要发展互补性业务以对抗风险？目前所看到的案例并不多。

在邮轮运营领域，途易集团的邮轮业务和旅游业务属于同类型业务，存在着同样的波峰和波谷，这会对邮轮公司的运营稳定性产生影响。星旅远洋邮轮的母公司之一是中旅集团，也存在主营业务雷同进而难以规避风险的问题。云顶香港的邮轮业务和博彩业务也是如此。

---

① 100 万 TEU！地中海航运扩张迎来另一个里程碑，航运界，2023-01-02.

地中海邮轮的母公司是地中海航运集团，在近两年集运市场火爆的情况下获得了巨额盈利。由于其不是上市公司，无法得知其具体的利润，不过看看集运业的总体盈利情况就可见一斑。据航运咨询公司德路里（Drewry）估计，集运业 2019 年合计获利仅约 70 亿美元，2020 年扩大至 260 亿美元，2021 年更飙升至 2100 亿美元，这一数字在 2022 年有望涨至 2700 亿美元。其中，最赚钱的马士基航运 2021 年息税前利润（EBIT）净利润高达 197 亿美元，2022 年更是增长至 309 亿美元。地中海航运这两年对邮轮业务的巨大投资，既来源于地中海航运看到了邮轮业务的未来潜力，更来源于集装箱运输市场的巨额盈利给了地中海邮轮很大的补贴。当然，集运市场和邮轮市场很难说具有互补性，这不过是在这两年特殊的市场环境下显现出的临时性现象。未来，二者能否实现互补很难预料。因此，要找到合适的互补性业务也并非一件容易的事情。

7.2.2 具备诚意与匠心

记得十多年前的一个国庆节，每天晚上央视 10 台都会播放一个节目，专门讲述中国传统匠人的故事，如铁匠、木匠、秤匠等的日常，十分引人入胜。看得到他们的坚持，也看得到他们对于现实的无奈。十多年前，匠人的产品还很难卖出好价钱，因为那时的中国人还崇尚机器生产的东西。而今，当各行各业都面临产品过剩的局面时，"匠心"就是当下的中国人尤其要潜心修炼的东西。当我们要追求更好而不只是好的时候，匠人精神不可或缺。

中式邮轮的内装，总体的理念似乎已经涌现出来。那就是在相对较大的空间中，懂得舍弃，懂得简约，让最恰当的东西呈现在客人眼中，与客人的呼吸乃至肌肤作恰当的接触，不应刻意取悦，不应太过谄媚，就是要实现不多不少的舒适感。不可太近，也不可太远，简约而不简单。要懂得留白，更要懂得舍弃，要像中国水墨山水画那样懂得张弛有度、疏密有节奏。

这样的空间，看似简单，却需要大师级的人物来策划和表现。舍得投入，让具有匠心的人来做这件事情，最终让客人充分体会到匠人的匠心，体会到船东的诚意，目标就可达成。《奢侈态度》这本书讲述了世界上的奢侈品牌以及一些日本品牌故事，从中可以找到很多有关匠心独运的案例。《环球追梦十万里》中，一位欧洲流浪艺人被日本街头极度认真的表演艺人所折服，继而改变了其人生轨迹。这些故事往往有非常强的感染力，对于邮轮从业者，需要从这些故事和案例中汲取营养，进而内化到自己的工作中，从而不断精进，实现更好的自己和更好的人生。

当下的本土邮轮，需要考虑的不是要搞什么颠覆性创新，而是应该回归到邮轮服务的基本面：面向消费者，尊重消费者，切实用真诚的产品打动消费者。笔者一直强调"奢侈态度"，也在不断传播"诚意"和"匠心"的产品理念。因为，中国各行各业高质量发展的时代已经来临，消费者更加挑剔，市场竞争更加激烈。只有转变自身的理念，才能找到未来的市场空间。从这个意义上来讲，中国本土邮轮需要在理念上发生颠覆性改变，这最为重要，也最难。当然，市场会教育新的市场进入者，只有深度理解高质量发展的邮轮品牌才能立足，进而找到发展空间。

7.2.2.1 皇家加勒比游轮：何以大而美

2022 年 10 月 21 日，皇家加勒比国际游轮正式揭秘"海洋标志"号（Icon of the Seas），引起业界的极大关注和兴趣，真可谓后疫情时代邮轮业发展的划时代里程碑和邮轮度假产品的新标志。来自公众号"博士说游轮"的文章《皇家再创最大游轮世界纪录》指出，从 20 世纪 90 年代 7 万总吨的君主系列，21 世纪 00 年代 13.8 万总吨的航行者系列，21 世纪 10 年代 23 万总吨的绿洲系列，到 21 世纪 20 年代 25 万总吨的标志系列，都是皇家加勒比游轮在现代邮轮历史上开创的划时代标志。可以看到，每 10 年，皇家加勒比游轮都推出让业界为之一振的新系列，从而给市场扔下了一个巨大当量的核弹，引爆该船停驻的市场。

如果仅仅是吨位的不断提升，那并不值得夸耀。关键在于，邮轮上空间的扩大，可以搭载更多有趣有料的创意和活动，从而让邮轮越来越成为海上度假村和海上游乐园，成为邮轮新科技展示的巨大舞台。

新冠疫情对邮轮业的影响巨大，也引发人们对未来邮轮趋势的判断。有段时间在思考，人们会不会因为对船上聚集性疫情的担忧，而变得不那么喜欢消费现代大众型邮轮？中小型或者探险型邮轮会不会在疫情后变得更受市场青睐？不过，邮轮公司总体来讲还是"得大众者得天下"。小众的利基市场虽然具有可见的成长性，但要成为行业巨头就必须有征战大众市场的雄心和能力，皇家加勒比游轮则一直是此领域的领头羊。这里简单分析皇家加勒比游轮不断追求"大而美"的逻辑。

以创新引爆市场。翻看《大洋上的绿洲》，可以看到皇家加勒比游轮一代代邮轮的持续创新。以"海洋量子"号为例，最让人印象深刻的就是"北极星"。能容纳 14 名游客的观景台可以由悬臂举起做 180 度旋转，让游客在距离海平面 100 米的高度俯瞰船、大海和目的地。"海上甲板飞人"也是个前所未有的高科技项目，游客进入一个透明的圆形建筑里，从下面吹出的强风把人整个托上半空。这种在气流中翱翔的感觉就如高空跳伞时解开伞扣、伞还没打开那个瞬间的感觉，摄人心魄。另外，"270 度景观厅""机器人调酒师""虚拟阳台房"等都是"海洋量子"号带给人们的惊奇[①]。而新的"海洋标志"号，则有更多吸引人眼球的噱头。根据公众号"游轮课堂"的文章《又又又是世界最大！皇家加勒比揭秘第一艘 Icon 级别邮轮详情》，"海洋标志"号最具标志性的特征是巨大的 AquaDome，处于船头甲板，是新版AquaTheater 的所在地，晚上将进行潜水和空中表演。船上有一个 16 米高的瀑布，乘客可以一边欣赏风景一边享受美食。船上还有一个旋转木马，但不是经典的游乐园木马，人们可以骑独角鲸、章鱼、长颈鹿或大众巴士等。三层终极家庭联排别墅是该系列最大、最昂贵的船上套房，拥有独享的滑梯，有专属通道进入。在两座塔上提供了六条水滑梯，这将是海上最大的水上乐园。"海洋标志"号标准载客量为 5610 人，要让这么大体量的船能够每隔 5~7天都被装满，这给市场营销带来了巨大的考验。因此，必须匹配市场预热和巨大的噱头营销，皇家加勒比游轮是这方面的行家。虽然首航定于 2024 年 1月，但已经提前一年多为这艘邮轮造势。巨大的体量以及无数的创意创新都给游客带来难以比拟的冲击和消费愿望，并在心中种下了"到此一游"的种子，这其实是邮轮业的"饥饿营销"。

以大船搭载更多船上项目。现代邮轮之所以能够成长为每年 3000 万人次、500 亿美元的产业，源于持续不断的国际化运营来降低成本，并将成本降低的一部分好处让利于消费者，从而让更多的游客能够支付得起船票。由此形成了一个良性的正反馈循环。邮轮公司也借助着规模的扩大而不断获得良好的业绩。根据皇家加勒比游轮的相关数据可以看出，随着船舶吨位的扩大，所需要配置的船员数增加了。比如"海洋幻丽"号的乘客船员比为 2.97，而"海洋标志"号的乘客船员比则为 2.39（见图 7-2）。由此可见，邮轮公司大型化的过程，并未减少船员的配置，这也意味着大船所能配置的服务会更多，表明皇家加勒比游轮并不满足于获得规模经济，而是进行永不停止的创新探

---

① 刘淄楠. 大洋上的绿洲［M］. 北京：作家出版社，2019：280-281.

索。正可谓"创新没有休止符，只有加油站"。

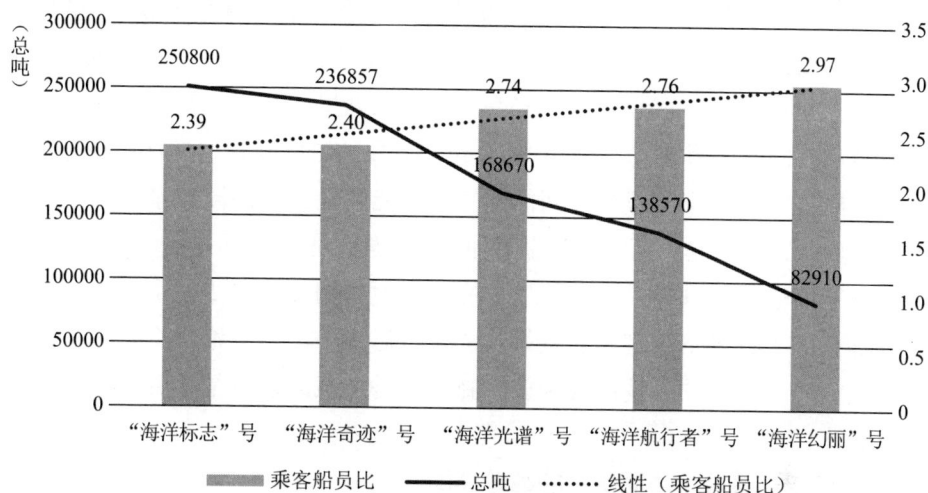

图 7-2　皇家加勒比不同时代邮轮的乘客船员比

集装箱运输有巨大的规模经济效应，目前最大的集装箱船已经达到了 2.4 万标箱。随着集装箱船规模不断扩大，也就催生了巨大的集装箱枢纽港以及其他港口向枢纽港的喂给。对于邮轮业，船舶吨位的不断增大，不见得会像集装箱运输那样获得直接的规模经济。这背后的逻辑，可以从船上的付费项目找到答案。邮轮业得以持续盈利的关键，是通过船上活动来提升盈利水平。因此，很多时候邮轮公司宁愿用较低的票价把乘客吸引上船，并通过船上的二次消费来获得收益。根据《邮轮旅游学》^①的数据，嘉年华集团和皇家加勒比集团的船上业务的平均回报率达到 82%。船上业务之所以如此有利可图，有多种原因。一个原因是之前提到的邮轮批量采购而获得的折扣。另一个原因是，船上收入的一部分由经营船上商店、餐馆、水疗中心等的特许经营人支付，他们承担自己活动的成本。如此，就可以理解皇家加勒比游轮为何在新船上配置更多的船员。更大的船对应着更好的服务，船上的盈利点增多，所以值得配置更多的船员。更多的船上项目，也能够给船票卖个好价钱。

以服务跨代家庭获得用户黏性。根据《大洋上的绿洲》，皇家加勒比游轮定位为高端大众邮轮市场。所谓"大众"是区别于"小众"，是为中产大众服

---

① Edited by Ross Dowling，Clare Weeden. Cruise Ship Tourism（2nd Edition）.CABI.59-60.

务的主流度假产品，而不是仅仅为在一定年龄以上、养尊处优人士服务的传统邮轮。用一个有趣的比喻来看，银海邮轮被比作"香槟和鱼子酱"，皇家加勒比游轮被比作"葡萄酒和奶酪"，嘉年华邮轮被比作"啤酒和面包圈"。皇家加勒比游轮的核心客户是跨代家庭。一个家庭里的几代人都能在邮轮上找到各自和共同的度假方式①。这样一个包罗万象的家庭邮轮，具有很好的客户黏性，既能够深化家庭成员之间的感情，还能够让各年龄段的家庭成员各得其所。服务跨代家庭，还能够为皇家加勒比游轮的未来市场提前埋下了伏笔。

新冠疫情对全世界带来了巨大的影响，但中国经济经受住了考验，并在美元加息的大背景下表现相对良好。疫情过后，中国经济增长将得到有效恢复，人们憋了很久的心情需要释放，邮轮就是承载人们疫情之后心情放松的最好载体。

7.2.2.2　尊重"小而美"的邮轮公司

在 2023 年得到跨年演讲中，何帆解析了其在《变量5》中所提出的"麻雀战略"。麻雀是一种不起眼的小鸟，但却是极少数能和人类在同一空间共存，甚至可以在人口稠密的城市里定居、繁殖的鸟类。与人类共存，这是一项极难的生存考验。城市白天的噪声、夜晚的光污染、汽车尾气都是新挑战。大多数鸟选择逃离，到更偏远的地方去生存。但因为人类活动空间越来越大，使得鸟类觅食和活动的空间越来越狭小。麻雀走出了一条完全不同的路：迎难而上，主动进入人的地盘并调整自身的行为方式。比如从过去的树洞里筑巢到现在的空调外机、烟囱、排水沟等地筑巢，从吃昆虫和植物的种子到吃人类丢弃的残羹冷炙。如此看来，麻雀虽小，其生存智慧却不可小觑。

想想"大不列颠"号的首航，43 名乘客的背后有 418 名船员②。现在最为奢华的邮轮，能够做到差不多一对一的服务，你就知道曾经为上等社会建造的客轮在当时的社会环境下有多奢华。因为有发展奢华客轮的初心，邮轮从一开始就在服务上用尽力气。而今，邮轮已经渐渐变得更为大众化，现代大众型邮轮是大型邮轮集团挣钱的主力军，奢华型邮轮只是市场中的利基产品，为少数富豪服务。这些富豪可以不去体验新造大船的现代感和炫酷表演，只需要在老旧的奢华型邮轮上体验曾经贵族的仪式感，就已经心满意足。

①　刘淄楠.大洋上的绿洲［M］.北京：作家出版社，2019：266.
②　杰夫·伦恩.世界豪华邮轮200年［M］.陈大为，译.上海：上海交通大学出版社，2018.

客轮应对市场竞争，一般是从更大的规模和更快的航速展开的。翻看客轮发展历史，就是一个竞相造大船、竞相把船开得更快的历史。而今，造大船的传统还在延续，尤其是中国邮轮市场，皇家加勒比游轮公司每过几年就会把其最大最新的船派到中国来。中国市场，尤其是上海市场，是大船竞逐的最好舞台。但是，与此相伴的，却是为了满足特定市场而建造的邮轮，比如探险邮轮，1万~3万总吨之间，非常高的票价，只为把客人带到人迹罕至的南极或者北极。现在的邮轮，竞争的逻辑已经由一味求大转移到了差异化。航速也不再是值得夸耀的数据，因为人们要在船上体验"慢生活"。因此，在邮轮领域，也有诸多"小而美"的公司。在人们把眼光一味聚焦于那些"鸿鹄"上的时候，也应时不时关注于那些在小市场做得风生水起的"燕雀"。在长江上，一直以来也有这样的品牌，"长江探索"号就是"小而美"的代表，该游轮是由湖北东方皇家旅游船公司和世界顶级奢华游定制商 Abercrombie & Kent 合作倾力打造的长江顶级豪华游轮，其特点是：以小见大和小众礼遇。

以小见大。对于"长江探索"号这样的内河游轮，第一次的见面很难有好的眼缘，毕竟该船建成于 1995 年，从外观上就能看出年岁。不过，其于 2008 年改造，2018 年重新装修，内部还是有所不同。该船只有 5923 总吨，船长 91.5 米，船宽 16.4 米。而最新下水的长江内河游轮，船长接近 150 米，吨位达到 1.5 万吨。从基本的参数来看，"长江探索"号既不大也不新，对于没有坐过内河游轮的游客来讲，这的确提不起消费的兴致。船上也没有令人惊艳的高挑大堂，稍显昏暗的大堂让人对船的档次有些动摇。服务员热情的迎客毛巾及甜美的饮料非常贴心，让人放下半颗心。用房卡打开行政套房的房门之后，绝对是惊艳的感觉。房间 39 平方米，相对于海轮 20 平方米左右的面积，大了不是一星半点。房间内的装饰和色调高端大气上档次，让人一眼就很喜欢。免费的水果、欢迎红酒以及不对外销售的深山野茶，都能看出该产品的独特品位。床刚一坐上去感觉有点软，躺上去的感觉刚刚好。被褥丝滑柔软，能够抚慰一天的困乏。房间配置的瓶装水是"斐济"（FIJI），卫生间的洗浴用品是"茱莉蔻"（Jurlique），这也体现了这一产品的诚意，与一般的长江内河游轮产品拉开了档次。"长江探索"号给人的第一印象就是"以小见大"，船小、船上的大堂也小，但千万别小看了它。大面积的房间以及大气的房内配置，又让人感受到了其"大"的一面。载客量 124 人，餐饮娱乐以及外出游玩都不会人满为患，更容易享受到尊贵的服务。在欧洲和美国的内河上，也有这样的内河游轮，价格往往能够达到 800~1000 美元 / 晚。"长江探索"号的价格定在 400 美元 / 晚这一价位，是针对具有一定消费能力、愿意为高端服务支付溢价的中外消费者。国际邮轮通过造越来越大的邮轮、提供丰富多彩的船上及岸上活动来吸引游客上船。小型的内河游轮也会有其发展的生态位，就是吸引那些对等待、拥挤、争抢的服务感到厌倦而又有钱做出改变的这一群人。单船的容量有限，只要产品有好的口碑，就不必担心市场，是一个靠品质而不是数量来赢得市场的路径。

小众礼遇。"长江探索"号的行程中，一般看不到大家惯常熟悉的岸上景点，白帝城、张飞庙、丰都鬼城、石宝寨这些长江内河游轮必去的景点都一一绕开，而是为这 100 多位客人匹配更加小众的目的地。比如在开船的第二天上午安排的"神女天路"，就是专为"长江探索"号游客安排的特别体验。曾经在 2006 年乘坐过长江上的经济型内河游轮。船舶经过神女峰的时候，广播告知大家出来观看。这次在这艘船上，资深的讲解员为 20~30 人讲解神女峰的来龙去脉及相关信息，可以随时提问，更能够获得自己想要的信息。抵达巫山后，搭乘 20 人左右的小型巴士前往"神女天路"，下车后有土家族阿哥阿妹歌声迎客，经过了 5 分钟步行的石级台阶后，一片专属"长江探索"号的大山大江的壮美山河展现在大家的眼前。而且，工作人员已经摆好了酒杯、茶杯、蛋糕、点心、水果等。山巅上的茶歇非常贴心，在微微的山风中，欣赏着绝美景色，品尝着甜点美食，绝对是独一无二的体验。当香槟打开的时刻，是最让人难忘的场面。端起酒杯，可以互敬朋友，还可以邀神女共饮美酒，这时那些脍炙人口的诗句恰好可以助兴。曾经在船上仰看神女峰，而今在山巅遥望神女峰及长江，又是另外一种体验。生命是由一个个体验串联而成的，想必"长江探索"号所打造的这份体验会给人更深的印象。在巫山，是不是会让人想到"巫山烤鱼"？对，游客不会对此失望，午餐的时候，来自当地十分具有特色的烤鱼店把最正宗的"巫山烤鱼"送到了船上，连烤炉都一起送到了船上。这是平生吃到过的最赞的"烤鱼"。有朋友赋诗一句："曾经沧海难为水，除却巫山不烤鱼"，这份尊享的礼遇值得让人回味。"长江探索"号接待过很多名人，大家耳熟能详的名人包括巴菲特、比尔·盖茨、基辛格、洛克菲勒，因此船上 81 平方米的名人套房以基辛格、洛克菲勒命名，另两个名人套房以巴菲特、比尔·盖茨命名。有了这样的命名，就会吸引对这些名人有崇拜之心的中国人消费者购买这样的套房。另外，还有具有充分仪式感的西餐体验，还有机会在三峡之巅俯瞰壮美的蜿蜒长江（海拔1388米的视角及玻璃走廊绝对惊艳），还会把客人带到重庆那个曾经有6万多人参与工程施工的国家重大绝密工程的中国第二个核原料工业基地遗址——重庆816底下核工程，这些都是一般的内河游轮难以提供的特别体验。

长江上的内河游轮产品，几十年来似乎都逃不出起起伏伏的命运。看似旺盛的市场，往往会受到令人意想不到的"黑天鹅"事件而深受打击，似乎总也冲不出发展的天花板。而今，中国特色社会主义新时代，高质量发展的主题在各行各业都会得到体现。在高质量发展的理念引领下，打造更为高品质的产品，以高品质的产品引领内河游轮发展，形成以质促量的良性发展轨道，定能走出一片新天地。

7.2.3 邮轮公司的适应性创新

业界在探讨本土邮轮发展的议题时，提出过本土邮轮唯有通过"颠覆性创新"，才能在短时间内实现"弯道超车"。这里对"颠覆性创新"以及邮轮领域的创新予以解析，并提出本土邮轮应该在适应性创新上下功夫，最后给出本土邮轮品牌适应性创新的几点建议。

7.2.3.1 颠覆性创新的内涵

吴伯凡对"颠覆性创新"的解析[1]非常具有洞察力，可以对中国本土邮轮的创新给出一个更为清晰的表达。吴伯凡总结的颠覆性创新有以下四个要点：

第一，找到竞争真空地带。核心的思维就是"至贱则无敌"，也就是说，在大企业不屑于努力的狭小空间中找出路。吴伯凡用狗的案例来解释什么叫"至贱则无敌"。狗是狼里的弱势群体，从狼的群体里逃出来。它的策略就是获取人不需要的资源，就是吃人扔掉的骨头，还有人的排泄物。以这两样东西作为它的资源，也就找到了一个竞争真空地带。因此，颠覆的前提就是卑微，卑微到形成竞争真空。而卑微常常就跟边缘连在一起。由此，创新的路径往往是"边缘蚕食"。以前常常用"边缘革命"来形容小公司的角色。其实，用"革命"往往不是实情，不过是"事后诸葛亮"。当自己还很弱小的时候，就喊出了"颠覆"和"革命"，这样的小个体往往一开始就被"革命"掉了。

第二，颠覆性创新是一个漫长的过程。大家通常把颠覆性创新理解为一拿到手立即就可以征服整个世界的创新。其实，颠覆性创新可能是一个漫长

---

[1] 吴伯凡．究竟什么是颠覆性创新，"得到"App，2020-08-01.

的过程。颠覆性创新是由一次又一次的迭代来实现的缓慢改进。其出现的时候，往往没有威震四方的力量。古腾堡的印刷机具有颠覆性，那是经历了很久的时间才显现出来的。对于古腾堡本人来讲，印刷机并没有给他带来什么利益，只是使他名垂青史。在航运领域，集装箱运输可以被称为颠覆性技术，因为其将海运从曾经的劳动密集型产业变成了资本密集性和技术密集性产业。集装箱运输的技术标准是逐步形成的，初创的美国海陆公司也没有挣到钱。由此，如果颠覆性创新需要一个长期的过程，并非"一蹴而就"，并非"一招鲜吃遍天"，其颠覆性似乎也就变得没有那么强了。

第三，颠覆性创新是一个组合。大家常常以为一个技术被发明出来，问题就迎刃而解。实际上很多发明是组合式发明，比如爱迪生不是发明电灯的那个人，而是第 23 个发明电灯的那个人。所以，创新是由一个个小的创意和修正组合而成，所谓"快速迭代＋小步快走"。

第四，颠覆性创新需要市场环境。创新最终能不能形成创新，取决于是否有一个能为你埋单的市场。换句话说，要市场能够支付得起你的创意。如果成本很高，买得起的人的数量很少，不足以抵消成本，那这样的创新没有价值。所谓刚需不是说用户很想要这个东西，而是用户能够买得起这个东西。不同年代本来不能凑到一块儿的东西，在特定的环境、场景和需求下，就形成了一个组合。因此，创新的时机很重要。

7.2.3.2　邮轮领域的创新解析

从邮轮业的发展历史来看，20 世纪 50 年代跨洋航空的兴起是邮轮业所面临的一次巨大挑战。在《大洋上的绿洲》中，刘淄楠博士对此有一段精确的描述：

两次大战期间，邮轮尚有一线生存生计，螺旋桨飞机从英国到美国需要 14 小时，20 世纪 30 年代，喷气机技术的出现并开始运用到民用航空，但还缺乏长途飞行的能力，未能撼动远洋班轮的地位。然而不到 20 年，民航喷气机技术无论是速度和安全性都有了迅猛的发展，没有被战争摧毁的班轮遇到了它的掘墓人，1957 年，喷气机波音 707 从纽约飞到巴黎只用了 7 小时[①]。

在当时的背景下，邮轮产业该向何处去？刘淄楠博士并没有用"颠覆性创新"来定义喷气式飞机对邮轮产业的影响，而是用"转型"来定义当时的

---

① 刘淄楠. 大洋上的绿洲［M］. 北京：作家出版社，2019：16.

改变。既然跨洋班轮难以贴合消费者的诉求，那就需要找到新的盈利模式。基于此，以旅游度假为产品的邮轮品牌应运而生，包括 1965 年成立的公主邮轮、1966 年成立的挪威邮轮、1968 年成立的皇家加勒比游轮和 1972 年成立的嘉年华邮轮。新的市场空间让曾经跨洋班轮的龙头企业不再风光，而经过 50 年的发展，邮轮产业形成了嘉年华集团和皇家加勒比集团这两大巨头掌控市场的总体格局。

而今，随着中国消费邮轮的群体不断扩大，中国本土邮轮也迎来了一定的发展契机。中国本土邮轮品牌是否有颠覆性创新的契机，让中国本土品牌走出一条迥然不同的成功之路？

首先，不会出现颠覆性技术。人工智能、5G、区块链、大数据、3D 打印、虚拟现实等这些将会对经济社会产生巨大影响的新技术，是否会对邮轮业产生颠覆性影响？信息化和人工智能正不断在邮轮上得到应用，更为炫酷的技术对邮轮产业更大程度上是助力邮轮的高质量发展，而这些技术的应用也是渐进式并逐步扩散开来的，搭载众多新兴科技的邮轮会在市场中获得足够多的眼球并获得良好回报。同时，那些依然秉持欧洲贵族传统的"沉闷"邮轮，仍然能够找到它们的客户群。新兴技术没有对邮轮业产生颠覆性影响，只是在邮轮产业内不断渗透，让邮轮服务的能力更强，服务的效率更高。

其次，不会出现需求端的巨大变化。新冠疫情让邮轮业全面停航，这在曾经最为艰难的"一战"和"二战"期间都没有出现过。这是否会导致需求的巨大改变？至少从欧美消费群体来看，他们的消费诉求不会有较大的改变。这些邮轮产业的主要消费群体，定义了未来邮轮的发展方向。中国市场是新兴市场，具有很大的发展潜力，但这样的潜力释放还需要假以时日。2019 年中国市场所占全球邮轮的市场份额约 7%，疫情过后中国市场还需要一段时间的预热，因此占全球市场的份额可能要面临一段时间的下滑。如果说中国消费者能够重新定义一个专为中国人服务的市场，那也需要等到中国市场的规模足够大之后。在中国邮轮市场逐步壮大的发展历程中，外资邮轮仍然是市场的主导力量，带来最先进的技术和最为成熟的服务，并为中国市场不断培养各层次的邮轮船员。中国本土品牌在这些年中，必定是一个与外资邮轮同场竞技的状态。会不会出现"一招鲜"而又难以模仿的"颠覆性创新"让中国本土品牌一跃成为中国市场的主流？可以判断的是，中国消费者的"美好生活向往"还不会发生太大改变，欧美文化和欧美风格仍然是市场的主流。

可能要等到中国的 GDP 成为世界第一之后的 20 年，才会有中国人对中国文化消费的更强自信，才会有欧美人以及"一带一路"沿线国家的人们对中国品牌心生向往。在那样的背景下，中国本土品牌可能基于那样的市场空间，创造出独一无二的本土品牌。不过，这个过程很难说是一个颠覆性创新而达成的过程，而是"日拱一卒，功不唐捐"。

7.2.3.3　中国本土邮轮适应性创新的方向

由此，上面所述的颠覆性创新四大要点，其实表明了颠覆性创新可能并不存在。如果我们只有在事后且很长时间之后才知道我们的创新是否会产生巨大的效果，那么"颠覆性创新"似乎变得没有那么有说服力。"颠覆性创新"这一概念并未让我们对世界理解更多，也无法帮助我们应对现实的不确定性。其实，很好地理解"创新"才是我们应该努力的方向。2000 年以来，互联网技术让很多领域的技术迭代加快，让我们似乎看到了无所不在的"颠覆性创新"。但在具体实践的时候，我们的行动并不存在所谓的"绝招"。看武侠小说为什么让人觉得爽？主要是大侠有绝招，还有不期而遇的世外高人的指点或者可以练出绝世武功的"秘籍"，这不过是作者迎合了读者天生"走捷径"的心理诉求。在现实中，正如曾国藩所说："以勤为本，以诚辅之。勤则虽柔必强，虽愚必明。诚则金石可穿，鬼神可格。"

《冯唐成事心法》中写道："经常说，要求新、求怪、求跟传统决裂，能够在传统没有到达的地方开花结果。这条路似乎是条捷径，其实是通向谬误的最短的路。不是求新，而是与传统衔接，才是所谓的正路，血战古人才是真的汉子，才是真的前卫。"[①]

创新是指以现有的思维模式提出有别于常规或常人思路的见解为导向，利用现有的知识和物质，在特定的环境中，本着理想化需要或为满足社会需求，而改进或创造新的事物、方法、元素、路径、环境，并能获得一定有益效果的行为。

因此，用"适应性创新"来表达创新更为合适。《适应性创新》一书中讲到，适应性创新是伟大企业持续创新的竞争法则，它大致可以分为三个步骤：

首先，寻找新思路、尝试新事物；其次，尝试新事物时设定的幅度要允许失败的存在；最后，找到反馈信息，一边前进一边从失败中吸取教训。在

---

① 冯唐．冯唐成事心法［M］．北京：北京联合出版有限公司，2020：9.

不确定的世界里，我们不仅需要计划 A，还需要为计划 B、计划 C、计划 D 等留出回旋的余地。

澄清了颠覆性创新、适应性创新以及创新的内涵，中国本土邮轮的创新之路有三点：

首先，秉持学徒心态。本土邮轮公司总要站在"巨人的肩头"，才有可能"百尺竿头更进一步"。无论是购买二手邮轮，还是与国际大公司合资合作，首先要有"学徒心态"。国际邮轮已经经历了接近 200 年的探索，每艘邮轮都凝聚太多的人类智慧的结晶，尽最大可能接纳曾经的技术以及成熟的模式才是最为科学的学习态度。秉持"学徒心态"，就是要向传统的艺人学习，在"打柴""烧火""做饭"等方面打好基本功，要不急不躁地"当学徒"，在传统的领域精益求精，并真正掌握邮轮各环节难以言传的暗知识，这才有可能"出师"，并具备创新的可能性。基本功如果没有学好就想着创新，肯定不会有好结果。

其次，针对中国游客"推陈出新"。在国际邮轮惯常的服务模式中，找寻可能的创新切入点。比如百老汇的歌舞是否可以改变？餐饮习惯是否可以改变？邮轮这样的舶来产品需要改变到怎样的程度才能让中国游客"喜欢"？"喜欢"的含义是"熟悉 + 意外"，而二者的最佳比例据说是 85∶15。这样的比例是否适合邮轮？如何在邮轮上实现，进而让中国游客有"欲罢不能"的消费倾向？所有的创新，都是一次次试错，关键是需要用最新的手段诊断"试错"的整个过程，用最小的成本试错，并找到下一步"试错"的方向。妄图"一步到位"的颠覆性创新并不存在。在具体而微的现实中，不断克服困难，突破困境。经过多年的成长，如果没有极端的恶劣天气，就可能长成庞然大物。

最后，运用新技术找到和满足客户。对中国消费者的洞察，需要更为新兴技术的介入，智能摄像头、各种各样的传感器、具有互动功能的邮轮体验游戏等，都可以为找到客户的真实诉求提供线索。用田野调查的方式洞察客户未被发现的诉求，用信息化的手段发现客户的真实需求，用新型的社群营销手段为同质的游客提供针对性的产品和服务。

对于中国本土邮轮公司，好消息是"未来的市场空间很大"，坏消息是"这是国际大公司觊觎和布局的市场"。以充分现实和务实的态度应对市场中的每个"坑"，找到自己的那片天，并找到自己的行动节律，或许能够博得一个好未来。"向死而生""在失败中成长"可能是本土邮轮公司最基本的前行地图。

7.2.3.4 适应性创新之源：以数字化技术探知市场

邮轮公司在市场中运行，能够探知游客的市场需求，也能够通过运营中所获得的大数据来评估游客的需求。在此基础上，寻找合适的邮轮设计公司，把邮轮公司的产品定位和设计理念融入邮轮船舶的设计当中，然后通过邮轮建造企业按照设计公司的图纸逐步实现。在建造过程中，邮轮公司、设计公司和建造公司要形成良性的互动，进而不断优化邮轮设计，让可实现的邮轮设计都能够落地。

市场需求的探知，需要对大数据的深度挖掘。目前，各大邮轮公司都在开发并应用可穿戴设备。公主邮轮的"帝王公主"号（Regal Princess）2017年11月率先推出首款可穿戴式智能设备。

皇家加勒比游轮公司正在推出一款专门设计的物联网可穿戴设备，为其乘客提供一系列增值功能。该手环由物联网平台公司 Trace Safe 开发，提供新冠肺炎联系人跟踪、房间钥匙、无线支付、位置分析工具和通信设备。皇家加勒比游轮公司希望这款可穿戴设备能够通过分析位置数据更好地了解船上乘客的活动情况，从而帮助其改善服务水平。

地中海邮轮 2017 年以后建造的邮轮均配备智能邮轮计划"我的 MSC"——该智能邮轮计划旨在加强宾客与邮轮船员随时随地的即时互动，帮助宾客节省时间，充分享受海上假期。这种多渠道的数字服务将为宾客随时随地提供所需信息，帮助他们提前安排和预订船上服务，让客人能够充分规划定制自己的邮轮行程。宾客可以通过"我的 MSC"应用软件、舱内电视以及船上电子屏等多渠道进行互动体验。而"我的 MSC"智能手环的应用，则能方便宾客进行无接触式便捷体验，宾客将不再需要船卡，用智能手环即可轻松完成支付、服务预订、打开舱门以及追踪密切接触者——这也是 MSC 地中海邮轮全新健康安全规程的重要举措之一。

有了这些设备，就可以探知游客在船上的消费行为，为升级邮轮服务提供数据支持，还可以对邮轮防疫产生积极的作用。另外，还需要战略咨询公司参与到邮轮公司对市场的洞察及定位。国际邮轮的战略咨询往往都采用国际知名咨询公司的服务，如麦肯锡、罗兰贝格等。对于中国市场，国际咨询公司已经充分渗透。未来，世界级的中国咨询公司也将在中国经济的崛起以及中国式现代化的实现过程中诞生，并为邮轮公司提供进入中国市场的咨询服务。随着"中国制造"成为全球制造业高地,"中国市场"成为全球创新最活跃的市场,"中国咨询"则随着中国咨询机构的咨询案例、理论创新、方法实践等走向世界级水平,取得全球性突破是必然。西方智慧的优势是讲究科学、数理、逻辑、标准化,更适合管理与执行;东方智慧的优势在于从变化和不确定中捕捉机会,在于非标准化的灵光闪现和奇思妙想,更适合应变与竞争。中国智慧适合于制定战略方向,西方智慧适合于方向之下的科学管理和精准执行。

邮轮公司达到百亿元营收的时候,就是需要明晰战略定位的时候。按照中船嘉年华首艘邮轮 13.5 万总吨、4250 标准载客量的船型计算,每艘船每年的营业收入可达 18 亿元,则邮轮公司要达到百亿元营收,大致需要形成 5~6 艘大型邮轮的运力。目前清晰可见的是,中船嘉年华在未来 5 年就可能实现这一目标。对应着其规模的提升,正需要战略咨询公司为其提供战略方向的把握。

7.2.4 本土邮轮的产品创新

新冠疫情给本土邮轮公司进军邮轮业创造了难得的机遇。疫情之前,国际邮轮公司的盈利普遍良好,20 多年船龄的二手邮轮都不容易出现,一旦出现就成为市场的香饽饽,更不要说那些只有几年船龄的新船。在欧洲的船台上,订单已经排到了 2027 年,完全没有富余的产能。对于本土邮轮公司,合适的二手船难以买到,造新船也存在无处下单的窘境。突如其来的新冠疫情,让这样的情形有所改变。国际邮轮公司在邮轮产业长时间停航的背景下,亟须优化船舶结构,出售或者拆解对公司盈利贡献不大的老旧船成为各邮轮公司的重要选项。嘉年华集团在这三年处理掉了 22 艘旗下的邮轮,皇家加勒比集团也出售了其旗下的精钻邮轮。对于本土邮轮公司,这是一个千载难逢的介入契机。

可以看到,除了招商局集团与维京邮轮合作的"维京太阳"号船龄较小以外,其他中国本土邮轮公司购买的邮轮主要集中在 20 多年船龄和 7 万总吨这一级别。这些邮轮将跟"海洋光谱"号、"海洋奇迹"号、"地中海荣耀"号等已经或即将布局在中国沿海的大船新船同场竞技。由此引出一个问题:这些邮轮如何在疫情恢复后的中国市场中占得一席之地?换句话说,这些邮轮如何"旧瓶装新酒",才能博得属于它们的市场蛋糕?在《邮轮志》2021年的第四期中,刊登了上海蓝梦国际邮轮公司常务副总裁徐颖的专访文章,其中提到一个观点:"与其更好不如不同",这可能是这些二手邮轮未来发展的着力点。这里延续之前的探讨,解析一下中国本土邮轮公司的创新方向。核心就是通过别具一格的创新占据消费者的心智。

社群营销。传统上,邮轮公司通过自建渠道和利用旅行社的渠道,找到消费者并把他们吸引到船上。这些上船的游客相互之间并没有关联,邮轮公司为这些游客提供观看、体验、游玩、购物等元素的综合性产品。这些游客即便年龄相仿、地域相仿,但是由于没有给他们贴明确的标签,也没有明确的价值主张,因此这些游客并没有形成同质化的消费群体,难以激发正反馈的消费行为。然而,"社群"就完全不同。社群就是一个群体基于某个点(如兴趣、爱好、身份、需求等)而衍生的社交关系链。在进行口碑传播、收集用户需求、提高用户忠诚度等方面,社群有着其他渠道无法比拟的天然优势。也就是说,社群能够通过仪式感、参与感、组织感和归属感形成基于情感的黏性,进而产生价值。社群与粉丝经济的不同在于,社群的组织结构呈现多对多的网状结构,节点与节点之间不是传统的一对一的传播,而是不规则的、跨级的、跳跃式的传播。而在粉丝经济中,一个(或几个,或一组)意见领袖与海量粉丝形成了一对多的关系。社群经济与粉丝经济的构成机制和交流方式决定了成员与主体之间互动的程度。社群是成员基于相同的爱好、认知而自发形成的互动性组织,而粉丝则基于对品牌主体的崇拜形成了一种与品牌主体的上下关系,这就决定了社群成员与社群主体之间的互动程度要比粉丝与品牌主体之间的互动程度高得多[①]。邮轮的社群营销,就是要在邮轮上创造某些社群的海上独特场景。不是要本土邮轮公司去创建新社群,而是将现有的社群引到邮轮这个新场景中,帮助社群强化人群的连接,让社群参与者对邮轮新场景"欲罢不能"。邮轮所提供的几千人聚集的空间,能够为诸多社群带来"面对面"的关系强化。邮轮上的公共空间可以改造后成为社群成员"面对面"互动的空间。《乌合之众》的核心观点是:聚集在一起的人群往往会表现出集体非理性的状态。而邮轮通过把社群中的同质化个体聚在一起,就可能触发诸多非理性消费,从而引爆市场。以前,邮轮公司把游客引上船,给他们提供表演和服务。社群营销就可以改变这样的模式,邮轮公司把社群引上船,给他们提供适当的场景,他们自我展示、自我表达、自我沉浸、自

---

① 杨泳波.社群营销[M].北京:人民邮电出版社,2018.

我创造。如果邮轮能够创造良好的体验，这样的海上场景就可能形成持续的客户流，给邮轮公司带来盈利。

海上主题公园。国际邮轮公司一直在打造"邮轮就是目的地"的概念，在邮轮上的百老汇歌舞表演、杂技、魔术、冰舞、舞台剧、攀岩、购物等活动，让人们在海上航行的日子里，完全不会乏味无聊，目不暇接的活动纷至沓来，"海上乐园"的称号实至名归。更有甚者，迪士尼邮轮将迪士尼乐园的理念和产品完全复制到了其旗下的四艘邮轮上，打造了面向家庭、孩子的"海上主题乐园"。本土邮轮公司要复制这些舶来的主题乐园并不容易，而且往往会落入拾人牙慧的窠臼，没有差异化的复制难以获得良好的市场反馈。跟一些中国目前已经具有相当流量的主题公园、特色公园进行合作，在海上共同打造与陆上既有联系，还有海上特色的"海上公园"，也许是一条路径。比如是否可以跟故宫博物院合作，打造一个"海上故宫"，故宫的文创产品就可以在邮轮上售卖。江南水乡在旅游旺季人满为患，是否可以在邮轮上创造一个别具一格的"江南水乡"，比如"海上乌镇"？本土文化、地方特色建筑在邮轮上的再现，并依托现有的流量大户引流，或许可以找到发展的契机。

城市营销。中国改革开放以来的经济活力被著名经济学家张五常总结为"地方竞争"，中国邮轮业的发展也离不开地方政府和城市不遗余力的竞争原动力。近些年，央视举办了一些城市的特色推介活动非常值得借鉴，比如《魅力中国城》就是通过一档以主政者率领城市战队竞演为原创模式、具有国际影响力的优质节目。通过主政者真挚的演讲、助阵嘉宾和竞演团队的精彩演出，展示了城市丰富的旅游资源、厚重的人文历史、昂扬的城市精神和独特的城市魅力。《魅力中国城》第二季节目以"文化＋旅游＋城市品牌"的深度融合创作思路，进一步推动中国城市的转型升级，向"改革开放40周年"献礼。节目以"人与城"的和谐关系作为核心价值，更加注重发掘城市深厚文化底蕴，以人与城市的情感依存、和谐共生为切入点品读城市魅力，从城市角度讲好中国故事，弘扬中华文化。中国的无数城市都有城市营销的诉求，邮轮是否也可以成为城市营销的新场景？比如通过与央视合作，依托《魅力中国城》栏目，在比拼中获胜的城市可以在邮轮上为其提供3个月的展示体验时间，并全面提供城市宣介的公共空间，特色餐饮、文化、旅游等都可以在邮轮上再现。邮轮公司获得城市的赞助，还可以从城市的特色产品和特色旅游中获得收益。邮轮上的购物空间可以通过招商的方式引入有地方特色的产品供应商。邮轮上的演艺活动可以请当地的专业团队参与。每艘邮轮一年只需要引入 4 个城市，为其提供独一无二的城市营销服务，还可能带动当地居民以及对该城市有偏好的其他人群到邮轮上消费。

娱乐空间创新。国际邮轮上，百老汇歌剧和综艺节目是邮轮上的重要表演内容，各大公司纷纷花费巨资打造让人们为之一振的主题表演。中国人观看这样的表演，能够看出演出者的专业和匠心，会被震撼和感染，但也可能难以对一些西方的表演和英文的歌舞产生共鸣。在大众化的消费越来越式微的当下，让整船的人都去欣赏这一台表演，可能会存在众口难调的问题。2022—2023 年"得到"跨年演讲中，罗振宇所给出的第 11 个故事《话剧与常识》，可以给邮轮上表演空间的再造提供洞察。北京人艺的话剧导演易立明在 2020 年的时候拿到了一个空间的经营权。这是北京的一个有 4000 多平方米的废弃电影院——大华电影院。要对这样的空间进行改造难度很大，因为中国各大城市的地标级大剧院 90% 都亏损。4000 多平方米的面积只有大剧院面积的十分之一，如何改造才能赚钱？易立明的空间改造，从分割空间开始。4000 多平方米被分割成了歌剧厅、戏剧场、环形小剧场、室内音乐厅、实验剧场、露天剧场 6 个大大小小的剧场，里面还嵌入了很多个排练空间，甚至还有咖啡厅、酒吧和一些能做展览的公共空间。整个剧院空间结构设计得非常精妙，穿插错落，没有死角。剧场的观众席脚下，正好就是另一个演出场的上方拱顶；一间会议室推开拉门，就和舞台的后台连成了一体，可以迅速变成化妆间。小空间的好处，是可选择的剧目类型多。可以是几十个人的戏，也可以是独角戏。这样的演出，观众和演员相隔很近，不需要大舞台、大制作，布景也不需豪华，这就大大降低了成本。而低成本给低票价创造了可能性。在这里，一场话剧的票价可以低到 100 多元。这样多样化的空间，就可以同时上演多个剧目。按照易立明导演的设想，未来这里一周至少要演 20 场戏，一年至少要有 30 部自己出品的剧目在这里轮演。观众的选择更加丰富。和大华合作的签约演员都要遵守一条独特的规定，每晚演出结束后要留下来与观众交流，听听观众的反馈和感受。在这里，女厕所的面积要远远大于旁边的男厕所，避免了幕间休息女厕所排长队的问题。总结下来，这样的空间改造，创造了三个可能性："更丰富的东西、更便宜的价格、更方便的方式"。中船嘉年华邮轮的首艘邮轮正在建造当中，2023 年下半年有望建成并投入运营。这艘船既有嘉年华邮轮的西方基因，也必将会烙上一些中式邮轮的味道。

在邮轮空间的安排上，沿着传统西式邮轮的路子不大会出错，但其实也可以在空间上迎合现代人的消费诉求，让一个个小空间来替代现在跨越双层的剧场，跟现代的电影院空间相契合。或者变成可以自由组合的空间，依据不同时段、不同地域游客的诉求，组合出多个表演空间，并让具有游客针对性的表演充斥其中。用小型的、更加贴近游客的互动沉浸式活动替代大型的表演，会不会更能够实现游客体验感的提升？如果按照这样的思路，小型邮轮的小型剧场就可能不是短板，关键要看剧场中用什么活动填充其中，并让游客获得更好的体验。话说回来，现代的大型邮轮，既有制作精美的、需要大舞台才能实现的大型歌舞表演，也有船上诸多酒吧、酒廊等空间的小型表演，不能说邮轮公司在空间创造上没有创意。在中国市场上运行的大型邮轮，可能既需要包含更多中国元素的大型歌舞表演，也需要能够容纳剧本杀、沉浸式活动的小型空间。在邮轮表演空间的打造上，多样化、可变化、可组合的空间应该是未来的方向。如果能够更多地与游客互动，让游客参与到邮轮空间的创造上，一定会让这艘邮轮更受游客青睐。给游客更多的选择权，给游客更多的参与感，给游客更多的自由度，应该是未来邮轮空间创造的方向。

吴声的《场景革命：重构人与商业的连接》[①]一书中提出，场景本质是对时间的占有。拥有场景就拥有消费者时间，就会轻松占领消费者心智。国际邮轮公司创造了欧美游客喜闻乐见的邮轮场景，让世界邮轮市场节节攀高。中国本土邮轮可以借鉴传统的邮轮场景，也可以在中国各地不断涌现的新场景中找创意、找灵感，研判哪些网红场景可以移植、搭载到邮轮上。

中国的消费者诉求远未满足，任何层次的消费者都值得尊重，任何社群的消费者都值得去迎合，"旧瓶装新酒"完全有可能立足，还可能创造出具有中国特色的邮轮爆品。"旧"不一定没有吸引力，因为人们会"怀旧"，所以对于旧船，装修的主题很可能是"做旧如旧"，而不是变旧为新。未名湖畔百年北大的教务楼外观很古朴，而内装却很现代。邮轮上打造"怀旧"的场景，"旧时王谢堂前燕，飞到寻常百姓家"，让人们通过体验"新酒"焕发新生，这可能就是"旧瓶装新酒"的可能方向。

---

①　吴声.场景革命：重构人与商业的连接［M］.北京：机械工业出版社，2015：50.

7.3　中国邮轮的发展模式

7.3.1　发展模式一：自主式嫁接

7.3.1.1　中国邮轮产业发展模式解析

从小到大的自我积累模式。先在国内市场的某个特定空间，满足特定的客户需求，逐步积累邮轮建造和经营的能力。在中国内河和沿海有不少具备条件的区域，如长江、舟山、海南等地。一个关键的优势是，由于政策的限制，国外公司不能进入这个市场，这就可以回避外国公司的竞争，给初创企业的发展创造了一个竞争相对较弱的成长空间。小区域范围内的邮轮发展，可以从相对较小的船舶开始。这样的船舶无论是建造还是经营所面对的挑战较小，需要克服的风险也相对较小，降低了市场进入门槛。这样的个性化船舶在建造和经营上取得好的经验以后，根据市场条件进一步向更大、更豪华的船舶拓展，并由近及远向其他区域空间拓展。等到这样公司的盈利能力达到一定程度后，就具备了向国际市场逐步拓展的可能。这样一种由小至大、由近及远、由内到外的发展路径，是最为稳妥的中国本土游轮发展的路径，当然也是比较缓慢的路径。存在一个问题，由于国内市场与国际市场是隔离的市场，在国内市场练手成功后的本土邮轮公司，是不是就能够向国际市场拓展？由于邮轮产品是差异化的产品，对某个特定市场深入耕耘后的经验是否能够用在其他竞争性更强的市场？这些问题都是待解的问题，需要有闯劲的先行者闯出一条道路。考虑到中国邮轮客源市场的发展空间相对乐观，缓慢渐进的邮轮发展路径可能错过发展机遇，是否应该走另一条稍微快捷一点的道路？

合资合作的嫁接模式。这里的嫁接指的是目前我国大型公司与国外大型造船厂、大型邮轮公司合作发展之路。2017 年 2 月 22 日，在国家主席习近平和来华访问的意大利总统塞尔焦·马塔雷拉见证下，中国船舶工业集团公司与美国嘉年华集团、意大利芬坎蒂尼集团签署我国首艘国产大型邮轮建造备忘录协议，中船集团联合嘉年华集团等组建的邮轮船东运营合资公司将向中船集团与芬坎蒂尼合资组建的邮轮建造公司下单，订造 2 艘 Vista 级大型邮轮。同时，邮轮船东运营合资公司还拥有另外 4 艘大型邮轮的订单选择权。这样的路径起点很高，有巨大的资本强力介入，国外造船厂和邮轮公司所积累的经验也能够快速应用在中国的相关企业，的确是一条颇为激动人心的发展路径。"干中学"的过程中，让外国邮轮领域的导师教中国人该如何发展邮轮，结合中国人所向披靡的模仿能力、迅速扩展的市场需求以及完整的产业体系，未来能够在邮轮领域迅速占领一部分发展空间。该模式的一个显著特征就是国内企业具有充分的自主性，主要代表企业是中船嘉年华和中船邮轮，这两个中船与国际企业的合作都是中船占一半以上的股份。中船通过与意大利芬坎蒂尼公司的合作，将邮轮产业链延伸至了上游的制造业，补全了我国邮轮产业链中的重要一环。我国邮轮产业起步晚，技术储备不足、经验十分欠缺、产业资源匮乏，特别是核心领域与关键环节，面临着欧美国家的技术封锁与规范壁垒，只能寻求国际合作与外部支持。以中船为引领的中外资本合作模式，具有较强的自主性，有望突破我国邮轮建造的关键核心技术，解决发展邮轮产业的"卡脖子"问题，提升我国大型邮轮的自主核心研发制造、关重件供应与运营能力，并打造中国邮轮产业发展的国家队和主力军。

资本运作的并购模式。国际邮轮公司发展之路其实就是并购之路，嘉年华集团和皇家加勒比集团正是这样发展起来的。1972 年，嘉年华邮轮公司创始人泰德·阿里森（Ted·Arison）购买了"狂欢节"号（Mardi Gras），并承担其所有债务，嘉年华邮轮集团的邮轮之路从经营二手船开始。自 1987 年上市以来，先后收购了荷美、世鹏、歌诗达、冠达、阿依达等多家著名邮轮公司。并购以后的嘉年华集团一跃成为全球最大的邮轮船队，占据全球市场份额的一半，经营区域遍布欧美各地。未来中国本土邮轮的发展过程中，也一定充斥着各种各样的合资与并购。经营国内市场的本土邮轮经过多点开花后，强势企业有向其他区域扩张的需求，弱势企业正好可以向具备扩张能力的企业卖资产，这就是未来国内本土邮轮市场的发展路径。在此意义上，第一种路径也不见得是缓慢渐进的路径，遍地开花以及资本并购二者形成良性互动，可以以较快的速度席卷全国，形成中国本土邮轮的强势企业。这样的强势企业再向国际邮轮市场拓展，以中国文化符号的邮轮为卖点，在竞争激烈的市场中找到自己的定位，进而获得可持续发展的能力。嫁接的发展模式，也不排除并购，只不过路径不同，是一种由外至内（国际市场到国内市场）的发展模式。

由货运向客运延伸的拓展模式。世界上的几大航运公司，已经有不少涉足邮轮产业。世界排名第一的集装箱运输公司地中海航运在邮轮领域已有布局并有较大的动作，包括在加勒比海的邮轮专属岛屿的建成、未来十几艘邮轮的订单以及进军高奢邮轮等，可以管窥地中海邮轮的雄心。法国达飞航运旗下有欧洲的奢华品牌庞洛邮轮，主打极地探险的奢华型邮轮。赫伯罗特航运公司旗下则有《伯利兹邮轮年鉴》评分较高的两艘邮轮"欧罗巴"号和"欧罗巴2"号。与这些航运公司相对应，中国人也并不是从来没有觊觎过这个市场。早在20世纪90年代，中远集团就曾有进军邮轮业务领域的想法，却因为船上博彩这一敏感问题而搁置。而今，"鼓浪屿"号作为中旅集团与中远海运集团联姻的第一个成果，开始了其作为中国本土邮轮的新征程。虽然好似错过了20多年，却也正当其时，因为新时代中国人的"美好生活需要"将支撑中国邮轮市场的快速扩大。中国成为世界邮轮市场最为热点的区域没有疑问、没有悬念。到2035年，中国市场需求的增长将能够接纳约38艘邮轮，这样的市场空间足够让中国本土企业在其中劈波斩浪、披荆斩棘，并闯出独具特色的本土邮轮品牌。

7.3.1.2　面向未来的发展模式：自主式嫁接

在现阶段以及可见的未来，合资合作的嫁接模式会成为中国邮轮产业发展的主流。这里的合资合作，主要指的是中国资本与国外资本的合资合作，目前以中船邮轮和中船嘉年华为代表。中船集团与国外著名的邮轮建造、邮轮运营公司的合资合作，具有显著的特征，就是具有充分的自主性。因此，这里把该模式界定为自主性嫁接。

嫁接。国外的邮轮业肇始于19世纪上半叶开始逐步兴起的跨洋客运班轮，已经有接近200年的历史，具有深厚文化底蕴，并积累了在此领域的产业配套、供应链管理、市场营销、船舶运营等能力，在此基础上的标准规范是行业的壁垒，阻止竞争者进入该市场。要想在并不完备的中国邮轮制造业配套能力及尚处于初级阶段的中国消费者需求下发展中国邮轮产业，必须向国外的先行者学习。学习的最好方式就是参与其中，"干中学"才能够获得真正的内在知识。因此，中国的邮轮市场参与者与国外的邮轮产业群体走"合资合作"的发展道路更为理性。

自主式嫁接。植物的嫁接有一个特征，嫁接的根基可以吸取足够的土壤营养，而嫁接的枝条还可以保持自身的性状，因而具有一定的独立性。从历史的经验来看，与外资合作发展有利有弊，中国汽车工业的发展路径常常被作为反面教材。与之形成鲜明对照的是，在中国高铁的发展过程中，恰恰在一个较为封闭的体系中，用购买产品并"消化吸收再创新"走出了一条举世瞩目的中国高铁发展之路。"用市场换技术"还是"消化吸收再创新"都有道理，无论哪条路径都不是平坦的道路。具体的运作充满了博弈和平衡，关键是能否做到高人一筹的顶层设计以及在部分关键领域的坚守和坚持。目前，中国企业已经开始与国际邮轮企业的合资合作，国际邮轮企业也有意愿与中国公司合作，并重构中国邮轮新生态。中国企业一定要搞清楚，在与国外邮轮公司合资合作中，中国人能够放弃什么，并且坚持住哪些不能放弃的底线，这是最为重要的事情。快速发展的市场空间和绝无仅有的产业配套能力是我们的底气。中船嘉年华公司的股权构成中，中船集团占比60%，这为后续邮轮运营的自主性发展提供了很好的制度保障。

自主性的内涵。第一，满足中国人的美好生活向往。《交通强国建设纲要》中提出交通强国的总纲领是人民满意、保障有力、世界前列。"人民满意"排在了最前面，表明这一要求应该贯穿到交通强国建设的方方面面，包括邮轮业的未来发展。邮轮本身就是面向消费者的服务，服务于中国特色社会主义新时代的人民美好生活需要是交通强国建设的根本要求，要在深刻理解"美好生活需要""共同富裕"等总体要求下体现中国邮轮发展的自主性，符合社会主义核心价值观是基本要求，还需要在挖掘新时代的主流文化中找到落脚点。博彩虽然是国际大型邮轮公司很重要的盈利点，但却与社会主义核心价值观不匹配，与中国人的"美好生活需要"不匹配。新时代的国企，更要弘扬社会主义核心价值观。抛弃博彩盈利的思维定式，才能以更广的视野去挖掘中国人的消费偏好，才能心无旁骛地服务好新时代积极向上的消费诉求。中国传统文化还需要与人类命运共同体相融合，并在本土邮轮上实现。新时代的中国文化需要通过邮轮这个新时代的载体来传播，本土国企责无旁贷。第二，在关键环节要有自主的技术和能力。中国的船舶配套厂商还非常落后，国际船舶上鲜有中国制造的技术装备，在邮轮上更是如此。因此，中国企业在与外资企业合资合作的过程中，谨防沦为外资企业在中国的低成本加工车间，而是在关键环节通过合资合作不断建立自身能力，进而支撑中国的邮轮配套产业加快追赶的步伐。第三，在运营环节要有自主性的运营模式。在中国市场上布局的邮轮往往是现代大众型邮轮，以百老汇的歌舞表演和新兴的炫酷项目让游客获得非同一般的体验感。这样的服务模式对中国人有一定的新鲜感，但要让中国人持续不断上船，还需要适合中国人偏好的服务。网红经济催生了消费市场的一个个热点，引起具有病毒复制效应的一次次营销高潮，这些新奇的商业模式还未在中国邮轮市场上获得好的移植。适应新时代的技术发展，适应新时代的年轻消费群体诉求，在运营环节探索具有自主性的邮轮产品，才有中国邮轮的长远发展。

7.3.1.3 自主式嫁接的关键环节

纵向一体化。纵向一体化是指与企业产品的用户或原料的供应单位相联合或自行向这些经营领域扩展，就是指企业在现有业务的基础上，向现有业务的上游或下游发展，形成供产、产销或供产销一体化，以扩大现有业务范围的企业经营行为。途易集团一直以来都把其一站式的旅游服务作为它区别于竞争对手的重要优势，这种全方位服务的实现是建立在途易对旅游全程各个要素的把控基础之上的。途易在实行纵向一体化过程中主要通过新设公司、合并收购以及合作联盟的方式在航空、酒店、邮轮三大领域完成上游资源布局[①]。云顶香港在 2016 年收购了德国 3 家船厂，成立 MV Werften 造船集团，专为旗下三大邮轮品牌——丽星邮轮、星梦邮轮和水晶邮轮建造新一代先进邮轮。MV Werften 在德国境内拥有 3 家船厂，分别位于维斯玛、罗斯托克和施特拉尔松德。从云顶香港集团的纵向一体化经验来看，邮轮制造与运营环节的一体化发展为邮轮运营带来了较好的船舶供给，云顶香港集团在现代大众和探险奢华领域都在不断推出新船。不过，由于邮轮建造业的总体盈利能力十分有限，一体化运营面临盈利的困境。对于中国邮轮企业，在进行一体化运营的过程中，核心是要让邮轮制造的供应链体系尽量留在中国本地，这将充分利用中国的劳动力成本优势的红利，为邮轮建造端的持续盈利打好基础。一体化运营还能够让邮轮公司在市场端的探索能够尽量通畅地反馈到邮轮建造，这样的组织架构更容易培育出符合中国消费者诉求的中式邮轮。

以开放合作推动自主创新。着力将国际科技合作与开放创新有效衔接，是新时期"实现高水平对外开放、推动高质量发展"对国际科技合作提出的具体要求。科学技术本身是世界性的，因此发展科技必须具有全球视野。国际科技合作是经济建设、社会发展、科技进步的重要支撑，坚持互利共赢的开放战略，全方位加强国际科技合作，深度参与国际科技竞合，不断提升统筹和综合运用国际、国内两种资源的能力，这样的开放创新将成为我国国际科技创新发展的重要模式。开放式的自主创新需要企业融合外部思想、知识、技术、资源进行创新。开放式创新与自主创新的目标是一致的，但前者是过程，强调创意

---

① 德国途易：以资源制胜为"途"，开拓数字化之"易"，https://m.sohu.com/a/254405456_169814.

的来源，后者是目标，突出创新的能力发展。企业要成为创新要素集成、科技成果转化的生力军，就必须在开放中合作、在合作里共赢。针对当今技术创新周期缩短、创新风险高的共性问题，越来越多的企业采取合作研发的方式进行联合创新。要提升自主创新能力，就必须善于获得、整合并利用全球创新资源，加强国际科技合作，才能尽快突破关键核心技术。随着中船邮轮收购有着133 年历史的德国老牌邮轮内饰公司 R&M，中国船舶集团开始全面布局邮轮制造本土供应链，中国豪华邮轮建造国产化终于迈出了重要的一步。

供应链升级。通过借鉴欧美经验和日韩教训，中国船舶集团确定了"国际合作、产融结合、引进消化吸收再创新"的发展道路。中船邮轮是中国船舶集团旗下二级成员单位，是中国船舶集团发展邮轮产业的业务板块平台和总体责任单位。中船邮轮致力于打造贯通邮轮运营、研发设计、供应链的本土邮轮生态体系。为此，中船邮轮与世界第一大邮轮运营公司嘉年华集团成立了由中方控股的船东合资公司"中船嘉年华邮轮有限公司（JVSO）"，作为国内的邮轮运营方，并和世界第一的邮轮建造船厂意大利芬坎蒂尼集团建立中方控股的邮轮设计合资公司"中船芬坎蒂尼邮轮产业公司（JVPC）"，引进国外的设计理念和邮轮技术，同时联合上海外高桥造船厂，共同设计建造中国首艘国产大型邮轮。中船集艾邮轮科技发展（上海）有限公司（简称"中船集艾"）是中船集团为发展邮轮及高端船舶内装业务而于 2017 年年初在"上海中船国际邮轮产业园"成立的军民融合型混合制企业。中船集艾专注于豪华邮轮和高端船舶装饰工程，打造内装设计、施工管理和供应链管理三大平台。根据中船集团战略规划，中船集艾将建设集邮轮内装产业孵化中心与邮轮内装产业智造基地于一体的"邮轮内装工程技术产业园"，打造全球首创的邮轮内装配套产品和技术服务集成平台，助推中国邮轮制造事业的发展。为加速形成邮轮本土内装设计、施工和供应链管理能力，2017 年，中船集艾与德国 R&M 集团合资成立戎美邮轮科技发展（上海）有限公司，专注大中型邮轮和高端客滚船新建、翻修和服务的整体内装项目和全面总包，致力于形成邮轮和客船本土内装设计、施工和供应链管理的综合技术能力，打造成为本土邮轮内装领军企业。在中船邮轮的统一部署下，中船集艾邮轮科技发展（上海）有限公司和戎美邮轮科技发展（上海）有限公司，通过消化吸收先进的邮轮内装技术，逐步形成邮轮内装设计、施工和供应链管理的综合技术能力，助力邮轮配套产品本土化。

7.3.2　发展模式二：强联合

7.3.2.1　联合发展的必要性

分摊管理成本。2019 年，嘉年华集团所占市场份额为 42.3%，旗下有 9 个品牌，份额最高的品牌嘉年华邮轮所占市场份额为 16.5%，份额最低的品牌世鹏邮轮所占市场份额仅为 0.3%。嘉年华集团对子品牌的管控是"弱管控"，各子品牌拥有一定的自主权。而在集团层面，可以通过规模化运营分摊管理成本。嘉年华集团总共有邮轮大约 100 艘，共享的管理团队可以大大缩减管理成本，使得其管理成本处于相对较低的水平。2019 年，嘉年华集团总收益为 208 亿美元，其中营销、销售和管理成本为 24.8 亿美元，占总收益的 11.9%。皇家加勒比集团 2019 年的总收益为 109.5 亿美元，营销、销售和管理成本为 15.6 亿美元，占总收益的 14.2%。诺唯真集团 2019 年的总收益为 64.6 亿美元，营销、销售和管理成本为 9.8 亿美元，占总收益的 15.2%。根据几大邮轮集团的数据，集团规模越大，管理成本占比越低。大型邮轮公司采取不断并购的发展策略，其根本的原因之一就是分摊管理成本，进而更具竞争力。在中国市场，本土邮轮公司大多数是单船运营，仅在管理成本这一项，就存在着与国际邮轮公司的巨大劣势。而且，为了自身品牌的发展，本土邮轮公司还不得不陷入抢人大战，这还会让人力成本支出居高不下（见表 7-1）。

表 7-1　2019 年三大邮轮集团的营销、销售和管理成本占比

集团名称	总收益（亿美元）	营销、销售和管理成本（亿美元）	占比（%）
嘉年华集团	208	24.8	11.9
皇家加勒比集团	109.5	15.6	14.2
诺唯真集团	64.6	9.8	15.2

实现全球采购。大型邮轮集团在邮轮上消耗量比较大的大宗物资上都实现了全球采购，因而能够获得较低的价格。比如牛奶和牛肉从美国或者新西兰采购，奶酪从欧洲采购，水果从智利采购，红酒从澳大利亚采购，小麦从美国采购等。通过遍布全球的食品采购网络，再加上高效的供应链体系，能够让食品成本占到公司总收益的 5% 以下。2018 年，有记者写文章，爆出中国大妈吃垮诺唯真"喜悦"号的传闻。事实上，食品成本消耗占邮轮公司的成本并不高，这样的传闻根本就是无稽之谈。另外，对于大宗物资采购，国

际邮轮公司往往充分利用金融工具，通过国际期货市场的运作来锁定燃油等物资的价格，进而增进邮轮公司的稳定运营。按照船用燃料油 IFO380（一种高硫油）406 美元／吨计算，嘉年华集团每年消耗燃油 384 万吨。这么大的燃油消耗量，就具有更大的价格谈判权，有条件获得更低的燃油价格（见表7-2、表 7-3）。

表 7-2　2019 年三大邮轮集团的食物消耗成本占比

集团名称	总收益（亿美元）	食物消耗成本（亿美元）	占比（％）
嘉年华集团	208	10.8	5.2
皇家加勒比集团	109.5	5.8	5.3
诺唯真集团	64.6	2.2	3.4

表 7-3　2019 年三大邮轮集团的燃油消耗成本占比

集团名称	总收益（亿美元）	燃油消耗成本（亿美元）	占比（％）
嘉年华集团	208	15.6	7.5
皇家加勒比游轮集团	109.5	7.0	6.4
诺唯真集团	64.6	4.1	6.3

形成产品阶梯。本土邮轮公司的几艘邮轮，船龄都超过 20 年，在邮轮船舶上很难有明显的差异化特征。因此，这些邮轮公司必须在产品线上形成差异化的产品阶梯，才能够避免相互的同质化竞争，进而获得较好的收益。如果任由几家公司在市场中竞争，必然会因为"不谋而合"而产生产品同质化的问题，为相互之间打价格战埋下了伏笔。联合发展，为每艘邮轮打造差异化的产品和航线，就能够一定程度上消解低水平竞争。

共享销售渠道。中国邮轮销售渠道经过几家邮轮公司十多年的探索，走出了一条从"包船—切舱"到自建渠道的发展道路。在皇家加勒比游轮刚刚进入中国市场的时候，邮轮公司找到一家家旅行社，以"包船"或者"切舱"的方式将船票交给旅行社，旅行社再通过自身的渠道把船票卖出去。这样的发展模式在当时的情况下具有一定的合理性，为中国市场规模的迅速扩大带来了积极的作用，不过也产生了市场供过于求情形下的"尾舱效应"，进而让市场呈现出一定的乱象。在这样的背景下，皇家加勒比游轮率先开始自建渠道，并通过两年的努力使自建渠道能够达到 30% 的市场份额，这为皇家加勒比游轮稳定船票价格、增强博弈能力带来积极效果。本土邮轮公司如果单船运营，有限的舱位很难支撑自身的渠道发展，这会为船票销售端带来隐患。

7.3.2.2　强联合：集团化发展

联合发展的方式之一是弱联合，也就是类似于集装箱运输领域的航运联盟。航运联盟是指班轮公司之间在运输服务领域航线和挂靠港口互补、船期协调、舱位互租，以及在运输辅助服务领域信息互享、共建共用码头和堆场、共用内陆物流体系而结成的各种联盟。过去这些年，集装箱运输市场形成了三大联盟，包括 2M 联盟（马士基航运和地中海航运）、海洋联盟（达飞轮船、中国远洋海运集团和长荣海运）和 THE 联盟（德国赫伯罗特航运公司、商船三井、日本邮船、川崎汽船和阳明海运）。航运联盟在给参与企业带来利益的同时，也会产生一些问题。对于联盟成员来说，由于它们之间的联合不是以资产为纽带，所以合作伙伴在谋求自身的利润最大化时，难以避免"同床异梦"。同时，又由于联盟成员公司的揽货网络各自独立，但又共同使用同一航线航班，所以也就难以避免伙伴之间的竞争。如果联盟内部的分配方法规定过死，限制竞争，则影响各联盟成员公司积极性，使联盟失去活力。同时，联盟成员在各自经营特色、企业文化和管理体制上的冲突，还会存在联盟成员利益分配难以协调的问题。

需要探讨的问题是，集装箱运输领域的产品是没有差异化的货柜位移服务，这跟邮轮业具有本质的差别。因此，类似于集装箱运输的航运联盟不大可能在邮轮领域产生。

中国本土邮轮公司进入已经成熟并且国际化的领域，并没有像国际邮轮公司那样"高举高打"，而是以"试探性的脚步"进入市场。在探知这个市场的"水深"后，往往没有进一步扩张的勇气，呈现出"浅尝辄止"的状态。而从国际邮轮的商业模式来看，一艘船在市场中运营断然没有好的结果，因为完全不具备国际邮轮公司集团化运营的成本优势，产品的特色在短时间内也难以建立，船上收入也会因为运营的能力问题而难以提升。

从供给上来看，单船运营模式从一开始就是错误的。在现代大众邮轮领域，"单船试水"永远不可能成功，尤其是新冠疫情对邮轮需求端的影响尚未可知。更大的可能性，则是需求遭受一定比例的下降，而供给虽有减缓，但在新冠疫情的这几年，已经让供给能力又新增了 13.1 万张床位，运力增长

21.8%。要想让供需关系达到微妙的平衡，船票价格只有进一步走低才有可能。如此这般，邮轮业面临的发展环境，将比新冠疫情前更为苛刻。国际邮轮公司如果能够盈利，也不大可能短期内获得疫情前高达 16% 的净资产收益率，而应当是更为薄的利润。本土邮轮公司在市场中受到的挤压一定会更大，单船运营的亏空也一定会更大。

由此，本土邮轮的发展路径，不应"单船试水"，而是以大资本并购的方式进入这一市场。这里提出以资本为纽带的强联合模式，也就是几家本土邮轮公司在一家公司的主导下合并为中国邮轮集团。作为中国邮轮集团的发起方，应该具有旅游或者航运的背景，在邮轮领域具备长期投入的决心和耐力，在产品方面具备精细打磨的定力，最终就可能探索出一条中国邮轮产业发展的路径。而且，中国邮轮集团一进入市场就应该有国际化的团队并采用国际化的经营模式。本土邮轮的集团化发展，就是借助多艘邮轮的运营，让邮轮运营的成本与国际同行看齐，船票收入不至于与国际同行差别太大，船上收入与国际同行看齐。本土邮轮公司的核心努力方向，就是要在游客心智中建立起强烈的品牌认知，别的方面尽量不要花太多工夫。所以，现在最需要做的就是，以某种方式把中国资本这些分散的资源集中起来，形成集团化发展雏形，再在市场中购买几艘船，中资邮轮就可以启航。这就是本土邮轮的供给侧改革：提高供给的集中度。所有之前的"小打小闹"都需要停止，并建立起最新的认知：只有大家聚合在一起，才可能走出荆棘丛生的市场迷雾。

没有疫情，本土邮轮可能在多点开花后走合资并购之路。有了疫情，本土邮轮公司还没来得及开花，可能就不得不走合资合作之路。本来，几家本土邮轮公司就是单船运营的状态，而且没有完善的销售渠道、无法国际化布局、没有国际化的船舶供应渠道，即便是正常的市场也很难盈利，走合并之路恐怕是最好的选择。

7.3.2.3　强联合的关键环节

国际化发展。邮轮业的一个显著特征就是国际化发展以及全球布局。由于地缘政治、恶劣天气、恶性事故、疾病疫情等原因，因时因地制宜选择恰当的经营市场，并开发具有吸引力的航线，是邮轮公司获得持久盈利能力的关键。对于中国邮轮的东北亚市场，从 5 月至 10 月底是一年的旺季，而其他季节是这一市场的淡季。作为国际邮轮公司，其可以在夏季布局在东北亚市场，在淡季转战新加坡或者澳大利亚，获得南半球夏季的市场红利。这样，每艘船都有可能在全球的调配中获得较高的收益。作为本土邮轮公司，要么不断培育和开拓自身的国际化运营能力，要么引入国际化的战略投资方，进而使本土邮轮在需要国际化的时候具备现成的渠道。因此，本土邮轮的集团化发展中，关键的一点就是要引入外资作为战略投资人。需要在全世界范围内找到具有优势互补的战略合作者，中资提供本土市场需求，海外合作者提供国外的需求，并在邮轮布局到海外时提供供应链、政府公关、市场营销等支撑服务。

融入国家战略。本土邮轮公司的发展机遇，在于跟国家战略相契合。目前，可以跟邮轮旅游产生关联的国家战略，主要聚焦在海南自由贸易港和"一带一路"倡议。海南出台诸多邮轮领域的政策，后续也可以依据海南自由贸易港的先行先试优势，探索邮轮政策领域的创新。2019 年 7 月 12 日，海南省人民政府办公厅发布《海南邮轮港口海上游航线试点实施方案》。2021 年 9 月 14 日，为规范海南自由贸易港邮轮市场秩序，促进海南自贸港邮轮经济安全健康发展，经海南省政府同意，海南省政府办公厅印发《外籍邮轮在海南自由贸易港开展多点挂靠业务管理办法》。后续，支撑本土邮轮公司发展的政策，可以在海南找到落脚点。另外，中国邮轮市场主要集中于东北亚，这一市场存在巨大的不确定性，日本和韩国的目的地都可能因为地缘政治的原因而关闭，本土邮轮公司需要找到新的市场空间。虽然与"一带一路"倡议相关的"海上丝绸之路"相关国家的发展水平存在差异，但也可以找到较有吸引力的母港和停靠港，从而让本土邮轮公司找到落脚点。还可以通过建立这样的航线，实现沿线国家与中国的人文交流和民心相通。在先期的探索中，可以考虑将新加坡、迪拜和斯里兰卡作为初步的停靠点。

差异化发展。拟在邮轮建造和邮轮运营方面有所建树的企业，都应问自己一个核心的问题：与国际邮轮的差异化在哪里？差异化是邮轮的核心，想好了自己的差异化方向，证实了自己的差异化逻辑具有市场，这才是本土邮轮的发展方向。锚定消费者的偏好，锚定新时代年轻人的最本质需求，才有中国本土邮轮的未来。对于新进入市场的本土邮轮公司，要有高质量发展的初心，而不是想着以较低的船价优势和差不多的服务就可以抓住中国消费者的心。在国际化还未露出苗头的时候，坚守本土阵地，创造好（对）的产品是根本，不问供需，这大概就是中国邮轮高质量发展的钥匙。一定程度上，创造"对的产品"对本土邮轮公司更重要。找到自身的定位，聚焦自身的那个客户群，画出他们的清晰画像，然后用恰如其分的产品去服务好他们，这就是后疫情时代本土邮轮公司的立足根本。至于如何找到自身的定位，需要充分准确的市场调查，需要调查基础上的商业洞察，还需要让洞察能够落地的产品创造力。

7.4 沿海内河游轮的战略路径

7.4.1 中国沿海游轮发展

翻看《伯利兹邮轮年鉴2019》中文版，可以看到世界的沿海游轮简介，包括澳大利亚、欧洲、南北美洲的海岸周边游。

7.4.1.1 国际上的沿海游轮案例

澳洲大堡礁。澳大利亚东北部的海岸上，有由2800多个珊瑚礁群构成的蜚声世界的海洋奇观——大堡礁，这是澳大利亚能够开展沿海游轮的基础。大约有70家当地的精品船运营商为游客提供1~4晚的邮轮航程，并搭载潜水和浮潜等活动项目。同时，由于珊瑚礁可以成为成年鲸在潜水中养育幼崽的最佳庇护所，因此这片海域的6—9月是座头鲸的最佳观赏季，可以吸引大量的游客。为了保护好独一无二的自然景观，澳大利亚政府向参观大堡礁及周边地区的所有4岁以上的游客收取6.5澳元的环保费用。

挪威沿海游轮。在挪威除了可以搭乘一般意义上的邮轮以外，还可以搭乘全年在挪威沿岸巡航的海达路德邮轮，沿着挪威海岸领略北极风光。船队由小型的、舒适的高速沿海游轮组成，同时还兼营小件包装物品、食品的运输，并将乘客带到海岸线上的各个社区。挪威沿海游轮航线从挪威的卑尔根开始，一直到俄罗斯边境的希尔克内斯（该市一半在北极圈内），全程长达2012公里，航程12天。该航线自1893年开始运营，在道路不通的情况下成为挪威各社区连接的唯一途径。"海达路德"的意思就是"快速路线"，这反映出这一航线曾经是挪威南部和偏远北部间最可靠的交通连接。如今该公司每年运送超过30万名乘客。乘客可以在34个停靠港中的任何一个港口登船，并根据自己的时间安排选择离船。船上的配置相对简单，船舱面积有限，装饰极简，家具陈旧。该航线的特别之处，就是体验北极的极昼和极光。4月19日—8月23日之间是极昼，从11月到次年2月则可以看到壮美的北极光弧线。还有一些航程会提供野生动物、观鸟、天文等主题活动。海达路德邮轮的船舶设计简单、设施基本，食堂式的餐厅提供简单的餐饮。挪威沿岸的11天往返（卑尔根到克里希克斯），目前一共有11条船在执行这个航线，以交通运输为主，兼做旅游，不以营利为目的，依靠挪威交通部出资补贴运营。由于挪威大西洋沿岸地形支离破碎，很多岛屿很难通过陆路连接，必须依靠船只抵达，所以海达路德的邮轮拥有比其他邮轮大得多的货舱，负责给一些村庄运乘客、邮件、补给甚至车辆。这一模式具有特殊性，很难复制。

苏格兰的豪华沿海游轮。位于苏格兰格拉斯哥以西2小时航程的渔业小镇奥本，是世界上最好的邮轮体验目的地之一。这里有一艘顶级的邮轮"赫布里底公主"号（Hebridean Princess）邮轮，有着罗兰爱思（Laura Ashley）风格的内部装潢，被英国女王伊丽莎白二世于2006年选为庆祝其80岁生日的家族欢庆场所。船上餐饮质量极佳，食材选用当地采购的苏格兰牛肉、海鲜和时令蔬菜，还有非常好的个人服务。该船隶属于赫布里底群岛邮轮公司，可搭载50名乘客航行在苏格兰最壮丽的海岸线和周边岛屿。不过，这个航线气候多变，需要备足御寒衣物。这艘船建于1964年，最初作为渡轮在苏格兰群岛上航行，搭载多达600名乘客和50辆汽车。1989年，这艘船被重新命名为"赫布里底公主"号，专为游客提供豪华邮轮服务。不过，看船上的设施，并没有显现出豪华的样子。也许，这样的船关键不在于设施的奢华，而在于体验苏格兰最本真的味道。

北美沿海游轮。搭乘悬挂美国国旗的沿海游轮，会与其他国际邮轮非常不同。它们多数配备美国船东和美国船员，一般容纳200名以内的乘客，沿着海岸航行。邮轮上非常安静，航行缓慢，并不适合喜欢热闹和冒险的乘客。这样的游轮能够抵达鲜为人知的地区，深入探访美国东西部沿海或者较大船只无法抵达的目的地。在美国和加拿大东岸的海上巡游，包括圣劳伦斯河、大西洋沿岸水域、新英格兰、鳕鱼岬和群岛、鳕鱼岬运河、五大湖、韦兰运河、佛罗里达水域等。西部海岸巡游的目的地包括阿拉斯加、太平洋西北部、加州葡萄酒之乡和加利福尼亚半岛/科尔特斯海。加勒比海的小型游船虽然不太出名，但却非常有趣，包括尤卡坦半岛附近的伯利兹岛、中美洲洪都拉斯和危地马拉海岸附近的岛屿，甚至美属维尔京群岛。这些精品邮轮可以停靠途中小镇，方便旅客上岸徒步旅游。这些船舶总吨位多数不足2500总吨，被严格限定在离岸不超过20海里的区域航行。公共设施比较有限，挂美国国旗，所以不设置赌场。没有游泳池，鲜有艺术品，也没有浮华的室内装饰。通常只有3~4层甲板，往往没有电梯，楼梯有点儿陡。每间房都有一个观景窗和小浴室。许多舱房没有电视机或电话，没有客舱服务，有时还需自行铺床。

机舱和发电机的噪声还会影响夜间休息。床铺总长度很少超过 1.8 米，卫生间的洗护用品往往比较简陋，房间隔音也不好。让人意外的是，这些邮轮的价格昂贵，平均每天 400~800 美元 / 人，另外 7 天的小费总计每人为 125 美元。相关的邮轮公司包括阿拉斯加梦想邮轮、美国邮轮、布朗特小型探险邮轮、林布拉德探险邮轮、珍珠海邮轮、胜利邮轮等。

日本的沿海游轮。在日本的濑户内海，有大大小小、人烟稀少的岛屿如珍珠般散落于这碧蓝的海面之上。这其中，有一座漂浮于濑户内海上的酒店——小型奢华邮轮"贡图"号，可以带你更深度发掘濑户内海的独特魅力。大型邮轮作为一种提供享乐旅程的客轮，往往重视娱乐设施，而"贡图"号则重点为客人提供优质的住宿服务。它并没有大多数邮轮那样炫酷的外观及装饰，而是极尽朴素简洁。船舱内拥有 19 间宽敞舒适的客房，还有健身房、美容沙龙、咖啡厅酒吧等。全船共有四种房型，每间均带有一整面完整的海景落地阳台。客室大部分采用了朴实的栗树木材，充满了濑户内海特有的温暖感，即使光脚不穿拖鞋，也丝毫不会觉得地面冰冷。"贡图"号的航线是往返于尾道市的贝拉维斯塔码头，沿着该地区的海岸线航行，串起濑户内海的多个小岛。这样的高端游轮，起步价为每晚 40 万日元（约为 23720 元人民币），差不多相当于中国沿海母港出发邮轮中等舱位的 20 倍，可以算得上最为昂贵的游轮。据说刚开业的时候因为预订的人太多需要抽签才有登船资格，由此即可看出高端邮轮市场的机会。

7.4.1.2   中国沿海游的发展方向

航线。中国沿海游轮的航线会是哪里？最容易想到的航线，就是把沿海著名的大城市串联在一起，比如是不是可以设计上海—青岛—大连的航线？不过，如果这样安排航线，恐怕就会落入现代大众型邮轮的思维定式中。中国出发的国际邮轮，因为主要的目的地是日本城市，中国人心中长期积累起来的对日本的"美好向往"使这样的航线有足够的吸引力。然而，如果把中国沿海的大城市连接到一起，会不会吸引中国人？恐怕难。大城市值得专门去旅行，而邮轮应该带人们去体验那些平日里难以抵达的小渔村，才会与其他旅行方式形成错位竞争。大城市带来客源，小而美的目的地带来别样的体验，无数这样的目的地串在一起，一定会是别具一格的产品。由此，需要在中国的沿海，从北到南找到诸多具有特色的小地方，然后用游轮这根丝线将这些美好的"珍珠"串起来。对于每个小镇，保留特色、挖掘特色和呈现特色是它们的主要任务，不要再把钱花在"欧洲小镇"这样的仿制景点上，坚持做本真的自己才是最重要的。

产品定位。在对业界人士的访谈中听到过一些观点：中国奢侈型邮轮消费的时代尚未到来。原因是：五六十年代的人虽然有钱有闲，但从困难年代走过来的人无法建立奢侈的消费理念；"70后""80后"还属于社会的中坚力量，有钱却不一定有闲；而"90后"的邮轮消费尚在培育阶段。此处想要表达的是，奢侈型邮轮通常是小船，不需要太多客人就可以填满，市场营销也有比较成熟的传统渠道，产品设计、客户服务、业务协同也不需要大型邮轮那样的复杂度，因此是本土邮轮企业应当致力的方向。当然，怎样打造奢侈品牌需要仔细谋划，需要在中国传统文化中汲取营养。中国素来就有"天人合一"的理念和传统，打造人与自然和谐的人居环境，其实已经在遍布各地的高端民宿中得到体现，只需要将这些理念和做法移植到邮轮上即可。西方文化通过建设"高大上"的建筑激发人们的敬畏感，中国文化则通过木质建筑彰显人与自然的亲近。坚持中国文化特色，坚持奢侈态度，才会抓住市场。不但要有文化自信，还有能够抓住文化的精髓并在游轮上再现。有20倍普通游轮价格的日本奢华游轮作为标杆，就不必对3~4倍价格的沿海游轮定位惴惴不安。产品配置的出发点，是更为奢华的产品。游轮吨位不要太大，这样就可以去到更加人迹罕至的地方，打造更为特别的体验。对于"维京太阳"号这样的1000人级游轮经营沿海航线，国际上还没有成功的案例。也许，中国庞大的消费群体，可以容纳这么大的游轮。可以探索的方向，是广东省与海南自由贸易港之间的航线连接。广东省有巨大的消费群，海南自由贸易港的免税购物、西沙的碧海蓝天以及广东省的特色小岛都可以作为卖点。

基础设施升级亟待启动。过往用来停靠渔船的码头，对于接待游客来讲太过简陋。需要提升游客服务的基础设施，在安全绿色方面的设施装备也需要补齐。如果要停靠较大的游轮，最初不一定要新建大型码头，而是找到合适的锚地，然后通过驳船把客人接送到岸上。驳船以及海事监管的装备都需要跟上。由于沿海游轮往往是小船，能够带来的客人也很有限，沿海无数的目的地也会分散游客，因此在现有基础上的改造升级是较为经济可行的方案，坚决不能像沿海大城市那样建设豪华的大型邮轮码头。与此同时，规划、设计、标准规范、法律法规还需要建立并不断与时俱进，来匹配越来越多的沿海游轮。

调整沿海游轮访问港的基础设施建设。五星红旗游轮未来的发展方向，是把中国沿海具有特色的城市及岛屿通过邮轮航线进行连接，给游客带去更加丰富的游轮体验。目前，沿海访问港的基础设施建设较为滞后，原先为客滚运输和岛屿客船所提供的基础设施尚待升级，服务的舒适性、可靠性、安全性和绿色环保都需要跟上，以适应沿海游轮高质量发展的需要。在《水运"十四五"发展规划》中提出："大力发展邮轮运输，丰富邮轮旅游航线和产品。"在新的形势下，"大力发展"应调整为"适度发展"。对于服务国际大循环的国际邮轮母港，建议减缓配套基础设施的建设，对需求不足的邮轮港，鼓励其拓展邮轮以外业务（比如滚装运输）；对有少量需求的城市，鼓励改造现有货运码头，发展客货两用业务。为了支撑新发展格局，对于服务国内大循环的沿海特色游轮停靠港、内河游轮港等，适当加大配套基础设施建设力度，建设高品质的内河游轮码头。

全面开展通航安全论证。在海事局的总体管理下，依托第三方机构，对游轮公司所提出的航线开展通航论证，补齐短板，防止可能发生的意外及险情。

应急体系及应急能力建设。建立沿海游轮突发事件防控的预案，由各海事局及交通运输部北海航海保障中心、东海航海保障中心、南海航海保障中心、中国海上搜救中心等共同形成应对海上突发事件的常态化监控网及救援救助能力。

7.4.2 中国内河游轮发展

对于一个市场，其发展的动因可以来自需求，也可以来自供给。一般的认识是，企业全力满足市场需求，就能获得好的发展，这是市场发展的需求派。苹果手机的发展历程给了我们另外一个启示。苹果手机的领航人乔布斯认为，消费者并不知道自己的需求，生产者有责任创造出独一无二的供给，让消费者欲罢不能，这就是市场的供给派。邮轮旅游属于舶来品，肇始于欧洲与美洲之间的跨大西洋客运班轮运输，目前越来越呈现出多样化的特征。中国人对邮轮并没有多少了解和认知，邮轮旅游也并非生活必需品，希望通过探知游客的需求来获得发展，恐怕是缘木求鱼。这里提出以高质量供给推动长江内河游轮高质量发展的逻辑及方向。

7.4.2.1 需求主导下的长江内河游轮市场遇到发展瓶颈

长江内河游轮旅游每一发展阶段，主要是需求为先，引导供给能力的不断提升。最初的长江内河游轮市场，80%以上的客人来自海外，到了20世初，客源结构呈现欧美、中国及东南亚市场三分天下的局面。而到了2019年，境外游客的比例已经下降到了9.3%。境外游客的比例持续下降，表明长江内河游轮产品已经越来越难以满足境外游客的需要，这一定是供给上出了问题。

从市场总量来看，需求引导下的市场，并未呈现与中国GDP增长同步的发展态势，发展过程中始终呈现出波浪式增长的发展特征。1994年"千岛湖事件"的负面影响导致走向低迷，1997年"告别三峡游"使长江三峡旅游进入鼎盛时期，1998年金融危机和洪灾又迅速下滑，2002年三峡大坝截流，三峡旅游迅速升温，2003年"非典"后跌入低谷。而后，2015年的"东方之星"事件以及2020年开始的新冠疫情，都将长江内河游轮引入阶段性的负增长。反思长江内河游轮的发展历程，需求导向下的长江内河游轮市场似乎总是不温不火，总也冲不破一道看不见的墙（见图7-3）。

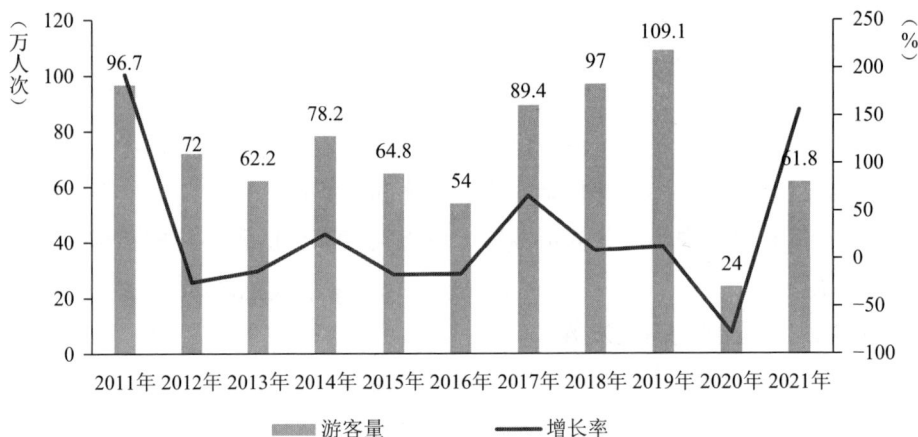

图7-3　长江内河游轮的游客量及增长率

从负载率的数据来看，2019年，长江干线省际旅游客运船舶平均负载率62.7%，同比下降8.4%。其中，高端游轮平均负载率78.4%，经济型游轮平均负载率48.8%。相较于海上邮轮107%的负载率来讲，长江内河游轮的负载率非常低。这样低的负载率，企业要获得好的盈利几乎不可能。高端游轮的负载率更高，也彰显出长江内河游轮应该更多推出高端产品。

从价格来看，豪华型游轮船票（重庆至宜昌）均价2000元/人，如果加上付费的岸上游项目，价格约为2500元/人，每晚的平均价格为625元/人晚。经济型游轮的船票（重庆至宜昌）在1200~1500元/人之间，加上付费

的岸上游项目，价格约为 1600~1900 元 / 人之间，每晚的平均价格为 400~475
元 / 人。与国际邮轮的价格相比较，2018 年嘉年华集团每床每晚的平均船票
收入为 166 美元，按照 1 美元兑换 6.7 元计算，则每晚的平均票价为 1112 元，
比长江上的豪华型游轮价格高 78%，比经济型游轮的价格高 134%~178%。而
且，欧洲内河游轮的价格往往是国际邮轮价格的两倍。由此可以看出，长江
内河游轮的价格大致只有欧洲内河游轮价格的 1/4 甚至更低。低的价格并没有
产生较高的负载率，表明低价并不能吸引足够量的游客上船，价格战的传统
模式已经走到了尽头。

从国内游客年龄结构来看，18 岁以下占 7.0%，18~35 岁占 6.5%，36~60
岁占 39.3%，60 岁以上占 47.2%，游客结构以中老年群体为主。长江内河游
轮难以吸引年轻人上船，也表明现有的产品供给并不符合年轻人的消费诉求。

7.4.2.2　以高质量供给推动长江内河游轮高质量发展

2017 年 12 月，中央经济工作会议提出，围绕推动高质量发展，深化供
给侧结构性改革，要推进中国制造向中国创造转变，中国速度向中国质量转
变，制造大国向制造强国转变。2017 年中国共产党十九次全国代表大会首次
提出高质量发展的新表述，表明中国经济由高速增长阶段转向高质量发展阶
段。而今，各行各业已经形成了高质量发展的共识。长江内河游轮在国家新
的发展导向以及突破自身发展瓶颈的要求下，也应进入到高质量发展的阶段。
以高质量供给推动长江内河游轮高质量发展应该是方向。

从船舶来看，长江内河游轮的新船型正在研发。2018 年，武汉长江船舶
设计院有限公司成功承接湖北东方皇家旅游船有限公司"长江发现"号高端游
轮设计项目，该游轮航行于重庆至上海，内河 A、B 级航区，J2 级航段，能通
过三峡船闸和三峡升船机，总长约 104.8 米，型宽 16.3 米，客房数量在 70 间
左右，设计航速 25 公里 / 小时；满足通过三峡升船机的技术要求，能便捷地
利用三峡升船机快速通过三峡大坝继续游览长江三峡之一的"西陵峡"。2021
年，武汉长江船舶设计院有限公司中标宜昌交运长江游轮有限公司"长江三峡
省际度假型游轮项目"设计任务。该船结合船东的市场定位及运营需求，提供
了一套具备"舒适、安全、环保、智能、观光、休闲度假"的高端内河游轮方
案。船舶总长 149.99 米，最大载客量 800 人，最终获得中国船级社的机舱自
动化、电力推进、绿色船舶、振动舒适度、噪声舒适度、智能能效及防疫安全
等附加标志。这两个案例表明，内河游轮的船舶高质量发展已经提上日程。

从内河游轮的旅游产品来看，产品高质量发展正在探索当中。2021 年 6月 12 日，冠达世纪游轮"世纪传奇"号在重庆涪陵鸣笛启航，开始"江山如此多娇"长江全景重庆—上海 15 日游的旅程。15 天的航程中，"世纪传奇"号途经长江上中下游的重庆、宜昌、荆州、岳阳、武汉、九江、池州、南京、扬州、上海等 10 余个大中型城市。为优化游客在游轮上的体验，"世纪传奇"号游轮进行了多维度的升级改造：与重庆图书馆合作在"世纪传奇"号游轮上设立了重庆图书馆世纪游轮分馆，洗漱用品升级为欧舒丹、爱马仕等世界知名品牌，邀请不同菜系的名厨量身制作菜单或亲自登船烹制美食。船票费用中包含了全程的超五星游轮住宿、用餐、景点门票、用车、景区交通车和索道，以及登离船当天机场火车站直达码头的接送车和行李托运、游轮上全天的小食饮料畅吃畅饮等服务。同时，该航线专门空置了 25% 的舱位，用牺牲运营方收益的方式让游客在游轮上获得更舒适的活动空间，并配备全程游轮管家服务，及时响应游客在旅途中的各种需求。该产品价格 18800 元起，平均每晚的价格 1343 元 / 人，已经高于疫情前中国市场国际邮轮的平均价格。"一价全包"的服务模式效仿欧洲内河游轮的经验，摒弃了中国旅游市场"低价揽客"的传统营销模式，力图给游客提供无忧的超凡体验。在冠达世纪游轮推出"江山如此多娇"这一高端奢华产品之后，其他游轮公司也陆续推出了一些高端旅游产品，并且获得了市场的良好反馈，表明注重产品品质的高端产品有市场潜力，可以成为未来长江内河游轮发展的突破口。

内河游轮母港的发展。在港口与城市的互动中，港口引发了产业集聚和人口集聚，而后港口又因对城市造成交通拥堵和污染而向外迁移。与此不同的是，邮轮港可以利用货运港向外搬迁留下来的空间来发展以邮轮作为集聚核心要素的游轮城，也可以在合适的地方新开发建设游轮港并将其拓展为邮轮城，前者的案例是青岛，后者的案例是上海宝山。内河游轮港由于客流量相对有限，依赖旅游大巴将游客带到岸上的目的地。因此，在游轮港周边形成大型的综合服务集聚区并不容易。对重庆市而言，以内河游轮港为核心，推动城市综合体建设以及游轮配套产业的集聚，有可能打造出一个别具一格的游轮城。2021 年 3 月，重庆市人民政府网站公布的《重庆市国民经济和社会发展第十四个五年规划和二〇三五年远景目标纲要》中提出，寸滩游轮母港将聚焦游轮经济，充分展现贸易、旅游等功能，打造集"船、港、城、游、购、娱"于一体的新型国际游轮母港。长江中游的武汉以及长江下游的南京，都有可能根据城市的功能定位打造游轮港与城市活动的载体。

7.4.2.3 发展方向

文化引领。文化是产业发展的魂魄，中国传统文化与社会主义核心价值观的结合，将孕育出"中式游轮"品牌，这是吸引中国人持续消费、让更多外国人消费的核心。彰显中国文化的游轮船舶、富含中国文化精神的产品以及具有深度中式文化的体验活动结合在一起，才能创造出"中式游轮"品牌。新的发展格局以及国人文化自信的逐步建立，有利于长江内河游轮在文化引领方面实现新突破。

鼓励企业发展高端产品。现在的长江内河游轮市场，迫切需要高端产品形成行业标杆，进而推动长江内河游轮产品提档升级。各家企业纷纷效仿，外部资本看到高端产品有市场有盈利空间，都会促进这一市场细分的快速迭代升级。相关的政策应对此予以鼓励。长江内河游轮市场的"退三进一"政策应该适度调整，对创造高端产品的邮轮公司给予一定的新增运力倾斜。比如对过去一年票价高出行业平均水平20%的游轮企业订造新游轮予以政策倾斜，对开发三峡升船机新船型的游轮企业予以政策倾斜。

中下游港口的提档升级。长江内河游轮发展的另一个方向是向中下游拓展，相应的港口应当抓紧提档升级。对于挂靠港，重点解决货运港口的客运改造以及货运港口与游轮混用的设施配备及安全规程，核心的关注点是挂靠港的安全、绿色及经济性运行。对于游轮母港，需要具备多艘游轮同时停靠及其进出港所需的硬件和软件，还应具备游轮维修保养、公司运营管理等功能，并与城市功能形成良性互动，畅通游轮港口集疏运通道，提高与火车站、汽车站、机场以及旅游集散中心等交通枢纽和站点的接驳能力，完善标识引导设施，为游客快速进出城市以及自助旅游等提供便利的运输服务。

绿色发展。目前，长江内河游轮在港口岸电的利用上已经具备很好的基础设施条件，未来只需要理顺相应的机制，合理确定游轮企业使用岸电的电价，促进长江游轮绿色发展。在游轮船舶的绿色发展上，紧跟国家双碳目标的总体要求，全面了解水运业应对碳达峰碳中和的技术方案，重点在电动、甲醇和氢燃料电池领域深入探索，走出一条适合长江内河游轮绿色发展之路。

形成江海联动的内河游轮发展新格局。长江南京以下航道已经实现12.5米的水深，南京邮轮港可以视作海港。南京国际邮轮母港建成，游客可以从南京出发体验国际邮轮，也可以从南京出发体验江海直达的国内游轮，还能够溯江而上体验内河游轮，南京成为中国邮轮枢纽的地位得以实现。南京与上海可以形成双母港的格局，这有利于长三角区域邮轮旅游的互动，提升长三角区域邮轮旅游的辐射能力。未来的江海直达邮轮应该是一个增长点，这些邮轮具有海船的属性，吨位按照 3 万吨来设计，提供不同于国际大型邮轮的服务，能够抵达长江沿线的特色小镇以及舟山别具一格的岛屿，将为中国中产阶级提供新时代的水上旅游新体验。

7.5　邮轮港口：从经营本土到拓展海外

7.5.1　中国邮轮港口的能力适应性分析

评价邮轮港口的能力，用能力适应度指标。对于邮轮港的设计机构，有一个专门计算港口设计能力的公式。对于港口能力适应度这个数值，从利益相关者的视角来看，港口的规划设计方有将港口设计能力计算偏小的倾向。即在其进行码头设计时，惯常采用较为保守的数据，为今后码头的进一步扩能做准备。

如果按照码头吨位所对应的最大能力来计算能力适应度，似乎又有夸大能力的嫌疑。毕竟，码头在实际操作中究竟能够实现多大的现实能力，牵涉口岸部门、后方集疏运体系、天气气候等诸多因素，还存在淡旺季的波峰波谷，这些都将对码头的实际能力产生较大影响。很多时候，满负荷运行不是不可以，却可能要增加诸多的成本，降低游客登离船的体验。同时，港口之间存在竞争，满负荷的港口会降低对邮轮公司的服务，有可能将其推向自己的竞争对手。因此，以满负荷的方式计算最大能力，也有误导邮轮港口发展的倾向。迈阿密港在码头还具备能力的情况下继续建设码头，对应的逻辑是更好地为客户提供服务。太过拥挤的码头体验对邮轮公司的客户复购率会产生影响，这是邮轮公司所不愿看到的。

对于上海吴淞口国际邮轮港，在第二期的两个码头未投入前，在 2017 年创造过 291 万人次的纪录。彼时邮轮公司需要提前一年预定泊位，相应的码头收费也比较高。291 万人次的出入境游客量是当时一期两个码头（22 万吨级和 15 万吨级）的最大接待能力。这样大的游客量，需要码头公司、口岸部门以及后方集疏运体系的全力配合，给码头的运营带来了挑战。由此，吴淞口国际邮轮港的二期工程得以建设并运营。在中国的所有邮轮港中，只有吴淞口国际邮轮港曾经受到过如此满负荷运转的考验。考虑邮轮港的能力适应度，可以用吴淞口国际邮轮港的数据作为基准来测算。291万人次是两个码头的极限能力，这样的满负荷运转状态并不应当成为判断一个邮轮港的能力。考虑到邮轮港口具有30%的冗余度比较好，因此认为224万人次（291/1.3）为吴淞口邮轮港较为恰当的能力。如果以"海洋交响"号为停靠22万吨级码头的典型邮轮的参考，歌诗达"威尼斯"号为停靠15万吨级码头的典型邮轮的参考，那么可以计算得出22万吨级的邮轮码头能力为127万人次，而15万吨级的码头能力为97万人次。以此类推，10万吨级的邮轮码头能力为69万人次，7万吨级的邮轮码头能力为43万人次，5万吨级的邮轮码头能力为23万人次。按照这样的数据重新分析，给出中国沿海各邮轮港的能力以及相应的适应度（见表7-4）。

表7-4　不同吨级码头的测算能力

邮轮码头吨级	22万吨	15万吨	10万吨	7万吨级	5万吨级
典型邮轮	"海洋交响"号	"威尼斯"号	"赛琳娜"号	"鼓浪屿"号	"维京太阳"号
载客量（人）	5550	4232	3000	1880	1000
邮轮码头能力（万人次）	127	97	69	43	23

　　由此，按照2019年各港口的出入境游客量来看，各港口的能力适应度如表7-5所示。其中，上海吴淞口国际邮轮港的港口适应度距离适度超前（1.3）最近，为2.39，其他港口的适应度数据则太大。这表明，中国沿海邮轮港已经处于普遍超前的状态。

表7-5　2019年中国沿海邮轮港的能力适应度

港口	设计能力（万人次）	计算能力（万人次）	能力适应度	码头的参数
上海国客中心	100	129	58.60	3个7万吨
上海吴淞口	358	448	2.39	2个22万吨，2个15万吨
天津	92	254	3.50	2个22万吨
三亚	200	390	606.06	1个22.5万吨，2个15万吨，1个10万吨
厦门	80	183	4.42	1个15万吨，2个8万吨
青岛	60	173	9.81	1个20万吨，2个5万吨

续表

港口	设计能力（万人次）	计算能力（万人次）	能力适应度	码头的参数
舟山	24	69	43.00	1个10万吨
大连	80	194	21.92	2个15万吨
广州	75	196	4.44	1个22万吨，1个10万吨
深圳	63	196	5.25	1个22万吨，1个10万吨
烟台	非专用	46	/	2个5万吨
海口	10	23	/	1个5万吨

如果保持当下这些港口的能力不变，按照2035年900万人次的市场规模计算，届时全国沿海邮轮港的港口适应度为1.28。这样的港口适应度基本满足要求，但可能存在结构性不足，这意味着还需要建设码头来提升部分港口的适应能力。至于究竟哪些港口需要新增码头，还有待市场给出答案。

在能力过剩及建设成本高企的情况下，邮轮港口经营业界堪忧。尤其是北方的部分港口面临较为严重的季节性特征，更需要找到发展的基础支撑。

在过去的很长一段时间里，中国不少产业的发展强烈依赖房地产。邮轮港口具有一定的房地产属性，很多港口的地理位置优越，有可能依托房地产的增值效应而发展。深圳太子湾邮轮港的建设，就是依托政府后方配置一块房地产用地来弥补港口建设的巨大投资。

邮轮港与货运港相比具有较大差异。总体来讲，货运港与城市的关系，可以称作"一对冤家"。城市因港而生，港口的货运量不断增加，使临港产业得以集聚，相关的服务业因而得以衍生。但是，当城市长大到一定程度的时候，港口货运的交通流与城市出行交通流形成交叉，港口货物装卸产生的噪声和污染也不受城市待见，港口养大了自己的孩子——"城市"，却不得不接受被城市"抛弃"的命运，从原来的城市中心区向外迁移。就这样，港口产生了城市，又被城市挤出核心区，形成新的发展极。等到这个发展极壮大到一定程度，还会向外迁移。二者只能相容共生一段时间，就会分道扬镳。与货运港不同的是，邮轮港天生与城市有相互的默契，在城市中心的邮轮港恰恰可以方便游客登离船，城市交通基础设施的完备也可以为这些客人提供更好的服务。

对于像中国这样一个邮轮后发的国家，不少城市曾经的货运港都会因为城市的扩张而搬迁，留下来的空间恰好可以给邮轮腾出空间。比如上海的国客中心就是曾经的货运码头改造而来的，厦门邮轮港也是由曾经的货运岸线改造而来的，广州的黄埔港也将有可能改造成邮轮港。当然，作为邮轮后发国家，鉴于中国人口基数大的原因，有条件建成规模较大的邮轮港。然而，曾经的城市往往沿江河而建，相应的码头吃水条件有限，不得不在水深条件较好的海港建设新的邮轮港。这样做的好处，是有可能形成新的城市集聚区，比如上海的吴淞口邮轮港、天津的东疆邮轮港、广州的南沙邮轮港等都是如此。这是中国邮轮港在中国城市发展的大背景下所被赋予的新功能。

7.5.2　打造城市新平台

邮轮港口要么在城市核心区（上海国客中心、深圳太子湾国际邮轮港、厦门国际邮轮港、青岛国际邮轮港），要么在城市新区（比如广州南沙国际邮轮港、天津东疆国际邮轮港），都是有可能成为城市人流聚集的场所，并以此为基础打造"邮轮港＋"的城市综合平台。

邮轮港＋商务活动。上海国客中心的案例可以借鉴。从 2008 年开始到现在，10 年来举办了路易威登秋冬新品发布、瓦伦蒂诺上海秀、欧米茄新表发布、汤美费格亚洲首秀等奢侈品发布与走秀活动。同时，由于长条形的码头岸线，非常适合做汽车赛道，这里堪称是新车发布的"圣地"，几乎所有的汽车品牌都曾在这里做过发布会或试乘试驾。

邮轮港＋旅游综合体。2018 年 7 月，"上港邮轮城"被正式评为国家 4A级旅游景区，成为首个集口岸监管区、国家邮轮旅游实验区、国家 4A 级旅游景区于一体的城市综合体。上港邮轮城亦是虹口区首个国家 4A 级旅游景区，也是黄浦江 45 公里滨江贯通后唯一一个沿江亲水景区。景区总体占地面积达73088 平方米，景点包含一滴水、彩虹桥、露天码头文化博物馆、嗨哌运动公园、音乐广场、航运浮雕墙、邮轮城商场等。除此之外，为了提升北外滩及上港邮轮城的吸引力，还从德国全进口引进了大型户外活动嘉年华项目——"魔都矩阵"。"魔都矩阵"是国内第一座集亲子互动、娱乐休闲及运动挑战于一体的绿色运动攀爬类项目，从德国原装引进，曾在欧美屡获创新创意类大奖。"魔都矩阵"以特色、特点、特殊为运动理念，辅佐"疯狂滑梯"、低空蹦极、攀爬、巨人秋千、电动绞盘等项目，以 360 度全视角将北外滩风景尽收眼底。

邮轮城＋酒店。2020年疫情期间，长江游轮全面停航，"世纪荣耀"号停泊在重庆朝天门码头，为客人提供住宿以及相应的餐饮服务。游轮上的餐厅具有充分的现代感和舒适感，在这里可以体验环球美食、优雅西餐和浪漫下午茶。吃喝、玩乐、摄影、拍照打卡、住宿，这里会提供与岸上截然不同的体验。重庆朝天门码头是诸多内河游轮的停靠地，嘉陵江与长江在此汇聚，朝天门商圈以及洪崖洞景区都可以跟游轮在景观上进行互动，这是"世纪荣耀"号的卖点。

7.5.3　实现新模式的关键环节

7.5.3.1　要有基础的条件

嘉年华集团全球港口及目的地发展高级副总裁乔拉·伊斯雷尔（Giora Israel）提出了建设邮轮母港的七法则判据。

第一，市场可达性。飞机及开车3小时可达的市场可以作为评判标准。

第二，航线多样性。与国际港口间多种航线选择，这是航线丰富度的重要指标。

第三，母港城市的吸引力。理想的航线起点，大家都愿意去的地方，能够给人带来特别的体验，比如迈阿密、上海、迪拜、巴塞罗那、新加坡。

第四，气候适宜度。具有全年运营和良好气候条件，消除淡旺季的影响。

第五，港口及海事基础设施完备度。这为港口提供高效的服务提供了可能。

第六，港口市场条件。有竞争力的港口和物流价格为邮轮公司低成本运营提供了可能。

第七，发展环境。政府及旅行社的支持和合作，这也是邮轮公司需要重点考虑的。

符合上述七项原则的邮轮港口，在世界上仅有两个：迈阿密和新加坡。迈阿密名副其实，新加坡因为大型邮轮码头并不充足而被认为勉强能够达到"完美邮轮母港"的标准。

7.5.3.2　人本新通道

中国邮轮港口在快速通关方面，相比于国际著名港口还是相对欠缺。在邮轮港候船厅建设的时候，设计方考虑更多的是外观的漂亮和大气，对游客快速通关方面的考虑不多。在游客量比较集中的情况或者遭遇恶劣环境的情况下，就有可能导致大量游客滞留，对港口和船方形成压力。比如上海吴淞口国际邮轮港在设计的时候候船空间远远不够，只好在陆地上搭建临时性的简易设施，作为游客与旅行社对接的空间。由于基础设施的先天不足，需要码头方提供额外的临时性设施。近些年，各港口对快速通关十分重视，用现代化和信息化的手段一定程度上解决了快速通关问题。

《中国邮轮港发展蓝皮书（2019年）》中，有两个指标体系与旅客体验密切相关：一个是集疏运体系，用城市的航班密度和高铁密度来体现，还可以用机场和高铁站离邮轮港的距离来表达。游客从机场或者高铁抵达邮轮港的距离或者时间，是表现邮轮港可达性的重要指标，应该是越短（少）越好。这是人本新通道的一项重要指标。另一个则是游客通关效率，既包括海关边检机构的服务水平，还包括新技术应用对旅游通关效率的大幅提升。还可以增加服务人性化的指标，这将在以后的评价中采用。

2018年，歌诗达"赛琳娜"号和"地中海辉煌"号母港邮轮先后抵达上海吴淞口国际邮轮港，7400多名邮轮旅客在抵港后的2个多小时基本完成通关，由于当天增开人员通道，每小时放行人数达到了3000人，旅客从进境到放行，人均通关耗时仅需6秒。除了邮轮旅检，吴淞海关针对邮轮船供同样能够办妥，在压缩通关时间的同时，也降低了邮轮企业的运营成本。

总的来讲，人本新通道，就是要让邮轮港摒弃服务"有没有"的思维定式，而要鼓励邮轮港从服务"好不好"的维度出发，不断提升服务，进而与邮轮公司一道实现游客体验的全闭环，从而给邮轮公司和邮轮港带来长久的客源。

7.5.3.3　打造自生能力

货运港主要通过港口装卸获得收益，港口装卸费能够覆盖其所有的成本。当然，从港口公司来讲，其业务可能并非港口装卸这一项，而可能涵盖物流、供应链、房地产乃至金融。但从港口装卸业务而言，按照其本身的设计能力以及实际运营中的效益，覆盖其各项成本并不难。但是，对于邮轮港而言，要想通过港口上下客人获得的"人头费"而盈利，则是一件非常难的事情。这就需要邮轮港在建设的时候就具有多元化发展的意识，考虑其作为吸引人注意力和获取流量的入口，并以此为目标建设相应的基础设施。

7.5.3.4　拓展海外

本土邮轮公司发展的必由之路是国际化，如果有相关企业在邮轮码头建设与运营的同步跟进，将十分有助于本土邮轮公司的海外拓展。中国沿海邮轮港的未来也深受中国周边地缘政治环境的影响，因此将港口资源布局到海外，是对冲这一风险的切实举措。从过往的经验来看，中远海运集团和招商局集团都有在海外布局港口的经典案例，二者已经是世界上排名靠前的港口运营商。招商局集团的"前港中区后城"的发展模式首先在中国获得成功并不断在海外复制，这样的模式也有可能移植到邮轮领域，只不过"前港中区后城"所承载的产业实体将根据邮轮业本身的特征进行一定程度的调整。对于发展中国家来讲，城市的升级改造可以以邮轮港的建设或改造为契机，在城市中心区形成经济社会活动的新集聚中心，由此可以依托邮轮码头构建新的城市商业逻辑，让城市焕发新生，上海国客中心的经验值得借鉴。

本土邮轮公司发展的未来使命，是在"21世纪海上丝绸之路"上找到一个个停靠点，然后通过定期（不定期）的航线将这些节点串联起来，让相关国家的客人在本土邮轮上体验中式文化及服务。邮轮成为"一带一路"沿线人们交流互鉴的平台，以此为依托可以增进中国与相关国家人民的"民心相通"，为政策沟通、设施联通、贸易畅通、资金融通创造条件。中远海运集团在新加坡和希腊比雷埃夫斯港有集装箱码头的布局，这两个地方的邮轮发展态势良好，未来可以借助现有的集装箱港口资源适时、适度向邮轮港口领域拓展。另外，巴基斯坦、斯里兰卡、菲律宾、马来西亚等地都有扩展邮轮码头的需求，相关企业要有战略眼光，在合适的时候在这些地方布局。

7.5.4 邮轮港口收费

7.5.4.1 中国邮轮港口收费现状

中国的港口收费主要由三部分组成，包括行政性收费、船舶服务收费以及港口经营企业收费。行政性收费主要包括港口建设费、船舶港务费、船舶吨税和检疫费等，这一类费用都有明确的收费依据和计费方式。其中，为了鼓励航运业发展，自2015年10月起，政府取消了船舶港务费的收取。船舶服务类费用主要包括代理费、引航费、拖轮费、供淡水费、垃圾接受处理费等。港口经营服务性收费，主要包括港口作业包干费、堆存保管费、库场使用费。

根据交通运输部2016年1月出台的《港口收费计费方法》第三条的规定，港口收费包括实行政府定价、政府指导价和市场调节价的经营服务性收费，其中实行政府定价的港口收费包括货物港务费、港口设施保安费；实行政府指导价的港口收费包括引航（移泊）费、拖轮费、停泊费、驳船取送费、特殊平舱费和围油栏使用费；实行市场调节价的港口收费包括港口作业包干费、堆存保管费、库场使用费，以及提供船舶服务的供水（物料）服务费、供油（气）服务费、供电服务费、垃圾接收处理服务费、污油水接收处理服务费、理货服务费。对于邮轮港口，不收取货物港务费、港口设施保安费、驳船取送费、理货费、特殊平舱费和围油栏使用费等，而港口作业包干费、堆存保管费、库场使用费演变为人头费和行李费。有些港口不收行李费，行李费包含在人头费中，有些港口则单独收取行李费（见表7-6）。

表 7-6　中国邮轮港口收费分类

分类	费用分类
港口服务费	靠泊费、人头费、行李费等
船舶服务费	拖轮费、系解缆费、船舶代理费、引航费、供淡水费、垃圾接受处理费等
港口规费	船舶吨税等

根据交通运输部、国家发展改革委联合印发的《关于放开港口竞争性服务收费有关问题的通知》（交水发〔2014〕253号）及《关于调整港口船舶使费和港口设施保安费有关问题的通知》（交水发〔2015〕118号）的要求，港口经营人应当将下列收费项目对应作业或者服务纳入包干范围一并计费：国际客运、旅游客运码头服务费，港站使用服务费，行李代理费，行李装卸费和迎送旅客码头票费，同时将系解缆费并入停泊费收取。

在实际运行中，各邮轮港不再单设旅客行李费，并将系解缆费并入停泊费收取。从横向比较来看，剔除掉相对固定的船舶吨税、靠泊费以外，四大邮轮港的人头费收费标准为80~150元/人，差异显著。

7.5.4.2　港口价格应由市场决定

港口价格是港口劳务费和港口规费所构成的综合价格。港口价格不是根据港口自身成本加一定毛利率来定价，也不是照顾客户承受能力定价，港口的价格是港口企业在市场中不断觅价的结果。港口定价过低，就会有更多的货物通过，进而招致基础设施的过度使用。港口定价过高会使货量减少，会造成资源的浪费。计划经济时期港口属瓶颈约束的供小于求状态，虽然港口定价不高，但需要走后门走关系，这部分费用是港口低定价的隐性价格。对于中国邮轮港口价格，有一个认识是：因为中国邮轮港口建设相对豪华，成本较高，所以港口价格较高。这样的认识并不正确。港口一旦建成，建设成本就成为沉没成本，港口定价只看市场的供需关系。如果成本定价能够成功，是不是会鼓励企业不断加大成本？市场的实际运行规则，并非是以建设成本来定价的。上海吴淞口邮轮港之所以能够实现相对较高的价格，是因为上海的邮轮客源市场在中国首屈一指，各大邮轮公司不断在上海布局更多的船舶，各大公司之间争抢有限的港口码头资源，才造成了港口方具有较高的定价权。近些年，上海吴淞口邮轮港已经形成了预付定金的行业规则，这并非港口方的主动强势，而是邮轮公司的无奈之举，那么多船要停靠码头，只有预付定金的船舶会获得优先权。吴淞口邮轮港二期工程投产运营，再加上中国邮轮市场进入调整期，上海吴淞口邮轮港的供需关系发生变化，也许就能看到其价格下调。

7.5.4.3　港口服务性收费坚持市场化原则

《港口服务收费通知》中提出了"简化港口收费项目"，其中提到了包干费，可以起到促进市场价格透明的作用。包干费尽管价格信号明确，但由于相关费用所牵涉的利益主体很多，还需各利益主体的博弈和利益分割，并可能对现有利益格局进行调整。分项的各种费用有利于让客户了解他们获得了怎样的服务，也有利于收费方在调整价格时获得客户的认可。总体来讲，名目各异的收费项目和整齐划一的包干费并没有差别，港口的综合费用与供需关系直接相关，与包干收费还是分项收费无关，船方和货方期待通过港口包干费获得相应的费用减免的愿望不一定能够实现，一切还是要看供需关系。港口收费价格高不一定就是垄断，价格高往往是供需使然，通过高价激励供给。《关于调整港口船舶使费和港口设施保安费有关问题的通知》中提出了"规范船舶使费收费项目"。对于港口使费，明确了可以征收的具体名目，取消（靠垫费、引航员滞留费和引航计划变更费）和归并了一些名目（系解缆费、开关舱费并入停泊费收取）。单从取消和归并来看，似乎对降低港口使费有正面作用，但企业可以通过转移收费项目来规避此项规定，所以并不能直接推导出港口使费会降低。港口使费的简单化和透明化是趋势，就是要让客户更容易鉴别港口收费的高低并做出理性选择。设定港口使费的收费上限，其实也并不一定就会降低客户的相关费用，企业可以通过转移收费项目来规避。《关于调整港口船舶使费和港口设施保安费有关问题的通知》中规定"要按照规定的服务内容和标准提供服务并收取费用，不得只收费、不服务"，对于收费与服务不匹配的名目，要改进和优化其收费结构，大幅降低简单服务的收费额度，提高复杂劳动的收费标准，形成合理的收费结构，让客户无话可说。总体来讲，港口收费要与其提供的服务相匹配，不管是竞争性服务还是非竞争性服务。当前环境条件下的非竞争性服务未来完全可能变成竞争性服务，只要政府简政放权和市场开放做到位，很多被认为是非竞争性港口服务也会逐步走向市场，进而实现效率提升和服务升级。

7.5.4.4　港口企业要做好相关服务和差别化定价

从总体看，邮轮港供大于求的现象比较普遍，很多港口即便到 2030 年的需求来看，已经呈现出过剩的状态。港口收费由市场供需关系决定，试图通过改变收费结构来维持港口收费的路径并不可行。港口企业不必在拖轮费和引航费等这样的收费项目上花太多心思，收了不合理的拖轮费和引航费，落下了垄断的把柄，但实际上并没有真正落在口袋里。好好为客户服务才是正道。让收费构成简单化，推出"一口价"服务，把所有费用都含在人头费中，这是不是一种提升客户服务的路径？通过通关流程的优化，提高旅客通关效率，为船公司切实节约若干小时的船期，这是不是也是提升客户服务的路径？提升客户服务水平，就能够把船公司吸引到本地的码头来，进而获得更为长远的发展。

上海吴淞口邮轮港所采取的差别化定价值得推广。大客户和小客户的不同待遇有利于吸引邮轮挂靠。对于行业主管部门来讲，不是去监督邮轮港口的价格到底是定高了还是定低了，而是应当监督邮轮港口是否按照事先的承诺给出了确定的价格及服务内容。只要港口企业做到了，就没有问题。对于大客户的优惠价格也应当鼓励。同时，鼓励港口企业推动邮轮港口的安全绿色发展，对在安全和绿色领域采取相应举措并做出贡献的邮轮公司，港口企业可以在人头费上有所减免。地方政府应当对港口企业所做出的让利给予支持，最终推动"美丽中国"的梦想早日实现。

7.6　邮轮政策：更高水平开放及与国际接轨

7.6.1　邮轮产业的政府支持逻辑

邮轮产业政策可以从三个维度来考虑：第一，历史与现实；第二，不同国家的差别；第三，与海运业的比较。下面给出这三个维度的分析。

7.6.1.1　不同国家的差别

邮轮产业对不同国家产生的价值会有所不同。世界上的邮轮造船业几乎都在欧洲，2022 年投入运营的 30 艘邮轮总价值约 157 亿美元，这背后会拉动相关国家的经济和就业，再加上乘数效应，将会是一个巨大的数值。基于这样的原因，意大利、德国、芬兰等邮轮造船国对邮轮造船业十分重视，也会出台相应的政策予以支持。欧洲在邮轮制造业发展过程中出台了大量的造船补贴政策，有的甚至高达船价的 35%~50%，主要采取船厂免增值税、提供大量优惠贷款等方式。如芬兰为豪华邮轮等高技术船舶提供出口信贷支持，2015年 34 亿美元的造船业信贷支持中，约 27 亿美元用于发展豪华邮轮、游艇。此外，芬兰对豪华邮轮等六大领域开展前沿技术研发、促进新技术成果转化和产业化发展方面给予相应的资金支持。在新冠疫情下，意大利、德国、西班牙等国的邮轮航线率先复航，这背后也体现了利益相关方对各国主管部门的游说成效。可以看到，疫情期间地中海邮轮公司有十多艘邮轮率先在欧洲复航，这是对地中海邮轮的巨大支持，也是间接对邮轮制造业的支持。毕竟，邮轮如果难以复航，船台上正在建造的邮轮就可能因为市场需求的原因而推迟交付，进而影响到造船产业。北美贡献了邮轮市场超过 40% 的份额，大型邮轮公司几乎都集中在美国的迈阿密。新冠疫情期间，按照中国人对美国疫情管控的认识来看，美国应该早就放开邮轮在美国的运营。但是，对邮轮复航的松绑也颇费周折。这背后到底是什么原因？如果说是政治的原因好像并没有太强的说服力。特朗普政府时期对新冠疫情似乎是听之任之，但那时候也没有放开邮轮产业。拜登政府对疫情管控较为严格，是否意味着美国政府应该出台更为严厉的管控措施？美国对邮轮的管控可能还是基于邮轮的基本属性。邮轮公司往往挂方便旗，其船上消费的各种产品往往免税，其对美国经济社会产生的价值仅仅局限于佛罗里达州的就业以及部分港口城市的基础设施建设及消费。在过往的发展历程中，可以看到不少有关邮轮对经济社会贡献的研究成果。相关的贡献往往集中在母港城市，很难有更广泛的扩散效应。相对来讲，美国邮轮的经济社会贡献远没有欧洲那么大，由此就很难形成更强的政策支持动力。

7.6.1.2　与海运业的比较

海运业被定义为国家的战略性、基础性产业和服务性行业。战略性体现在对国家的安全及经济安全具有重要价值，基础性体现在中国的国际贸易的85% 都由海运业完成。曾经有人说："如果没有了海运业，世界上有一半人会受冻，另一半人会挨饿！"海运业的这些基本属性，使其具备了政府支持的理由。英国和美国在世界上称霸都离不开海运业，因此国际规则往往倾向于海运业，如反垄断豁免、方便旗制度、责任限额等。邮轮业脱胎于海运业，借用了海运业的诸多制度（比方方便旗制度），但在发展过程中因为市场需求的原因而渐渐"忘了初心"。邮轮业的基础性和战略性已经基本消失殆尽，其在经济中的体量也不大，由此也就难以获得更大的政府支持。邮轮旅游是为了满足人们的美好生活向往，是人类基本的安全和生存诉求满足之后的更高层次的需求，往往还是较为富裕的人群享受的旅游产品。

"投我以木桃，报之以琼瑶"，从这个层面思考邮轮产业与国家政策支持的关系，更容易厘清思路。邮轮产业在寻常的日子里通过规避一些经济社会责任而获得较高的盈利，在非常时期则可能因为曾经的"失道"而"寡助"，所谓"出来混总是要还的"。在此意义上，沿海游轮和内河游轮就可能跟国际邮轮不一样。邮轮的基本属性决定了其对大多数国家而言并非是关键性产业，因此也就很难获得特权。

7.6.1.3　打造根植性营商环境的政策

虽然邮轮业并不是国家基础性产业，只是人们基础需求以外的娱乐性需求，少了这一额外的供给似乎并不会对经济社会产生太大影响，但邮轮公司背后所支撑的本地就业及税收却又不可忽略。从地方政府的视角来看，邮轮经济带给地方经济的最大好处，就是城市"新名片"的作用，可以成为一个城市地方经济的营销推广手段，对休闲旅游产业起到先导作用。作为"名片"，邮轮产业链的相关企业如果不能直接从邮轮产业获益，却可以给城市形象带来极大的提升，那么地方政府就应该提供相应的政策支持。中央政府和地方政府应该记住邮轮业这一特征，以充分的现实感关爱邮轮产业，并让政策的阳光照耀到邮轮业。

对于邮轮建造业，可以借鉴芬兰、意大利的相关政策，为构建邮轮配套产业集群提供政策支持。欧洲在邮轮制造业发展过程中出台了大量的造船补贴政策，有的甚至高达船价的35%~50%，主要采取船厂免增值税、提供大量优惠贷款等方式。建议出台对标欧洲主要邮轮建造国家的造船补贴政策，对中国船厂所开发的国际、沿海、内河等航区的新船型予以不低于船价30%的首制造船补贴，对中国船厂建造中国旗邮轮进行税费方面的减免。鼓励造船厂通过配套产业园形成邮轮建造产业集群，在土地、资金、人才等方面予以政策支持。另外，地方政府要注重邮轮修船业务营商环境的打造，以充分自由开放的口岸环境加速船舶配件的进出口，以推动相关企业开展邮轮维修业务。

对于邮轮母港，海关以监管货物运输的方式监管邮轮船舶供应，合规成本高企以及免税产品的跨区调配等问题致使大量船供业务流失国外。邮轮的自主操控性较强，拖轮、大风、雾航、客货船交会等海事监管规则还难以适应邮轮进出港对时效性的要求。建议学习借鉴邮轮发达国家的经验，建立适合邮轮船舶供应的海关查验制度，科学论证进出港航道的通航标准，在新技术条件下探索大风、雾航和客货船交会的邮轮进出港规则，探索邮轮引航的服务标准，提高邮轮进出港时效性。以数字化技术提升邮轮港的口岸通关设施设备建设，开展邮轮港口岸通关效率的国际国内对标研究，提高通关效率和游客体验。

对于打造邮轮总部基地，既需要国际化的营商环境，还需要良好的地方优惠配套政策。地方政府在争取获得国家政策支持的能力是邮轮公司优先考量的因素，具备先行先试政策的地方政府具有优势，如自由贸易试验区的相关政策试点，就是上海等地吸引国际邮轮公司落户的最大优势。同时，国际大都市在金融、信息、咨询、会议会展等方面的国际化环境，对邮轮公司也具有吸引力。星旅远洋国际邮轮将总部放在厦门而不是上海，表明并非一线城市才具有吸引邮轮公司入驻的实力，厦门在打造邮轮营商环境上具有特定优势，比如邻近台湾地区，有条件打造大陆与台湾地区之间的特色航线。

7.6.2　邮轮政策应秉持的原则

7.6.2.1　始终坚持市场开放

回顾中国邮轮业的发展历程，可以总结出一条明晰的发展主线：对外开放。随着 2006 年国外第一艘邮轮驶入我国港口开始，我国邮轮产业迎来快速发展的机遇期，经过十多年的飞速发展，我国出入境游客量从 2006 年的19 万人次增加到 2019 年的 207 万人次，规模扩大了 10 倍，这背后的主要推动力是国际邮轮公司。国际邮轮公司在重点港口的初步试水，让城市决策者看到了邮轮带给城市的巨大名片效应，并触发诸多沿海城市邮轮港口建设的大潮。港口设施的不断提升，又进一步推动国际邮轮公司将最大最新的邮轮布局在中国，由此形成了良性互动的正反馈效应。与此同时，国际邮轮公司还建立了适应中国特征的船票销售渠道，让大量中国游客成为邮轮的"尝鲜客"，并随着市场供需关系的变化，逐步扩大自营渠道，为邮轮市场规模的进一步扩张打好了基础。为了适应消费者的购物诉求，在邮轮的目的地建立起来了不同于世界上其他国家的岸上观光购物新模式。可以看到，中国邮轮市场的发展，无论从供给端还是消费端，都有国际邮轮公司积极开拓的身影。

在新冠疫情的这三年，国际邮轮供给能力新增了 13.1 万张床位，运力增长 21.8%。要想让供需关系达到微妙的平衡，船票价格只有进一步走低才有可能实现。因此，后疫情时代邮轮业面临的发展环境，将比新冠疫情前更为苛刻。对于中国本土邮轮而言，疫情期间进入邮轮市场的中国本土品牌大多单船运营，船龄较大，单打独斗，很难成为中国邮轮市场的主流。如果中国邮轮市场的需求端的复苏好于国际的平均水平，这会吸引更多的国际邮轮在中国布局，打压单打独斗的中国本土品牌。如果市场需求慢于国际的平均水平，本土邮轮公司则会面临市场的寒冬。无论怎样，本土邮轮公司短期内都无法主导中国邮轮市场。

另外的一个认识，邮轮是水上娱乐的漂浮载体，具有天然的全球流动性，可以追逐全球市场中的机会，这是邮轮这一"松脚型产业"所具有的特征。正是这一特征，促使国际邮轮公司国际化运营，可以在不同季节、不同国家的市场潮起潮落中进行时空的腾挪。对于中国本土邮轮，如果只想着在中国的沿海港口利用政府给予的特殊优惠政策，满足中国人民的"美好生活需要"，很可能消费者不买账，自身也长久处于低水平竞争的桎梏中难以自拔。

长江内河游轮在改革开放前就已经存在，跟现代国际邮轮的历史差不多。国际邮轮业已经成长为每年 3000 万人次游客量、500 亿美元的市场规模，而长江内河游轮却似乎总有一个难以突破的天花板，总是在一次次外部事件的影响下起起伏伏，难以腾飞。这背后，没有外资企业所产生的"鲶鱼效应"，可能是这个市场没有做大的原因。毕竟，在世界上成功运营的邮轮公司，都是经历了惊涛骇浪才得以幸存，因而真正代表先进的生产力。由此，中国本土邮轮公司寄希望于在中国市场发展壮大的初衷可能会落空。中国本土邮轮公司的初心，应该是走向国际、走向世界，在全球的大舞台上演绎"中式邮轮"的乐章，这才可能闯出一条道路。中国本土邮轮只有国际化才有未来。与此对应，中国邮轮市场也应接纳和欢迎国际邮轮公司，进而才会共同创造出持续健康的中国邮轮市场。从对等开放的原则来看，中国市场也不应为外国邮轮公司设置障碍。

在中美贸易战如火如荼的 2020 年，特斯拉落户上海，这正说明中国对外开放的方向并未改变。在中国邮轮领域，本土邮轮公司确实应该快速发展，但却不是在排斥国际邮轮公司的条件下发展的。如果把《关于加快建设全国统一大市场的意见》中的政策导向向邮轮领域延伸，就是要有效利用全球邮轮要素和市场资源，使中国邮轮市场与国际邮轮市场更好联通。推动邮轮领域的制度型开放，最终形成国际邮轮大循环促进国内邮轮大循环的新发展格局。

2022 年 4 月 10 日，中共中央、国务院发布《关于加快建设全国统一大市场的意见》，要求加快建立全国统一的市场制度规则，打破地方保护和市场分割，打通制约经济循环的关键堵点，促进商品要素资源在更大范围内畅通流动，加快建设高效规范、公平竞争、充分开放的全国统一大市场。在提出的"培育参与国际竞争合作新优势"这一目标中，提出以国内大循环和统一大市场为支撑，有效利用全球要素和市场资源，使国内市场与国际市场更好联通。推动制度型开放，增强在全球产业链供应链创新链中的影响力，提升在国际经济治理中的话语权。从发展历史和国家政策导向的现实来看，都要求邮轮市场保持开放。

7.6.2.2　保持国内市场与国际市场的隔离

依据现有的法律法规，经营内河航线和沿海航线的游轮必须挂五星红旗，中国资本控股。五星红旗游轮不能加保税油，不能经营博彩，需要按照国家税务局的规定缴纳相关税费，船舶登记注册的费用也比方便旗船的费用更高，因而面临更高的运行成本。如果挂方便旗的国际邮轮公司与五星红旗游轮都可以经营内河和沿海航线，那么会对五星红旗游轮造成巨大的冲击。为了维护市场的公平，对国内市场和国际市场的有效隔离恰恰是更为公平的政策。因此，需要秉持现有法律法规的基本框架。

在上述认识下，不应对中资方便旗邮轮和外资方便旗邮轮做区分。中资邮轮既然选择了挂方便旗，获得了相应的低成本优势，就不应再享受五星红旗游轮的相关政策，所谓"甘蔗没有两头甜"。

7.6.3　沿海运输权的历史脉络

国际运输工人联合会（ITF）委托国际海员权利组织（SRI）发布的一项研究《沿海运输限制法报告》（*Cabotage law of the world*），对沿海运输权给出了一个全面清晰的梳理[①]。

沿海运输权在国与国之间有很大不同，有关沿海运输权的法律可以追溯到14世纪的英国。1381年，在英国理查德国王统治期间，为了增加海军规模，议会规定"国民只能出口或进口英国船舶上的商品"。随后，出台《航海法》，并在16世纪50年代至17世纪70年代之间反复扩展和修订。该法律的基本要旨是将殖民地与欧洲之间的所有商业活动保留给英国公民。15世纪，葡萄牙为了组织其他国家染指其沿海货物运输，也出台了沿海运输权的相关规定。

---

① 资料来源：http://ftp.elabor8.co.uk/sri/cabotage/flipbook/mobile/index.html.

在美国，1886 年的《客船服务法》和 1920 年的《琼斯法案》确定了美国的沿海运输权的基本框架。

没有实施沿海运输限制的国家，包括内陆国家和只有一个港口的国家以及在法律层面没有设置沿海运输限制的国家。值得注意的是，比利时、丹麦、冰岛、爱尔兰、荷兰、新西兰、挪威、巴拿马、新加坡和英国等国没有实施沿海运输限制。

对于实施沿海运输权的国家，其沿海运输权的定义多种多样，保护和限制的种类也多种多样，受保护的船舶也多种多样。

从定义来看，印度的"沿海贸易"定义为"从印度大陆一个港（地点）到另外一个港（地点）的海上乘客或者货物运输"。泰国的"泰国水域贸易"定义为"在泰国水域内以商业为目的的乘客或者物体或者拖拽物从一个港口（地点）到其他港口（地点）的运输"。

从保护和限制种类来看，本地港口的航运服务，需要由挂本国国旗、本国拥有、运营、在本国建造以及（或者）本国船员的船舶。有时候，这种保留或者限制专门用于保护本国船舶，外国籍船舶有时候被禁止参与沿海运输，而有时候会被在一定条件下有限参与沿海运输。如在巴西，巴西籍航运公司租用的外国籍船舶就可以从事沿海和内河运输。

从沿海运输权涉及的区域来看，一般来说是内水和领海；有些国家，海区被定义为特别海事贸易、服务和活动区；然而在有些国家，沿海运输权又不包括特别贸易服务和活动。

从沿海运输权所涉及的船舶来看，比如澳大利亚对沿海航线的船舶限制最为严格，不包括：澳大利亚军舰，其他国家的海、空、陆军的船舶，用于非商业活动的公务船，渔船，内河船，娱乐船，打捞船，拖轮。

总体来看，沿海运输权的相关信息如下：

联合国 91 个成员国有沿海运输限制，占有条件实施沿海运输权国家的 65%。

沿海运输权普遍存在，在世界各大洲都有。

沿海运输权普遍存在于各种政治、经济和法律系统中，发达和发展中国家中。

沿海运输权涉及世界 80% 的海岸线。

沿海运输权存在于 70% 的国际海事理事会的成员中，也就是 40 个成员中有 28 个成员有沿海运输权。

沿海运输权的相关法律已经存在了好几个世纪。

沿海运输权并没有所有国家接受的唯一定义。

对沿海运输权的管理、解释和实施非常多样化。

沿海运输权的政策目标非常多元。包括：保障国家安全，促进公平竞争，发展个人能力，转移海事知识和技术给本国，给本国创造就业，提升本国旗等级船舶数量，促进船舶拥有、建造和船供，促进船舶港口安全安保，促进海洋环境保护，鼓励海上运输，促进公共服务。这些目标是否能够实现则另当别论。

国家的政策和法律可能会演变，有沿海运输权的国家名单既不固定也不封闭，但大多数有沿海运输限制的国家不会发生变化。

沿海运输权也包括在一些例外、豁免和贸易协定中，这会影响沿海运输权的实操性，并经常引发争议。

7.6.4 邮轮挂美国国旗的夏威夷试验

在《邮轮旅游学》[①]这本书中，对曾经发生的美国夏威夷挂美国国旗的邮轮进行了较为详尽的描述。这里给出其前因后果，并对其进行分析。

21 世纪初，诺唯真邮轮在夏威夷用三艘邮轮进行了全面使用美国籍船员的试验。按照 1886 年《客船服务法》的规定，美国限制外国船舶在两个独立的美国港口之间载客，任何违反这些规定的外国运营商将被处以每位乘客 300 美元的罚款。悬挂外国国旗的邮轮可以选择确保在登离美国港口时，始终至少停靠一个外国港口，或在运行"无目的地航线"时从不停靠港口。因此，从西雅图出发，前往阿拉斯加斯卡格韦、凯奇坎或朱诺等地的阿拉斯加邮轮首先要在加拿大的维多利亚港停靠，以满足这一规则。由于加拿大和美国是近邻，这种情况在阿拉斯加邮轮市场上不会造成太大问题。类似地，大西洋和加勒比海市场的邮轮可以轻松满足外国港口规则，停靠巴哈马或加勒比海的许多岛屿。

然而，沿海运输权给夏威夷市场的运营带来了重大挑战。由于夏威夷距离美国本土遥远，孤悬于太平洋上，使用悬挂外国国旗的邮轮在提供有吸引力的航线或受益于开放注册的巨大优势之间，存在两难。在理想情况下，邮

---

① Edited by Ross Dowling，Clare Weeden. Cruise Ship Tourism（2nd Edition）.CABI.59-60.

轮公司希望提供几个 1 周或更短的行程选择，让乘客在火奴鲁鲁上下船。从理论上讲，乘客可以乘船直接往返夏威夷。然而，美国的沿海航行规则禁止悬挂外国国旗的邮轮离开檀香山后只在其他岛屿停靠，而不在遥远的外国港口停靠。因此，大多数夏威夷邮轮选择从洛杉矶或圣地亚哥出发或者返回，中途停留在墨西哥的恩塞纳达。其他选择是从加拿大温哥华出发或在温哥华结束的邮轮。虽然这些行程是切实可行的，但这样的航线的航程更长，而且会有冗长的海上航行日，消费者的热情不高。夏威夷邮轮在悬挂外国国旗的邮轮上的最短航程为 10 天，包括在群岛和大陆之间的大约 5 天的海上长途航行。由于这些原因，夏威夷在逻辑上可以被视为少数几个具备悬挂美国国旗且可以跟方便旗船竞争的地方之一。因此，在 20 世纪 90 年代末，现已不复存在的美国经典邮轮公司（American Classic Voyages，ACV）开始运营悬挂美国国旗的邮轮以占领夏威夷市场。美国经典邮轮公司购买了一艘美国制造的旧船"独立"号。然而，与当时的普通邮轮相比，这艘船又小又旧。任何悬挂美国国旗的大型船舶都必须新造。为了实现这一目标，美国经典邮轮公司与美国政府达成协议，在密西西比州帕斯卡古拉的利顿英格尔造船厂下订单建造两艘 1900 客位的邮轮，名为"美国计划"。1999 年，国会拨出 8 亿美元建造两艘邮轮的巨额补贴，试图重启美国的商业（非海军）造船业，并扩大几乎不存在的悬挂美国国旗的邮轮船队。这些新船是美国 40 多年来首次建造邮轮。美国经典邮轮公司还获得了一项豁免，可以从荷美邮轮购买外国建造的"阿姆斯特丹"号，并将其重新命名为"MS 爱国者"号。不幸的是，美国经典邮轮公司恰好遭遇"9·11"恐怖袭击后的旅游业下滑，使得该公司于 2001 年 12 月申请破产。"美国计划"实际上耗费纳税人 1.8 亿美元购买了部分完工的船体和零件。诺唯真邮轮以较低的价格收购了该公司的资产，并让未建成的这两艘船在德国的一家造船厂完工。最终，这两艘邮轮虽然只有一小部分在美国建造，但美国国会允许它们最终注册为美国旗，用于在美国港口之间运送乘客，并让诺唯真邮轮垄断了夏威夷邮轮市场。诺唯真邮轮成立了一个在美国注册的子公司——诺唯真美国（NCLA），按照与美国经典邮轮公司相同的战略在夏威夷市场开展业务。同时，诺唯真美国还被允许将现有的外国建造的邮轮"挪威天空"号重新挂上美国国旗，命名为"阿罗哈之傲"号（Pride of Aloha）。2004 年，它开始在檀香山以外的地方开展运营，"美国之傲"号和"夏威夷之傲"号则分别于 2005 年和 2006 年逐步投入运营。

　　从一开始，悬挂美国国旗的邮轮就经营不顺。"美国之傲"号受到了因食品和服务质量差而愤怒不满乘客的投诉，这在很大程度上源于新聘美国船员缺乏经验，不熟悉邮轮上艰苦的生活和工作。运营的早期，船员因不适应邮轮公司而大量离职。船员在马里兰州海员国际联盟航海技术学院实施了为期21天的严格培训后，客户服务评分逐步稳定下来，但维持美国船员的稳定仍然是一项巨大的挑战。虽然国际注册的邮轮船员种族多样，每年的人员流动率通常约为20%，但在诺唯真美国的邮轮上，船员的流动率每年接近100%。除此之外，其他公司加入这一市场也让市场竞争更加激烈，诺唯真邮轮不得不降低船票价格，尽管他们船的运营成本要高得多。到2008年，诺唯真邮轮与私募股权公司阿波罗管理公司（Apollo Management）建立了新的合作关系，诺唯真邮轮决定将"阿罗哈之傲"号和"夏威夷之傲"号重新布局到诺唯真邮轮主品牌下的其他市场。它们后来分别更名为诺唯真"天空"号和诺唯真"翡翠"号，并改挂方便旗。在这四年的时间里，嘉年华集团的年利润约为10亿美元，而诺唯真邮轮却亏损了2.5亿美元。2008年第三季度，诺唯真邮轮公布了自2006年以来首次盈利。虽然燃料成本高等其他因素确实是诺唯真邮轮财务困境的原因，但在当时的股东报告中，两艘诺唯真美国的邮轮的重新布局被认为是降低运营费用的关键因素。今天，"美国之傲"号仍然是唯一一艘悬挂美国国旗的大型邮轮。

　　这个案例表明，要让邮轮挂美国国旗不是一件容易的事情。在其他邮轮普遍挂方便旗并按照市场规律雇用最合适船员的大背景下，逆潮流而行很难取得好结果。由此，引出一个话题：世界各国并未出现成规模的沿海航线，如果有，也是零星的小型船舶运行的航线，这背后的原因是什么？

　　邮轮的客源地，主要来自西方发达国家，包括美国、德国、英国、澳大利亚、加拿大、意大利等国。欧洲国家很小，国家之间相距不远，欧盟成员国之间的人员流动十分方便，因此基本对局限于一个国家的沿海航线没有需求。对于美国，沿海航线需要挂美国旗，沿海运输权对船员的限制就让运营相关航线变得无利可图。那么，还有一个疑问，中国大陆（不含中国香港和中国台湾）是排在全球第四的邮轮客源国，挂五星红旗的游轮经营沿海航线，会不会是邮轮界的一个例外？中国也有沿海运输权的相关政策，对船员的要求虽然没有美国那么高，但船舶挂五星红旗所要缴纳的进口关税和进口环节增值税两项相加接近船价的30%，另外五星红旗船舶在船舶供应、税负等方面也会面临更高的成本。在存在更为丰富的国际航线的竞争下，这一业务要成规模也并非是一件容易的事情。什么样的航线和产品会让中国人蜂拥而至？这仍然是一个待解的难题。

7.6.5 沿海运输权向邮轮领域延伸的基本原则

集中水上运输方式的对比如表 7-7 所示。

表 7-7　集中水上运输方式的对比

	基本特征	对船舶和企业要求	多点挂靠	海上无目的地航线	技术性停靠
国内水路货运	货物国内港口之间的位移	挂五星红旗，中资控股，中国船员，企业缴纳增值税和所得税，进口二手船缴纳进口税和增值税，进口船舶有10年船龄的限制，不能加免税油	无关	无需求	无需求
	货物在国际港口之间的位移	对船旗国籍、船东国籍、运营方国籍和船员国籍没有任何限制	可以多点挂靠，但不能"沿海捎带"；外资班轮船公司可开展大连港、天津港、青岛港与上海洋山港之间以洋山港为国际中转的外贸集装箱"沿海捎带"业务	无需求	船舶发生事故、人员问题而无法完成续航，可以就近港口中断航程，临时性停泊"避难港"或"救助港"。其进港手续通知船东指定该港代理人，然后船长通过代理人电子递交船舶所有进港文件。船长根据港口当局指令，或进港、或抛锚。当船舶应急事宜处理完毕后，代理人会按常规办理离港证，其后就续航目的港
国内客滚运输	客货在国内港口之间的位移	挂五星红旗，中资控股，中国船员，企业缴纳增值税和所得税，进口二手船缴纳进口税和增值税，进口船舶有10年船龄的限制，不能加免税油	无关	无需求	无需求

续表

	基本特征	对船舶和企业要求	多点挂靠	海上无目的地航线	技术性停靠
国际客滚运输	客货在国际港口之间的位移	挂方便旗，遵循双边海运协定，双方通过协会共商确定运力增减	无需求	无需求	中韩客货班轮未出现此类情况
国内游轮运输	游客在国内港口之间以观光体验为主的位移	挂五星红旗，中资控股，中国船员，企业缴纳增值税和所得税，进口二手船缴纳进口税和增值税，进口船舶有10年船龄的限制，不能加免税油	无限制	无需求	不适用
国际邮轮运输	游客在国际港口之间以观光体验为主的位移	无船旗国限制（挂方便旗是惯例），无资本方国籍、运营方国籍和船员国籍的限制，船籍没有限制，船东没有限制，运营方没有限制，对船龄有限制	允许多点挂靠，需要审批，不允许国内港口之间旅游之外的上下客人，杜绝"沿海捎带"	在英国、新加坡、中国香港海上游在边境未开放之前被作为邮轮安全复航的第一步，向所有国际邮轮公司一视同仁地开放	技术停靠是邮轮公司在发生地缘政治、区域流行病、海啸台风等其他不可抗力的情况下，为符合国际邮轮从事国际航线性质的要求，通常在国外特定港口指定水域进行短暂停留，无人员上下，以电子信息交换的手段完成国外港口相关的海事、移民、海关等入出境手续，获得电子离港证后返回母港的停靠方式 偶尔操作，并未出现常态化运营这样航线的先例 在2011年（日本福岛海啸与核辐射）、2012年（钓鱼岛事件）、2016（韩国中东呼吸征）和2017（萨德导弹事件）年，从上海和天津出发的国际邮轮有过多次技术停靠的先例

在邮轮市场准入法规和政策方面，各国政府通常实施对国内航线的保护

和对国际航线开放的立场，也就是一般把国内航运市场看作内循环加以保护，而把国际航运市场看作国际大循环，主张公平和开放。在国内和国际邮轮两个不同市场实行不同的法规和政策，而不予以混淆。

对国内航线，多数国家的政府实行沿海运输权限制，规定只允许本国全资或控股、本国船旗、本国运营方经营，并只雇用本国船员（或绝大多数本国船员），甚至只能使用本国建造的船舶。其政策的初衷是：如果没有沿海运输权的保护，挂本国国旗的船舶会因为成本（船员成本、燃油成本、税负、注册等）高于挂方便旗的船舶，而在市场竞争中处于劣势。挂方便旗的船舶经营沿海市场，会造成如下几个问题：

第一，税收和就业机会流失；

第二，给沿海市场带来过度竞争，影响国内航运业的生存和发展；

第三，水运市场作为基础性产业，可能在一定的市场条件下面临供给缺失的情况。

因此，构建壁垒，让挂方便旗的船舶不能经营沿海航线，是给能够承担更多责任和义务的沿海船舶以政策保护的举措。

对于沿海运输权向客运和邮轮领域进行延伸，有如下几个思考维度：

第一，是否具有基础属性。水路货物运输具有基础性，因而具有一定的公益性，需要政策支持以维持其基本的供给。水路客运在公路、铁路和航空不甚发达的时期，承担了人们出行的基础性功能，具有一定的基础性。邮轮属于美好生活向往的范畴，运输的功能几近消失，旅游和娱乐是其主要功能，因而水运的基础性在邮轮运输领域并不明显。没有了基础性，政策扶持和保护的逻辑就比较牵强。

第二，是否有沿海运输的市场主体。由于各方面的原因，某国的沿海运输市场可能一直没有发育，没有挂本国国旗的船舶经营沿海航线。在这种情况下，由于没有被保护的市场主体，就应该开放给挂方便旗的船舶。对于中国的水路客运，还没有出现这样的情况。对于邮轮，经营沿海航线的游轮已经有"招商伊敦"号、"南海之梦"号和"长乐公主"号。后续，随着经营沿海航线的游轮数量不断增加，应不允许国际邮轮经营中国的沿海航线。

第三，是否形成了成规模的市场。如果在长期发展过程中，这个市场一直以来没有发育，就不应该通过设定限制性政策来保护这个市场。比如"海上游"航线，这对水上货运来讲，不存在这种情况。对于邮轮，世界上只有少数地方有以博彩为目的的"海上游"航线，"海上游"航线并不普遍。如果为了在新冠疫情下探索邮轮复航的路径，这样的航线可以作为临时性的试点试验航线，不用担心疫情后会对整个市场产生冲击。

第四，沿海运输权相关的概念还有"沿海捎带"。"沿海捎带"是指外籍船舶在中国沿海港口之间从事外贸集装箱的国内段运输。在散货运输领域，由于主要的运输模式是点对点运输，不会出现国际集装箱运输的多港挂靠运行模式，因而不会出现"沿海捎带"的问题。对于邮轮，与"沿海捎带"相关的政策就是"多点挂靠"。由于邮轮运营的目的不是货物的位移，而是差异化的旅游体验，这种体验如果在中国港口之间运行时用挂中国国旗的邮轮来完成，那就破坏了游客的体验，改变了邮轮产品。也即用什么船舶来运输货物并不重要，但是用什么船舶运输游客却差别很大，主要体现在船舶的舒适性和服务能力上。因而，"多点挂靠"不涉及"沿海捎带"，应该允许。目前的做法是，允许游客抵港下船游览，但不允许游客抵港后离船不归。游客如果没有特殊原因，也不会离船不归，因为船票涵盖出境游的多天航程。

第五，市场开放会产生什么结果。对于沿海游轮，在国际上能够稳定持续运营的案例并不多，表明这并非是市场认可的航线，给国际邮轮开放也不大可能会引起多大的负面影响。但为了给挂五星红旗的游轮以更好的发展环境，还是应当对国际邮轮不开放这一市场。对于"海上无目的地航线"，由于在世界范围内并没有多少成功的案例，开放此领域的市场，让更多的企业尝试，说不定会在中国的特定环境下探索出一条可持续发展的道路。可以出台临时性举措进行探索，如果出现市场乱象可以终止试点。尤其是在新冠疫情的特殊条件下，企业探索的意愿较强，应该以更开放的姿态鼓励企业试点试验。

第六，市场开放的公平原则。如果要向外国籍邮轮永久性开放某些国内航线（如美国开放属于国内航线的夏威夷航线），无论资本方和运营方是本国还是别国公司，建议都可以申请准入，但在就业限制、纳税要求等方面必须与本土邮轮公司保持一致。如果要向外国籍邮轮临时性开放某些国内航线（如在复航初期美国临时开放不停靠加拿大的属于国内航线的阿拉斯加航线，英国临时开放英伦三岛国内航线和海上无目的游航线），建议不对外国籍邮轮因资本结构的差异实行差别性对待，因为国际邮轮本质上是开放的，航运法规和政策是对等和互惠的。

鉴于以上六个方面的认识，邮轮沿海运输权制度的方向应该是：

基本导向。为了体现公平性，需要通过政策将国际航线与沿海内河航线分隔开来。方便旗邮轮由于税收、船员配置、燃油等方面具有成本优势，如果放开方便旗邮轮经营沿海和内河航线，则对挂五星红旗的游轮不公平。

例外安排。根据《国内水路运输管理条例》，对于沿海游轮航线，如果确有市场需求，而且没有五星红旗游轮提供服务，可以在行业主管部门审批下，对方便旗邮轮临时性开放沿海航线。

中资方便旗。总体上，中资方便旗邮轮与外资邮轮一视同仁，不过也有政策例外的操作空间。比如在南海区域，以国家安全的名义出台专属的政策，对中资方便旗开放相关航线。还可以从经济贡献原则出发给中资方便旗邮轮以一定的优惠政策，比如在中国船厂下订单造船的中资方便旗邮轮给予一定的政策倾斜。

或许可以换个思路。忘掉在货运领域的惯常做法，摒弃存量思维，不要画地为牢，本着推动中国邮轮高质量发展的初心，本着为人们提供美好生活向往载体的目标，按照目标导向的原则去探索相关政策的突破，大概更容易找到政策设计的方向。

7.6.6　疫情期间国际邮轮的航线创新

逾三年的新冠疫情肆虐让国际邮轮业遭受重大打击。为了支撑邮轮业发展，探索新冠疫情下有条件复航的经验，国际上出现了多个国家对挂方便旗的国际邮轮开放沿海运输权的案例。这里给出相关国家开放沿海运输权的具体情况。

7.6.6.1　美国开放阿拉斯加航线

在美国，《1886年客船服务法》（后简称《客船服务法》）规定，一艘外国船只在一个美国港口搭载一名乘客，并在另一个美国港口让该乘客下船。美国港口之间的贸易仅限于悬挂美国国旗的船只。该法律的初衷是为了保护美国公司免受往返于五大湖度假胜地之间的加拿大渡轮的竞争。客船服务法的关键条款随着时间的推移发生了变化，但其核心并未发生变化：任何外国船只不得直接或通过外国港口在美国的港口或地方之间运送乘客，每运送和降落一名乘客，将被处以2美元的罚款。1898年罚款增至200美元，2003年增至300美元。

根据《客船服务法》的规定，不允许悬挂外国旗的国际邮轮公司经营从美国出发的沿海航线，也就是说非美国籍邮轮前往美国阿拉斯加中间都必须停靠加拿大的港口。悬挂外国国旗的船只只要行程中包括一个附近的外国港口，就可以在多个美国港口之间运送乘客。这是加拿大港口被纳入阿拉斯加内部通道的一个关键原因。2021年年初，加拿大宣布禁止所有在加拿大水域航行的100人以上的邮轮航行，直到2022年2月28日。由于这项禁令，让阿拉斯加邮轮市场不可能在夏季复航，由此引发了阿拉斯加地方政府要求美国政府修改法律的诉求。其后，《阿拉斯加旅游恢复法案》经过议员提出法案、参议院通过、众议院通过、总统签署正式生效以及美国疾控中心批准，允许悬挂非美国国旗的国际邮轮运营从美国港口直达阿拉斯加的邮轮航线。

在疫情前，有的航线从加拿大温哥华出发抵达阿拉斯加的诸多港口，有的航线从西雅图出发抵达阿拉斯加的诸多港口，并在回程挂靠维多利亚港（加拿大不列颠哥伦比亚省）。美国的西雅图距离加拿大温哥华只有约209公里的距离，在航线组织上并没有多大的难度，维多利亚港距离西雅图港的海上距离大概128公里。邮轮从阿拉斯加的凯奇坎归来的途中挂靠维多利亚港似乎多此一举，只是为了满足美国沿海运输权的相关规定。在新冠疫情的特殊时期，这样的规定暂时取消了。

7.6.6.2　英国开放其岛屿之间的航线

2021年5月，英国政府对邮轮公司开放了该国水域，意味着国际邮轮公司获批在英国运营本土航线。一些公司从7月初开始运行诸如从南安普顿出发、经爱尔兰海前往利物浦、苏格兰等北方旅游目的地的航线。"地中海华彩"号（MSC Virtuosa）成为英国停航一年多以来首艘复航的邮轮。根据邮轮搜图网站（Cruisemapper）所显示的信息，当时约有13艘邮轮执行环绕英伦三岛的航线。在这些邮轮中，除了一艘半岛东方英国邮轮公司（P&O UK）的邮轮"不列颠尼亚"号（Britannia）挂英国国旗以外，其他的邮轮都悬挂方便旗。

半岛东方英国邮轮公司目前有10艘邮轮，其中6艘邮轮挂英国旗，另外4艘挂百慕大旗。在挂英国国旗的邮轮不愿意全力运营英国沿海航线的情况下，英国政府对国际邮轮开放了其沿海市场，试图推动邮轮市场的复苏。这些运行的邮轮还制定并推出安全可靠的岸上观光项目，让游客能够获得比较好的旅游体验。

值得注意的是，这13艘邮轮中，仅有一艘邮轮"星空公主"号（Sky

Princess）执行的是"海上游"航线。"星空公主"号从南安普顿港出发，向西航行，沿着法国的西部和南部海面航行一圈后返回。

还有一艘邮轮"银灵"号（Silver spirit）执行的是英国环岛游航线。该邮轮从南安普敦出发，先后停靠英国的法尔茅斯、威尔士的菲什加德、北爱尔兰的贝尔法斯特、苏格兰的奥本、苏格兰的斯托诺韦、苏格兰的柯克沃尔（英国奥克尼群岛的梅恩兰岛东部港口）、苏格兰的敦提（苏格兰东部港口城市，泰赛德区首府）、苏格兰的爱丁堡，并在这里有一晚的逗留，于第二天中午出发返回到南安普顿。这样的航线的旅行重点是苏格兰，停靠5个苏格兰比较有特点的港口城市。

皇家加勒比游轮的"海洋圣歌"号于2021年7月7日从英国重新开始海上航行。这艘邮轮为可容纳4180人，提供从南安普顿出发的4晚"海上度假"，以及从7月15日开始的5~8晚不列颠群岛巡游，包括利物浦、柯克沃尔、苏格兰和贝尔法斯特的港口。

2021年8月2日，英国政府宣布进一步放松国际旅行限制，恢复从英格兰地区的港口前往境外目的地的航线。自此，英伦三岛之间的国内航线减少。

7.6.6.3 巴西开放其国内航线

巴西于2021年11月允许邮轮复航，条件是各运营商必须执行严格防疫规定。当时在巴西的东海岸有5艘国际邮轮在运营，停靠3~5个巴西港口，属巴西的沿海航线。其中，有4艘邮轮以圣保罗为始发港。

巴西2018年的总人口为2.13亿人，人均GDP为6797美元，因此巴西不会是一个较大的邮轮市场。尤其是，巴西周边的目的地并不丰富，没有航距合适的特色小岛，稍远的非洲也很难引起消费者的兴趣。从西班牙、葡萄牙港口出发到达巴西港口的航线是国际游客喜爱的航线，这样的航线通常是10天以上的单程航线。疫情让巴西开行国际航线变得不容易实现。在欧洲遭受奥密克戎毒株新一轮肆虐的时候，运营巴西国内沿海航线应该是不得已而为之的安排。

需要注意的是，这些邮轮都挂方便旗或者意大利旗，如果按照大多数国家对自身沿海运输权的限定规则，这些邮轮并没有资格运行巴西的沿海航线。不过，作为巴西政府，在没有挂巴西国旗的邮轮运行沿海航线的前提下，如果市场确有需求，允许挂外国旗的邮轮运行其国内航线，这是新冠疫情下的临时性举措，体现了巴西航运政策的灵活性。

7.6.6.4 印度对国际邮轮开放沿海航线

2021 年伊始，在印度的沿海有一艘挂巴拿马旗的邮轮"科迪拉皇后"号，运营沿海游和海上游。该艘邮轮建成于 1990 年，最初船名是"北欧皇后"号。2008—2016 年，是皇家加勒比集团旗下普尔曼邮轮的"普尔曼皇后"号。2020 年 12 月中旬，皇家加勒比集团将此艘邮轮卖给了新成立的科迪拉印度邮轮公司。船东（水上休闲旅游公司）于 2020 年 11 月 2 日成立，在印度德里注册，专门从事支持和辅助运输服务以及旅行社活动。水上休闲旅游公司和科迪拉邮轮都是梦想酒店集团（Dream Hotel Group）的子公司。该公司还计划通过收购二手船扩张运力，到 2025 年，其船队将拥有 4~6 艘船舶，投资约 10 亿美元。印度的客源市场和世界上最长的海岸线之一可以支撑这样的船队。根据相关预测，印度的邮轮游客量将从 2022 年的 40 万人次增加到 2030 年的 400 万人次。

"科迪拉皇后"号 48563 总吨，最大载客量 1910 人，船员 671 人。值得注意的是，这样一艘挂方便旗的国际邮轮。这些航线最短 2 天，最长 5 天。有的航线是始发港和抵达港相同的海上游航线，有些是港口不同的沿海航线，有在斯里兰卡亭可马里港的技术性停靠航线，还有在印度西部的拉克沙群岛挂靠的航线。这些航线，包含了印度东西海岸值得旅游的诸多城市和海上目的地。

疫情前，国际邮轮公司并未深度挖掘印度邮轮市场，原因是：印度的邮轮市场很难运营，富裕的印度人喜欢到加勒比海或者地中海去乘船旅行，本地周边的市场容量并不大。而今，在疫情的肆虐下，用一艘船龄较大的二手旧船拓展印度的邮轮市场，再通过挂方便旗来降低成本，有可能为印度人提供价格较为低廉的邮轮服务，进而打开印度这一细分市场。根据目前的资料，还不清楚这样的航线是疫情下的临时举措，还是常态化运行的航线。从目前的船期来看，航线已经排到了 2023 年 3 月。

在中国，邮轮沿海航线走的路线跟印度不大相同。"招商伊敦"号挂五星红旗，而且产品定位更为高端。可以肯定的是，中国的沿海航线不大可能给国际邮轮长期运营。

7.6.6.5 澳大利亚的海上游航线

查看世界上邮轮的航线，要找到海上游航线并不容易。这里查到迪士尼邮轮和半岛东方澳洲邮轮的一些在澳大利亚港口开行的海上游航线。

迪士尼邮轮旗下的"迪士尼奇迹"号（Disney Wonder）在 2023 年年底

和 2024 年年初，有三个海上游航线。其中，两个航次从悉尼出发，一个航次从布里斯班出发，价格在 733~800 美元 / 晚。从 2022 年 11 月到 2024 年年初的 76 个航次中，有 3 个海上游航次。海上游航线占比为 4%，非常稀少。如果考虑到海上游的航线更短，那么海上游航线对邮轮公司的营收贡献就更小。"迪士尼奇迹"号的航线一般为 3~9 天，大多数航线在 5 天左右，航线长度相对较短。或许，面向孩子和家庭的航线，尤其是单价在 700~800 美元 / 晚，短点的航线更能够吸引家庭出游。可以看到，这三个海上游航线，航行距离都未超过 12 海里，属于在澳大利亚的领海内往返。既然没有目的地，那就不要让船开得太远，可以节约燃油成本。一般来讲，海上游航线会开到领海以外的领海毗连区，比如中国香港、新加坡、马来西亚等地都是如此。开到领海毗连区，就应归入特殊的国际航线，挂方便旗的邮轮就不受沿海运输权的限制。由此可以看到，澳大利亚政府对国际邮轮的航线政策比较开放。国际邮轮在澳大利亚复航以来，既可以开行澳大利亚的港口之间航线（沿海航线），也可以运行领海内的海上游航线。这样的开放政策，有利于推动澳大利亚的邮轮市场复苏，也能够最大限度满足澳大利亚人的出行需求。

在澳大利亚市场，有一个品牌为半岛东方澳洲邮轮（P&O Australia），挂英国旗，有三艘邮轮都在澳大利亚市场运行。"太平洋冒险"号（Pacific Adventure）运行 3 天的海上游航线。在已经公布的 95 个航次中，一般为 3~15 天的航线，其中 3 天的海上游航次有 23 个，占比 24.2%，这算是比较高的比例。其中，以喜剧、"向国王致敬""80 秒"等主题的航次比较多。另一艘邮轮"太平洋邂逅"号（Pacific Encounter）也有三晚的海上游航线。与前一艘邮轮不同的是，其母港是布里斯班。"太平洋探索者"号（Pacific Explorer）同样有三晚的海上游航线，母港则是阿德莱德。

澳大利亚的周边并不乏可以停靠的目的港，西北部可以跟印度尼西亚的目的地形成纷繁多样的航线，东北部可以跟巴布亚新几内亚、所罗门群岛、瓦努阿图等地形成航线，东南部则可以跟新西兰形成航线。开行这些海上游航线，大概就是为了契合邮轮公司一直宣传的口号"邮轮即是目的地"。或者，澳大利亚周边的目的港的特色相比加勒比海并非十分突出，因而也就衍生出了海上游航线。

可以看到，海上游航线仍然是小众航线。在疫情前，业界一直在呼吁开放中国母港出发的海上游航线，海南海上游航线也被提上日程。在新冠疫情下，本希望中资方便旗邮轮率先开行海南海上游，却因为诸多的政策掣肘而未能成功。看看澳大利亚市场的海上游航线，或许可以在政策设计时给我们一些启发。

7.6.6.6　启示

在新冠疫情之前，世界上的沿海航线并不多。在世界上邮轮客源市场比较集中的北美和地中海，国际航线组织相对容易，且因为挂本国国旗的邮轮运营成本较高，使得邮轮沿海航线比较稀少。在北美，从纽约出发的邮轮可以停靠加拿大或者百慕大，从迈阿密出发的邮轮可以停靠加勒比海的诸多岛国，从加州长滩出发的邮轮可以停靠墨西哥，而从西雅图出发的邮轮可以去往阿拉斯加并回程停靠加拿大港口。在地中海，国家之间相距很近，地中海还有诸多可以停靠的岛屿，使相应的国际航线更容易组织。这也就是国际上沿海游轮航线非常稀少的原因。

疫情期间，各国的防疫政策并不相同，国际航班的开通也非常稀少，开通国内沿海游轮航线可以避免跨国疫情的传播，也有利于邮轮公司组织客源，并可以通过较低水平的运营积累疫情防控经验，为后续邮轮全面复航做准备。这可能是疫情期间几个国家开放沿海航线的初衷。可以看到，英国的国内航线开放是临时性的政策，2021 年 9 月底开始，这些国际邮轮纷纷开始跨国的国际航线，即便是半岛东方英国邮轮公司的挂英国旗的邮轮"不列颠尼亚"号也不以英国国内航线为目标市场，而仍然会开行国际航线。

可以看到，英国在疫情期间所开放的沿海游轮航线中，"海上游"航线只有一条。无论是在新冠疫情期间还是曾经没有新冠疫情的日子，"海上游"都并非是邮轮市场的主流。虽然很多欧美人乘坐邮轮时就喜欢在船上"发呆"或者寻求宁静自在的时光，邮轮就是目的地，不愿意上到岸上去观光。但是，大多数邮轮旅客还是希望邮轮航程中有停靠点，岸上观光是很多邮轮旅客的必然选择。

根据以上分析可以判断，虽然中国市场一直在酝酿"海上游"，但一定要认识到，这样的市场是临时性市场，规模不会太大，也不会容纳多少艘邮轮的正常运行。"海上游"仅仅具有实验性价值，为后续的全面复航提供船上疫情防控的经验，不应期望其成为未来市场运行的常态。海南一直希望有"环岛游"这样的航线，英国的"环岛游"航线是疫情期间所做的临时性安排，并没有成为市场的主流。海南有没有可能通过创新做成"环岛游"产品并不可知，至少世界上尚未有成功的经验可以借鉴。

7.6.7　海上游航线的来龙去脉及导向

7.6.7.1　航空业的无目的地航线

来自《新京报》2020 年 9 月 29 日的文章《全球停飞日子难熬，无目的地航班会是航司新的财富密码吗？》给出了几个国外民航业的无目的地航线。

澳洲航空推出的无目的地航班于 2020 年 10 月 10 日正式起飞，该航班将历时 7 小时，悉尼起降，由波音 787 梦想客机执飞，该客机一般用于跨洲或跨洋飞行，窗户大是其重要特点之一。此次飞行中，乘客将有机会看到悉尼港、大堡礁等澳大利亚著名景点，该飞机还将会在乌鲁鲁和邦迪海滩等地标进行低空飞行。同时，澳洲航空承诺提供特殊的机上娱乐，包括惊喜的明星主持人。该航班共售出了 134 张机票，经济舱到商务舱的价格从 566 美元至 2734 美元不等。澳洲航空方面表示，无目的地观光航班机票在 10 分钟内售罄，前所未有。

2020 年 8 月，日本全日空航空就运营了一次无目的地的短途观光旅行，该航班由空客 A380 执飞，300 多名乘客搭乘该航班在东京地区进行了 1.5 小时观光飞行，并在机上享受夏威夷航线套餐和纪念品、观看夏威夷风情视频等。全日空航空通常仅在夏威夷航线上使用空客 A380，全日空航空也表示该航班是在试图复制"夏威夷度假胜地的体验"。该航班的价格从经济舱座位的 14000 日元（约合人民币 907 元）到头等舱座位的 50000 日元（约合人民币 3238 元）不等。

中国台湾省的长荣航空在 2020 年父亲节推出了类似产品，该无目的地航班由 A330-300 Hello Kitty 梦想机执飞，搭载了 300 多名乘客，经济舱特惠价格为 5288 新台币（约合人民币 1240 元）。

中国台湾省的另一家航司星宇航空公司，在 2020 年 8 月的无目的地飞行取得成功后，又推出了中秋节"飞向月球"主题的无目的地飞行，在飞行中会安排与主题相配的装饰和赠品，而且大多数航班在开卖 10 分钟后售罄。

7.6.7.2　中国并未对"海上游"航线给出明晰的法律界定

严格遵循文义解释方法，邮轮"海上游"并不属于《中华人民共和国海商法》第四条①沿海运输权的限定范围，因为邮轮"海上游"并非"中华人民

---

①《中华人民共和国海商法》第四条第一款规定："中华人民共和国港口之间的海上运输和拖航，由悬挂中华人民共和国国旗的船舶经营。但是，法律、行政法规另有规定的除外。"第二款规定："非经国务院交通主管部门批准，外国籍船舶不得经营中华人民共和国港口之间的海上运输和拖航。"

共和国港口之间"的海上运输，而仅涉及"一个中华人民共和国港口"与中华人民共和国领海之外乃至公海、他国管辖海域的"海上"之间的运输。

《中华人民共和国国际海运条例》规范的是"国际海上运输活动"，但并未清晰界定何为"国际"，仅在该法规第二十二条做了禁止性规定："外国国际船舶运输经营者从事本章规定的有关国际船舶运输活动，应当遵守本条例有关规定。外国国际船舶运输经营者不得经营中国港口之间的船舶运输业务，也不得利用租用的中国籍船舶或者舱位，或者以互换舱位等方式变相经营中国港口之间的船舶运输业务。"

《国内水路运输管理条例》第二条规定："本条例所称国内水路运输（以下简称水路运输），是指始发港、挂靠港和目的港均在中华人民共和国管辖的通航水域内的经营性旅客运输和货物运输。"秉持通常解释的方法，本条"始发港""挂靠港""目的港"所指的应是不同港口，始自我国一港又回到本港的邮轮"海上游"似不应当归于"国内水路运输"的范畴。

因此，中国并未对"海上游""公海游"航线有清晰的法律界定。

7.6.7.3　美国的相关做法

美国的沿海旅客运输限制是由《客船服务法》（*Passenger Vessel Services Act*，PVSA）规定的。《客船服务法》所界定的"海上无目的地游"指的是：由非沿海适格船舶将旅客从一个美国港口运送至公海（即超过 3 海里领海范围）或外国水域，并返回至旅客登船的相同港口，如果旅客不在另一个美国港口上岸（即使是短暂的）[①]。

美国政府对美国港口之间的沿海客运明确定义了三种情景，以防歧义：

第一，A—B（A 和 B 为美国港口），从一个美国港口到另一个或多个美国港口；

第二，A—B—A（A 和 B 为美国港口），从一个美国港口经另一个或数个美国港口然后回到起始港。

第三，A—B—Z—A（A 和 B 为美国港口，Z 为"临近的外国港口"），从一个美国港口到另一个美国港口，虽然停靠了一个"临近的外国港口"，然后回到起始港。临近的外国港口有明确的定义，如墨西哥的恩森纳达紧邻美

---

① "Voyages to Nowhere"：Transportation of passengers by a non-coastwise-qualified vessel from a U.S. point to the high seas（i.e. beyond the three mile territorial sea）or foreign waters and back to the same point from which the passengers embarked，assuming the passengers do not go ashore，even temporarily，at another U.S. point.

国的圣地亚哥，这样的行程仍被视为受限制的沿海航线。

需要指出的是，美国沿海运输限制法明确将美国领海之外巡游的海上无目的地游排除在沿海航线范畴之外，也就是说在领海外的海上游不受限制[①]。

另外，自 2016 年之后在美国悬挂方便旗的邮轮实际上已经无法合法从事海上游活动，这是由于美国海关及边境管理局根据移民相关法律，明确要求从事不挂靠外国港口的海上游的邮轮其配备的船员必须是"美国公民或者获得授权在美国工作的合法永久性居民"，通过诉讼美国法院也确认了这一要求的合法性。显然，悬挂方便旗的邮轮无法满足之一要求。

7.6.7.4 欧盟的相关做法

根据欧盟法，沿海运输权涉及三种不同情形：大陆沿海运输（mainland cabotage）；离岸服务（off-shore supply service）；涉岛沿海运输（island cabotage）。其中，所谓的离岸服务是指"成员国任何港口与该成员国大陆架上的设施或结构之间的海上旅客或货物运输"，此种离岸服务仅涉及一个港口，服务活动的另一端是位于大陆架上的装置或构造物。

7.6.7.5 英国的相关做法

根据国际海员权利组织（SRI）于 2018 年发布的全球沿海贸易限制法报告（*Cabotage Laws of the World*），英国对沿海贸易运输采取较为宽松的监管方式，不对外国籍邮轮运营沿海运输以及海上游进行限制。

2021 年 5 月，英国政府对邮轮公司开放了该国水域，意味着国际邮轮公司获批在英国运营本土航线。值得注意的是，在获批的首批 13 艘外国籍邮轮中，仅有一艘邮轮执行的是"海上游"航线，即"星空公主"号（Sky Princess）。此外，获批的首批 13 艘外国籍邮轮中，只有 2 条属于"英资"邮轮公司，其余均属"外资"邮轮公司。

7.6.7.6 日本的相关做法

日本有严格的沿海运输权限制法，在疫情前和疫后邮轮市场重启阶段，对外国籍邮轮并没有开放其沿海航线或海上游航线，日本出入境管理局对于外籍邮轮船员也有严格的工作签证的时效要求，但在疫情期间通过延长工作签证时效以及允许技术停靠方式恢复邮轮运营。

[①] 美国海关和边境保护局（U.S. Customs and Border Protection，CBP）发布的《客船服务法》（*Passenger Vessel Services Act*，PVSA）2019 年修订。

日本《出入境管理和难民管理法》第十六条，其中对外国籍船员入境有如下规定：出入境管理局对外籍船员签发为期15天的登陆许可。在新冠疫情的特殊情况下，出入境管理局对于外籍船员登陆许可有最长不超过4次的延期，也就是60天。日本邮轮上有不少外籍船员，通过在韩国釜山的技术性停靠，能够实现船上外籍船员的电子文件清关，以满足《出入境管理和难民管理法》的要求。

7.6.7.7 新加坡的相关做法

新加坡对外国籍邮轮经营沿海贸易运输不做限制。疫情之前，新加坡允许邮轮运营海上游航线，但为控制以博彩为唯一娱乐项目的海上游航线数量，新加坡港口管理局（Port of Singapore Authority，PSA）于1996年发布了一项规定[①]，主要针对当时丽星邮轮等一些以经营博彩为主的邮轮运营商，对运营36小时内往返的海上游航线数量进行限制，规定海上游航线比例不得超出所申请航线总数的30%，否则不予批准。至今，这项规定一直被用作申请海上游航线的限制条件，起到了有效控制博彩比重的作用。

疫情期间，新加坡政府在与国际邮轮公司充分沟通的基础上，研讨和制订出了严谨科学的一整套复航防控计划和措施以及应急预案，并且批准了皇家加勒比游轮的"海洋量子"号邮轮从2020年11月30号开始恢复运营海上游航线。由于防控措施严谨周密，以及在实施过程中邮轮公司严格遵守了各项要求，加之"海洋量子"号邮轮（包括2022年4月11日后加入新加坡航线运营的"海洋光谱"号邮轮）本身的硬件条件非常好，从而保障了这两艘邮轮在新加坡运营期间整体平稳有序，实现了安全复航的目标，为该地区国际邮轮产业的重启和复苏奠定了坚实的基础，积累了丰富的经验。

7.6.7.8 中国香港的相关做法

疫情前，外国籍邮轮可以在中国香港经营海上游航线，为防止经营以博彩业务为主的邮轮因硬件老旧等原因发生安全事故，香港特区政府要求对申请海上游航线的邮轮每年进行一次全面的船舶安全评估，符合安全评估要求的邮轮才能获批运营。

2021年7月，星梦邮轮"云顶梦"号正式恢复香港母港营运，推出2晚及3晚的海上游航线。同年11月，皇家加勒比"海洋光谱"号也重启了从香

---

① Guidelines to regulate the use of berthing facilities by cruise vessels.

港出发的 2~4 晚海上游行程 ①。

7.6.7.9　海南海上游航线解析

在海南模式中，海上游被界定为沿海或国内航线，而被特许开展海上游的是中资外国籍邮轮，这个顶层设计在实际执行中将遭遇一个严重的问题：会导致邮轮公司的运营成本大幅增加，而收益则大幅降低。成本大幅增加的原因在于：经营外国籍邮轮的公司需要缴纳经营国内航线的船舶进口税和增值税（两项合计高达 27%），同时还不能使用经营国际航线才能使用的免税燃油，导致燃油成本增加；收益大幅减少的原因在于：不能经营在国际航线上才能开展的免税店和娱乐活动，导致船上二次收入大幅下降，再加上本来无目的地航线的船票收益就比正常航线低。综合以上几个方面的原因，经营海南模式的海上游将会很难赚钱。

正是由于海上游海南模式存在上述问题，再叠加上疫情防控的诸多要求，以及南海地区复杂的地缘政治格局，以至于虽然中资非五星红旗邮轮得到主管部门经营海南海上游的特许，但实际上并没有任何一艘中资外国籍邮轮实际运营海南模式下的海上游航线。

7.6.7.10　疫情前中国香港、新加坡和马来西亚的海上游航线

2018 年，中国香港常规邮轮（以香港的港口为母港）的游客量总计为 22.3 万人次，210 艘次；无目的地和少于 2 晚的邮轮航线的游客量总计 85.8 万人次，989 艘次。在无目的地航线的游客中，其中来自中国内地的游客量为 28.6 万人次，来自国外其他地区的游客为 3.4 万人次，来自中国香港的游客为 57.1 万人次。可以计算出，这些邮轮平均每艘载客量为 868 人，对应的邮轮并不大。查看过往的邮轮航程，丽星邮轮的"双鱼星"号长期经营此航线，该船 40053 总吨，船长 176 米，宽 29 米，客房数 590 间，载客量 1109 人。

香港"海上游"航线得以存在的原因。首先，以赌博为目的。20 世纪 80 年代末，澳门赌枭叶汉租下"海龙星"号，更名为"东方公主"号，作为海上浮动赌场。1988 年 10 月 23 日，"东方公主"号满载香港赌客驶入公海，成为港澳地区第一艘海上赌船。其后，不少邮轮加入这一经营模式，不但服务香港客人，而且在 2000 年后还招徕内地游客上船游览赌博。赌博是海上无目的地

---

① HK Cruise to Nowhere Survey Requirement Section 10（5）of the Merchant Shipping（Safety）Ordinance（Chapter 369，Laws of Hong Kong）.

航线最初的形态。其次，是香港人娱乐休闲的一种方式。由于香港居民的居住空间狭窄，邮轮票价不贵（丽星邮轮最便宜的内舱房 500 港币左右），搭载无目的地航线对香港人来讲是一种比较经济的过夜方式。很大一部分香港居民会选择去澳门娱乐休闲，但时间、通行、居住等成本远远大于邮轮，所以吸引了一些香港居民参加邮轮航次。这些旅客受众比较固定，通常都是晚上上船，第二天早上靠港回去上班。运营的时候，进行娱乐博彩的基本都是香港客人。内地客人上船的目的主要是住宿，因为香港的酒店太贵，参与娱乐博彩的客人并不多。最后，交通方便。邮轮停靠在海港城，这是香港最繁华热闹的商场区，交通十分便利。除了中国香港，新加坡和马来西亚也有常态化运营的海上无目的地航线。不过，从规模上来讲，还是香港的市场规模最大。

目前，在马来西亚的槟城，还有一艘邮轮在运营海上无目的地航线——"爱琴海天堂"号（Aegean Paradise）。十分密集的航线表明，这艘邮轮在港口与海上之间的往返十分频繁。查看相关的航线信息，这艘邮轮每天开行白天和夜晚两个航次。周日夜间到周五白天的航次，最便宜的普通房价格为 100马币，相当于 154 元人民币。周末航次的价格为 110 马币，相当于 169 元人民币。这样白天和黑夜连轴转的运营模式在香港也曾经有过。这样的航线，距离槟城岛大约 27 海里，已经越过了马来西亚领海海域，这是邮轮开展博彩活动的合法区域。

需要明确的是，在疫情下探索海上无目的地航线，船上博彩并非邮轮公司的主要卖点。一般的邮轮公司并不具备经营"赌船"的能力，因此不用担心这样的航线会异化为广受诟病的"公海游"航线。

7.6.7.11 海上游航线的政策导向

根据我国目前邮轮市场的现状以及进一步对外开放的政策导向，可以将邮轮"海上游"视为一种特殊的国际海上运输加以管理，但也应当充分认识到其本身所具有的特殊性，故不能对国外邮轮公司实行完全的"国民待遇原则"，而应当实施必要的审批制。

第一，将海上游按照特殊的国际航线管理。参照国际海上运输业务经营的许可流程进行审批。

第二，杜绝海上游演变为"公海游"。为了杜绝邮轮公司将海上游航线异化为海上赌博，可以借鉴新加坡的经验，由公安部出台规范性文件对海上游经营赌博的航线比例限定在一定的范围，或者对船上赌博的比例限定在一定的范围。

第三，不对参与海上游航线的国际邮轮进行区别对待。根据前面的案例不难看出，这些国家和地区在对邮轮开放的时候，对本国资本和外国资本的外国籍邮轮一视同仁，这是由国际邮轮行业赖以生存的开放的国际环境所决定的，国际化是邮轮行业发展的内在经济规律，实行公平和开放的立场是邮轮行业的国际惯例。因此，如果要开放海上游航线，不应对国际邮轮的资本来源进行区别对待。

7.6.8　多点挂靠航线的来龙去脉及导向

7.6.8.1　基本要求

交通运输部于2009年公布的《关于外国籍邮轮在华特许开展多点挂靠业务的公告》指出："外国籍邮轮在华多点挂靠，其在我国两个以上沿海港口间的运输，在性质上属于国内运输，须经特案批准方可开展。经批准开展外国籍邮轮在华多点挂靠业务的经营人，不得允许我港口间承载的旅客离船不归。"其中明确外国籍邮轮在华多点挂靠性质上属于国内运输，要以"特案批准"的方式开展。当前，多点挂靠审批程序复杂，需要提交"多点挂靠"邮轮的基本材料以及靠泊协议等烦琐多样的申报材料，虽然在审批时效上已加快审批，但是对邮轮公司提前的航线规划和销售窗口来说，任何审批都会削减此类航线的部署。

7.6.8.2　国内多港挂靠申请流程

邮轮经营人应向交通运输部提交相关申请材料，交通运输部通常在邮轮到达前1个月左右给予正式的审批结果。交通运输部2020年回复全国人大提案中关于外籍邮轮多点挂靠便利性措施方面提出优化服务，提高审批效率，该审批事项已实现了全流程网上"无纸化"办理，并公开承诺将审批办理时限由法定20个工作日压缩至10个工作日。申请所需文件如表7-8所示：

表7-8　国内多港挂靠申请所需文件

序号	文件名称
1	国际船舶代理企业申报函
2	国际船舶代理企业委托函
3	指定联络机构说明书
4	指定联络机构委托书
5	指定联络机构营业执照复印件

续表

序号	文件名称
6	船舶经营人申请书
7	经营人营业执照复印件及公证文件
8	与拟挂靠港口的港口经营者达成的靠泊协议复印件
9	船舶国籍证书
10	船舶入级证书
11	船舶安全管理证书
12	客船安全证书
13	国际船舶保安证书
14	船舶保险证书
15	公司安全管理符合证明复印件
16	船舶租约复印件

7.6.8.3　产生的影响

以皇家加勒比游轮早年间开行的"上海—舟山—日本—上海"为例，在国内需要挂靠上海和舟山两个港口，从旅客角度出发，不仅出境游玩的时间被挤占，而且由于航期时间的延长，对应船票价格也有所提高，旅客难以接受。从邮轮公司角度出发，多停靠一个港口，不仅会产生高昂的拖轮、引航等费用，而且会对旅客体验造成不良影响，削弱该航线产品的吸引力，进而对公司效益产生影响。

按照目前多港挂靠需交通运输部特殊审批的要求，需准备的申请材料繁多，并且按照每个航次递交申请，个别材料如"经过中国大使馆公正的公司营业执照复印件"，准备手续复杂，周期长，费用高；另外，批复时间通常在邮轮到达前的1~2个月，并且存在一定的批复不确定性。

而国际邮轮公司在其他国家停靠不存在类似复杂烦琐的要求，而且通常存在多港挂靠的航线属全球或跨区域航线，满载来自世界各地的国际游客，航线通常提前2~3年规划制定，一旦公布后，除非发生战争和其他不可抗力的特殊情况下，不会轻易改变航线，确保游客整体度假体验的完整性和满意度，这也是邮轮公司生存和发展的根本之道。若由于多港挂靠审批的不确定性，导致航线临时无法成行，对于邮轮公司和游客来说都具有重大影响，包括航线产品、客户满意度、客户行程损失（酒店、景点、航班等）等诸多问题，进而影响后续国际邮轮公司的航线规划和选择。邮轮公司将在可能的情况下，避免多港挂靠中国港口，或者在航程选择受限的情况下，直接跳过中国港口优先选择他国停靠港，对中国的邮轮入境旅游带来较大限制影响。

7.6.8.4 国外的做法

国外不存在多港挂靠的特殊审批要求，比如上海或天津母港出发，前往日本5晚或以上的航线，将停靠至少2个或以上的日本港口，如福冈、长崎等，航线无须特殊申请，包括在碰到台风等不可抗力的情况下，临时变更停靠次序或选择其他港口，邮轮按照常规手续，通过当地代理向当地港口申报进港即可。目前也没有听说任何其他国家，对于国际邮轮从事的国际航线中，连续停靠某国多个港口时，需要对每个航线进行特殊申请和特殊审批的要求。在地中海区域，多点挂靠航线普遍存在，航线组合多种多样，以满足不同游客的需求。从意大利的奇维塔韦基亚港出发，连续挂靠西班牙的两个港口，之后挂靠法国的马赛，其后又连续挂靠两个意大利的港口。这样的航线在地中海区域比比皆是。

在美国的《客船服务法》中，多港挂靠航线不属于限制性航线。阿拉斯加航线就是多点挂靠航线的典型案例，在阿拉斯加境内都是连续挂靠多个美国港口。

在新冠疫情下，国际邮轮经营一个国家沿海航线的案例也很多。比如庞洛邮轮的"拉普洛斯"号（Le Laperouse）经营越南的沿海航线，"嘉年华辉煌"号（Carnival Splendor）经营澳大利亚的沿海航线。

7.6.8.5 多点挂靠航线不会对沿海航线产生影响

多点挂靠航线有两种情况：一是母港邮轮的多点挂靠航线；二是国际邮轮在中国港口挂靠的多点挂靠航线。

对于第一类航线，船公司开展多点挂靠的目的，是通过在多个港口的挂靠来提升邮轮的满载率，游客乘船的目的并非是中国港口间的旅游，邮轮公司也不会安排中国港口的岸上游项目，因此这样的多点挂靠航线不会对运营沿海航线的游轮市场产生冲击。而且，这样的航线，邮轮公司因为多挂靠港口会面临更高的港务费用，游客的航程也会增加，对于急于前往国外目的地的游客来讲不具有吸引力。因此，这样的航线不会成为市场主流。

对于第二类航线，船公司开展多点挂靠的目的，是让国际游客能够在一次航程中多体验几个中国港口城市，这会给中国城市带来更多的游客量及旅游消费，应当鼓励。近些年来，中国沿海港口的挂靠港航次减少，游客量下降，需要通过简化相关的手续来提振市场规模。国际游客在中国港口之间的旅游消费，与沿海游轮搭载国内游客在国内港口之间的旅游消费，二者之间并不存在竞争关系，因而不会影响沿海游轮市场。

中国沿海游轮市场已经开启，通过沿海运输权的相关制度为挂五星红旗的沿海游轮提供市场保护理所应当。不过，根据上述分析，多点挂靠航线对沿海航线的邮轮并不产生影响，因此应该按照国际惯例，尽量减少政府的行政干预，给邮轮公司的航线规划以更大的自由度。邮轮公司也就更可能依据市场需求来开发邮轮产品，给游客提供更好的服务。

7.6.9　邮轮运输服务质量评级

7.6.9.1　必要性与可行性

必要性方面，在高质量发展背景下，国家"十四五"规划明确健全服务质量标准体系。

2018 年，交通运输部等十部门联合印发《关于促进我国邮轮经济发展的若干意见》，提出"完善邮轮运输旅游服务标准，建立邮轮运输、港口、旅游等服务标准"的重要任务。

2021 年，为积极引导提升邮轮运输服务质量水平，交通运输部将"组织研究制定邮轮运输服务评价指南并视情公布实施"纳入了年度供给侧结构性改革工作要点。

2022 年，交通运输部等五部门出台《关于加快邮轮游艇装备及产业发展的实施意见》，明确提出"研究制定国际邮轮运输服务评价规范"。

此外，《综合运输服务"十四五"发展规划》明确提出"研究制定国际邮轮运输服务评价规范"。

在征求企业意见时，部分邮轮公司建议遵从市场选择，让消费者"用脚投票"。哪家邮轮公司的价格高，就表明哪家邮轮公司的服务好，这是欧美发达国家对邮轮运输服务政府干预较少的理由。在船舶安全、环保和防污染领域，邮轮行业遵循 IMO 相关规则。在食品安全领域，邮轮行业遵循最为严格的美国规则。除此之外，邮轮公司依据自身的市场定位确定邮轮船舶的配置以及船上服务的供给。在新冠疫情下，"钻石公主"号遭受超过 700 人以上的人员感染和救助困境，市场行为和国际规则在突发的疫情下并不能对游客的权益给予充分的保证。在中国邮轮市场过往发展的历程中，霸船、低价甩舱、恶性竞争等局面时有发生，需要通过服务评价规范对市场予以引导。在中国，保障消费者权益及消费者生命安全是政府的重要职能，新颁布的《中华人民共和国安全生产法》对此进行了规定。因此，编制并发布《中国邮轮运输服务质量"等级评价"规范》十分必要。

由于国际邮轮是水路客运领域中更加国际化的门类，在国际上业已形成了行业内的服务惯例。国际邮轮在进入中国市场的时候，要满足中国人的特定偏好（如中餐、中文服务）以及行业主管部门的基本要求（比如绿色、安全），亟须通过制定"等级评价"规范来引导相关企业的行为。国际上，邮轮分为奢华、特型、优质、现代大众、经济等层级，每一层级都有船员乘客比、乘客空间比等对应的标准，体现出邮轮产品的多样化。这些特征，都比国内水路客运的相关要求更加复杂，需要出台有针对性的规范，才能对这一市场进行有效的引导。

可行性方面，2019 年中国邮轮市场的游客量为 207 万人次，市场已经粗具规模，具备开展服务质量评价的条件。疫情前每年 15 艘左右的邮轮在中国运营，具有一定的规模基础，有条件开展邮轮运输服务质量评价。

7.6.9.2　国内外现状

国外并没有此领域的标准。邮轮公司只需要满足在劳工、安全、环保领域的国际公约，满足船级社的适航要求即可。邮轮运输服务具有极大的差异性，服务标准难以设定，在准入上一般没有相关的标准。企业的服务水准一般是由第三方的评价机构来评价，比如包括 Cruise Critic、《悦游》及《漫旅》等，一般都是由非官方机构开展，媒体和杂志评价比较多，其盈利模式是通过广告、销售邮轮船票等方式获得收益。邮轮公司通过这些机构发布的评分及奖项，来向消费者传达本公司的服务能力和特色（见表 7-9）。

表 7-9　国际上邮轮服务评级机构及方式

评价机构	性质	评价方式	奖项设置	盈利模式
Cruise Critic	网站	游客打分	最佳新船、最佳装修、最佳探险、最佳舱房、最佳餐饮、最佳娱乐、最佳家庭、最佳航线、最佳夜生活、最佳服务、最佳岸上游、最佳独行、最佳套房、最佳性价比、最佳北美母港	船票销售

续表

评价机构	性质	评价方式	奖项设置	盈利模式
《悦游》(Condé Nast Traveler)	时尚杂志	读者调查	最受欢迎的邮轮、海岛	广告和赞助
《漫旅》(Travel+Leisure)	旅行杂志	读者调查	从设施、餐饮、服务、行程、岸上观光、活动安排以及性价比等方面综合考虑，并将邮轮分为5类进行综合打分	广告和赞助
Cruise International	旅游杂志	网上投票	最佳家庭航线、最佳单身客邮轮、最佳旅行社、最佳目的地等	其网站标明了支持赞助商：大洋邮轮、Emerald、马雷拉邮轮、银海邮轮、嘉年华邮轮和国际邮轮协会
TTG中国旅游大奖	旅游杂志	旅行顾问，旅行社和目的地管理公司的投票	中国最佳邮轮运营商、中国最佳特色旅游邮轮运营商、中国最佳服务邮轮、中国最佳新邮轮等	广告及赞助
伯利兹邮轮年鉴	私人评价	评分员打分	总分及各分项的打分	版税收入和演讲费

　　《伯利兹邮轮年鉴》由道格拉斯·沃德建立起一个训练有素的评估员小组，各自向其提交评价报告。伯利兹评比是根据一系列预先确定的标准进行评价。邮轮星级评比准则根据个人的航行体验，或者上船参观、审查的经验，按多达400个单独项目进行计分。在得分栏里，这些被细分成20个主要部分，每个部分有100分。所以，最高得分是2000分。评比得分数进一步分为五个主要项目：船体、住宿、餐饮、服务和邮轮体验。为了应对市场的变化，各艘邮轮都在不断改进，既有设施也有服务，因此评比等级每年可能都会调整。评比等级更多地体现邮轮产品的标准（软件：用餐体验、人员服务和邮轮乘客的招待方面），而较少在于邮轮船体（硬件）。评分最高的星级是五颗星加（★★★★★+），最低的星级是一颗星（★）。其盈利模式是版税和演讲收入，这样的模式在中国难以复制。评价结果主要是给消费者选择合适的邮轮以指导。《伯利兹邮轮年鉴》难以针对中国市场和中国消费者进行更为细致的评价，也很难在短期内形成行业影响力。中国邮轮市场的消费者还是"尝鲜式"消费者，对邮轮的消费模式、服务模式等还不是太清楚，外国邮轮公司

进入中国市场也有些"水土不服的症状"，需要通过官方主导的评价评级来推动产品契合中国市场、行业良性发展。

邮轮运输是水上客运与酒店服务的融合，因此参考星级酒店以及水上客运的相关标准尤为重要。在长江的内河游轮上，曾经开展内河涉外游轮星级评定的工作。根据《国务院办公厅关于进一步加强长江三峡涉外旅游船舶管理问题的通知》（国办发〔1995〕13号）要求，国家旅游局会同有关部门从1996年开始对长江涉外旅游船进行星级评定。长江涉外旅游船星级评定工作以旅游船的装饰、设施设备、服务质量、管理水平及旅游者满意程度为依据，按照《内河旅游船星级的划分及评定》（GB/T 15731—1995）的星级划分条件与国家旅则、清洁卫生评定细则、服务质量评定细则、宾客意见评定细则等各项评分细则相结合，全面考核，综合评定。星级评定和复核检查的具体要求按国家旅游局发布的《内河旅游船星级评定规则（试行）》（旅管理发〔1995〕279号）执行。在实际运行中，星级评定的结果并没有将长江"内河游轮"船拉开档次，因而并未产生好的效果。

2008年，《水路客运服务质量要求》（GB/T 16890—2008）发布，内容涉及服务质量管理要求、客运服务质量、票务、客船要求等，内容较为简单，与国际邮轮有较大差异，难以反映国际邮轮运输服务的特点。

2015年，《内河旅游船星级的划分与评定》（GB/T 15731—2015）发布，给出了各星级划分条件，并从安全管理、环境保护、主题文化、服务质量总体要求、管理制度要求等方面给出了详细规定，具有借鉴意义。

2018年，上海市交通委员会开展浦江游的船舶星级评定，起到了很好的效果。市旅游局和市交通委牵头制定发布了《黄浦江游览船及码头运营设施与服务质量要求》（DB 31/T367—2017），引导浦江游览各家企业不断优化游船外形建造、硬件设施配备、丰富服务项目、提升服务质量等。上海市旅游局组织编制了《黄浦江水岸旅游导览》。上海市交通港口管理部门牵头旅游、国资、海事等相关部门参与制定了行业相关标准，上海滨江游的游船星级评定已经展开，对游船按照一定的标准进行星级评定。评定的结果显示，当时的34条船中，只有少数几条船评定为四星级，五星级船尚处于空缺中。由此可以看到，管理部门意图通过星级评定，让浦江游的船舶再上一个台阶。对于游客来讲，游客的识别成本大幅下降，也有利于激励企业打造更为豪华的游船。

7.6.9.3　邮轮评级的组织实施

邮轮评级的组织实施十分复杂，要得出较为客观公正的评价结果并不容易。第一种思路，是由非利益相关的第三方机构开展评价，政府购买第三方机构的评价服务。但是，其实要找到专业的第三方机构并不容易，上海浦江游的评定评价最初采用这一形式，并未产生良好的结果，才使得行业主管部门改变了评价的模式，采用评价委员会领导下的星级评定委员会办公室和星级评定员模式。

上海市黄浦江游览星级评定委员会由上海市旅游、交通行政管理部门和旅游、交通行业协会的相关领导和专家组成上海市黄浦江游览星级评定委员会（以下简称星评委），负责组织贯彻实施《黄浦江游览船及码头运营设施与服务质量要求》，指导和监督上海市黄浦江游览星级评定工作。星评委下设办公室（以下简称星评办），星评办设在上海市旅游行业协会，负责建立黄浦江游览星级评定员队伍，建立社会监督员抽检制度，开展黄浦江游览星级评定以及评定后的监督管理事务。在星评委统一领导下，黄浦江游览星级评定员（以下简称星评员）队伍由旅游、交通管理部门，行业协会，游览船、游览码头、游览售票点等企业管理人员，保险与法律界人士，相关高校专业人士，以及其他相关硬件、软件方面的专家组成。星评办要建立并不断完善星评员工作制度、纪律规定，要创造条件，加强对星评员的业务培训，开展业务交流，组织相关考察活动。这样的一套机制，保证了黄浦江游览星级评定的平稳实施。

在中国的五星级酒店的评定过程中，也建立了类似的机制。上述两方面的机制，对邮轮运输服务评价具有很好的借鉴意义。

7.6.9.4　评价结果应用

评级结果的应用，是将对邮轮企业最终评价与一定的奖惩措施联系起来，可以通过法律手段、行政手段、经济手段和社会舆论等方式，对邮轮企业进行激励和约束，鼓励其向高等级邮轮服务标准与水平努力，在市场监管过程中采取适当差异化的方式方法，以实现中国邮轮行业健康发展的良性循环。

评级结果是对邮轮企业各方面表现的相对客观评价，其价值主要体现在以下两个方面：

其一，评估结果作为市场重要的信息，将影响市场主体的经营并对邮轮企业产生引导的作用。通过向社会公示评级结果，提供关于邮轮企业的船舶服务、市场经营、行业监管等方面的表现情况，使市场各利益相关方自发地根据邮轮评级结果做出经营决策和市场选择，同时也会对邮轮企业的经营和发展产生影响，引导企业根据评级结果调整自己的行为，向更高、更积极的方向发展。

其二，评估结果将支撑政府部门的市场监管。对邮轮企业进行评级评价，实际上是对邮轮企业的方方面面进行监督检查，其结果可以作为政府相关部门进行联合市场监管与惩戒，以及制定行业管理和发展政策的重要依据，如为市场准入、运力投放批准、航线审批、贷款审批、招投标优先权等方面提供参考。从这个意义上说，从传统的日常检查到客观、系统的评级评价是政府部门管理方式与市场规制的重要转变。评估结果采用"星级"方式，根据其星级的高低进行相应的奖惩。

后 记

本书成稿过程中，方砚对前三章做了大量的撰写，并对整本书进行了核对校正。郭威佑参与了《中国邮轮生态发展季报（年报）》工作，对本书中的部分观点及图片有所贡献。刘国庆对邮轮发展模式部分有一定贡献。在三年疫情期间，与业界同人开展过多次线上线下的思想碰撞与交流，形成的观点都融入了书中，其中与皇家加勒比集团全球高级副总裁、亚洲区主席刘淄楠，蓝梦邮轮副总经理刘富东，上船吧创始人刘建斌，中国旅游集团酒店控股有限公司信息管理部总监崔欣等几位邮轮界资深人士的交流较多。同时，还与中国交通运输协会邮轮游艇分会副会长郑炜航、上海工程技术大学管理学院副院长叶欣梁、上海市交通委员会港务监督管理处副处长胡敏、主任科员童丹英，中船邮轮科技董事长杨国兵、副总经理汪彦国、战略管理部主任顾鹏程、高级业务经理黄雪忠和陈礼南，爱达邮轮有限公司首席执行官陈然峰、业务发展总监国佳，地中海航运集团中国区副总裁雍虎，招商维京游轮副总经理张树凯、"招商伊敦"号酒店总经理方立新、副船长刘飞，名胜世界邮轮助理副总裁吕强，"中华泰山"号船长刘世玺，皇家加勒比游轮政府关系总监王睿之，"海洋光谱"号船长伍会民、娱乐总监白杨旭，星旅远洋邮轮原总经理黎明、副总经理侯大伟，蓝梦邮轮总经理徐颖、副总经理陆光原，天津国际邮轮母港总经理戴明，山东港口邮轮文旅集团董事长李志鹏、总经理王涛、副总经理刘文韬，上海吴淞口国际邮轮港总经理顾绘权、副总经理高艳辉，上海国际客运中心总经理徐珏慧，广州南沙国际邮轮母港总经理许镇江，珠海泛网科技董事长范道，上海秀美模型董事长黄显德、副总经理杨冯生，上海外高桥造船有限公司邮轮办公室主任易国伟，南海邮轮总经理杨华、副总经理陈镜帆等单位的领导及同人展开交流并获得信息，这里表示深深的谢意。在疫情期间，课题组承担交通运输部战略规划政策项目《后疫情时代中国邮轮运输高质量发展研究》，交通运输部水运局副局长杨华雄、法规处处长翁笑冰、副处长赵帅全面指导课题研究，课题部分成果也融入了本书中，这里表示感谢。夫人贾淑芳是笔者所维护的微信公众号"绝顶思维"的第一审核人，避免了文章发出后可能引出的"贻笑大方"的纰漏，本书中的很多观点来自"绝顶思维"公众号的文章。

2020 年，笔者所供职的交通运输部水运科学研究院首次试点首席研究员制度，笔者以"邮轮发展"申请首席研究员获批，感谢院长刘书斌、副院长刘占山、副院长朱建华、副院长李清、原院长费维军、原副院长史世武、原副院长贾大山、发展中心主任宁涛、副主任张哲辉、副主任徐迪、学术委员会主任殷翔宇对本人研究方向的支持。三年的首席研究员经费让研究团队在邮轮业的至暗时刻能够不离不弃，本书的出版也赖此项经费的支撑。大恩不言谢，只将真诚的文字付诸笔端，愿能够为中国邮轮业的高质量发展提供力所能及的助力。

谢燮

2023 年 3 月 22 日

项目策划：段向民
责任编辑：张芸艳
责任印制：钱　成
封面设计：武爱听

图书在版编目（ＣＩＰ）数据

融入世界　绽放中国 ：中国邮轮发展的战略与路径 /
谢燮，方砚著 . -- 北京 ：中国旅游出版社，2023.12
　　ISBN 978-7-5032-7255-4

　　Ⅰ . ①融… Ⅱ . ①谢… ②方… Ⅲ . ①旅游船－产业
发展－研究－中国 Ⅳ . ① F426.474

　　中国国家版本馆CIP数据核字(2023)第251935号

书　　　名：融入世界　绽放中国——中国邮轮发展的战略与路径

作　　　者：谢　燮　方　砚
出版发行：中国旅游出版社
　　　　　（北京静安东里 6 号　邮编：100028 ）
　　　　　http://www.cttp.net.cn　E-mail:cttp@mct.gov.cn
　　　　　营销中心电话：010-57377103，010-57377106
　　　　　读者服务部电话：010-57377107
排　　版：北京旅教文化传播有限公司
经　　销：全国各地新华书店
印　　刷：三河市灵山芝兰印刷有限公司
版　　次：2023 年 12 月第 1 版　2023 年 12 月第 1 次印刷
开　　本：720 毫米 × 970 毫米　1/16
印　　张：18
字　　数：297 千
定　　价：88.00 元
ＩＳＢＮ　978-7-5032-7255-4